de Gruyter Studienbuch

Erwin Preuschen

Griechisch-deutsches Taschenwörterbuch zum Neuen Testament

8., durchgesehene Auflage

Walter de Gruyter · Berlin · New York

♾ Gedruckt auf säurefreiem Papier,
das die US-ANSI-Norm über Haltbarkeit erfüllt.

ISBN 3-11-018573-3

Bibliografische Information Der Deutschen Bibliothek

Die Deutsche Bibliothek verzeichnet diese Publikation in der Deutschen Nationalbibliografie; detaillierte bibliografische Daten sind im Internet über http://dnb.ddb.de abrufbar.

Printed in Germany
Druck und buchbinderische Verarbeitung: Thomas Müntzer GmbH, Bad Langensalza
Umschlaggestaltung: Hansbernd Lindemann, Berlin

VORWORT ZUR 8. AUFLAGE

Der „Preuschen" stellt für die Studenten nach wie vor ein wichtiges Hilfsmittel zum Studium neutestamentlicher Texte dar. Durch vollständigen Neusatz und die Umstellung auf die „de Gruyter Studienbuch-Reihe" wurde die Handhabbarkeit dieses bewährten Standardwerkes in der 7. Auflage nochmals verbessert. In der 8. Auflage wurde eine Reihe von Versehen korrigiert.

Der Verlag

VORWORT ZUR 6. AUFLAGE

Das Taschenwörterbuch von E. Preuschen trägt noch immer den Namen seines ursprünglichen Bearbeiters, obwohl in jeder Auflage seit seinem Tode Änderungen daran vorgenommen worden sind. Denn es erfüllt in seiner Anlage eine eigenständige Aufgabe neben dem großen Wörterbuch von W. Bauer, das nun schon die 5. Auflage in mehreren verbesserten Nachdrucken erreicht hat, wie dem Handwörterbuch von W. Bauer/K. Aland, das sich in Vorbereitung befindet [erschienen 1988]. Selbstverständlich ist dem Studenten bei seiner exegetischen Arbeit aufs dringendste der Gebrauch eines der beiden Wörterbücher zu empfehlen. Dennoch bleibt auch der „Preuschen" für ihn unentbehrlich, und zwar zur Aneignung des neutestamentlichen Wortbestandes und zur ersten Information. Durch die am Rande hinzugefügten Zeichen (vgl. dazu S. 5) wird von vornherein deutlich, welche Wörter nur einmal bzw. bis zu 9 Mal im Neuen Testament begegnen. Wenn der Student also damit beginnt, sich die Vokabeln, die ohne Zeichen am Rande erscheinen, und ihre Bedeutungen einzuprägen (es handelt sich dabei um rund 1000, also eine durchaus begrenzte Zahl), kann er mit relativ geringer Mühe so weit kommen, daß er das Wörterbuch nur noch bei selteneren Wörtern aufschlagen muß. Auf den Seiten 189–197 [8. Auflage S. 179–185] findet er die mindestens 10 Mal vorkommenden Vokabeln noch einmal zusammengestellt, hier kann er im Abfrageverfahren seinen Kenntnisstand kontrollieren.

Dieses neue System war vom Unterzeichneten bereits in der 5. Auflage eingeführt worden. Die vorliegende 6. Auflage bringt die Umstellung auf den Text der 26. Ausgabe des Novum Testamentum graece von Nestle-Aland (bzw. der Third Edition des Greek New Testament), der künftig als „Standard-Text" von den Bibelgesellschaften der Internationale verbreitet werden wird. Gewiß sind der Textdifferenzen zur 25. Ausgabe nicht allzu viele, dennoch haben in einer Reihe von Fällen die Zeichen am Rande und die Liste am Schluß des Taschenwörterbuches geändert werden müssen: manches Wort, das bisher 9 Mal vorkam, begegnet jetzt 10 Mal und umgekehrt. Außerdem wurde eine Reihe von Inkonsequenzen beseitigt. Die dafür notwendigen Kontrollen führte im Institut für neutestamentliche Textforschung, Münster/Westf., H. Bachmann durch; ihm und vor allem Klaus

Otterburig im Verlag de Gruyter ist für umsichtige technische Unterstützung bei der Neuauflage zu danken. So gelang es, das Taschenwörterbuch trotz der vorgenommenen Änderungen und des erheblichen Kostenanstieges seit dem letzten Erscheinen fast beim alten Preis zu halten. Es ist ein Glücksfall, daß das Erscheinen der neuen Auflage und des neuen Textes zeitlich zusammenfallen, so dürfte das Taschenwörterbuch bis auf weiteres in der Anlage nicht mehr verändert werden.

K. Aland

ZEICHENERKLÄRUNG

AG = Apostelgeschichte
Evv = Evangelisten [1-4, zuweilen auch einschließlich Apostelgeschichte]
H = Hebräerbrief
J = Johanneische Schriften [ohne Offenbarung]
1 J = 1. Johannesbrief
Ja = Jakobusbrief
Ju = Judasbrief
K = Katholische Briefe [meist = 1./2. Petrusbrief]
1/2 K = 1./2. Korintherbrief
L = Lukas [Evangelium und Apostelgeschichte]
M = Matthäus
m = Markus
O = Offenbarung
P = Paulinische Briefe
1/2 P = 1./2. Petrusbrief
Ph = Philipperbrief
Rö = Römerbrief
S = Synoptiker
1 Th = 1. Thessalonicherbrief

Die Reihenfolge der Sigla entspricht meist der Häufigkeit.

Eingeklammerte Buchstaben – z. B. [P] – weisen darauf hin, daß das Wort oder die Bedeutung nur durch einen Teil der Überlieferung bezeugt ist.

Die Tilde (~) entspricht dem Titelkopf (Wortstamm) und seiner Bedeutung.

Bei den Verbalkomposita ist die Präposition durch einen kleinen senkrechten Strich (ἀνα'βάλλω) kenntlich gemacht, um die Ableitung der Formen zu erleichtern.

Die Ziffern 2 und 3 hinter Adjektiven (und Wörtern in entsprechender Lage) bedeuten, daß sie 2er oder 3er Endungen sind.

ZEICHEN AM RANDE

+ = Wort kommt im Neuen Testament nur einmal vor.
* = Wort kommt im Neuen Testament weniger als 10 Mal vor.
[+] = Wort kommt im Neuen Testament nur einmal als Variante vor.
[*] = Wort kommt im Neuen Testament mehr als einmal als Variante vor.

Text und Orthographie nach Nestle-Aland[26].

ABKÜRZUNGEN

AcI	Accusativus cum infinitivo
Adj.	Adjektiv
adj.	adjektivisch
Adv.	Adverb
adv.	adverbial
Akk.	Akkusativ
Akt.	Aktiv
akt.	aktivisch
Aor.	Aorist
aram.	aramäisch
Art.	Artikel
att.	attisch
bes.	besonders
bildl.	bildlich
ca.	circa
d.h.	das heißt
Dat.	Dativ, dativus
dir.	direkt
eigtl.	eigentlich
erg.	ergänze
etw.	etwas
Fem.	Femininum
flgd.	folgende(r, m, n)
Fut.	Futur, futurum
Gen.	Genitiv, genitivus
Ggs.	Gegensatz
hebr.	hebräisch
hellenist.	hellenistisch
Imp.	Imperativ
Impf.	Imperfekt
Ind.	Indikativ
indir.	indirekt
Inf.	Infinitiv
intr.	intransitiv
jmd.	jemand
jmdm.	jemandem
jmdn.	jemanden
jmds.	jemandes
Komp.	Komparativ
Konj.	Konjunktion
lat.	lateinisch
Mask.	Maskulinum
Med.	Medium
med.	medial
Ntr.	Neutrum
Nom.	Nominativ
Obj.	Objekt
od.	oder
Opt.	Optativ
Pass.	Passiv
pass.	passivisch
Pers.	Person
Pf.	Perfekt
Pl.	Plural [„= Pl.“ heißt, daß der Plural in derselben Bedeutung vorkommt]
Plsqpf.	Plusquamperfekt
Präs.	Präsens
rel.	religiös
s.	siehe
Sg.	Singular
Subj.	Subjekt
Subst.	Substantiv
subst.	substantivisch, substantiviert, substantivierend
tr.	transitiv
u.	und
u.ä.	und ähnlich, und Ähnliches
übertr.	übertragen
uneigtl.	uneigentlich
v.	von
z.B.	zum Beispiel

A

\+ **'Αβαδδών** (hebr.: 'ᵃbaddôn), richtig übersetzt: ἀπολλύων Verderber, Name des Königs der Höllengeister O

\+ **ἀβαρής** 2 nicht beschwerend; ~ῆ ἐμαυτόν τινι τηρῶ halte mich so, daß ich niemandem lästig falle P

* **ἀββᾶ** [aram.: 'abbâ = ὁ πατήρ (Vokativ!)] Vater [Gebetsanrede Jesu u. der Jünger] m P

* **ἄβυσσος, ἡ** Abgrund, Höllenschlund [als Aufenthalt der Verstorbenen u. Verdammten] O P L

ἀγαγεῖν, ἀγάγετε, -ών Aor. 2 v. ἄγω

* **ἀγαθοεργέω** handle recht L

* **ἀγαθοποιέω** tue wohl, Gutes (τινά jmdm.) L m; handle recht K J

\+ **ἀγαθοποιΐα, ἡ** Rechtschaffenheit (Pl.: Taten der ~) K

\+ **ἀγαθοποιός, ὁ** der Rechtschaffene K

ἀγαθός 3 gut; **I** v. Personen: tauglich, wacker (Knecht); trefflich; gütig, wohlwollend; [in der Anrede wie:] ‚bester'; in sittlichem Sinn [Ggs. κακός] gut [absol. nur v. Gott]; **II** v. Dingen u. Begriffen: **(1)** [der Art u. Bestimmung des Dinges entsprechend u. danach zu übersetzen] fruchtbar (Land), gesund (Baum), trefflich (Werk; Pl. = Wohltaten), zuversichtlich (Hoffnung), glücklich (Tage), fest (Glaube); **(2)** brauchbar (Gabe) πρός τι zu ...; Gutes enthaltend (Schatz); **(3)** in sittlichem Sinn: [Gottes Forderungen ausdrückend od. mit ihnen im Einklang] gut (Gebot, Gewissen); καλὸς καὶ ἀγαθός rechtschaffen; Ntr. = Subst.: τὸ ἀγαθόν das (sittlich) Gute; εἰς (τὸ) ~ zum Besten, zu Nutz; τὰ ~ά Güter, Besitztümer; ποιεῖν ~ Gutes tun

ἀγαθουργέω s. ἀγαθοεργέω

* **ἀγαθωσύνη, ἡ** Rechtschaffenheit, Gütigkeit P

* **ἀγαλλίασις, ἡ** Jubel; ἔλαιον ~εως Freudenöl H

ἀγαλλιάω meist Med. ἀγαλλιάομαι (Aor. Pass. = Med.) jauchze, juble ἐπί τινι über ...; mit Dat.: vor ... (Freude) od. in ... (Geist); mit flgd. ἵνα freue mich darüber, daß ...

* **ἄγαμος** 2 unverheiratet [Mann u. Frau] P

* **ἀγανακτέω** bin unwillig, aufgebracht περί τινος über ...; ἦσαν ~οῦντες πρὸς ἑαυτούς sprachen ihren Unwillen einander gegenüber aus m

\+ **ἀγανάκτησις, ἡ** Unwille P

ἀγαπάω liebe, habe lieb; **(1)** mit persönlichem Obj.: τινά jmdn. [v. der Liebe Gottes zu Christus, den Menschen; Christi zu Gott u. den Brüdern; der Menschen zu Gott od. untereinander]; ~ ἐκ καρδίας ~ herzlich; ~ ἐκτενῶς ~ inbrünstig; εἰ περισσοτέρως ὑμᾶς ~, ἧσσον ~ῶμαι; wenn ich euch viel mehr liebe, soll ich deshalb weniger wiedergeliebt werden? P; **(2)** mit sachlichem Obj.: τὶ etw.; ~ τὴν ψυχήν habe das Leben lieb O; **(3)** ohne Obj.: habe [und erzeige] Liebe λόγῳ mit Worten, ἐν ἔργῳ durch die Tat; πολὺ ~ beweise viel Liebe

ἀγάπη, ἡ Liebe [im sittlichen Sinn, nicht v. sinnlicher Liebe]; **(1)** Gottes zu Christus u. den Menschen: εἴς τινα, ἔν τινι zu …; ὁ θεὸς ~ ἐστίν Gott ist [seinem Wesen nach] ~ J; v. der Liebe Christi zu den Menschen; **(2)** v. der Liebe des Menschen zu Gott (~ τοῦ θεοῦ ~ zu Gott) u. zu andern Menschen: ~ εἴς τινα ~ zu …; ~ην ἔχειν ἐν ἀλλήλοις untereinander ~ haben; ἡ ἐξ ἡμῶν ἐν ὑμῖν ~ L., die von uns in euch übergeht; **(3)** αἱ ἀγάπαι Liebesmahle K

ἀγαπητός 3 geliebt; einzig (Sohn, Kind); ὁ ~ der Geliebte [häufig als rhetorische Anrede] P H J K

* **ἀγγαρεύω** nötige zum Frondienst; ~ τὶ zu …, mit ἵνα dazu, daß … M m

+ **ἀγγεῖον, τό** Gefäß M

* **ἀγγελία, ἡ** Botschaft [der Inhalt mit ὅτι als Aussage, mit ἵνα als Aufforderung] J

+ **ἀγγέλλω** berichte τινί jmdm. J

ἄγγελος, ὁ **(1)** Abgesandter L Ja; **(2)** Bote, bes. Bote Gottes, Engel [den Verkehr zwischen Gott u. Welt vermittelnd u. gleichsam Gottes Hofstaat bildend]; auch Schutzengel (der Kinder, Jünger); ~οι ἐκκλησιῶν vielleicht Bischöfe (?) O; **(3)** Bote des Teufels; böser Geist

+ **ἄγγος, τό** Gefäß M

* **ἄγε** [zur Interjektion erstarrter Imp. v. ἄγω] auf! mit flgd. Imp. Ja

* **ἀγέλη, ἡ** Herde S

+ **ἀγενεαλόγητος** 2 ohne Stammbaum H

+ **ἀγενής, ~ές** von niederer Abkunft; τὰ ~ῆ τοῦ κόσμου was der Welt als unedel gilt P

ἁγιάζω mache heilig, weihe Gott; **(1)** mit sachlichem Obj. (Gold, Opfergabe, Speise); **(2)** mit persönlichem Obj.: weihe zum Opfer (Christus), zum Predigtdienst (Apostel); oft v. den Christen [meist Pass.], die durch die Taufe Gottes Eigentum geworden sind (daher οἱ ἡγιασμένοι die Geheiligten) u. z.B. in der Ehe auch Ungläubige heiligen 1 K 7,14; ~ πρὸς τὴν καθαρότητα ~, so daß es rein wird H; **(3)** halte heilig, verehre, achte als heilig (Christus, Gottes Namen); **(4)** weihe zum Opfer; ~ ἐμαυτὸν ὑπὲρ αὐτῶν ~ mich für sie J

ἁγιασμός, ὁ Heiligung; ~ πνεύματος ~ durch den Geist P K; [Christus als ~ bezeichnet, weil er sie wirkt] P

ἅγιος 3 heilig; **(1)** v. Dingen, Handlungen u. Begriffen: was für Gott od. v. Gott geweiht ist (Ort, Berg, Stadt, Tempel, Gesetz, Schrift, Bund, Berufung); φίλημα ~ heiliger Kuß, weil v. den ἅγιοι = v. den Christen gegeben P; **(2)** v. Personen: Gott, Christus, Engel, Propheten, Apostel; οἱ ~οι, ἀδελφοὶ ~οι Bezeichnung der Christen; näher bestimmt ~ τῷ κυρίῳ dem Herrn geweiht; ὁ ~ τοῦ θεοῦ der Heilige Gottes = Messias m L J. –

Ntr. = Subst.: τὸ ἅγιον **(1)** das Heilige = was dem Menschen heilig ist; **(2)** Tempel: τὰ ἅγια Tempel; ἅγια ~ίων Allerheiligstes

+ **ἁγιότης, ἡ** Heiligkeit H

* **ἁγιωσύνη, ἡ** Heiligung; πνεῦμα ~ης heiliger Geist P

\+ **ἀγκάλη, ἡ** Arm L

\+ **ἄγκιστρον, τό** Angel M [H

* **ἄγκυρα, ἡ** Anker L; [bildl.:] Halt

* **ἄγναφος** 2 ungewalkt = neu (Tuch) m M

* **ἁγνεία, ἡ** Reinheit, Keuschheit P

* **ἁγνίζω** **(1)** entsühne [durch kultische Bräuche]; Med.: lasse mich ~ = v. einem Gelübde entbinden L; **(2)** reinige, heilige J

ἁγνίσθητι Imp. Aor. 1 Pass. v. ἁγνίζω

\+ **ἁγνισμός, ὁ** Reinigung L

ἀγνοέω **(1)** kenne nicht; ~οῶν unwissend P; ~ούμενος unbekannt (τῷ προσώπῳ dem Angesicht nach) P, verkannt P; erkenne an; oft mit Verneinung οὐκ ~ kenne wohl P; [rhetorische Formel:] οὐ θέλω ὑμᾶς ~εῖν ich will euch nicht im Unklaren darüber lassen P; ἢ ~εῖτε ὅτι = ihr wißt recht gut, daß P; **(2)** erkenne nicht mit Akk. L P; **(3)** verstehe nicht m L; ἐν οἷς ~οῦσιν βλασφημοῦντες da lästernd, wo sie nichts verstehen K; **(4)** sündige

\+ **ἀγνόημα, τό** Vergehen aus Unwissenheit H

* **ἄγνοια, ἡ** Unwissenheit; κατὰ ~αν aus ~ L

* **ἁγνός** 3 rein, keusch; ἐμαυτὸν ~ὸν τηρῶ halte mich ~ P

* **ἁγνότης, ἡ** Lauterkeit P

\+ **ἁγνῶς** Adv. lauter P

* **ἀγνωσία, ἡ** Unkenntnis P; Unwissenheit K

\+ **ἄγνωστος** 2 unbekannt L

ἀγορά, ἡ Marktplatz [als Gerichtsstätte, Handelsplatz, Ort der Arbeitsvermittlung u. des öffentlichen Verkehrs]; ἀπ' ἀγορᾶς wenn sie vom Markt kommen [v. der Marktware?] m

ἀγοράζω kaufe τινός, ἔκ τινος für (Preis) …, παρά τινος von …; übertr. v. Christus: kaufe los τιμῆς gegen Barzahlung P, ἀπό τινος von … O, τινί für …, zum Eigentum

* **ἀγοραῖος** 2 Markt-; ~οι [d.h. ἡμέραι, σύνοδοι] ἄγονται es werden Gerichtstage abgehalten L; οἱ ~οι das ~gesindel L

* **ἄγρα, ἡ** Fang L

\+ **ἀγράμματος** 2 ungebildet L

\+ **ἀγραυλέω** bin im Freien L

\+ **ἀγρεύω** fange; ~ τινὰ λόγῳ locke jmdn. durch (sein) Wort ins Garn m

\+ **ἀγριέλαιος, ἡ** wilder Ölbaum P

* **ἄγριος** 3 wild; μέλι ~ Baumhonig [od. Honig v. wilden Bienen?] M m; ungestüm (Wogen) K

ἀγρός, ὁ Acker, Feld; Pl.: Höfe, Dörfer [im Ggs. zur Stadt]; εἰς τὸν ~όν auf dem Feld m; ἀπ' ~οῦ, ἐκ τοῦ ~οῦ vom Feld m L; Ackerstück S

* **ἀγρυπνέω** **(1)** bin wachsam m L; **(2)** wache über … εἴς τι P od. ὑπέρ τινος H

* **ἀγρυπνία, ἡ** das Wachen; ἐν ~αις etwa: in durchwachten Nächten P

ἄγω **I** tr.: **(1)** führe (ab), treibe, leite, bringe; **(2)** veranlasse, verleite εἴς τι zu; Pass.: werde geleitet, regiert τινί durch … P; **(3)** bringe hin (Zeit), halte ab (Gerichtstag); unpersönlich [?]: τρίτην ταύτην ἡμέραν ἄγει, ἀφ' οὗ dies ist der dritte Tag, seitdem … L; **II** intr.: gehe; nur ἄγωμεν wir wollen gehen Evv

+ **ἀγωγή, ἡ** Lebensführung P

* **ἀγών, ὁ** Kampf [nur bildl. vom Leben]: ~α ἔχειν einen ~ zu bestehen haben P; ~α ἀγωνίζεσθαι einen ~ auskämpfen P; ἐν πολλῷ ~ι in heißem Bemühen P; τρέχειν ~α den Wettlauf zurücklegen H

+ **ἀγωνία, ἡ** Angst L

* **ἀγωνίζομαι** kämpfe, ringe, strenge mich an mit Inf. od. ἵνα zu …, ὑπέρ τινος für … P L

+ **ἀδάπανος** 2 unentgeltlich (das Evangelium darbieten) P

ἀδελφή, ἡ Schwester [auch v. Glaubensgenossinnen P Ja]

ἀδελφός, ὁ **(1)** Bruder; übertr.: **(2)** [nach hebr. Gebrauch] Stammes-, Volksgenosse L P H; **(3)** Genosse, Nächster; **(4)** Glaubensgenosse; häufig als Anrede, auch mit Namen verbunden: ~οὶ ἐν κυρίῳ Brüder im Herrn [d.h. durch Christus brüderlich verbunden, wie Christus die Jünger seine ~ nennt]

* **ἀδελφότης, ἡ** Bruderschaft, Genossenschaft der Glaubensbrüder K

* **ἄδηλος** 2 **(1)** unkenntlich L; **(2)** undeutlich (Ton) P

+ **ἀδηλότης, ἡ** Unsicherheit (des Reichtums) P

+ **ἀδήλως** Adv. unsicher; ~ τρέχειν ins Ungewisse laufen P

* **ἀδημονέω** mir ist unheimlich, ängstige mich M m P

ᾅδης, ὁ Hades, Unterwelt [als Sitz der Toten]; εἰς ~ην = ἐν τῷ ~η in der ~; καταβαίνειν (καταβιβάζεσθαι) ἕως ~ου in die dem Himmel entgegengesetzte Tiefe hinabgelangen; πύλαι ~ου die Unterweltstore M m, κλεῖς τοῦ ~ου die Schlüssel zu den U. O

+ **ἀδιάκριτος** 2 unparteiisch (Weisheit v. oben) Ja

* **ἀδιάλειπτος** 2 unaufhörlich P

* **ἀδιαλείπτως** Adv. ohne Aufhören P

[+] **ἀδιαφθορία, ἡ** Unverdorbenheit P

ἀδικέω **(1)** bin ungerecht; bin im Unrecht; **(2)** behandle ungerecht τινά: οὐδέν με ἠδικήσατε ihr habt mir kein Unrecht zugefügt P; Pass.: erfahre, leide Unrecht L P; **(3)** schädige; εἴ τι ἠδίκησέν σε wenn er dir irgendeinen Schaden verursacht hat P; Pass.: erleide Schaden

* **ἀδίκημα, τό** Unrecht, Verbrechen L O

ἀδικία, ἡ **(1)** Ungerechtigkeit; **(2)** Unrecht, Sünde; Gen. häufig = ungerecht, sündig: ὅπλα ~ας Waffen, mit denen ~ verübt wird P; ἀπάτη ~ας Trug, durch den ~ geschieht; ἐργάται ~ας die ~ tun L

ἄδικος 2 **(1)** ungerecht; sündig; **(2)** untreu L

+ **ἀδίκως** Adv. ungerechterweise (leiden) K

* **ἀδόκιμος** 2 unbewährt, untüchtig, περί τι hinsichtlich …, πρός τι zu … P; (Sinn der Heiden) P; (Ackerboden) H

+ **ἄδολος** 2 unverfälscht (Milch) K

+ **ἁδρότης, ἡ** reicher Ertrag [v. Gaben] P

* **ἀδυνατέω** bin unvermögend; [nur unpersönlich:] ~ήσει es wird unmöglich sein τινί für … M, παρά τινος bei, für … L

ἀδύνατος 2 **(1)** kraftlos; ~ τοῖς ποσίν schwach auf den Füßen

L; οἱ ~οι die (Glaubens)-schwachen P; **(2)** unmöglich παρά τινι bei, für ...; ~ον mit Inf. od. AcI es ist unmöglich H; τὸ ~ον τοῦ νόμου was für das Gesetz ~ war P

* **ᾄδω** singe; ~ ᾠδήν ~ ein Lied O; ~ τῇ καρδίᾳ ~ im Herzen P

* **ἀεί** Adv. immer; immer wieder

* **ἀετός, ὁ** Adler, Aasgeier M L

* **ἄζυμος** 2 ungesäuert; τὰ ~α (erg. λάγανα Fladen) ~ Brote; ἡ ἑορτὴ τῶν ~ων das Fest der ~ Brote = Passah. Bildl. ἐν ~οις mit ~ Broten (der Reinheit) u. adj. = sündlos

* **ἀήρ, ὁ** Luft; ἁρπάζεσθαι εἰς ἀέρα in die Höhe gerissen werden P; εἰς ἀέρα λαλεῖν in den Wind reden P; ἀέρα δέρειν einen Lufthieb tun [= nichts ausrichten] P; ἐξουσία τοῦ ἀέρος das Luftreich [als Herrschaftsgebiet des Satans] P

* **ἀθανασία, ἡ** Unsterblichkeit; ἐνδύσασθαι ~αν (einen) ~(sleib) anziehen P

* **ἀθέμιτος** 2 frevelhaft (Götzendienst); ~όν [d.h. ἐστιν] τινί m. Inf. es ist jmdm. vom Gesetz nicht erlaubt, daß ... L [P

\+ **ἄθεος** 2 ohne Gotteserkenntnis

* **ἄθεσμος** 2 ruchlos; ὁ ~ Frevler K

ἀθετέω **(1)** hebe auf (Testament) P; mache zunichte (Gnade, Einsicht) P; breche (Treue) P; **(2)** übertrete (Gebot); verachte (Herrschaft); τὴν βουλὴν τοῦ θεοῦ ἠθέτησαν εἰς ἑαυτούς verachteten den auf sie gerichteten [Heils]rat Gottes L; verwerfe τινά jmdn.; weise ab τινά jmdn. [, der eine Bitte vorbringt]

* **ἀθέτησις, ἡ** Ungültigkeitserklärung (eines Gebotes) H; Aufhebung (der Sünde) H

* **ἀθλέω** kämpfe [als Ringkämpfer; nur bildl.] P

\+ **ἄθλησις, ἡ** Kampf τινός mit ... H

\+ **ἀθροίζω** versammle L

\+ **ἀθυμέω** verliere den Mut P

* **ἀθῷος** 2 unschuldig (Blut = Blut eines Unschuldigen), ἀπό τινος an ... M

\+ **αἴγειος** 3 Ziegen-; ~ον δέρμα ~fell H

* **αἰγιαλός, ὁ** Strand [auch im Ggs. zu Uferklippen]

* **ἀΐδιος** 2 ewig P Ju

\+ **αἰδώς, ~οῦς, ἡ** Schamhaftigkeit P; Ehrfurcht H

αἷμα, τό Blut; **I** [physiologisch vom Tier- u. Menschenblut:] σὰρξ καὶ ~ = der Mensch als vergängliches, irrtumsfähiges Wesen; **II** [kultur- u. religionsgeschichtlich:] **(1)** als Sitz des Lebens; **(2)** vergossenes Blut: Mord, Tod, Hinrichtung; τιμὴ ~τος Mordgeld M; ἀγρὸς ~τος für Blutgeld gekauft M; χωρίον ~τος Blutacker [weil mit Blut getränkt] L; **(3)** Opferblut [sowohl v. Tieren als bes. v. Christi Blut]; ~ τῆς διαθήκης Bundes~ H; ~ ῥαντισμοῦ ~, mit dem besprengt wird H

\+ **αἱματεκχυσία, ἡ** Blutvergießen [vom Opferblut] H

\+ **αἱμορροέω** leide am Blutfluß M

\+ **αἴνεσις, ἡ** Lob; θυσία ~εως Lobopfer [Opfer, das im Lob besteht] H

* **αἰνέω** lobe, preise τινά u. τινί jmdn., ἐπί τινι u. περί τινος für etw. L

\+ **αἴνιγμα, τό** Rätsel [= undeutliches Wort od. Bild] P

* **αἶνος, ὁ** Lob, Preis; δίδωμι ~όν τινι preise jmdn. L; καταρτίζομαι ~ον bereite Lob für mich M

* **αἱρέομαι** erwähle, τινὰ εἴς τι jmdn. zu … P; μᾶλλον ~ ἤ ziehe vor H

* **αἵρεσις, ἡ (1)** Schule, Sekte; κατὰ τὴν ἀκριβεστάτην ~ιν τῆς ἡμετέρας θρησκείας nach der strengsten Schule unserer Religion L; **(2)** Lehrmeinung; ~εις ἀπωλείας verderbliche ~en K

\+ **αἱρετίζω** erwähle M

\+ **αἱρετικός** 3 häretisch; ἄνθρωπος ~ Ketzer P

αἴρω (1) hebe auf (Steine, Hand, Schlange); ziehe empor (Fisch, Boot); erhebe (Stimme, Augen); trage (Kranke); ~ ἐπὶ χειρῶν ~ auf den Händen M L; nehme auf (Bett, Lager, Kreuz); rege auf, versetze in Spannung (Seele) J; **(2)** nehme [vom Platz], nehme weg (Stein, Gewand, Waffen, Schlüssel; Evangelium, Gottesreich, Freude); beseitige; ~ ἐκ μέσου τινός schaffe weg, entferne; ἄρθητι hinweg mit dir! M m; schaffe hinweg (Sünde); schneide weg (Ranke); nehme ab [vom Kreuz]; raffe hinweg; **(3)** [elliptisch u. scheinbar intr.:] lichte die Anker, steche in See L; αἴρει τὸ πλήρωμα der Lappen reißt ab ἀπό τινος von … M

\+ **αἰσθάνομαι** verstehe (Wort) L

\+ **αἴσθησις, ἡ** Verständnis P

\+ **αἰσθητήριον, τό** Sinn; Pl.: τὰ ~α γεγυμνασμένα πρὸς διάκρισιν καλοῦ τε καὶ κακοῦ die ~e geübt für die Unterscheidung von Gut und Böse H

αἴσθωμαι Konjunktiv Aor. 2 v. αἰσθάνομαι

* **αἰσχροκερδής, ~ές** von schmutziger Habgier P

\+ **αἰσχροκερδῶς** Adv. um schnöden Gewinnes willen K

\+ **αἰσχρολογία, ἡ** Zote P

* **αἰσχρός** 3 schimpflich (Gewinn); unanständig; ~όν ἐστιν mit Inf. es ist ~, zu … P, τινί für …

\+ **αἰσχρότης, ἡ** unanständiges Betragen P

* **αἰσχύνη, ἡ (1)** Schande; Pl.: Schandtaten K; **(2)** Scham; ~ τῆς γυμνότητος beschämende Nacktheit O [auch = Schamteile? Ph 3,19]

* **αἰσχύνομαι** schäme mich mit Inf.; Pass.: werde beschämt, zuschanden ἐν οὐδενί in keiner Hinsicht

αἰτέω fordere, begehre, verlange, bitte τινά τι u. τὶ ἀπό τινος etw. von …; ~ τὶ παρά τινος: πεῖν verlange von jmdm. zu trinken J; Med.: erbitte mir τινά τι u. τὶ παρά τινος etw. von …

* **αἴτημα, τό** Bitte; ~ γίνεται ~ geht in Erfüllung L

αἰτία, ἡ I Ursache; Grund; δι' ἣν ~αν aus welchem ~, warum L; ἵνα ἐπιγνῷ, δι' ἣν ~αν [= τὴν ~αν, δι' ἥν] um zu erfahren, warum L; κατὰ πᾶσαν ~αν aus jeder Ursache M; **II** [rechtlich:] **(1)** der Fall; εἰ οὕτως ἡ ~ τοῦ ἀνθρώπου μετὰ τῆς γυναικός wenn sich der Fall des Mannes mit der Frau so verhält = wenn die Sache … so liegt M; **(2)** Beschuldigung; ~αν φέρειν eine Klage vorbringen L; **(3)** Verbrechen; ~ θανάτου todeswürdiges ~ L

[+] **αἰτίαμα** Klage s. αἰτίωμα

* **αἴτιος** 3 schuldig, schuld; nur subst. **(1)** Mask.: der Urheber; **(2)** Ntr.: Schuld; ~ θανάτου todeswürdige ~ L; Ursache, Grund; μηδενὸς ~ου ὑπάρχοντος da kein Grund vorliegt L

\+ **αἰτίωμα, τό** Beschuldigung L

* **αἰφνίδιος** 2 unvorhergesehen P L

* **αἰχμαλωσία, ἡ** Kriegsgefangenschaft O; auch = Kriegsgefangene P

\+ **αἰχμαλωτεύω** nehme gefangen [bildl.] P

* **αἰχμαλωτίζω** **(1)** führe gefangen weg εἰς nach, unter; **(2)** übertr.: fange, fessele (durch das Gesetz der Sünde); ~ εἴς τι führe gefangen hinein in, εἰς τὴν ὑπακοήν τινος in jmds. Gehorsamsbereich P; **(3)** verführe (Frauen) P

\+ **αἰχμάλωτος, ὁ** Gefangener L

αἰών, ὁ **(1)** Ewigkeit, anfangslose Zeit; ἀπ' ~ος, ἀπὸ τῶν ~ων von Uranfang an; ἐκ τοῦ ~ος seit ewigen Zeiten; πρὸ τῶν ~ων vor aller ~; πρόθεσις τῶν ~ων ewiger Ratschluß P; [als endlose Zeit:] εἰς (τὸν) ~α in alle ~; εἰς ~ας τῶν ~ων bis in alle ~, in die fernste ~; εἰς πάσας τὰς γενεὰς τοῦ ~ος τῶν ~ων bis in alle Geschlechter der fernsten ~ P; verneint: nie mehr, nimmermehr; nicht ewig; **(2)** Weltalter, Zeitalter; ~ οὗτος das gegenwärtige [als böse gedachte] Zeitalter; ὁ νῦν ~, ὁ ~ ὁ ἐνεστώς, ~ πονηρός die gegenwärtige, böse Weltzeit P; ὁ ~ ὁ μέλλων die zukünftige ~; οἱ ~ες οἱ ἐπερχόμενοι das kommende Weltalter P; **(3)** Welt

αἰώνιος 3 ewig **(1)** uranfänglich, ohne Anfang (Zeiten, Evangelium); **(2)** ohne Ende, Grenze in der Zukunft (Reich, Bund; Erbteil, Behausung; Trost; Heil, Leben, Erlösung; Strafe, Gericht, Urteil); ἀπέχειν τινὰ ~ον jmdn. für alle Ewigkeit behalten P; **(3)** zeitlos, ohne Anfang und Ende (Gott, Geist, Ehre, Kraft)

ἀκαθαρσία, ἡ **(1)** Schmutz M; **(2)** [übertr. auf das sittliche Gebiet:] unsaubere Gesinnung, Unredlichkeit; ἐξ ~ας aus unredlicher [= eigennütziger] Gesinnung P; **(3)** Unsittlichkeit, Schamlosigkeit, Lasterhaftigkeit

[+] **ἀκαθάρτης, ἡ** Unreinheit; Textfehler statt ἀκάθαρτα τῆς [O]

ἀκάθαρτος 2 unsauber, unrein **(1)** [levitisch od. gesetzlich] unrein; **(2)** [sittlich] unsauber, schamlos, unkeusch; τὰ ~α τῆς πορνείας der Schmutz der Hurerei O; [bes. v. Dämonen:] πνεύματα ~α unreine Geister [weil sie als Gott feindlich u. zugleich als unsittlich gelten]

\+ **ἀκαιρέομαι** finde keine [passende] Gelegenheit P

\+ **ἀκαίρως** Adv. zur Unzeit P

* **ἄκακος** 2 arglos P; ohne Falsch (Christus) H

ἄκανθα, ἡ Dornstrauch [auch v. jedem stacheligen Gewächs] Evv

* **ἀκάνθινος** 3 Dornen-, Stachel- (Krone) m J

* **ἄκαρπος** 2 unfruchtbar (Bäume) K; [übertr.:] keinen Ertrag bringend (Wort) M m = unbeschäf-

tigt (Verstand) P; [v. Menschen:] ohne [gute] Werke

\+ **ἀκατάγνωστος** 2 unanfechtbar P

* **ἀκατακάλυπτος** 2 unverhüllt (Haupt) P

* **ἀκατάκριτος** 2 ohne Urteil; ohne Prozeß L

\+ **ἀκατάλυτος** 2 unzerstörbar (Leben) H

[+] **ἀκατάπαστος** 2 gierig (?) τινός nach … (Sünde) [K]

\+ **ἀκατάπαυστος** 2 rastlos, nicht ablassend τινός von … (Sünde) [K]

* **ἀκαταστασία, ἡ** Unordnung P; Pl.: Unruhen, Streitigkeiten PL

* **ἀκατάστατος** 2 unbeständig, unruhig (Übel) Ja

[+] **ἀκατάσχετος** 2 nicht zu bändigen (Übel) Ja

\+ **Ἀκελδαμάχ** [aram.: h^aqēl d^emâ] = χωρίον αἵματος Blutacker L

* **ἀκέραιος** 2 unverdorben (Taube) M, εἴς τι gegenüber von … P

ἀκήκοα Pf. v. ἀκούω

\+ **ἀκλινής, -ές** unwandelbar; κατέχειν ~ῆ ~ festhalten H

\+ **ἀκμάζω** werde reif O

\+ **ἀκμήν** [adv. Akk.] immer noch M

ἀκοή, ἡ (1) Akt des Hörens; ~ῇ ἀκούειν genau hören ML; Ohr; εἰς τὰς ~άς τινος vor den Ohren jmds. L; εἰσφέρειν τι εἰς τὰς ~άς τινος jmdm. etw. zu Gehör bringen L; **(2)** Gerücht, Kunde τινός von …; Predigt; πιστεύειν τῇ ~ῇ der ~ Glauben schenken P; ~ πίστεως Glaubens~; λόγος (τῆς) ~ῆς ~wort, gehörtes Wort PH

ἀκολουθέω folge nach **(1)** eigtl. τινί, μετά τινος, ὀπίσω τινός; [auch v. den Taten u. Sünden, die jmdm. in das Gericht folgen]; **(2)** bes. vom Jüngerverhältnis: folge als Schüler, Anhänger

ἀκουσθεῖσι Ptz. Aor. 1 Pass. Dat. Pl. v. ἀκούω

[+] **ἀκουστός** 3 hörbar; ~ὸν γίνεταί τινι ὅτι es kommt jmdm. zu Ohren, daß … L

ἀκούω höre **(1)** [eigtl. v. der Tonempfindung:] höre τὶ u. τινός (Wort, Stimme, Lästerung, Gruß); ~ ἀνάστασιν νεκρῶν ~ das Wort ‚Totenauferstehung' L; ἠκούσθη ὁ λόγος εἰς τὰ ὦτα das Gerücht kam zu Ohren L; ὃ εἰς τὸ οὖς ~ετε was euch ins Ohr gesagt wird M; mit Gen. u. Ptz.: ~ τινὸς λέγοντος ~ jmdn. sagen; **(2)** höre zu [bes. im Imp.]; οἱ ~οντες die Zuhörer L; **(3)** höre von, über … mit Akk. (Christus, Verheißungen, Worte); ἀπὸ τοῦ στόματός τινος aus dem Munde jmds.; ἀπό τινος von jmdm. [als Quelle]; ἀπό τινος περί τινος von jmdm. über jmdn.; ἔκ τινος von jmdm.; τὶ παρά τινος etw. von jmdm.; περί τινος über jmdn. od. etw.; **(4)** erfahre τὶ von … (Liebe, Glaube, Wandel, Werke, Nachstellungen); περί τινος von jmdm.; mit flgd. ὅτι od. AcI; Pass.: ~εται ἐν ὑμῖν πορνεία man hört von Hurerei bei euch P; ἐὰν ἀκουσθῇ τοῦτο ἐπὶ τοῦ ἡγεμόνος wenn die Kunde davon vor den Statthalter kommt M; **(5)** verstehe (Worte); **(6)** verhöre; **(7)** höre auf jmdn., gehorche; **(8)** erhöre

* **ἀκρασία, ἡ** Unmäßigkeit P

\+ **ἀκρατής**, **~ές** ohne Selbstbeherrschung; ~εῖς zügellose Leute P

\+ **ἄκρατος** 2 ungemischt; οἴνου τοῦ κεκερασμένου ~ου ἐν τῷ ποτηρίῳ Wein, der ~ in den Becher eingeschenkt ist O

\+ **ἀκρίβεια**, **ἡ** Genauigkeit L

\+ **ἀκριβής**, **~ές** genau, streng (Sekte) L

* **ἀκριβόω** erkunde genau τὶ παρά τινος etw. von jmdm. M

* **ἀκριβῶς** Adv. genau M L P; Komp. ἀκριβέστερον ganz genau L

* **ἀκρίς**, **~ίδος**, **ἡ** Heuschrecke [als Landplage, Nahrungsmittel] m M O

\+ **ἀκροατήριον**, **τό** Auditorium, Gerichtssaal [zum Verhör] L

* **ἀκροατής**, **ὁ** Hörer (des Wortes) Ja, (des Gesetzes) P

ἀκροβυστία, **ἡ** Vorhaut; [auch Abstraktum für Konkretum:] der Unbeschnittene P; ἐν ~ίᾳ (ὤν) unbeschnitten, als Unbeschnittener P; allg. = die Heiden; ἡ ἐκ φύσεως ~ der von Natur Heide ist P; ἡ ~ τῆς σαρκός das heidnische Fleischesleben P

* **ἀκρογωνιαῖος** 3 Eck-; λίθος ~ Eckstein

\+ **ἀκροθίνιον**, **τό** Erstlingsgabe [v. der Beute] H

* **ἄκρος** 3 äußerst; nur subst.: τὸ ~ον Spitze (eines Stockes; Finger~); das äußerste Ende; ἀπ' ~ων οὐρανῶν ἕως (τῶν) ~ων αὐτῶν von einem Ende des Himmels bis zum andern M

* **ἀκυρόω** setze außer Kraft (Testament); setze mich hinweg τὶ über … (Wort Gottes)

\+ **ἀκωλύτως** Adv. unbehindert L

\+ **ἄκων**, **~ουσα**, **~ον** unfreiwillig P

ἅλα s. ἅλας

* **ἀλάβαστρος**, **ὁ** [auch **ἡ** u. **~ον**, **τό**] Alabastergefäß τινός voll von … (Salbe) M

* **ἀλαζονεία**, **ἡ** Prahlerei Ja J

* **ἀλαζών**, **ὁ** Prahler P

* **ἀλαλάζω** heule m; gebe gellenden Ton (Zimbel) P

\+ **ἀλάλητος** 2 wortlos; unaussprechlich; στεναγμοὶ ~οι Seufzer, die keine Worte finden od. brauchen P

* **ἄλαλος** 2 stumm; sprachlos (Dämon) m

* **ἅλας**, **~ατος**, **τό** u. **ἅλς**, **ἁλός**, **ὁ** [ἅλα ist wohl Bildung v. ἅλατaus] Salz [auch bildl. v. den Gläubigen]

* **ἁλεεύς**, **ὁ** Fischer = ἁλιεύς S

* **ἀλείφω** salbe τί τινι etw. mit …; Med.: sich salben (das Haupt) M

ἄλειψαι Imp. Aor. 1 Med. v. ἀλείφω

\+ **ἀλεκτροφωνία**, **ἡ** Hahnenschrei [Name der dritten Nachtwache 24–3 Uhr] m

ἀλέκτωρ, **~ορος**, **ὁ** Hahn Evv

* **ἄλευρον**, **τό** Weizenmehl M L

ἀλήθεια, **ἡ** Wahrheit **I** objektiv: **(1)** der wahre Sachverhalt, Wirklichkeit; ~ᾳ in Wirklichkeit; λαλεῖν, λέγειν, ἐρεῖν ~αν die ~ reden, sagen; λαλεῖν τι ἐν ~ᾳ etw. wahrheitsgemäß reden; ~ ἐγενήθη hat sich als wahr herausgestellt; ἐν ~ᾳ wahr, der ~ gemäß; ἐπ' ~ας wahr, ~sgemäß, wahrhaftig, wahrlich; κατ' ~αν der ~ entsprechend P; **(2)** die rel.-sittliche Wahrheit: ~ θεοῦ die von Gott herrührende ~; bes. das Evangelium als die absolute ~:

~ τοῦ εὐαγγελίου die ~ des Evangeliums; λόγος (τῆς) ~ας die wahre Lehre; dafür ὁδὸς τῆς ~ας; πίστις ~ας der wahre Glaube; ὑπακοὴ τῆς ~ας Gehorsam der ~ gegenüber; περιπατεῖν ἐν τῇ ~ᾳ der ~ gemäß wandeln; εἶναι ἐκ τῆς ~ας aus der ~ stammen = v. Gott J; πιστεύειν τῇ ~ᾳ der ~ glauben; Ggs. ἀπειθεῖν τῇ ~ᾳ; πλανηθῆναι ἀπὸ τῆς ~ας von der ~ abirren; **II** [subjektiv:] Wahrhaftigkeit; ἐν ~ᾳ λαλεῖν aufrichtig reden

* **ἀληθεύω** rede die Wahrheit τινί zu … P; sage die Wahrheit P

ἀληθής, ~ές **(1)** wahr, recht; gerecht (Gericht, Zeugnis); **(2)** wahrhaftig (Gott, Jesus); **(3)** wirklich, echt

ἀληθινός 3 **(1)** wahr (Gott); echt (Licht, Weinstock, Brot); τὸ ~όν das wahre Gut L; **(2)** wahrhaftig, aufrichtig, glaubwürdig (Wort, Zeugnis, Wege); zuverlässig (Gericht); bes. v. Christus

* **ἀλήθω** mahle ἐπὶ τὸ αὐτό an demselben Platz L, ἐν τῷ μυλίνῳ an der [Hand-]Mühle M

ἀληθῶς Adv. wahrhaftig; in Wahrheit; wirklich

ἀλιεύς, ὁ Fischer s. ἁλεεύς

\+ **ἁλιεύω** fische J

* **ἁλίζω** salze ἐν τίνι; womit? πυρί mit Feuer [Sinn fraglich] m

\+ **ἀλίσγημα, τό** Verunreinigung τῶν εἰδώλων durch Götzendienst L

ἀλλά gegensätzliche Partikel; aber doch, nach Verneinungen: sondern; steigernd: ja, ja sogar; verneinend: ἀλλ' οὐδέ ja nicht einmal; beim Imp. doch; nach ἐάν, εἰ doch, so doch; ἀλλ' οὐ; doch nicht? ἀλλ' οὐχί; nicht viel mehr? elliptisch ἀλλ' [erg. τοῦτο γέγονεν] ἵνα aber [das ist geschehen], damit …; ~ γε doch wenigstens, aber freilich; ~ γε καί aber allerdings; ~ μενοῦν γε ja noch mehr; ἀλλ' ἤ (nach οὐχί) sondern nur

* **ἀλλάσσω** **(1)** verwandle; verändere (die Stimme = schlage einen anderen Ton an) P; **(2)** vertausche τὶ ἔν τινι etw. mit … P

\+ **ἀλλαχόθεν** Adv. von anderswoher J

\+ **ἀλλαχοῦ** Adv. anderswohin [m]

\+ **ἀλληγορέω** rede allegorisch; ἅτινά ἐστιν ~ούμενα was allegorisch gesagt ist P

* **ἀλληλουϊά** [hebr.: hall[e]lû-jah] preiset Jahwe! [liturgische Formel] O

ἀλλήλων, ~οις, ~ους einander, gegenseitig [v. zweien od. mehreren]

\+ **ἀλλογενής, ~ές** landfremd; ὁ ~ Fremdling L

* **ἅλλομαι** springe L; sprudle J

ἄλλος, ~η, ~ο **(1)** ein anderer; ἄλλοι ἄλλο τι der eine dies, der andere jenes; οὐκ ~ εἰ μή, πλήν, παρά τινα, ἀλλ' ἤ kein anderer als …; ~ πρὸς ~ον der eine zum andern; οἱ ~οι die übrigen; **(2)** anders beschaffen, andersartig

\+ **ἀλλοτριεπίσκοπος** 2 der sich in fremde Angelegenheiten einmischt (?) 1 P 4,15

ἀλλότριος 3 **(1)** fremd; subst.: ὁ ~ der Fremde; τὸ ~ον fremdes Gut L; **(2)** feindlich H

\+ **ἀλλόφυλος** 2 stammesfremd; ὁ ~ der Nichtvolksgenosse [d.h. der Heide] L

+ **ἄλλως** Adv. anders; τὰ ~ ἔχοντα Gegenteil P

* **ἀλοάω** dresche P

* **ἄλογος** 2 **(1)** vernunftlos (Tiere) K; **(2)** unvernünftig; δοκεῖ μοι ~ον es scheint mir ungereimt L

+ **ἀλόη, ἡ** Aloe [Harz, zum Einbalsamieren verwandt] J

ἅλς s. **ἅλας**

+ **ἁλυκός** 3 salzig Ja

+ **ἄλυπος** 2 sorgenfrei; ~ότερος ganz ohne Sorgen P

ἅλυσις, ἡ Fessel, bes. Handschelle; Gefangenschaft P

+ **ἀλυσιτελής, ~ές** unnütz; ~ὲς ὑμῖν [erg. ἐστιν] bringt euch keinen Nutzen H

* **ἄλφα, τό** der Anfangsbuchstabe des Alphabets, nur in der Formel ἐγώ εἰμι τὸ ~ καὶ τὸ ὦ O

* **ἅλων, ~ωνος, ἡ** Tenne, auch das auf ihr liegende Korn

* **ἀλώπηξ, ~εκος, ἡ** Fuchs M L; [bildl. v. einem verschlagenen, hinterlistigen Menschen] L

+ **ἅλωσις, ἡ** Fangen; εἰς ~ιν eingefangen zu werden K

ἅμα Adv. **(1)** zugleich; ~ καὶ ~ auch; ~ σύν τινι zusammen mit jmdm.; **(2)** als uneigtl. Präp. mit Dat.: ~ τινί zugleich mit ...; ~ πρωΐ gleich am Morgen M

+ **ἀμαθής, ~ές** unwissend K

+ **ἀμαράντινος** 3 aus Amarant [? od. = ἀμάραντος?] (Kranz) K

+ **ἀμάραντος** 2 unverwelklich, unvergänglich (Erbe) K

ἁμαρτάνω sündige; ~ ἁμαρτίαν begehe eine Sünde J; ~ εἴς τινα (τι) ~ gegen ...; ~ ἐνώπιόν τινος ~ vor jmdm. L

* **ἁμάρτημα, τό** Sünde, Vergehen; ποιῶ ~ sündige P

ἁμαρτία, ἡ Sünde **(1)** [als Tat] ἀποθνῄσκειν ἐν ~αις als Sünder sterben; γεννηθῆναι ἐν ~αις sündig geboren werden J; ἄφεσις ~ῶν Sündenvergebung; **(2)** Sünde [als Zustand, Eigenschaft], Sündhaftigkeit, v. Paulus beinahe persönlich gefaßt: ὑφ' ~αν εἶναι unter der Herrschaft der ~ stehen; νόμος τῆς ~ας das Gesetz, durch das die ~ wirksam wird; ἡ δύναμις τῆς ~ας ὁ νόμος das Gesetz ist die Macht der ~; σῶμα τῆς ~ας der von der ~ beherrschte Leib, ebenso σὰρξ ~ας P; προσφορὰ περὶ ~ας Sündopfer, προσφέρειν περὶ ~ας ein ~ darbringen H

+ **ἀμάρτυρος** 2 unbezeugt L

ἁμάρτω, -η Konjunktiv Aor. 2 v. ἁμαρτάνω

ἁμαρτωλός 2 sündig, sündhaft (Mensch, Mann, Frau, Geschlecht); ἵνα γένηται καθ' ὑπερβολὴν ~ ἡ ἁμαρτία damit die Sünde überaus sündhaft würde P; Subst.: ὁ ~ der Sünder; ~οὶ παρὰ πάντας größere ~ als alle andern L; οὐκ ἐξ ἐθνῶν ~οί keine ~ heidnischer Herkunft P; neben τελῶναι Zöllner und ~ S

* **ἄμαχος** 2 nicht streitsüchtig P

+ **ἀμάω** mähe ab (Felder) Ja

+ **ἀμέθυστος, ἡ** Amethyst [Edelstein] O

* **ἀμελέω** vernachlässige, kümmere mich nicht τινός um ...; ἀμελήσας unbekümmert M

* **ἄμεμπτος** 2 untadelhaft, vollkommen H

* **ἀμέμπτως** Adv. untadelig; γενηθῆναι ~ sich ~ halten P

* **ἀμέριμνος** 2 sorgenfrei; ~ον ποιεῖν τινα jmdm. die Sorgen abnehmen M

* **ἀμετάθετος** 2 unwandelbar; τὸ ~ον τῆς βουλῆς die Unabänderlichkeit des Ratschlusses H

\+ **ἀμετακίνητος** 2 unbeweglich P

* **ἀμεταμέλητος** 2 unbereubar (Buße) P; unwiderruflich (Gnadengaben) P

\+ **ἀμετανόητος** 2 unbußfertig (Herz) P

* **ἄμετρος** 2 maßlos; εἰς τὰ ~α ins Ungemessene P

ἀμήν [hebr. 'amēn] Amen [wahrhaftig! sicherlich!], liturgische Formel der Zustimmung od. Bekräftigung des Gesagten; διὸ καὶ δι' αὐτοῦ τὸ ~ τῷ θεῷ deshalb (sprechen) wir Gott durch ihn auch das ~ [, weil er die Verheißungen erfüllt]; der Rede Jesu eigentümlich ist die Beteuerungsformel am Anfang: ~ λέγω σοι (ὑμῖν) wahrlich, ich sage … S, bei J verdoppelt

\+ **ἀμήτωρ, ~ορος** mutterlos H

* **ἀμίαντος** 2 unbefleckt; [nur in rel. u. sittlichem Sinn:] rein (Erbe, Gottesdienst); sündlos (Christus) H

* **ἄμμος, ἡ** Sand

* **ἀμνός, ὁ** Lamm; bildl. v. Christus; ~ τοῦ θεοῦ Gotteslamm [, die Sünde wegnehmend, vielleicht nach dem Passahlamm gebildete Formel] J

\+ **ἀμοιβή, ἡ** Wiedervergeltung; ~ὰς ἀποδίδωμι vergelte als Dank mit Gleichem P

[+] **ἄμορφος** 2 häßlich (Götzen) [1 K 12,2]

* **ἄμπελος, ἡ** Weinstock; [bildl. v. Christus] J

\+ **ἀμπελουργός, ὁ** Winzer L

ἀμπελών, ~ῶνος, ὁ Weinberg [L

\+ **ἀμύνομαι** zahle heim (stehe bei?)

\+ **ἀμφι'άζω** bekleide L

\+ **ἀμφι'βάλλω** werfe aus [im Bogen] (Netze) m

\+ **ἀμφίβληστρον, τό** Wurfnetz M

ἀμφι'έζω Nebenform zu ἀμφιάζω (s. dort)

* **ἀμφι'έννυμι** bekleide ἔν τινι mit … M L

\+ **ἄμφοδον, τό** Straße m [L]

ἀμφότεροι 3 beide; alle zusammen [v. mehr als zweien] L

\+ **ἀμώμητος** 2 untadelhaft P K

\+ **ἄμωμον, τό** Amomum [Gewürz] [O]

* **ἄμωμος** 2 fehlerlos, untadelig; ἑαυτὸν προσφέρειν ~ον sich als ~ Opfer darbringen H; v. der sittlichen u. rel. Haltung P K O

ἄν Adv. der Modalität **(1)** im Nachsatz v. Bedingungssätzen mit Ind. des Impf., Aor., Plsqpf. verbunden, um das irreale Verhältnis zu bezeichnen; **(2)** beim Opt. des Wunsches, dessen Bedingtheit bezeichnend; **(3)** in Nebensätzen, Relativsätze verallgemeinernd, in abhängigen Fragesätzen; bei Konjunktionen der Zeit, die Möglichkeit des Geschehens ausdrückend; **(4)** wenn = ἐάν

ἀνά Präp. mit Akk.: über … hin, auf; ~ μέσον τινός mitten hinein, in der Mitte zwischen …; [distributiv, namentlich bei Zahlen:] je; ~ δύο je zwei und zwei; [erstarrt] ~ εἷς ἕκαστος jeder einzelne; ~ δηνάριον je 1 Denar; ~ μέρος der Reihe nach, nacheinander

ἀνάβα Imp. Aor. 2 v. ἀναβαίνω, neben ἀνάβηθι

* **ἀναβαθμός**, ὁ Stufe L

ἀνα'βαίνω **(1)** steige empor, hinauf ἐπί τι, εἴς τι auf ..., in ..., ἀπό τινος, ἔκ τινος von ..., aus ...; **(2)** ziehe, reise hinauf [bes. v. der Reise nach Jerusalem u. zum Tempel]: εἰς nach ...; **(3)** aufgehen (v. Pflanzen), aufsteigen (Rauch); übertr.: aufsteigen (v. Gebeten, Gedanken); ~ουσιν ἐν τῇ καρδίᾳ, ἐπὶ καρδίαν steigen im Herzen auf

\+ **ἀνα'βάλλομαι** vertage; ~ τινά eröffne jmdm. den Vertagungsbeschluß L

ἀνάβατε [auch **~ητε**] Imp. Aor. 2 v. ἀναβαίνω

ἀναβέβηκα Pf. v. ἀναβαίνω

ἀναβήσομαι Fut. v. ἀναβαίνω

\+ **ἀνα'βιβάζω** ziehe herauf (Netz) M

ἀνα'βλέπω **(1)** blicke empor εἴς τι zu ...; schlage die Augen auf; **(2)** erlange das Gesicht wieder, werde sehend

\+ **ἀνάβλεψις**, **~εως**, **ἡ** Wiedererlangung der Sehkraft; κηρῦξαι ~ιν verkündige, daß sie wieder sehen sollen L

\+ **ἀνα'βοάω** schreie auf; verstärkt: φωνῇ μεγάλῃ mit lauter Stimme M

\+ **ἀναβολή**, **ἡ** Aufschub; ~ὴν ποιεῖσθαι vertagen L

* **ἀνάγαιον**, **τό** u. **ἀνώγαιον**, **τό** Oberzimmer L

ἀν'αγγέλλω melde, berichte, verkündige τὶ, τινί τι; τινὶ περί τινος jmdm. von etw.; περί τινος von ...; mit flgd. ὅτι daß

* **ἀνα'γεννάω** zeuge wieder, gebäre wieder; [nur bildl.:] lasse wiedergeboren werden τινά jmdn. J

ἀνα'γινώσκω lese (Schrift, einen Propheten), ἔν τινι in (einem Buch); lese vor τὶ etw. (Brief, Prophetenworte) L

* **ἀναγκάζω** zwinge, nötige; Impf. ἠνάγκαζον mit Inf. wollte zwingen zu ... L

* **ἀναγκαῖος** 3 **(1)** notwendig (Bedürfnisse); ~ον [erg. ἐστίν] mit Inf. muß; ~ον ἡγοῦμαι halte für nötig; ~ότερον [erg. ἐστίν] es ist nötiger; **(2)** wie *necessarius* v. engen Beziehungen: φίλοι ~οι die nächsten Freunde

\+ **ἀναγκαστῶς** Adv. gezwungen K

ἀνάγκη, **ἡ** Nötigung; ~ ἐστίν muß mit flgd. Inf.; ~ην ἔχω ich muß; μὴ ἔχων ~ην ohne Zwang; ~ μοι ἐπίκειται ich stehe unter dem Zwang; ἐξ ~ης gezwungen; κατ' ~ην erzwungenermaßen; **(2)** Not; ἐνεστῶσα ~ die bevorstehende ~ P

ἀναγνούς, **~γνῶναι**, **~γνωσθῆναι** Ptz., Inf. Aor. 2 Akt. u. Inf. Aor. 1 Pass. v. ἀναγινώσκω

\+ **ἀνα'γνωρίζω** erkenne wieder L

* **ἀνάγνωσις**, **ἡ** [gottesdienstliche Schrift-]Verlesung; ἐπὶ τῇ ~ει während vorgelesen wird P

ἀν'άγω führe hinauf εἴς τι auf, nach, in ...; bringe herauf (aus der Unterwelt); führe vor (aus dem Gefängnis) τινί vor ...; ~ θυσίαν τινί opfere ...; Pass.: gehe in See, laufe aus ἀπό τινος von ..., εἴς, ἐπί τι nach ...

* **ἀνα'δείκνυμι** **(1)** zeige öffentlich τινά jmdn. L; **(2)** bestimme, bestelle τινά jmdn. L

\+ **ἀνάδειξις**, **ἡ** Einsetzung, Bestallung; ἡμέρα ~εως αὐτοῦ πρὸς τὸν Ἰσραήλ der Tag seiner

Bestallung [zum Vorläufer des Messias] vor Israel L

* **ἀνα'δέχομαι (1)** nehme [gastlich] auf τινά jmdn. L; **(2)** nehme [gläubig] an (Verheißungen) H

\+ **ἀνα'δίδωμι** übergebe, überbringe τινί τι jmdm. etw. (Brief) L

* **ἀνα'ζάω** lebe auf; [übertr. v. der Sünde:] ἀνέζησεν gewann Leben P

* **ἀνα'ζητέω** suche auf τινά jmdn., suche nach jmdm. L

\+ **ἀνα'ζώννυμι** gürte; [bildl.:] ~σάμενοι τὰς ὀσφύας an den Hüften gegürtet [= marschbereit] K

\+ **ἀνα'ζωπυρέω** fache an, belebe (Gnadengabe) P

ἀναζωσάμενος Ptz. Aor. 1 Med. v. ἀνα'ζώννυμι

\+ **ἀνα'θάλλω** lasse aufsprießen; ἀνεθάλετε τὸ ὑπὲρ ἐμοῦ φρονεῖν ihr wolltet der Fürsorge für mich zu neuer Blüte verhelfen P

* **ἀνάθεμα, τό (1)** Weihegeschenk; **(2)** Verfluchung, Verwünschung; ~ Ἰησοῦς verflucht sei ...; ~ εἶναι ἀπό τινος verflucht und dadurch von jmdm. getrennt sein; ~τι ἀναθεματίζειν ἑαυτόν sich bei Gefahr des Fluches verpflichten L

* **ἀνα'θεματίζω** s. ἀνάθεμα L

* **ἀνα'θεωρέω** betrachte genau (Gegenstände der Verehrung, Lebensende) L H

\+ **ἀνάθημα, τό** Weihegeschenk [L]

\+ **ἀναίδεια, ἡ** Unverschämtheit L

\+ **ἀναίρεσις, ἡ** Ermordung L

ἀν'αιρέω (1) hebe auf, beseitige τὶ (das Erste); **(2)** schaffe beiseite, töte; ~ ἐμαυτόν lege Hand an mich L; Med.: nehme [an Kindesstatt] an L

* **ἀναίτιος** 2 unschuldig M [L

* **ἀνα'καθίζω** setze mich aufrecht

\+ **ἀνα'καινίζω** erneuere; [nur bildl.:] ~ τινὰ εἰς μετάνοιαν ~ jmdn. so, daß er Buße tut H

* **ἀνα'καινόω** erneuere; [nur bildl. v. innerer Umwandlung:] [ὁ νέος ἄνθρωπος ὁ] ~ούμενος εἰς ἐπίγνωσιν der zur Erkenntnis neu gestaltet ist P

* **ἀνακαίνωσις, ἡ** Erneuerung; [nur bildl.:] ~ πνεύματος ἁγίου ~ durch den Heiligen Geist P

* **ἀνα'καλύπτω** enthülle; κάλυμμα μὴ ~όμενον ein Schleier, der nicht weggezogen wird P; übertr.: ἀνακεκαλυμμένῳ προσώπῳ mit entschleiertem Antlitz P

* **ἀνα'κάμπτω** kehre zurück πρός τινα zu ... L; [auch bildl.:] ἐπί τινα auf ... [L]

ἀνά'κειμαι liege; bes. ~ zu Tisch ἔν τινι in ..., μετά τινος, σύν τινι mit ...; ~ ἐν τῷ κόλπῳ τινός ~ an jmds. Brust; ὁ ~μενος der Tischgast M L J

* **ἀνα'κεφαλαιόομαι** fasse zusammen; τὰ πάντα ἐν Χριστῷ ~ fasse das All in Christus [zu einer Einheit] zusammen P

* **ἀνα'κλίνω** lege τινὰ ἐν jmdn. in ...; **(2)** lasse sich [zum Mahl] lagern; Pass.: lagere mich [zum Mahl] ἐπί τινος od. τινι auf ...; lege mich zu Tisch

[+] **ἀνα'κόπτω** hindere, mit flgd. Inf. zu ... [P]

* **ἀνα'κράζω** schreie auf φωνῇ μεγάλῃ mit lauter Stimme L m

ἀνα'κρίνω (1) verhöre; stelle eine Untersuchung an; **(2)** befrage (Schrift) L; μηδὲν ~ων διὰ τὴν συνείδησιν ohne um des

Gewissens willen nachzufragen P; **(3)** beurteile P

+ **ἀνάκρισις, ἡ** Vorverhör L

[+] **ἀνα'κυλίω** wälze weg (Verschlußstein) [m]

* **ἀνα'κύπτω** richte mich auf L J; [bildl.: Zeichen der Hoffnungsfreudigkeit] L

ἀνα'λαμβάνω **(1)** nehme in die Höhe εἴς τι in … (Himmel); **(2)** nehme mit P; ~ an Bord L; **(3)** trage (Molochzelt) L; **(4)** nehme auf, ergreife (Waffen) P

ἀναλημφθείς Ptz. Aor. 1 Pass. v. ἀναλαμβάνω

+ **ἀνάλημψις, ἡ** Himmelfahrt L

ἀνα'λίσκω s. ἀναλόω

[+] **ἀν'άλλομαι** springe auf [L]

+ **ἀναλογία, ἡ** richtiges Verhältnis; κατὰ ~αν τινός in Übereinstimmung mit … P [H

+ **ἀνα'λογίζομαι** denke τινά an …

+ **ἄναλος** 2 salzlos; taub (Salz) m

* **ἀν'αλόω** [**ἀν'αλίσκω**] verzehre, vernichte P L; Pass.: werde aufgezehrt = gehe völlig zugrunde P

+ **ἀνάλυσις, ἡ** Auflösung, Aufbruch, Heimgang [= Tod] P

* **ἀνα'λύω** **(1)** breche auf ἐκ τῶν γάμων vom Festmahl L; **(2)** scheide ab [aus dem Leben] P

ἀναλῶσαι Inf. Aor. 1 v. ἀναλόω [ἀναλίσκω]

+ **ἀναμάρτητος** 2 sündlos J

+ **ἀνα'μένω** erwarte (den Gottessohn aus dem Himmel) P

* **ἀνα'μιμνῄσκω** erinnere τὶ an etw. (Lehren) P; Pass.: denke τὶ an (Wort, Gehorsam, Tage) m P H

* **ἀνάμνησις, ἡ** Erinnerung τινός an … (Sünden) H; εἰς τὴν ἐμὴν ~ιν zur ~ an mich P L

ἀναμνήσω Fut., **ἀναμνησθείς** Ptz. Aor. 1 Pass. v. ἀναμιμνῄσκω

+ **ἀνα'νεόομαι** werde erneuert τῷ πνεύματι im Geist P

+ **ἀνα'νήφω** werde ernüchtert ἐκ παγίδος und ziehe mich aus der Schlinge P

+ **ἀναντίρρητος** 2 unwidersprechlich L

+ **ἀναντιρρήτως** Adv. ohne Widerspruch zu erheben L

+ **ἀνάξιος** 2 ungeeignet τινός (Recht zu sprechen) P

+ **ἀναξίως** Adv. nicht entsprechend, unangemessen P

ἀναπαήσομαι Fut. 2 Pass. v. ἀναπαύω

ἀναπαύου Imp. Präs. v. ἀναπαύομαι

* **ἀνάπαυσις, ἡ** **(1)** Aufhören; ~ιν οὐκ ἔχω λέγων rede ohne ~ O; **(2)** Ruhe M; **(3)** Ruheplatz M L

ἀνα'παύω lasse ausruhen, erquicke (Geist, Herz); Pass.: werde erquickt; Med.: ruhe mich aus ἔκ τινος von … O; ~ ἐπί τινος ruhe auf … K; halte Ruhe ἕως … bis … O

+ **ἀνα'πείθω** verführe L

+ **ἀνάπειρος, ὁ** Krüppel, andere Schreibung für ἀνάπηρος

* **ἀνα'πέμπω** sende πρός τινα zu … L; sende zurück τινά τινι oder πρός τινα jmdn. zu jmdm. P L

ἀνάπεσε, ~εῖν Imp., Inf. Aor. 2 v. ἀναπίπτω

+ **ἀνα'πηδάω** springe auf m

* **ἀνάπηρος, ὁ** Krüppel L

ἀνα'πίπτω lagere mich ἐπί τινος auf …; lege mich zu Tisch, εἰς τόπον an einem Platz; lege mich zurück ἐπὶ τὸ στῆθος τινός an jmds. Brust

* **ἀνα'πληρόω** bringe auf das Vollmaß τὶ (Sünden) P; ersetze τὸ ὑστέρημα was fehlt P; erfülle (Gesetz); Pass.: ~οῦται ἡ προφητεία geht in Erfüllung τινί an … M; fülle aus τόπον τινός = nehme den Platz ein P

* **ἀναπολόγητος** 2 keine Entschuldigung habend P

[+] **ἀνα'πράσσω** treibe ein τὶ (eine Forderung) [L] [L

\+ **ἀνα'πτύσσω** entfalte (Buchrolle)

* **ἀν'άπτω** zünde an, entzünde (Feuer, Holz, Scheiter) L Ja

\+ **ἀναρίθμητος** 2 unzählbar H

* **ἀνα'σείω** wiegle auf (Volksmenge) m L

\+ **ἀνα'σκευάζω** verstöre τὰς ψυχάς die Gemüter L

* **ἀνα'σπάω** ziehe empor εἰς τὸν οὐρανόν in den Himmel L; ziehe herauf L

ἀνάστα Imp. Aor. 2 v. ἀνίστημι

ἀνάστασις, ἡ **(1)** Auferstehung τῶν νεκρῶν der Toten u. von den Toten P, ἐκ νεκρῶν von den Toten P; ~ ζωῆς Lebens~ J; ~ κρίσεως Gerichts~ J; **(2)** Aufstehen; κεῖται εἰς ~ιν πολλῶν er ist gesetzt zum ~ für viele L

* **ἀνα'στατόω** scheuche auf; bringe in Verwirrung (Welt)

\+ **ἀνα'σταυρόω** kreuzige (den Sohn Gottes) H

\+ **ἀνα'στενάζω** seufze auf m

ἀνάστηθι Imp. Aor. 2 v. ἀνίστημι

* **ἀνα'στρέφω** **(1)** [tr.:] stürze um (Wechseltische) [J]; **(2)** [intr.:] kehre zurück L; **(3)** Pass.: halte mich auf ἐν in …; übertr.: führe einen Wandel, lebe ἐν in …; καλῶς ~ führe einen guten Wandel H; ~ ἐν ταῖς ἐπιθυμίαις lebe unter der Herrschaft der Begierden P; οἱ οὕτως ~όμενοι denen es so erging H

ἀναστροφή, ἡ Lebensart, Wandel

\+ **ἀνα'τάσσομαι** stelle in geordneter Reihenfolge dar (Erzählung) L

ἀνατεθραμμένος Ptz. Pf. Pass. v. ἀνατρέφω

ἀνατείλας Ptz. Aor. 1 v. ἀνατέλλω

* **ἀνα'τέλλω** **(1)** [tr.:] lasse aufgehen (Sonne) M; **(2)** [intr.:] gehe auf

ἀνατέταλκα Pf. v. ἀνατέλλω

* **ἀνα'τίθεμαι** lege vor, teile mit, setze auseinander τινί τι jmdm. etw. P L

ἀνατολή, ἡ Osten; ἀπ' ~ῆς, ~ῶν von ~ her O M; ~ ἐξ ὕψους Lichterscheinung aus der Höhe [vom Kommen des Messias]

* **ἀνα'τρέπω** stürze um (Wechseltische) [J]; [übertr.:] ruiniere, bringe zu Fall (Familien, Glauben) P

* **ἀνα'τρέφω** ziehe auf, erziehe; Med.: ziehe mir heran εἴς τι zu … L

* **ἀνα'φαίνω** sichte, bekomme in Sicht (Zypern) L; Pass.: erscheine L

ἀναφάναντες Ptz. Aor. 1 (dorisch ἀνέφανα) v. ἀναφαίνω

ἀνα'φέρω **(1)** führe hinauf εἴς τι auf … (Berg) m M; **(2)** opfere ἐμαυτόν mich H; bringe dar (Opfer) H; ἁμαρτίας ἀνήνεγκεν ἐπὶ τὸ ξύλον er brachte die Sünden ans Kreuz K

\+ **ἀνα'φωνέω** schreie auf κραυγῇ μεγάλῃ laut L

ἀναχθείς Ptz. Aor. 1 Pass. v. ἀνάγω

\+ **ἀνάχυσις, ἡ** Strom (der Liederlichkeit) K

ἀνα'χωρέω kehre zurück; ziehe mich zurück εἰς … in, nach …, πρός τι zu …; ~ κατ' ἰδίαν ziehe mich beiseite zurück

ἀνάψας Ptz. Aor. 1 v. ἀνάπτω

\+ **ἀνάψυξις, ἡ** Erquickung; καιροὶ ~εως Zeiten der Erholung L

\+ **ἀνα'ψύχω** erlabe P

\+ **ἀνδραποδιστής, ὁ** Seelenverkäufer [= Kuppler?] P [P

\+ **ἀνδρίζομαι** zeige mich als Mann

\+ **ἀνδροφόνος, ὁ** Mörder P

ἀνέβην Aor. 2 v. ἀναβαίνω

* **ἀνέγκλητος** 2 unbescholten P

ἀνέγνων Aor. 2 v. ἀναγινώσκω

ἀνέδειξα Aor. 1 v. ἀναδείκνυμι

ἀνέθαλον Aor. 2 v. ἀναθάλλω

ἀνεθέμην Aor. 2 v. ἀνατίθεμαι

ἀνέθην Aor. 1 Pass. v. ἀνίημι

ἀνεθρεψάμην Aor. 1 Med. v. ἀνατρέφω

ἀνεῖλα u. **ἀνεῖλον** Aor. v. ἀναιρέω

ἀνείς Ptz. Aor. 2 v. ἀνίημι

ἀνειχόμην Impf. Med. v. ἀνέχω

\+ **ἀνεκδιήγητος** 2 unbeschreiblich (Gabe Gottes) P

\+ **ἀνεκλάλητος** 2 unaussprechlich (Freude) K

\+ **ἀνέκλειπτος** 2 unerschöpflich (Schatz) L

* **ἀνεκτός** 3 erträglich; ~ότερον ἔσται τινί es wird für jmdn. leichter auszuhalten sein M L

\+ **ἀνελεήμων, ~ονος** unbarmherzig P

ἀνελεῖν, ~έλω Inf., Konjunktiv Aor. 2 v. ἀναιρέω

\+ **ἀνέλεος** 2 erbarmungslos (Gericht) [Ja]

ἀνελήμφθην Aor. 1 Pass. v. ἀναλαμβάνω

\+ **ἀνεμίζομαι** werde vom Wind gejagt Ja

ἄνεμος, ὁ Wind; ~ μέγας Sturm J O; ~ τυφωνικός Gewittersturm L; οἱ τέσσαρες ~οι die vier ~richtungen; [Bild der Unbeständigkeit:] κλυδωνιζόμενοι παντὶ ~ῳ τῆς διδασκαλίας umhergetrieben von jedem Wind der Lehre P

\+ **ἀνένδεκτος** 2 unmöglich; ~όν ἐστιν τοῦ μὴ ἐλθεῖν müssen kommen L

ἀνενέγκαι Inf. Aor. 1 v. ἀναφέρω

ἀνέντες Ptz. Aor. 2 v. ἀνίημι

\+ **ἀνεξεραύνητος (ἀνεξερεύνητος)** 2 unerforschlich (Gottes Richtersprüche) P

\+ **ἀνεξίκακος** 2 gelassen P

* **ἀνεξιχνίαστος** 2 unbegreiflich (Gottes Wege, Reichtum Christi) P

ἀνέξομαι Fut. v. ἀνέχομαι

\+ **ἀνεπαίσχυντος** 2 der sich [seines Werkes] nicht zu schämen braucht P

ἀνέπεσα Aor. v. ἀναπίπτω

* **ἀνεπίλημπτος** 2 untadelhaft (Bischof, Witwe) P; unantastbar (Gebot) P

ἀνέπτυξα Aor. 1 v. ἀναπτύσσω

* **ἀν'έρχομαι** gehe hinauf εἰς … auf …, nach … J P

ἀνέσεισα Aor. 1 v. ἀνασείω

* **ἄνεσις, ἡ (1)** Erleichterung [der Haft] L; **(2)** Ruhe, Erholung; ~ιν ἔχειν τῷ πνεύματι Ruhe für den Geist haben P

ἀνέστην Aor. 2 v. ἀνίστημι

ἀνεστράφην Aor. 2 Pass. v. ἀναστρέφω

* **ἀν'ετάζω** stelle ein Verhör an μάστιξιν unter Anwendung der Geißelung L

* **ἄνευ** Präp. mit Gen.: ohne; ~ τοῦ πατρὸς ὑμῶν ohne Wissen eures Vaters M

+ **ἀνεύθετος** 2 ungünstig gelegen πρός τι zu (Überwinterung) L

* **ἀν'ευρίσκω** finde auf L

ἀν'έχομαι ertrage τινός jmdn. [= seine Eigenart u. Unart]; lasse mir gefallen (Lehre, Trost, Worte), auch mit Akk.: μικρόν τι ἀφροσύνης ein wenig Narrheit P; θλίψεσιν αἷς [= ὧν od. ἃς] ~εσθε Bedrängnisse, die ihr zu ertragen habt P

+ **ἀνεψιός, ὁ** Vetter P

ἀνέῳγα, ἀνεῳγώς, ~μένος Pf., **ἀνέῳξα** Aor. 1 v. ἀνοίγω

ἀνήγαγον Aor. 2 v. ἀνάγω

ἀνήγγειλα, ἀνηγγέλην Aor. 1 Akt. u. 2 Pass. v. ἀναγγέλλω

+ **ἄνηθον, τό** Dill M

ἀνῆκα Aor. 1 v. ἀνίημι

* **ἀν'ήκω** nur übertr. u. unpersönlich: ἀνῆκεν es ziemt sich P; τὸ ~ον die Pflicht P; τὰ οὐκ ~οντα die Ungebühr [P]

+ **ἀνήμερος** 2 grob P

ἀνήνεγκον Aor. 2 v. ἀναφέρω

ἀνήρ, ἀνδρός, ὁ Mann **(1)** [v. Geschlecht] Mann [Ehemann, Bräutigam]; im Ggs. zum Knaben P; **(2)** Pl.: Leute, Mann [v. Soldaten]; bes. in Anreden: ἄνδρες Ἰσραηλῖται ihr ...!; **(3)** = τὶς irgendwer, jmd.; ~ ὅς *is qui*; **(4)** mit Appellativen u. Volksnamen: ~ προφήτης ein Prophet; ~ Μακεδών ein Makedonier; **(5)** mit Adjektiven verbunden substantiviert es diese: ~ μωρός ein Tor; ~ λεπρός ein Aussätziger

ἀνῃρέθην Aor. 1 Pass. v. ἀναιρέω

ἀνήφθην Aor. 1 Pass. v. ἀνάπτω

ἀνήχθην Aor. 1 Pass. v. ἀνάγω

ἀνθέξομαι Fut. v. ἀντέχομαι

ἀνθ'ίσταμαι Med. [u. Aor. 2 ἀντέστην, Pf. ἀνθέστηκα] stelle mich entgegen, leiste Widerstand, widersetze mich, widerstehe; τινὶ ~ κατὰ πρόσωπον leiste jmdm. ins Gesicht hinein Widerstand P

+ **ἀνθ'ομολογέομαι** preise τινί ... L

* **ἄνθος, τό** Blüte K

* **ἀνθρακιά, ἡ** Kohlenhaufe; Kohlenfeuer J

+ **ἄνθραξ, ὁ** Kohle; ~ πυρός brennende ~ P

* **ἀνθρωπάρεσκος** 2 Menschengunst suchend P

* **ἀνθρώπινος** 3 menschlich, Menschen-; ~ον λέγειν menschlich reden = wie man im täglichen Leben spricht P; ~ ἡμέρα ~ Gerichtstag P; ~ πειρασμός Versuchung, wie sie Menschen trifft [u. diese sie tragen können]

* **ἀνθρωποκτόνος, ὁ** Mörder; vom Teufel J

ἄνθρωπος, ὁ (1) Mensch; Pl.: Mitmenschen; Leute, auch als Anrede; κατὰ ~ον λέγω = ich will ein Beispiel nach dem Leben brauchen P; κατὰ ~ον περιπατέω wandle, wie ein ~ pflegt; τὸ εὐαγγέλιον οὐκ ἔστιν κατὰ ~ον ist nicht menschlicher Art; κατὰ ~ον ἐθηριομάχησα kämpfte wie ein gewöhnlicher ~ (nicht als ein der Auferstehung gewisser Christ) mit Bestien P; bildl.: καινὸς, παλαιὸς ~ der als Christ erneuerte, nicht erneuerte ~; ὁ ἔσω, ἔξω ~ der ~ nach seiner inneren, äußeren Seite; **(2)** Ehemann; **(3)** unbetont: einer, jmd.; τίς ~; wer?; πᾶς ~ jedermann; πάντες ~οι alle; εἷς

~ ein einzelner; wie ἀνήρ mit Appellativen u. Ortsnamen verbunden: ~ βασιλεύς irgendein König; ~ Κυρηναῖος einer aus Kyrene; auch Adj. substantivierend: ~ τυφλός ein Blinder; zuweilen = man: λογιζέσθω ~ man soll ansehen

[+] **ἀνθ'υπατεύω** bin Prokonsul Ἀχαΐας über Achaia [L]

* **ἀνθύπατος, ὁ** der Prokonsul L

ἀνιέντες Ptz. Präs. v. ἀνίημι

* **ἀν'ίημι** lasse nach **(1)** lockere, löse (Fesseln, Haltetaue) L; **(2)** übertr.: mildere (Drohung) P; **(3)** verlasse H

[+] **ἀνίλεως** unbarmherzig (Gericht) [Ja]

* **ἄνιπτος** 2 ungewaschen (Hände) m M

ἀν'ίστημι **(1)** richte auf τινά jmdn.; lasse erstehen, auftreten (Propheten, Nachkommen); lasse auferstehen, erwecke auf; **(2)** Med.: stehe auf, erhebe mich [eigtl. u. bildl.] (v. der Erde, aus dem Schlaf), auch im feindlichen Sinn ἐπί τινα gegen …; trete auf; bes. stehe auf ἐκ νεκρῶν von den Toten

* **ἀνόητος** 2 unvernünftig, unverständig (Personen); töricht (Begierden) P

* **ἄνοια, ἡ** Unverstand; ἐπλήσθησαν ~ας sie wurden ganz toll L

ἀνοιγήσομαι Fut. 2 Pass. v. ἀνοίγω

ἀν'οίγω öffne (Tür); θύρα μοι ἀνέῳγεν eine Tür steht mir offen P; ἀνεῳγώς, ἀνεῳγμένος offen; übertr. u. bildl.: ~ τὸ στόμα tue den Mund auf [= rede] ἐν παραβολαῖς um in Gleichnissen zu reden, ~ εἰς βλασφημίας um Lästerungen auszusprechen O; τὸ στόμα ἡμῶν ἀνέῳγεν πρὸς ὑμᾶς ich habe offen zu euch geredet P; ἀνεῴχθη τὸ στόμα [vom Stummen] erhielt die Sprache; v. den Augen: = sehend werden; v. den Ohren: = das Gehör erhalten

* **ἀν'οικοδομέω** baue wieder auf (Zelt Davids) L

\+ **ἄνοιξις, ἡ** das Auftun (des Mundes zur Rede) P

ἀνοίσω Fut. v. ἀναφέρω

ἀνοιχθήσομαι Fut. 1 Pass. v. ἀνοίγω

ἀνομία, ἡ Ungesetzlichkeit, Ungerechtigkeit, Sünde; ποιεῖν, ἐργάζεσθαι τὴν ~αν Sünde tun; εἰς τὴν ~αν so daß sie ~ tun; ὁ ἄνθρωπος τῆς ~ας vom Antichrist P

* **ἄνομος** 2 **(1)** ohne das [mosaische] Gesetz P; **(2)** gesetzlos, gottlos (Werke) K; subst.: ὁ ~ der Frevler, Verbrecher m L; im Lasterkatalog P; vom Antichrist P

* **ἀνόμως** Adv. ohne das Gesetz [zu haben od. es zu kennen] P

[+] **ἀνόνητος** 2 nutzlos (Begierde) P

* **ἀν'ορθόω** richte wieder auf L, Pass.: richte mich wieder auf L; versetze wieder in den ursprünglichen Zustand H

* **ἀνόσιος** 2 gottlos P

* **ἀνοχή, ἡ** Zurückhaltung, Nachsicht θεοῦ Gottes P

\+ **ἀντ'αγωνίζομαι** kämpfe an πρός τι wider … H

* **ἀντάλλαγμα, τό** Tauschmittel; τί δώσει ἄνθρωπος ~ τῆς ψυχῆς αὐτοῦ; was kann der Mensch als ~ für seine Seele geben? M m

\+ **ἀντ'ανα'πληρόω** fülle in Stellvertretung aus τὰ ὑστερήματα τῶν θλίψεων was von den Leiden noch fehlt P

* **ἀντ'απο'δίδωμι** vergelte (im guten wie bösen Sinn) L P

* **ἀνταπόδομα, τό** Vergeltung (als Lohn wie Strafe) L P

\+ **ἀνταπόδοσις, ἡ** Belohnung τῆς κληρονομίας die im Erbteil besteht P

* **ἀντ'απο'κρίνομαι** **(1)** erwidere πρός τι auf … L; **(2)** erhebe Einwendungen τινί gegen … P

ἀντεῖπον Aor. 2 zu ἀντιλέγω; s. dort

* **ἀντ'έχομαι** **(1)** halte fest τινός an …; **(2)** nehme mich [hilfreich] an τινός … P

ἀντί Präp. mit Gen.: für, an Stelle von; anstatt; χάρις ~ χάριτος eine Gnade an Stelle der andern = eine Gnade nach der andern J; ~ τούτου deshalb; ἀνθ' ὧν = ~ τούτων ὅτι dafür, daß = weil, daher; zugunsten von, für; ~ ἐμοῦ καὶ σοῦ für mich und dich

\+ **ἀντι'βάλλω** halte entgegen; λόγους ~ πρός τινα tausche Worte aus mit … L

\+ **ἀντι'δια'τίθεμαι** widersetze mich; οἱ ~μενοι die Widerspenstigen P

* **ἀντίδικος, ὁ** Prozeßgegner, Feind

\+ **ἀντίθεσις, ἡ** Gegensatz, Widerspruch; [~εις war Titel eines Werkes Marcions, das die Widersprüche v. AT u. NT behandelte] ~εις τῆς ψευδωνύμου γνώσεως die von der fälschlich so genannten Gnosis aufgestellten Gegensätze P

\+ **ἀντι'καθ'ίστημι** setze entgegen; Aor. 2 ἀντικατέστην trete entgegen, leiste Widerstand H

\+ **ἀντι'καλέω** lade [zum Dank] wieder ein L

* **ἀντί'κειμαι** bin entgegen; ὁ ~μενος Widersacher [vom Teufel u. Antichrist] P L; widersetze mich τινί (einer Lehre) P; widerstreite; ταῦτα ἀλλήλοις ~ται stehen im Gegensatz zueinander P

\+ **ἄντικρυς** Adv. als uneigtl. Präp. mit Gen. gegenüber von … L

* **ἀντι'λαμβάνομαι** **(1)** nehme mich an τινός (Kranker); **(2)** befleißige mich (des Wohltuns)

* **ἀντι'λέγω** Aor. 2 ἀντεῖπον **(1)** widerspreche τινί jmdm.; οὐδὲν εἶχον ἀντειπεῖν sie hatten nichts zu erwidern L; ~ μή u. Inf. leugne, zu … L; **(2)** widersetze mich, versage den Gehorsam τινί … J; Pass.: ~εταί τι etw. wird bekämpft

\+ **ἀντίλημψις, ἡ** [= **ἀντίληψις**] Hilfeleistung P

* **ἀντιλογία, ἡ** **(1)** Widerspruch; χωρὶς πάσης ~ας ohne alle Widerrede H; πάσης ~ας πέρας Ende jedes ~ H; **(2)** Widersetzlichkeit, Auflehnung H K

\+ **ἀντι'λοιδορέω** mit Schmähungen erwidern K

\+ **ἀντίλυτρον, τό** Lösegeld ὑπέρ τινος für … P

\+ **ἀντι'μετρέω** messe zur Vergeltung zu; Pass.: mir wird ~ L

* **ἀντιμισθία, ἡ** Entgelt, Lohn P

* **ἀντι'παρ'έρχομαι** gehe in entgegengesetzter Richtung vorbei L

\+ **ἀντιπέρα** auf der gegenüberliegenden Seite τινός von … L

\+ **ἀντι'πίπτω** widerstrebe τινί (dem Hl. Geist) L

ἀντι'στῆναι Inf. Aor. 2 v. ἀνθίστημι

\+ **ἀντι'στρατεύομαι** streite gegen τινί etw. P

* **ἀντι'τάσσομαι** widersetze mich, leiste Widerstand τινί ...

* **ἀντίτυπος** 2 gegenbildlich; ~ον σῴζει βάπτισμα ~ [zur Rettung Noahs] rettet die Taufe K; Subst.: τὸ ~ον Abbild H

* **ἀντίχριστος, ὁ** Antichrist [als teuflisches Gegenbild des Messias] J

* **ἀντλέω** schöpfe τὶ (Wasser) J

\+ **ἄντλημα, τό** Schöpfeimer J

\+ **ἀντ'οφθαλμέω** entgegensehen, gerade hineinsehen, im Sinne des Trotzbietens [L]; τοῦ πλοίου μὴ δυναμένου ~εῖν τῷ ἀνέμῳ da das Schiff nicht mit dem Kopfe in den Wind zu drehen war L

* **ἄνυδρος** 2 wasserlos (Quellen, Wolken) K; dürr (Orte) M L

* **ἀνυπόκριτος** 2 ungeheuchelt (Liebe, Glaube) P, nicht heuchelnd (Weisheit) Ja

* **ἀνυπότακτος** 2 **(1)** nicht untertan; οὐδὲν ~ον alles ist unterworfen H; **(2)** unbotmäßig P

* **ἄνω** Ortsadv. **(1)** oben; oft = himmlisch (Berufung, Jerusalem); ἐκ τῶν ~ vom Himmel; τὰ ~ die himmlischen Dinge P; **(2)** aufwärts; ~ φύω wachse in die Höhe; empor; ~ αἴρω hebe ~ J

ἀνῶ Konjunktiv Aor. 2 v. ἀνίημι

ἀνώγαιον u. **ἀνώγεον** s. ἀνάγαιον

ἄνωθεν Adv. **(1)** von oben; ἐκ τῶν ~, ἀπ' ~ von oben an, vom Himmel her; **(2)** von Anfang an; von früher her; **(3)** wiederum, von neuem; πάλιν ~ wieder von neuem

\+ **ἀνωτερικός** 3 höher [d.h. mehr landeinwärts] gelegen L

* **ἀνώτερον** adv. Ntr. **(1)** höher hinauf L; **(2)** oben [= an einer früheren Stelle der Schrift] H

* **ἀνωφελής, ~ές** unnütz P; subst.: τὸ ~ές Nutzlosigkeit H

* **ἀξίνη, ἡ** Axt M L

ἄξιος 3 **(1)** gleichwertig; οὐκ ~ πρός τι nichts wert im Verhältnis zu ...; entsprechend; καρποὶ ~ τῆς μετανοίας Früchte, die der Buße entsprechen; **(2)** etw. verdienend [Gutes u. Schlimmes], würdig, wert τινός einer Person od. Sache, auch mit flgd. Inf. od. ἵνα; auch ~, ὅς = *dignus, qui*; ~α ὧν ἐπράξαμεν = τούτων ἅ was unsere Taten verdienen L; ~όν ἐστιν es ziemt sich; ~ ἐστιν τοῦ πορεύεσθαι es verlohnt sich zu reisen

* **ἀξιόω** **(1)** halte für würdig τινά τινος jmdn. einer Sache, mit flgd. Inf. zu ...; **(2)** verlange mit flgd. Inf.: ~ μὴ συμπαραλαβεῖν ~, daß man nicht mitnehme L

* **ἀξίως** Adv. würdig τινός (des Herrn, der Berufung)

* **ἀόρατος** 2 unsichtbar; τὰ ~α θεοῦ die ~ Eigenschaften Gottes P; τὰ ~α die ~ Welt P

ἀπ'αγγέλλω **(1)** melde; berichte τὶ, περί τινος von ...; τινί, πρός τινα; ~ εἰς τὴν πόλιν bringe Nachricht in die Stadt; mit flgd. Inf., AcI od. ἵνα; **(2)** erzähle; **(3)** bekenne ἐνώπιόν τινος vor ... (Volk) L

\+ **ἀπ'άγχομαι** erhänge mich M

ἀπ'άγω (1) [tr.:] führe weg, ab εἰς … (ins Gefängnis; zur Kreuzigung); führe vor πρός τινα jmdn.; verführe; πρὸς τὰ εἴδωλα ἀπαγόμενοι zu den Götzen fortgerissen P; **(2)** [intr. vom Weg] führe εἴς τι (ins Verderben, Leben) M

\+ **ἀπαίδευτος** 2 ungebildet, töricht (Untersuchungen) P

* **ἀπ'αίρω** entreiße ἀπό τινος jmdm. S

* **ἀπ'αιτέω** fordere zurück τὶ ἀπό τινος etw. von jmdm. (Leben) L

\+ **ἀπ'αλγέω** werde stumpf; ἀπηλγηκώς abgestumpft P

* **ἀπ'αλλάσσω** befreie; Pass.: werde frei, komme los ἀπό τινος von …; Med.: weiche ἀπό τινος von … L

* **ἀπ'αλλοτριόω** entfremde; Pass.: werde fremd τινός … P

* **ἀπαλός** 3 zart (Sprossen) m M [m L

* **ἀπ'αντάω** begegne τινί jmdm.

* **ἀπάντησις, ἡ** Begegnung; εἰς ~ίν τινος od. τινι jmdm. entgegen

ἅπαξ Adv. **(1)** einmal; ~ τοῦ ἐνιαυτοῦ ~ im Jahr; ~ καὶ δίς ein paarmal; ἔτι ~ noch einmal = zum letzten Mal H; **(2)** ein für allemal H

\+ **ἀπαράβατος** 2 nicht auf einen andern übergehend (Priestertum) H [P

\+ **ἀπαρασκεύαστος** 2 unvorbereitet

ἀπαρθῇ Konjunktiv Aor. 1 Pass. v. ἀπαίρω

ἀπ'αρνέομαι verleugne τινά jmdn.; mit Akk. u. flgd. Inf. mit μή: leugne ab, jmdn. zu …; ~ ἐμαυτόν verleugne mich selbst = gebe meine Persönlichkeit auf, werde völlig selbstlos S

ἀπάρτι = ἀπ' ἄρτι, s. ἄρτι

\+ **ἀπαρτισμός, ὁ** Vollendung L

* **ἀπαρχή, ἡ** die [Gott geweihte] Erstlingsgabe, der Abhub (des Teiges); [übertr.:] v. Christus als dem zuerst Auferstandenen; v. den zuerst Bekehrten; ἡ ~ τοῦ πνεύματος v. dem, was schon vor dem Ende an Geist in den Besitz der Christen kam P

ἅπας 3 ganz; jeder; Pl.: alle

\+ **ἀπ'ασπάζομαι** verabschiede mich τινά von … L

* **ἀπατάω** betrüge, betöre

* **ἀπάτη, ἡ (1)** Betörung, Verführung; ~ τοῦ πλούτου ~ durch den Reichtum m M; ἐπιθυμία τῆς ~ης verführerische Begierde; **(2)** Lust, Ergötzlichkeit; Pl.: Lüste K

\+ **ἀπάτωρ, ~ορος** vaterlos H

\+ **ἀπαύγασμα, τό** Abglanz, Widerschein; [bildl. v. Christus im Verhältnis zu Gott] H

ἀπέβην Aor. 2 v. ἀποβαίνω

ἀπέδετο hellenist. = ἀπέδοτο Aor. 2 Med. v. ἀποδίδωμι

ἀπεδίδουν Impf. v. ἀποδίδωμι

ἀπεδόμην Aor. 2 Med. v. ἀποδίδωμι

ἀπέθανον Aor. 2 v. ἀποθνῄσκω

ἀπεῖδον Aor. 2 zu ἀφοράω

* **ἀπείθεια, ἡ** Ungehorsam [gegen Gott]; υἱοὶ τῆς ~ας Söhne des ~ = Ungehorsame P

ἀπειθέω bin ungehorsam [gegen Gott u. seine Maßnahmen] mit Dat. der Person u. der Sache, auch absol.

* **ἀπειθής, ~ές** ungehorsam

* **ἀπ'ειλέω** drohe; mit μή u. Inf.: verbiete unter Drohungen, zu …

* **ἀπειλή, ἡ** Drohung

+ [1]ἄπ'ειμι gehe weg εἰς … in … (Synagoge) L

* [2]ἄπ'ειμι bin abwesend τῷ σώματι, τῇ σαρκί leiblich P

+ ἀπ'ειπάμην Aor. Med. zu ἀπεῖπον habe mich losgesagt τὶ von … P

+ ἀπείραστος 2 nicht versuchbar; ~ ἐστιν κακῶν kann zu bösen Dingen nicht versucht werden Ja [H

+ ἄπειρος 2 unerfahren τινός in …

ἀπεκατέστην Aor. 2 v. ἀποκαθίστημι

* ἀπ'εκ'δέχομαι erwarte τινά od. τὶ (Christus; Offenbarung, Hoffnung, Adoption); absol.: warte, ~ ab

* ἀπ'εκ'δύομαι (1) ziehe aus; bildl.: ~ τὸν παλαιὸν ἄνθρωπον ~ den alten Menschen P; (2) entwaffne (Mächte) P

+ ἀπέκδυσις, ἡ Ablegen (des Fleischesleibes, da die Christen gleichsam eine neue Leiblichkeit besitzen) P

ἀπεκρίθην Aor. 1 Pass. v. ἀποκρίνομαι

ἀπεκτάνθην Aor. 1 Pass. v. ἀποκτείνω

+ ἀπ'ελαύνω treibe weg ἀπό τινος von … (Richterstuhl) L

+ ἀπελεγμός, ὁ Widerlegung; εἰς ~ὸν ἐλθεῖν = in Verruf kommen L

+ ἀπελεύθερος, ὁ der Freigelassene; [bildl.:] ~ κυρίου = der durch den Herrn die wahre Freiheit erlangt hat P

ἀπεληλύθειν Plsqpf., ἀπελθών Ptz. Aor. 2 v. ἀπέρχομαι

* ἀπ'ελπίζω verzweifle [P]; erhoffe etw. von; μηδὲν ~οντες ohne etw. davon zu erhoffen L

* ἀπέναντι uneigtl. Präp. mit Gen. gegenüber von; angesichts von; entgegen, wider

ἀπενεγκεῖν Inf. Aor. 2 v. ἀποφέρω

ἀπεπνίγην Aor. 2 Pass. v. ἀποπνίγω

+ ἀπέραντος 2 endlos (Stammbäume) P

+ ἀπερισπάστως Adv. unzerstreut, ungestört P

+ ἀπερίτμητος 2 unbeschnitten; bildl.: ~οι καρδίαις ~ an den Herzen = mit unsauberen u. ungläubigen Herzen L

ἀπ'έρχομαι (1) gehe weg ἀπό τινος von …; ~ εἰς τὰ ὀπίσω ziehe mich zurück, falle ab; bildl.: [v. Krankheiten, Nöten u. ä.] weiche, vergehe; (2) gehe hin εἴς τι in …, ἐπί τι, πρός τινα zu …; ~εσθαι πρὸς ἑαυτόν nach Hause gehen; ~ ὀπίσω τινός folge jmdm. nach; bildl.: ἀπῆλθεν ἡ ἀκοὴ εἰς … das Gerücht verbreitete sich in …

ἀπεστάλην Aor. 2 Pass., ἀπέσταλκα Pf. Akt. v. ἀποστέλλω

ἀπέστειλα Aor. 1 v. ἀποστέλλω

ἀπέστην Aor. 2 v. ἀφίστημι

ἀπεστράφην Aor. 2 Pass. v. ἀποστρέφω

ἀπ'έχω (1) [tr.:] habe empfangen (alles, Lohn, Trost); unpersönlich: ~ει es genügt (?); (2) [intr.:] bin entfernt ἀπό τινος von …; [auch bildl.:] πόρρω ~ ἀπό τινος bin weit entfernt von …; (3) Med.: halte mich fern, enthalte mich ἀπό τινος von …

ἀπήγξατο Aor. 1 v. ἀπάγχομαι

ἀπῄεσαν Impf. v. ἄπειμι[1]

ἀπήλασα Aor. 1 v. ἀπελαύνω

ἀπήλγηκα Pf. v. ἀπαλγέω

ἀπῆλθα u. ~**ον** Aor. v. ἀπέρχομαι

ἀπηλλάχθαι Inf. Pf. Pass. v. ἀπαλλάσσω

ἀπίδω Konjunktiv v. ἀπεῖδον [P]

* **ἀπιστέω** **(1)** bin ungläubig; glaube nicht τινί ...; οἱ ~οῦντες die Ungläubigen = Nichtchristen; **(2)** bin ungetreu

ἀπιστία, ἡ **(1)** Unglaube M m P H; τῇ ~ᾳ infolge des ~ P; καρδία ~ας ein ungläubiges Herz H; **(2)** Untreue P

ἄπιστος 2 **(1)** ungläubig; ὁ ~ der Nichtchrist, bes. der Heide; **(2)** unglaubhaft; τί ~ον κρίνεται εἰ warum wird als ~ angesehen, daß ... L

* **ἁπλότης, ἡ** Schlichtheit, Aufrichtigkeit; πλουτίζεσθαι εἰς ~ητα reich sein für den Erweis schlichter Güte P

* **ἁπλοῦς, ~ῆ, ~οῦν** schlicht; lauter (Auge) M

\+ **ἁπλῶς** Adv. schlicht, ohne Hintergedanken Ja

ἀπό Präp. mit Gen.: von; bezeichnet die Trennung, den Ursprung, Urheber, Ursache, Ausgangspunkt; zuweilen beim Pass. für ὑπό; ἀφ' ἑαυτοῦ von selbst; ἀπὸ μιᾶς einhellig; O 1,4 ἀπὸ ὁ ὤν ist ganz vereinzelt

* **ἀπο'βαίνω** **(1)** steige aus [vom Schiff] L J; **(2)** unpersönlich: es schlägt aus εἰς ... zu ... L P

* **ἀπο'βάλλω** **(1)** werfe ab, lege ab (Gewand) m; bildl.: werfe von mir = verliere (Zuversicht) H

\+ **ἀπο'βλέπω** blicke hin [übertr.:] εἰς ... auf ... H

\+ **ἀπόβλητος** 2 verworfen [v. Gott] = unrein P

* **ἀποβολή, ἡ** **(1)** Verlust (des Lebens) L; **(2)** Verwerfung P

\+ **ἀπο'γίνομαι** sterbe; bildl.: ταῖς ἁμαρτίαις ἀπογενόμενοι den Sünden (Dat. incommodi) gestorben K

* **ἀπογραφή, ἡ** Aufzeichnung, Zensus, Schätzung L

* **ἀπο'γράφομαι** werde in die Steuerliste eingetragen; v. den himmlischen Listen: ἀπογεγραμμένος ἐν οὐρανοῖς H

* **ἀπο'δείκνυμι** **(1)** beweise L; **(2)** erweise, tue dar, stelle hin als ... P

\+ **ἀπόδειξις, ἡ** Nachweis P

* **ἀπο'δεκατεύω** u. **ἀποδεκατόω** **(1)** gebe den Zehnten, verzehnte τὶ ... M L; **(2)** belege mit dem Zehnten τινά jmdn. H

* **ἀπόδεκτος** 2 willkommen ἐνώπιόν τινος bei jmdm. P

* **ἀπο'δέχομαι** **(1)** nehme an (Lehre) L; **(2)** nehme auf, heiße willkommen L

* **ἀπο'δημέω** gehe außer Landes, verreise εἰς ... nach ... S

\+ **ἀπόδημος** 2 in der Fremde weilend m

ἀπο'δίδωμι **(1)** gebe hin τινί jmdm.; **(2)** gebe, zahle aus, bezahle τὶ (Lohn, Schulden); erfülle (Pflicht); ~ τοὺς ὅρκους halte die Eidschwüre M; ~ καρπόν bringe Frucht O; **(3)** gebe zurück; [bildl.:] vergelte τινί τι, κακὸν ἀντὶ κακοῦ Böses mit Bösem P K; **(4)** gebe ab (Zeugnis); lege ab (Rechenschaft); **(5)** Med.: gebe hin, verkaufe τοσούτου für so viel L

\+ **ἀπο'δι'ορίζω** trenne; οἱ ~οντες die Trennungen verursachen [K]

* **ἀπο'δοκιμάζω** verwerfe (v. Sachen wie Menschen)

* **ἀποδοχή, ἡ** Annahme; πάσης ~ῆς ἄξιος verdient allen Beifall P

ἀποδῴη Opt. Aor. 2; **ἀποδῷς** Konjunktiv Aor. 2 v. ἀποδίδωμι

ἀποθαν´´ Aor. 2 v. ἀποθνῄσκω

* **ἀπόθεσις, ἡ** das Ablegen, Abtun; [bildl.:] Entfernung (des Sündenschmutzes) K; ~ τοῦ σκηνώματος das Ablegen der [Leibes-] Behausung = Tod K

* **ἀποθήκη, ἡ** Scheune M L

\+ **ἀπο'θησαυρίζω** sammle ἐμαυτῷ τι mir etw. (Grundstock) P

\+ **ἀπο'θλίβω** dränge L

ἀπο'θνῄσκω sterbe **(1)** vom physischen Tod; ~ων sterblich [Menschen]; ~ ἐμαυτῷ ~ für mich = nach eigener Bestimmung, ἐν κυρίῳ (vom Märtyrer), ἔκ τινος an etw., ὑπέρ τινος zugunsten von …; **(2)** vom mystischen Tod des Gläubigen mit Christus P; mit Dat. der Macht, aus deren Bereich man dadurch ausscheidet: τῇ ἁμαρτίᾳ, τῷ νόμῳ; statt Dat. ἀπό τινος P; **(3)** vom ewigen Tod J P

* **ἀπο'καθ'ιστάνω** = **~ίστημι (1)** stelle wieder her (alles) m M; [intr., Aor. 2 Akt. u. Aor. 1 Pass.:] werde gesund; **(2)** gebe wieder, erstatte zurück τινί jmdm. H

ἀπο'καλύπτω offenbare mit Dat. der Person u. Akk. der Sache; Pass.: werde offenbar, offenbart; πρὸς τὴν μέλλουσαν δόξαν ~φθῆναι εἰς ἡμᾶς = πρὸς τὴν δόξαν τὴν μέλλουσαν ~φθῆναι εἰς ἡμᾶς = im Verhältnis zu der Herrlichkeit, die an uns offenbar werden soll P

ἀποκάλυψις, ἡ Offenbarung; κατὰ ~ιν auf Grund einer ~ P; εἰς ~ιν ἐθνῶν zur ~ für die Heiden L; bes. v. der Enthüllung der Geheimnisse der Endzeit

* **ἀποκαραδοκία, ἡ** [sehnsüchtige] Erwartung; κατὰ τὴν ~αν μου entsprechend meiner ~ P

* **ἀπο'κατ'αλλάσσω** söhne aus, versöhne τινά τινι jmdn. mit …; ~άξαι τὰ πάντα εἰς αὐτόν alles auf ihn [= Christus] hin zu ~ P

\+ **ἀποκατάστασις, ἡ** Wiederherstellung; ἄχρι χρόνων ~εως πάντων bis zu den Zeiten der ~ von allem L

* **ἀπό'κειμαι (1)** liege aufbewahrt ἐν … in … L; [bildl.:] liege bereit (Hoffnungsgut, Kranz) P; **(2)** unpersönlich: ~ταί τινι es ist jmdm. bestimmt mit Inf. H

* **ἀπο'κεφαλίζω** enthaupte (Johannes) S

\+ **ἀπο'κλείω** schließe ab (Tür) L

* **ἀπο'κόπτω (1)** haue ab (Hand, Fuß, Ohr); kappe (Taue) L; **(2)** Med.: lasse mich entmannen P

\+ **ἀπόκριμα, τό** Entscheidung, Urteil P

ἀπο'κρίνομαι (1) antworte τινί, πρός τινα; πρὸς οὐδὲ ἓν ῥῆμα auf nichts auch nur ein Wort; **(2)** beginne [zu sprechen], fahre fort

* **ἀπόκρισις, ἡ** Antwort; ~ιν δίδωμί τινι antworte jmdm. J

* **ἀπο'κρύπτω** halte geheim P, τὶ ἀπό τινος etw. vor … L

* **ἀπόκρυφος** 2 verborgen (Schätze) m L P

ἀπο'κτείνω töte ἐν mit …; erschlage; [bildl.:] ertöte (Feindschaft); bringe den Tod

* **ἀπο'κυέω** gebäre; [bildl.:] bringe hervor Ja

* **ἀπο'κυλίω** wälze ab ἀπό, ἔκ τινος von … S

[+] **ἀπο'λαλέω** rede freimütig heraus [L]

ἀπο'λαμβάνω **(1)** nehme in Empfang (das Gute) L; nehme auf [= unterstütze]; **(2)** erhalte wieder; **(3)** Med.: nehme mir τινὰ ἀπό τινος jmdn. von andern weg m

* **ἀπόλαυσις, ἡ** Genuß P, τινός von etw. (v. der Sünde) H

* **ἀπο'λείπω** **(1)** lasse zurück τινὰ ἐν; Pass. unpersönlich: ~εται es bleibt übrig H; ~εται θυσία ein Opfer ist noch rückständig H; **(2)** verlasse (Behausung) K

ἀπολεῖται Fut. Med. v. ἀπόλλυμι

[+] **ἀπο'λείχω** lecke ab [L]

ἀπολέσαι, ~ῃ Inf., Konjunktiv Aor. 1 Akt. v. ἀπόλλυμι

ἀπ'όλλυμι **(1)** verderbe, vernichte; töte, lasse töten; **(2)** verliere; [bildl.:] (Lohn, Leben); **(3)** Med. mit Pf. 2 ἀπόλωλα gehe verloren [auch bildl.]; **(4)** Med.: komme um, gehe zugrunde; ἀπολλύμεθα wir gehen zugrunde! S; sterbe λιμῷ vor Hunger L, ἐν μαχαίρῃ durch das Schwert M; werde getötet ὑπό τινος von …; ~μένος verloren

\+ **'Απολλύων, ὁ** Verderber s. 'Αβαδδών O

ἀπο'λογέομαι rede mich heraus, verteidige mich τινί od. ἐπί τινος vor jmdm.; τὰ περὶ ἐμαυτοῦ ~οῦμαι bringe meinen Fall zur Verteidigung vor L; auch absol.

* **ἀπολογία, ἡ** Verteidigung, Rechtfertigung τινί, πρός τινα bei …, περί τινος wegen …

* **ἀπο'λούομαι** lasse mir abwaschen τὶ etw. (Sünde) L; absol.: lasse mich abwaschen P

ἀπόλουσαι Imp. Aor. 1 Med. v. ἀπολούομαι

ἀπολύτρωσις, ἡ **(1)** Freilassung H; **(2)** Erlösung

ἀπο'λύω **(1)** lasse los (Gefangene); befreie; ἀπολέλυσαι [ἀπὸ] τῆς ἀσθενείας σου du bist befreit von deiner Krankheit L; **(2)** lasse gehen, entlasse (Frau); verabschiede, euphemistisch lasse sterben; **(3)** Med.: gehe weg

ἀπολῶ att. Fut. v. ἀπόλλυμι

ἀπολωλός Ntr. des Ptz. Pf. 2 v. ἀπόλλυμι

\+ **ἀπο'μάσσομαι** wische mir ab (Staub) ὑμῖν euch zum Schaden [= zur Anklage gegen euch] L

\+ **ἀπο'νέμω** lasse zuteil werden (Ehre) K

\+ **ἀπο'νίπτομαι** wasche mir ab (Hände) M

\+ **ἀπο'πίπτω** falle ab ἀπό τινος von … (den Augen) L

* **ἀπο'πλανάω** führe irre, verführe m; Pass.: irre ab ἀπό τινος von … P

* **ἀπο'πλέω** segle ab εἰς … nach … (Zypern, Antiochien, Italien) L

[+] **ἀπο'πλύνω** wasche aus [L]

* **ἀπο'πνίγω** ersticke M L; Pass.: ertrinke L

* **ἀπορέω** bin in Ungewißheit; πολλὰ ~ bin in großer Verlegenheit m; Med.: bin im Zweifel, in Sorge τὶ, περί τινος hinsichtlich … J L; bin ratlos ἔν τινι jmdm. gegenüber P

\+ **ἀπορία, ἡ** Ratlosigkeit τινός wegen … L

\+ **ἀπο'ρίπτω** [intr.:] stürze mich hinab L

\+ **ἀπ'ορφανίζομαι** werde zur Waise; [bildl.:] ~ισθεὶς ἀπό τινος verlassen von … P

[+] **ἀπο'σκευάζω** rüste ab, breche die Zelte ab [L]

\+ **ἀποσκίασμα, τό** Verfinsterung τροπῆς durch Veränderung Ja

* **ἀπο'σπάω** ziehe heraus (Schwert) M; [bildl.:] ziehe ab [und locke] ὀπίσω ἐμαυτοῦ mir nachzufolgen L; Pass.: reiße mich los ἀπό τινος von ...

ἀποσταλῶ, ~είς Konjunktiv, Ptz. Aor. 2 Pass. v. ἀποστέλλω

* **ἀποστασία, ἡ** Abfall ἀπό τινος von ... L

* **ἀποστάσιον, τό** Abtretung; βιβλίον ~ίου Scheidebrief, wofür auch bloß ~ gebraucht wird M m

\+ **ἀπο'στεγάζω** decke ab (Dach) m

ἀποστεῖλαι, ~ω, ~ον Inf., Konjunktiv, Imp. Aor. 1 v. ἀποστέλλω

ἀπο'στέλλω **(1)** sende, schicke; τινί u. πρός τινα zu ...; εἰς ... nach ..., in ..., zu ...; ἐπὶ τοῦτο zu diesem Zweck L, der Zweck wird auch angegeben durch ἵνα, ὅπως od. den Inf.; ἀπό, ἐκ ... von ...; ~ δρέπανον ~ die Sichel m; **(2)** schicke ab εἰς ... nach ...; vertreibe ἔξω ... aus ...; ~ ἐν ἀφέσει lasse in Freiheit gehen L; **(3)** Ptz. Aor. mit Verbum finitum verbunden oft = lasse

* **ἀπο'στερέω** **(1)** beraube; Pass.: lasse mich berauben P; ~ημένος τινός einer Sache bar; ὁ μισθὸς ὁ ἀπεστερημένος ἀφ' ὑμῶν der Lohn, den ihr vorenthalten habt [Ja]; **(2)** sich versagen τινά jmdm. P

ἀποστῇ, ἀποστῆναι Konjunktiv, Inf. Aor. 2 Akt., **~ήσομαι** Fut. Med. v. ἀφίστημι

* **ἀποστολή, ἡ** Apostelamt; ~ τῆς περιτομῆς Amt eines Apostels für die Juden P

ἀπόστολος, ὁ **(1)** Abgesandter; auch v. Christus; **(2)** Apostel; οἱ ὑπερλίαν ~οι die Überapostel P

\+ **ἀπο'στοματίζω** frage aus (? fange mit Worten?) τινὰ περί τινος jmdn. nach ... L

* **ἀπο'στρέφω** **(1)** wende ab ἀπό ... von ...; mache abwendig, bringe zum Abfall (Volk); beseitige τὶ ἀπό τινος etw. von ...; ~ εἰς τὸν τόπον bringe zurück an seinen Platz (Schwert) M; **(2)** [intr.:] wende mich ab ἀπό τινος von ... P; **(3)** Med.: sage mich los, verwerfe τινά, τὶ ...

\+ **ἀπο'στυγέω** verabscheue τὶ (das Böse) P

* **ἀποσυνάγωγος** 2 aus der Synagoge ausgeschlossen J

* **ἀπο'τάσσομαι** **(1)** nehme Abschied, sage Lebewohl τινί (Brüdern, dem Leben) L P; **(2)** kehre mich ab, trenne mich τινί von ... (Besitz) L

* **ἀπο'τελέω** vollbringe (Heilungen) L; Pass.: ἡ ἁμαρτία ~εσθεῖσα die Sünde, wenn sie zur Ausführung gekommen ist Ja

* **ἀπο'τίθημι** **(1)** lege ab (Kleider); auch bildl. (Schmutz, Bosheit, Lüge, Werke der Finsternis); **(2)** sperre ein ἐν φυλακῇ ins Gefängnis M

* **ἀπο'τινάσσω** schüttle ab (Staub, Schlange) L [P

\+ **ἀπο'τίνω** leiste Schadensersatz

\+ **ἀπο'τολμάω** wage; ~ᾷ καὶ λέγει getraut sich zu sagen P

* **ἀποτομία, ἡ** Strenge (Gottes) P

* **ἀποτόμως** Adv. mit Strenge P

\+ **ἀπο'τρέπομαι** wende mich ab, verabscheue τινά jmdn. P

\+ **ἀπουσία, ἡ** Abwesenheit P

* **ἀπο'φέρω** **(1)** bringe weg, führe ab; ~ ἐν πνεύματι entrücke εἰς ... in ..., ἐπί ... auf ... O; **(2)** bringe hin ἐπί τινα zu ... L; überbringe εἰς nach ... (Kollekte) P

* **ἀπο'φεύγω** entfliehe, entgehe τινά, τὶ od. τινός ... K

* **ἀπο'φθέγγομαι** rede frei heraus, spreche laut aus τὶ (Worte) L; rede begeistert τινί zu jmdm. L

\+ **ἀπο'φορτίζομαι** lade aus, ‚lösche' (Ladung) L

\+ **ἀπόχρησις, ἡ** Verbrauch; ἐστὶν εἰς φθορὰν τῇ ~ει ist zur Vernichtung durch Gebrauch bestimmt P

* **ἀπο'χωρέω** gehe weg ἀπό τινος von ... L M

* **ἀπο'χωρίζομαι** trenne mich ἀπό τινος von ... L; spalte mich (Himmel) O

\+ **ἀπο'ψύχω** verliere die Besinnung (vor Furcht) L [P

\+ **ἀπρόσιτος** 2 unzugänglich (Licht)

* **ἀπρόσκοπος** 2 **(1)** nicht angestoßen, tadellos (Gewissen, Christen) L P; **(2)** keinen Anstoß gebend, unanstößig; ~ γίνομαι gebe keinen Anstoß τινί jmdm. P

\+ **ἀπροσωπολήμπτως** Adv. unparteiisch (richten) K

\+ **ἄπταιστος** 2 nicht strauchelnd K

ἅπτω **(1)** zünde an (Lampe, Holzstoß) L; **(2)** Med.: fasse an τινός jmdn.; ~ γυναικός halte mit einer Frau eheliche Gemeinschaft, pflege Geschlechtsverkehr; rühre an (zur Herbeiführung einer Segenswirkung) S; **(3)** taste an τινός ... J

* **ἀπ'ωθέομαι** **(1)** stoße weg L; **(2)** [übertr.:] weise zurück (Wort); verachte (gutes Gewissen) P; verwerfe (Volk) P

ἀπώλεια, ἡ **(1)** Vergeudung (der Salbe) m; **(2)** Untergang, Verderben [bes. v. der ewigen Verdammnis); υἱὸς τῆς ~ας dem Verderben verfallen J P

ἀπώλεσε, ἀπώλετο Aor. 1 Akt. u. 2 Med. v. ἀπόλλυμι

ἀπωσάμην Aor. 1 Med. v. ἀπωθέω

[1]**ἆρα** Folgerungspartikel: also, demnach, nun; folglich; fragend: τί ~ was denn; εἰ ~ ob etwa

* [2]**ἆρα** Fragepartikel in dir. Frage, die eine verneinende Antwort erwartet; etwa = doch nicht

\+ [3]**ἀρά, ἡ** Verwünschung

ἀραβών Anzahlung s. ἀρραβών

ἆραι, ἄρας, ἄρατε Inf., Ptz., Imp. Aor. 1 v. αἴρω

\+ **ἄραφος** 2 ohne Naht J

\+ **ἀργέω** bin müßig [vom Gericht: οὐκ ~εῖ = es bereitet sich vor] K

* **ἀργός** 3 **(1)** arbeitslos, lässig, faul; **(2)** ertraglos, nutzlos, unbrauchbar (Glaube, Wort), εἴς τι in od. für ... (Erkenntnis) K

ἀργύριον, τό **(1)** Silber: Silbergeld im allg. u. für Silberstücke bestimmten Wertes; ~ίου μυριάδες πέντε = 50000 Silberdrachmen L; **(2)** [allg.:] Geld; τιμῆς ~ίου für eine Summe ~ L

\+ **ἀργυροκόπος, ὁ** Silberschmied L

* **ἄργυρος, ὁ** Silber, als Geld u. als Stoff

* **ἀργυροῦς** 3 silbern (Götterbilder, Gefäße, Tempelchen) P L O

ἀρέσαι, ἀρέσει Inf. Aor. 1, Ind. Fut. v. ἀρέσκω

\+ **ἀρεσκεία, ἡ** Streben zu gefallen; εἰς πᾶσαν ~αν = um in allen Stücken zu gefallen P

ἀρέσκω **(1)** gefalle; τινί od. ἐνώπιόν τινος zur Bezeichnung dessen, dem jmd. od. etw. ~ L; **(2)** bin zu Gefallen τινί jmdm., πάντα in jeder Hinsicht; ἑαυτῷ ~ειν sich selbst zu Gefallen sein P

* **ἀρεστός** 3 angenehm, lieb τινί jmdm.; οὐκ ~όν ἐστιν mit AcI es paßt sich nicht, zu … L

* **ἀρετή, ἡ** **(1)** Tugend; **(2)** Gotteskraft u. was sie wirkt, das Wunder K

ἄρῃ Konjunktiv Aor. 1 v. αἴρω

\+ **ἀρήν, ἀρνός, ὁ** Lamm L

ἀρθῆναι [Inf.], **~θῇ** [Konjunktiv], **~θητι** [Imp.] Aor. 1 Pass. v. αἴρω

* **ἀριθμέω** zähle M L O

ἀριθμός, ὁ **(1)** Zahl; **(2)** Anzahl L

* **ἀριστάω** frühstücke J; nehme Mahlzeit ein L

* **ἀριστερός** 3 links; ἡ ~ά [erg. χείρ] die Linke; ὅπλα ~ά Verteidigungswaffen P; ἐξ ~ῶν zur Linken m L

* **ἄριστον, τό** Frühstück, Mahlzeit

* **ἀρκετός** 3 genügend τινί für …; [erg. ἐστιν] ~ ὁ παρεληλυθὼς χρόνος [mit flgd. Inf.] es genügt, daß ihr die verflossene Zeit … K

* **ἀρκέω** **(1)** genüge; [unpersönlich:] ~εῖ ἡμῖν es genügt uns J; **(2)** Pass.: werde zufriedengestellt, lasse mir genügen τινί mit od. an … L H, ἐπί τινι begnüge mich mit … J

\+ **ἄρκος, ὁ, ἡ** u. **ἄρκτος, ὁ, ἡ** Bär [O]

* **ἅρμα, τό** Wagen L; Streitwagen O

\+ **ἁρμόζομαι** gebe zur Ehe [was in der Regel das Akt. bedeutet] τινά τινι jmdn. einem Manne; [bildl. v. der Gemeinde u. Christus] P

\+ **ἁρμός, ὁ** Gelenk H

ἄρνας Akk. Pl. v. ἀρήν

ἀρνέομαι **(1)** verleugne (Glauben, Gott, Christus), sage mich los τινά, τὶ von … (Gottlosigkeit); **(2)** verwerfe, lehne ab; **(3)** leugne, stelle in Abrede L J; **(4)** ~ ἑαυτόν sich selbst verleugnen, entweder = völlig selbstlos handeln [L] od. = sich selbst untreu werden P

ἀρνίον, τό Lamm; bes. bildl. v. Christus als Opferlamm; auch v. den Christen als einer Herde

ἆρον Imp. Aor. 1 v. αἴρω

* **ἀροτριάω** pflüge L P

\+ **ἄροτρον, τό** Pflug L

* **ἁρπαγή, ἡ** **(1)** das Rauben H; **(2)** das Geraubte M; **(3)** die Raubgier L

\+ **ἁρπαγμός, ὁ** nur Ph 2,6, wo es erklärt wird entweder **(1)** das Geraubte, die Beute; od. **(2)** der Glücksfund

ἁρπάζω **(1)** raube, bringe mit Gewalt an mich; **(2)** entferne [mit Gewaltanwendung] jmdn. od. etw., mit ἔκ τινος aus …; **(3)** entführe, entrücke εἰς in …, πρός τινα zu …, ἕως bis zu …

* **ἅρπαξ** **(1)** räuberisch (Wölfe) M; **(2)** ὁ ~ Räuber L P

* **ἀρραβών, ὁ** [hebr.: ‘erabôn] Anzahlung; [bildl.:] vom Hl. Geist

ἄρραφος ungenäht s. ἄραφος

\+ **ἄρρητος** 2 unaussprechlich (Worte) P

* **ἄρρωστος** 2 schwach, krank

* **ἀρσενοκοίτης**, ὁ Knabenschänder P

* **ἄρσην**, **~εν** männlich; τὸ ~εν Mann

\+ **ἀρτέμων**, ὁ Bramsegel L

ἄρτι Zeitadv. **(1)** soeben; **(2)** jetzt; ἄχρι τῆς ~ ὥρας bis zur jetzigen Stunde; ἕως ~ bis ~; ἀπ' ~ von ~ ab, schon ~; **(3)** sogleich, sofort

\+ **ἀρτι'γέννητος** 2 jüngstgeboren (Kinder) K

\+ **ἄρτιος** 3 vollkommen P

ἄρτος, ὁ **(1)** Brot; **(2)** [überhaupt:] Speise; ~ον φαγεῖν παρά τινος von jmdm. Nahrung empfangen P; **(3)** [bes. vom Abendmahlsbrot, bildl. daher auch v. Christus:] ~ τῆς ζωῆς Lebens~; ~ ἐκ τοῦ οὐρανοῦ, ~ τοῦ θεοῦ J

* **ἀρτύω** mache zurecht, würze; bildl.: λόγος ἅλατι ἠρτυμένος mit Salz versehene Rede P

* **ἀρχάγγελος**, ὁ Erzengel P Ju

ἀρχαῖος 3 anfänglich, alt (Schlange); früher (Tage, Geschlechter); langjährig (Christ); οἱ ~οι die Alten [= frühere Geschlechter]; τὰ ~α das alte Wesen; ὁ ~ κόσμος die Vorwelt K

ἀρχή, ἡ **(1)** Anfang; ~ὴν λαμβάνω beginne H; τὰ στοιχεῖα τῆς ~ῆς die ersten ~sgründe H; λόγος τῆς ~ῆς ~slehre H; ἀπ' ~ῆς, ἐξ ~ῆς von ~ an; ἐν ~ῇ zu ~, anfänglich; κατ' ~άς zu ~; τὴν ~ήν, ὅ τι καὶ λαλῶ ὑμῖν; überhaupt, wozu rede ich noch mit euch? J; **(2)** Zipfel (eines Tuches); **(3)** Obrigkeit, Behörde [auch v. Geistermächten] L P

* **ἀρχηγός**, ὁ **(1)** Führer, Fürst τῆς ζωῆς des Lebens L; **(2)** Urheber, Begründer H

\+ **ἀρχιερατικός** 3 hohepriesterlich (Geschlecht) L

ἀρχιερεύς, ὁ Hoherpriester; [auch sinnbildl. v. Christus] H

[+] **ἀρχιληστής**, ὁ Räuberhauptmann [J]

\+ **ἀρχιποίμην**, ὁ Oberhirte [v. Christus] K

* **ἀρχισυνάγωγος**, ὁ Synagogenvorsteher L m

\+ **ἀρχιτέκτων**, ὁ Baumeister P

\+ **ἀρχιτελώνης**, ὁ Oberzöllner L

* **ἀρχιτρίκλινος**, ὁ Tischaufseher [Sklave, der für die Versorgung der Tafel verantwortlich war] K

ἄρχω **(1)** herrsche m P; **(2)** Med.: beginne mit Inf.; ἀπό τινος mit …, ἀπὸ … ἕως von … bis; ἀπὸ τότε von da an; [zuweilen fast überflüssig] πάντων ὧν [für ἃ] ἤρξατο ποιεῖν alles, was er tat

ἄρχων, ὁ **(1)** Herrscher, Fürst; Herr (der Völker, der Könige) M O; **(2)** Behörden [heidnische u. jüdische]: Richter, Oberster; Vorsteher [der Synagoge]; οἱ ~οντες Mitglieder des Synedriums L J; **(3)** böse Geister: der Teufel als Herrscher der Dämonen S; ὁ ~ τοῦ κόσμου τούτου der Beherrscher dieser Welt J, des Luftreiches (s. ἀήρ)

* **ἄρωμα**, **τό** Spezerei m L J

* **ἀσάλευτος** 2 unbeweglich L; unerschütterlich (Reich) H

* **ἄσβεστος** 2 unauslöschlich (Feuer)

* **ἀσέβεια**, ἡ Gottlosigkeit; ἔργα ~ας gottlose Taten; Pl.: die Gottlosigkeiten

* **ἀσεβέω** handle gottlos K

* **ἀσεβής**, **~ές** gottlos; [subst.:] ὁ ~ der Gottlose, Frevler

ἀσέλγεια, ἡ Zügellosigkeit; Ausschweifung, Lüsternheit

+ **ἄσημος** 2 unbedeutend; οὐκ ~ nicht ~ (Stadt) L

ἀσθένεια, ἡ **(1)** Schwäche; ἐξ ~ας infolge der ~ [der menschlichen Natur]; **(2)** [übertr.:] Schwachmütigkeit, Schwachheit [gegenüber Druck, Not, Sünde] P; **(3)** Krankheit; πνεῦμα ~ας ~sdämon L; δι' ἀσθένειαν τῆς σαρκός infolge von ~ des Fleisches P

ἀσθενέω **(1)** bin schwach εἴς τινα jmdm. gegenüber, τῇ πίστει habe einen schwachen Glauben P; οἱ ~οῦντες die Unvermögenden; **(2)** bin krank; ~ νόσῳ leide an einer Krankheit L; οἱ ~οῦντες die Kranken L

+ **ἀσθένημα, τό** Schwäche P

ἀσθενής, ~ές **(1)** schwach, ohnmächtig; τὸ ~έστερον σκεῦος das schwächere Gefäß K; τὰ ~ῆ τοῦ κόσμου was in der Welt ohnmächtig ist P; τὸ ~ὲς τοῦ θεοῦ ... was Menschen schwach erscheint, wirkt, sobald es von Gott kommt P; **(2)** krank; **(3)** [sittlich:] unvermögend, glaubensschwach, schwächlich

+ **'Ασιάρχης, ὁ** der Asiarch [Oberpriester od. Abgeordneter des Landtages v. Asien] L

+ **ἀσιτία, ἡ** Appetitlosigkeit; πολλῆς ~ας ὑπαρχούσης da große ~ herrschte [Seekrankheit] L

+ **ἄσιτος** 2 ohne zu essen L

+ **ἀσκέω** gebe mir Mühe mit Inf. L

* **ἀσκός, ὁ** Schlauch [als Weinbehälter] S

+ **ἀσμένως** Adv. gerne L

+ **ἄσοφος** 2 unweise P

ἀσπάζομαι **(1)** begrüße; verabschiede mich L; grüße [brieflich]; ~ πολλά grüße vielmals; **(2)** besuche kurz, mache meine Aufwartung; **(3)** heiße willkommen τὶ (Verheißungen) H

* **ἀσπασμός, ὁ** Begrüßung; [brieflicher] Gruß P; ~ τῇ ἐμῇ χειρί mein eigenhändiger Gruß P

* **ἄσπιλος** 2 makellos, ohne Fehl **(1)** eigtl. ἀμνὸς ~ fehlerfreies Lamm K; **(2)** übertr. auf das sittliche Gebiet: ~ον ἑαυτὸν τηρεῖν ἀπὸ τοῦ κόσμου sich von der Welt unbefleckt erhalten Ja

+ **ἀσπίς, ἡ** Natter; ἰὸς ~ίδων Schlangengift P

+ **ἄσπονδος** 2 unversöhnlich P

* **ἀσσάριον, τό** As M L

+ **ἆσσον** Adv. näher, ganz nahe L

+ **ἀστατέω** bin unstet P

* **ἀστεῖος** 3 wohlgestaltet H; wohlgefällig τῷ θεῷ Gott L

ἀστήρ, ὁ Stern; ~έρες πλανῆται Irrsterne [Bild der Irrlehrer] Ju

* **ἀστήρικτος, ~ον** unbefestigt (Seele); ὁ ~ der Ungefestigte K

* **ἄστοργος** 2 lieblos P

* **ἀστοχέω** gerate auf Abwege περί τι hinsichtlich einer Sache (des Glaubens, der Wahrheit) P

* **ἀστραπή, ἡ** Blitz; Strahl (der Lampe) L

* **ἀστράπτω** glänze L; leuchte (Gewand) L

* **ἄστρον, τό** **(1)** Gestirn; **(2)** Stern L H

+ **ἀσύμφωνος** 2 uneins πρὸς ἀλλήλους untereinander L

* **ἀσύνετος** 2 unverständig, v. Person wie Sache (Herz, Sinn) P

+ **ἀσύνθετος** 2 bundbrüchig, pflichtvergessen P

* **ἀσφάλεια** **(1)** Sicherheit P; **(2)** Festigkeit; ἐν πάσῃ ~ᾳ ganz fest L; [übertr.:] Zuverlässigkeit L

* **ἀσφαλής**, **~ές** **(1)** fest (Anker) H; gewiß; ~ὲς ὑμῖν gibt euch [größere] Gewißheit P

* **ἀσφαλίζομαι** verwahre sicher M, τὶ εἴς τι (Füße im Block) L

* **ἀσφαλῶς** Adv. **(1)** sicher m L; **(2)** gewiß L

* **ἀσχημονέω** betrage mich unanständig ἐπί τινα gegen (Jungfrau) P

* **ἀσχημοσύνη**, **ἡ** **(1)** Schamlosigkeit; τὴν ~ην ἐργάζεσθαι die schamlose Tat verüben P; **(2)** Schamteil O

\+ **ἀσχήμων** 2 unanständig; τὰ ~ονα die Schamteile P

* **ἀσωτία**, **ἡ** Liederlichkeit P K

\+ **ἀσώτως** Adv. liederlich L

\+ **ἀτακτέω** faulenze; οὐκ ἠτακτήσαμεν ἐν ὑμῖν = wir haben unter euch nicht ~ P

\+ **ἄτακτος** 2 unbotmäßig [träge?] P

* **ἀτάκτως** Adv. unordentlich; ~ περιπατεῖν ein ungeordnetes Leben führen P

* **ἄτεκνος** 2 kinderlos L

ἀτενίζω blicke [gespannt] hin τινί od. εἴς τινα, τι auf … L P

* **ἄτερ** Präp. mit Gen.: ohne

* **ἀτιμάζω** verunehre; beschimpfe; behandle schmachvoll, schände; Pass.: leide Schmach L; werde geschändet (Leib) P

[+] **ἀτιμάω** beschimpfe [m]

* **ἀτιμία**, **ἡ** Schande; πάθη ~ας schändliche Leidenschaften P; ἐν ~ᾳ verachtet; εἰς ~αν zu schimpflichem Gebrauch; κατὰ ~αν λέγω ὡς ὅτι zu meiner Schande muß ich gestehen, daß … P

* **ἄτιμος** 2 ungeehrt (οὐκ ~ wohlgeachtet); unansehnlich, minder edel (Körperteile) P

[+] **ἀτιμόω** beschimpfe [m]

* **ἀτμίς**, **~ίδος**, **ἡ** **(1)** Dampf Ja; **(2)** Dunst; ~ καπνοῦ rauchiger ~ L

\+ **ἄτομος** 2 unteilbar (wegen seiner Kleinheit); ἐν ~ῳ im Nu P

* **ἄτοπος** 2 **(1)** auffallend L; **(2)** unziemlich; ~ον πράσσειν Unstatthaftes tun L; **(3)** schlecht (Menschen) P

\+ **αὐγάζω** **(1)** sehe; εἰς τὸ μὴ ~άσαι damit sie nicht sehen; **(2)** erstrahle P

\+ **αὐγή**, **ἡ** Morgenröte; ἄχρις ~ῆς bis Tagesanbruch L

* **αὐθάδης**, **~ες** selbstgefällig, eigenmächtig, rücksichtslos P K

* **αὐθαίρετος** 2 freiwillig P

\+ **αὐθεντέω** beherrsche τινός jmdn. P

* **αὐλέω** blase Flöte; τὸ ~ούμενον was auf der Flöte gespielt wird P

αὐλή, **ἡ** **(1)** Hof Evv; **(2)** Vorhof [im Tempel] O; **(3)** Gehöft L; **(4)** „Hof" des Fürsten, Palast M m

* **αὐλητής**, **ὁ** Flötenspieler M O

* **αὐλίζομαι** übernachte

\+ **αὐλός**, **ὁ** Flöte P

αὐξάνω **(1)** [tr.:] lasse wachsen, gebe Wachstum P; Pass.: wachse τινί an (Erkenntnis); wachse heran ἔν τινι εἴς τι durch etw. zu …; **(2)** [intr.:] wachse, vermehre mich; wachse heran εἴς τι zu … [Tempel]; ἵνα … αὐξήσωμεν εἰς αὐτόν [= Christus] τὰ πάντα daß

… wir in allen Stücken zu ihm hinwachsen P

* **αὔξησις, ἡ** Wachstum; ~ιν ποιοῦμαι wachse P; αὔξει τὴν ~ιν τοῦ θεοῦ (der Körper) wächst in göttlichem Wachstum P

αὔξω wachse = αὐξάνω

αὔριον Adv. morgen **(1)** andern Tags; ἡ ~ der andere Tag; εἰς τὴν ~ für den nächsten Tag; ἐπὶ τὴν ~ am nächsten Tag; **(2)** = bald, nach kurzer Zeit

* **αὐστηρός** 3 streng L

* **αὐτάρκεια, ἡ (1)** Auskommen P; **(2)** Genügsamkeit P

\+ **αὐτάρκης, ~ες** genügsam; ~ εἶναι sich genügen lassen … P

\+ **αὐτοκατάκριτος** 2 durch sein eigenes Urteil verdammt P

* **αὐτόματος** 3 von selbst m L

\+ **αὐτόπτης, ὁ** Augenzeuge L

αὐτός 3 **(1)** selbst; für sich selbst, allein; gerade, eben; αὐτὸ τοῦτο ebendies; εἰς ~ τοῦτο ebendeshalb; **(2)** er, sie, es [betont u. unbetont]; αὐτοῦ = Possessivpronomen: sein; **(3)** stellvertretend für das Reflexiv; **(4)** ὁ ~ ebenderselbe; ἐπὶ τὸ αὐτό zusammen; κατὰ τὸ αὐτό gleichzeitig, zusammen; κατὰ τὰ ~ά ebenso

* **αὐτοῦ** Ortsadv. hier, dort

\+ **αὐτόφωρος** 2 bei der Tat selbst [ergriffen]; κατείληπται ἐπ' ~ῳ μοιχευομένη sie ist als Ehebrecherin auf frischer Tat ertappt worden J

\+ **αὐτόχειρ** eigenhändig L

\+ **αὐχέω** brüste mich; μεγάλα ~εῖ vermißt sich großer Dinge [Ja]

\+ **αὐχμηρός** 3 finster (Ort) K

ἀφ'αιρέω Akt.: nehme weg (Schmach); haue ab (Ohr) S; ~ τὶ ἀπό τινος nehme etw. weg von (Anteil vom Baum des Lebens) O; Med.: nehme ab τὶ ἀπό τινος jmdm. etw. (Dienst) L; nehme weg (Sünden) P; Pass.: ~εῖται wird abgenommen L

\+ **ἀφανής, ~ές** unsichtbar ἐνώπιόν τινος vor … H

* **ἀφανίζω (1)** mache unsichtbar, unkenntlich (Antlitz); **(2)** vernichte (Schätze) M; **(3)** Pass.: verschwinde (Dunst) Ja; vergehe L

\+ **ἀφανισμός, ὁ** das Verschwinden; ἐγγὺς ~οῦ dem ~ nahe H

\+ **ἄφαντος** 2 unsichtbar; ~ον γίνεσθαι ἀπό τινος verschwinden vor … L

* **ἀφεδρών, ὁ** Abtritt m M

ἀφεθήσομαι Fut. Pass. v. ἀφίημι

\+ **ἀφειδία, ἡ** Schonungslosigkeit, Härte τινός gegen … (Körper) P

ἀφεῖδον = ἀπεῖδον

ἀφεῖλον Aor. 2 v. ἀφαιρέω

ἀφεῖναι Inf. Aor. 2 v. ἀφίημι

\+ **ἀφελότης, ἡ** Schlichtheit; ἐν ~ητι καρδίας mit schlichtem Herzen L

ἀφελῶ Fut. 2 v. ἀφαιρέω

ἄφεσις, ἡ (1) Entlassung L; **(2)** Erlaß (der Sünden = der Sündenschuld); λαβεῖν ~ιν Vergebung empfangen

ἀφέωνται 3. Pl. Pf. Pass. v. ἀφίημι

* **ἀφή, ἡ** [Gelenk]band P

ἀφῆκα Aor. 1 v. ἀφίημι

* **ἀφθαρσία, ἡ** Unvergänglichkeit, Unsterblichkeit P

* **ἄφθαρτος** unverderblich, unvergänglich; τὸ ~ον die ~ Art K

\+ **ἀφθορία**, ἡ Unverdorbenheit (der Lehre) [P]

ἀφίδω Konjunktiv v. ἀφεῖδον [P]

ἀφ'ίημι **(1)** entlasse; lasse gehen; schicke weg; unterlasse; gebe von mir; ~ τὸ πνεῦμα gebe den Geist auf M; ~ φωνὴν μεγάλην schreie laut auf m; ~ γυναῖκα verstoße (Frau) P; **(2)** lasse zu, lasse; Imp. mit flgd. Konjunktiv der Aufforderung laß ...; ἄφες ἴδωμεν laß uns sehen! **(3)** verlasse, gebe auf; lasse zurück; lasse im Stich; lasse stehen, liegen; überlasse; hinterlasse; **(4)** erlasse (Schulden), vergebe (Sünden, Verfehlungen)

\+ **ἀφ'ικνέομαι** gelange hin, dringe εἴς τινα zu ... P

\+ **ἀφιλάγαθος** 2 Feind des Guten P

* **ἀφιλάργυρος** 2 nicht geldgierig PH

\+ **ἄφιξις**, ἡ Abreise L

ἀφ'ίστημι **I** [tr.:] mache abtrünnig τινὰ ὀπίσω τινός so daß er ... folgt L; **II** [intr.: Med. u. Aor. 2, Pf., Plsqpf. des Akt.] **(1)** gehe weg; οὐκ ἀφίστατο τοῦ ἱεροῦ trennte sich nicht vom Heiligtum; ἀπό τινος von ...; **(2)** lasse ab ἀπό τινος von ...; **(3)** falle ab τινός od. ἀπό τινος von ..., auch absol.; **(4)** meide ἀπό τινος etw.

* **ἄφνω** Adv. plötzlich L

* **ἀφόβως** Adv. **(1)** furchtlos; **(2)** ohne Ehrfurcht, schamlos

\+ **ἀφ'ομοιόω** mache ähnlich; ἀφωμοιωμένος τινί gleichgestaltet ... H

* **ἀφ'οράω** sehe [vertrauend] hin εἴς τινα auf ... H; sehe ab, überblicke τὰ περὶ ἐμέ meine Lage P

ἀφοριεῖ att. Fut. v. ἀφορίζω

ἀφ'ορίζω **(1)** trenne τινὰ ἀπό τινος jmdn. von ...; sondere aus ἐκ μέσου τινῶν aus ...; ~ ἐμαυτόν sondere mich ab; dafür auch Pass. in med. Bedeutung; schließe aus; **(2)** wähle aus, bestimme εἴς τι zu ... P

* **ἀφορμή**, ἡ Anlaß, Gelegenheit; ~ὴν δίδωμι gebe ~ zu; ~ὴν λαμβάνω ergreife ~; ἐκκόπτω τὴν ~ήν schneide die ~ ab

* **ἀφρίζω** schäume m

\+ **ἀφρός**, ὁ Schaum L [m P

* **ἀφροσύνη**, ἡ Torheit, Unverstand

ἄφρων 2 töricht PL

\+ **ἀφ'υπνόω** schlafe ein L

\+ **ἀφ'υστερέω** hinterziehe (Lohn) [Ja]

ἀφῶμεν 1. Pl. Konjunktiv Aor. 2 v. ἀφίημι

* **ἄφωνος** 2 **(1)** stumm (Götzenbilder) [P]; **(2)** ohne Sprache P; (Tiere) K; **(3)** ohne einen Laut zu geben (Lamm) L

* **ἀχάριστος** 2 undankbar LP

* **ἀχειροποίητος** 2 nicht von [Menschen]händen gemacht mP

ἀχθῆναι, ἀχθήσεσθαι Inf. Aor. 1 u. Fut. 1 Pass. v. ἄγω

\+ **ἀχλύς, ~ύος**, ἡ Dunkel L

\+ **ἀχρειόομαι** werde verdorben P

* **ἀχρεῖος** 2 unnütz, nichtsnutzig; auch armselig, unwürdig M[L]

\+ **ἄχρηστος** 2 unbrauchbar P

ἄχρι u. **ἄχρις** **(1)** uneigtl. Präp. mit Gen.: bis; **(2)** Konj.: ~ οὗ bis dahin wo; solange bis, solange als; ohne οὗ bis OP

* **ἄχυρον, τό** Spreu ML

ἄψας Ptz. Aor. 1 v. ἅπτω

\+ **ἀψευδής** 2 truglos, wahrhaft (Gott) P

\+ **ἄψινθος, ἡ** Wermut; εἰς ~ον γενέσθαι zu ~ = ganz bitter werden; [auch Name für einen Stern u. hier wegen des ὁ ἀστήρ gegen den sonstigen Gebrauch ὁ "A.] O

\+ **ἄψυχος** 2 unbeseelt (Tonwerkzeuge) P

B

\+ **βαθμός, ὁ** Stufe; ~ὸν ἑαυτῷ καλὸν περιποιεῖσθαι sich einen schönen Rang schaffen P

* **βάθος, τό (1)** Tiefe; ~ γῆς tiefgründiger Boden; **(2)** das tiefe Wasser L; **(3)** [bildl.:] Größe; ~ πλούτου ~ des Reichtums P; ἡ κατὰ ~ους πτωχεία äußerste Armut P; τὰ ~η τοῦ θεοῦ das unergründliche Wesen Gottes P

\+ **βαθύνω** mache tief; σκάπτω καὶ ~ schachte tief aus L

* **βαθύς** 3 tief (Brunnen) J; auch bildl.: (Schlaf, Morgengrauen); τὰ ~έα τοῦ σατανᾶ die verborgenen Tiefen des Satans O

\+ **βαΐον, τό** Palmzweig J

* **βαλλάντιον, τό** Geldbeutel L

βάλλω (1) werfe; **(2)** werfe weg; ~ hin, ~ ab, ~ aus (Blätter, Anker); **(3)** lege, lege nieder [Pass.: liege]; lege ein (Geld); τὰ βαλλόμενα Einlagen J; **(4)** lasse fallen, streue (Samen); Pass.: βλήθητι wirf dich m M; **(5)** übergebe (Geld); [bildl.:] gebe ein (in das Herz); **(6)** gieße, schütte ein (Wein, Wasser); **(7)** [intr.:] breche los κατά τινος gegen … L

βαλοῦσι Fut. v. βάλλω

βαπτίζω (1) wasche; Med.: wasche mich; **(2)** taufe τινί od. ἔν τινι mit …, εἰς … zum Zweck, εἰς τὸ ὄνομα auf den Namen; Pass.: lasse mich taufen; **(3)** [übertr.:] ~ (ἐν) πνεύματι ἁγίῳ ~ mit dem Hl. Geiste; vom Martyrium S

βάπτισμα, τό Taufe; ~ μετανοίας Bußtaufe; ~ εἰς ἄφεσιν ἁμαρτιῶν ~ zur Sündenvergebung [= die S. bewirkt]; ~ εἰς τὸν θάνατον [Χριστοῦ] ~ in den Tod [Christi; zur mystischen Vereinigung mit ihm]

* **βαπτισμός, ὁ** das Abspülen (v. Gefäßen) m; **(2)** [rituelle] Waschung, Taufe H P

βαπτιστής, ὁ Täufer S

* **βάπτω (1)** tauche ein (Bissen) J; ~ τὶ τινός ~ etw. in … (Fingerspitze ins Wasser) L; **(2)** tauche in Farbe, färbe; βεβαμμένος gefärbt τινί mit … [O]

* **Βαρ-** [aram.: bar] Sohn des

* **βάρβαρος** 2 unverständlich redend P; ὁ ~ der Barbar, Nichtgrieche P

* **βαρέω** mache schwer; nur Pass. u. bildl.: werde schwer, beschwert τινί od. ἔν τινι von …; βεβαρημένος schwer, ~ ὕπνῳ schlaftrunken (Augen) L; βαρούμενοι in schwerer Not P

* **βαρέως** Adv. schwer; ~ ἀκούω bin schwerhörig M L

* **βάρος, τό (1)** Last M; **(2)** Fülle (der Herrlichkeit) P; **(3)** Gewicht; ἐν ~ει εἰμί trete gewichtig auf … P

[*] **βαρύνω** beschwere [L]

* **βαρύς** 3 **(1)** schwer (Last) M; **(2)** [bildl.:] schwer (Forderung); streng (Gebot, Briefe); τὰ ~ύτερά τινος das Gewichtigere im … M; **(3)** wild (Wölfe) L

\+ **βαρύτιμος** 2 sehr teuer (Salbe) [M]

βασανίζω **(1)** quäle, foltere, v. körperlichen wie seelischen Qualen; δεινῶς ~όμενος in heftigen Qualen; **(2)** bedränge

* **βασανισμός**, ὁ **(1)** das Quälen; **(2)** das Gequältwerden, die Qual O

\+ **βασανιστής**, ὁ Folterknecht M

* **βάσανος**, ὁ Folterqual L; [bildl.:] Pein M

βασιλεία, ἡ **(1)** Königtum, Königsherrschaft; **(2)** Königreich; **(3)** bes. die Königsherrschaft Gottes: ~ τοῦ θεοῦ; dafür ~ τῶν οὐρανῶν, τοῦ πατρός; auch ἡ ἐπουράνιος, αἰώνιος ~.

* **βασίλειος** 3 königlich; τὰ ~α Palast L

βασιλεύς, ὁ König; Kaiser; auch v. Vasallenfürsten; [übertr. auf Gott, als Herrscher seines Reichs, ebenso auf Jesus, den messianischen König]

βασιλεύω **(1)** herrsche als König τινός, ἐπί τινος u. τινά über … [v. irdischen Fürsten, Gott, Christus, Heiligen, dem Tod]; **(2)** Aor. werde König, Herrscher, komme zur Herrschaft, zum Reich

* **βασιλικός** 3 königlich (Gewand) L; νόμος ~ Gesetz des Königs Ja; ὁ ~ königlicher Beamter [J]

\+ **βασιλίσκος**, ὁ königlicher Beamter [J]

* **βασίλισσα**, ἡ Königin M L O

\+ **βάσις**, ἡ Fuß L

\+ **βασκαίνω** behexe P

βαστάζω **(1)** hebe auf (Steine) J; nehme auf mich; **(2)** trage (Sarg, Kreuz, Krug); v. Schwangeren; **(3)** ertrage, halte aus; **(4)** trage fort, schaffe weg (Leichnam); nehme ab (Sandalen) M; **(5)** bringe fort (Krankheit); **(6)** bringe auf die Seite, stehle J

* [1]**βάτος**, ὁ u. ἡ Dornbusch L m

\+ [2]**βάτος**, ὁ Bat [Hohlmaß] L

\+ **βάτραχος**, ὁ Frosch O

\+ **βατταλογέω** plappere M

βάψ´´ Aor. 1 Fut. v. βάπτω

* **βδέλυγμα, τό** Greuel; der aus Daniel (12,11 u.ö.) stammende Ausdruck ~ τῆς ἐρημώσεως bedeutet in M m wohl das die Verödung [der heiligen Stätte] herbeiführende Greuelwesen des Antichrists

\+ **βδελυκτός** 3 verabscheuungswürdig P

* **βδελύσσομαι** verabscheue P; ἐβδελυγμένος zum Greuel geworden, abscheulich O

* **βέβαιος** 3 **(1)** fest (Hoffnung, Zuversicht); **(2)** zuverlässig (Verheißung, Wort); Komp. ~ότερον [= Superlativ] ganz sicher; ~ον κατέχειν festhalten H

* **βεβαιόω** **(1)** stärke, stütze P; Pass.: werde bestärkt (im Glauben) P; **(2)** bestätige (Predigt, Zeugnis); erfülle (Verheißung) P H

* **βεβαίωσις**, ἡ Sicherstellung, Bestätigung P H

βεβαμμ´´ Pf. Pass. v. βάπτω

* **βέβηλος** 3 unheilig (Gerede, Mythen) P; v. Personen: gottlos, gemein P H

* **βεβηλόω** entweihe M L

βεβλη´´ Pf. Akt. u. Pass. v. βάλλω

βεβρω´´ Pf. v. βιβρώσκω

\+ **βελόνη, ἡ** Nadel L

\+ **βέλος, τό** Pfeil (des Teufels = Anfechtungen) P

\+ **βέλτιον** Adv. (Ntr. des Komp. zu ἀγαθός = Superlativ) am besten P

βῆμα, τό (1) Schritt; ~ ποδός ein Fuß breit L; **(2)** Thronsitz, Rednerbühne, Richterstuhl

\+ **βήρυλλος, ὁ** Beryll [meergrüner Edelstein] O

* **βία, ἡ (1)** Gewalt (der Wogen); (des andrängenden Volkes) L; **(2)** Gewaltanwendung

* **βιάζω** gebrauche Gewalt; nur im Spruch vom Gottesreich M 11,12 = L 16,16. An letzterer Stelle Med.: πᾶς εἰς τὴν βασιλείαν ~εται jedermann dringt mit Gewalt in das Reich ein; ἡ βασιλεία ~εται M ist umstritten: **(1)** [tr. Pass.:] wird vergewaltigt, erleidet Gewalt; wird mit brennendem Eifer erstrebt; **(2)** [intr.:] bricht sich mit Gewalt Bahn

\+ **βίαιος** 3 gewaltig (Sturm) L

\+ **βιαστής, ὁ** Gewalttätiger, Stürmer M

* **βιβλαρίδιον** u. **βιβλιδάριον, τό** Büchlein O

βιβλίον, τό (1) Buch; ~ τῆς ζωῆς Lebensbuch s. βίβλος O; **(2)** Schriftstück; ~ ἀποστασίου Scheidebrief m M

βίβλος, ἡ Buch; ~ τῆς ζωῆς Lebens~ [, in dem die zur Seligkeit Bestimmten verzeichnet sind] PO

\+ **βιβρώσκω** esse J

* **βίος, ὁ (1)** Leben; **(2)** Lebensunterhalt; Vermögen m L J

\+ **βιόω** lebe K

\+ **βίωσις, ἡ** Lebensweise L

* **βιωτικός** 3 Lebens-; μέριμναι ~αί Sorgen des Daseins L; κριτήρια ~ά Streitigkeiten des Lebens P; ~ά Alltägliches P

\+ **βλαβερός** 3 schädlich (Begierde) P

* **βλάπτω** schade; μηδὲν βλάψαν αὐτόν ohne ihn zu schädigen L

* **βλαστάνω** u. **βλαστάω (1)** [intr.:] wachse; sprosse; keime; **(2)** [tr.:] lasse wachsen Ja

βλασφημέω (1) Menschen gegenüber: verunglimpfe, verleumde; **(2)** Gottwesen (heidnischen Göttern; Gott u. seinem Namen od. Geist; Christus; Engel) gegenüber: lästere τὶ, τινά, εἴς τινα

βλασφημία, ἡ (1) Schmähsucht; **(2)** Schmährede, Lästerwort (allg., gegen Menschen, den Teufel, Gott); ~ πρὸς τὸν θεόν Gotteslästerung O

* **βλάσφημος** 2 lästerlich; ὁ ~ Lästerer P; ~ον κρίσιν φέρειν ein Urteil fällen, das eine Lästerung bedeutet K

\+ **βλέμμα, τό** Sehen; ~τι καὶ ἀκοῇ durch das, was er sah und hörte K

βλέπω (1) sehe; ~ ἐν τῷ κρυπτῷ ~ im Verborgenen; absol.: ~όντων αὐτῶν vor ihren Augen L; τὰ ~όμενα, μὴ ~όμενα Sichtbares, Unsichtbares P; ἐλπὶς ~ομένη ein Hoffnungsgut, das man sehen kann P; vermag zu sehen: (Augen) τοῦ μὴ βλέπειν ohne Sehkraft P; **(2)** blicke, schaue hin; sehe an; **(3)** nehme wahr, bemerke; **(4)** gebe acht auf …, berücksichtige; ~ εἰς πρόσωπον ἀνθρώπων nehme Rücksicht auf Menschen m M;

(5) richte mein Augenmerk auf (Berufung) P; (6) sehe mich vor, nehme mich in acht ἀπό … vor … S P; (7) [v. einem Hafen:] offen sein; ~ων κατὰ λίβα nach Südwesten offen L

βληθ´´ Fut. 1 u. Aor. 1 Pass. v. βάλλω

+ **βλητέος** 3, Verbaladj. v. βάλλω man muß eingießen εἰς … in … [m] L

βοάω schreie, rufe laut; rufe zu τινί (Gott); verkünde feierlich

+ **βοή, ἡ** Ruf; Pl.: die Schreie Ja

* **βοήθεια, ἡ** (1) Hilfe H; (2) [technisch:] Hilfsmittel L

* **βοηθέω** helfe, komme zu Hilfe (meinem Unglauben = mir Ungläubigem) m

+ **βοηθός, ὁ** Helfer H

βόησον Imp. Aor. 1 v. βοάω

* **βόθυνος, ὁ** Grube M L

+ **βολή, ἡ** Wurf; ὡσεὶ λίθου ~ήν etwa auf Steinwurfweite L [L

* **βολίζω** werfe das Senkblei aus

[+] **βολίς, ἡ** Wurfgeschoß [H]

+ **βόρβορος, ὁ** Schlamm, Kot K

* **βορρᾶς, ὁ** Norden L O

* **βόσκω** weide (Lämmer) J; hüte (Schweine); ὁ ~ων Hirte; Pass.: [vom Vieh] weide, grase S

+ **βοτάνη, ἡ** Gewächs H

+ **βότρυς, ὁ** Weintraube O

* **βουλεύομαι** (1) überlege εἰ ob L; (2) beschließe L J P

* **βουλευτής, ὁ** Ratsherr [Mitglied des Synedriums] m L

βουλή, ἡ (1) Überlegung, Absicht (des Herzens) P; (2) Beschluß; Ratschluß (Gottes) L P H

* **βούλημα, τό** Plan; Absicht (Gottes, der Heiden) P K

βούλομαι (1) will, möchte gern; ἐβουλόμην … κατέχειν würde gerne behalten; ~εσθε ἀπολύσω; wollt ihr, daß … = soll ich freilassen? J; (2) habe die Absicht, habe mir vorgenommen; βουληθείς kraft seines Willensentschlusses Ja

* **βουνός, ὁ** Hügel L

* **βοῦς** Rind, **ὁ** Ochse, **ἡ** Kuh

* **βραβεῖον, τό** Kampfpreis P; ~ τῆς ἄνω κλήσεως ~, der in der Berufung von oben besteht P

+ **βραβεύω** bin Schiedsrichter, regiere P

* **βραδύνω** zögere; ~ τῆς ἐπαγγελίας verzögere die [Erfüllung der] Verheißung K

+ **βραδυπλοέω** fahre mit langsamer Fahrt L

* **βραδύς, ~εῖα, ύ** langsam; ~ εἰς … ~ zu … Ja; schwerfällig; ~ τοῦ πιστεύειν ~ zu glauben L

+ **βραδύτης, ἡ** Saumseligkeit K

* **βραχίων, ὁ** Arm (als Bild für Gottes Macht); μετὰ ~ονος ὑψηλοῦ mit hoch erhobenem ~ L

* **βραχύς, ~εῖα, ύ** kurz; ~ύ, ~ύ τι ein wenig J; μετὰ ~ύ kurz darauf L; διὰ ~έων in kurzen Worten H

* **βρέφος, τό** Leibesfrucht, [ungeborenes] Kind; [dann auch:] eben geborenes Kind; ἀπὸ ~ους von Kind auf P

* **βρέχω** (1) benetze (Füße) L; (der Regen) netzt; (2) lasse regnen; (3) [unpersönlich:] ~ει es regnet Ja

βροντή, ἡ Donner [Pl.: ~schläge] J O; υἱοὶ ~ῆς die Donnerer [v. den Zebedaiden] m

* **βροχή, ἡ** Regen(guß) M

\+ **βρόχος, ὁ** Schlinge; ~ον ἐπιβάλλειν τινί jmdm. eine ~ überwerfen P

* **βρυγμός, ὁ** Knirschen, Klappern ὀδόντων der Zähne M L

\+ **βρύχω** knirsche τοὺς ὀδόντας mit den Zähnen ἐπί τινα über ... L

\+ **βρύω** lasse hervorsprudeln Ja

βρῶμα, τό (feste) Speise, Nahrung [auch übertr. v. der Erfüllung des göttlichen Willens]

\+ **βρώσιμος** 2 eßbar L

βρῶσις, ἡ **(1)** das Essen; **(2)** Speise; **(3)** wohl ein fressendes Insekt M

* **βυθίζω** stürze εἰς ... in ... (Verderben) P; Pass.: versinke

\+ **βυθός, ὁ** Tiefe (des Meeres) P

* **βυρσεύς, ὁ** Gerber L

* **βύσσινος** 3 aus Byssosleinen; τὸ ~ον Byssosstoff, -gewand O

\+ **βύσσος, ἡ** [hebr.: bûz] Byssosleinen L O

\+ **βωμός, ὁ** Altar L

Γ

\+ **γάγγραινα, ἡ** Krebsgeschwür P

\+ **γάζα, ἡ** Schatz L

* **γαζοφυλάκιον, τό** Schatzkammer, Opferstock m L J; ἐν τῷ ~ῳ bei der S. J

* **γάλα, ~ακτος, τό** Milch; [auch übertr. v. den Anfangsgründen] P

* **γαλήνη, ἡ** Meeresstille S

γαμέω **(1)** nehme zur Frau S P; **(2)** nehme zum Manne m P; Pass.: lasse mich heiraten, vermähle mich (einem Manne); **(3)** gehe eine Ehe ein, heirate (v. beiden Geschlechtern)

* **γαμίζω** u. **γαμίσκω** gebe zur Ehe, verheirate (eine Frau); 1 K 7,34 vielleicht = γαμέω (1); Pass.: lasse mich heiraten, heirate (v. Frauen) S

γάμος, ὁ **(1)** Ehe H; **(2)** meist Pl. Hochzeit, ~sschmaus, ~sfeier; Festmahl [auch bildl. v. den Freuden des messianischen Reiches]

γάρ denn; nämlich; καὶ ~ denn auch; οὔτε ~ ja nicht einmal; τί ~; was macht's denn aus?; μὴ ~ es soll doch ja nicht

* **γαστήρ, ὁ** **(1)** Bauch; bildl. = Schlemmer P; **(2)** Mutterleib S; ἐν γαστρὶ ἔχειν, συλλαμβάνειν schwanger sein, werden L

γέ wenigstens; sogar; häufig an andere Partikeln angehängt

γεγενημ´´ selten gebrauchtes Pf. v. γίνομαι

γεγεννημ´´ Pf. Pass. v. γεννάω

γεγον´´ oft gebrauchtes Pf. v. γίνομαι

γέεννα, ἡ [hebr.: gê ben Hinôm] Gehenna [als Ort der Verdammten; ursprünglich ein Tal südlich v. Jerusalem]; ~ τοῦ πυρός Feuerhölle S Ja

* **γείτων, ὁ, ἡ** Nachbar, -in L J

* **γελάω** lache L

\+ **γέλως, ὁ** Lachen Ja

* **γεμίζω** fülle τί τινος, τὶ ἔκ, ἀπό τινος etw. mit ... (Krug mit Wasser, Schwamm mit Essig) J m, auch Pass. O; absol. im Pass.: fülle mich m L

γέμω bin voll τινός von ... (Knochen, Staub, Greueln); ganz selten ἔκ τινος M od. τὶ O

γεναμ´´ vereinzelte Variante des Aor. v. γίνομαι

γενεά, ἡ (1) Geschlecht; Nachkommenschaft; Generation; (2) Menschenalter, Zeit; ἐκ ~ῶν ἀρχαίων seit alten Zeiten L

\+ **γενεαλογέομαι** leite meine Abkunft her ἔκ τινος von … H

* **γενεαλογία, ἡ** Stammbaum, -tafel P

γενέσθαι Inf. Aor. 2 v. γίνομαι

* **γενέσια, τά** Geburtstagsfeier M; τοῖς ~ίοις αὐτοῦ bei seiner ~ m

* **γένεσις, ἡ** (1) Geburt; (2) Dasein; πρόσωπον τῆς ~εως das natürliche Antlitz Ja; (3) βίβλος ~εως Entstehungsgeschichte od. Stammbaum; (4) τροχὸς τῆς ~εως s. τροχός

\+ **γενετή, ἡ** Geburt; ἐκ ~ῆς von ~ an J

γενηθη´´ Aor. 1 Pass. v. γίνομαι, gleichbedeutend mit Aor. Med.

* **γένημα, τό** Frucht, Ertrag S P

γεννάω (1) erzeuge; [auch übertr. v. dem Erfolg geistlicher Einwirkung]; (2) rufe hervor (Streitigkeiten) P; (3) gebäre; Pass.: werde geboren

* **γέννημα, τό** das Gezeugte, Brut; ~ ἐχιδνῶν Schlangenbrut

[*] **γέννησις, ἡ** Geburt [M] [L]

* **γεννητός** 3 geboren; ~οὶ γυναικῶν die Weibgeborenen = Menschen M L

γενομ´´ Aor. 2 v. γίνομαι

γένος, τό Geschlecht (1) Nachkommenschaft, Herkunft; (2) Verwandtschaft; (3) Nation, Volk; ἐκ ~ους [nämlich μου] von [meinen] Volksgenossen P; (4) Gattung; Pl.: Arten (v. Zungen, Tönen) P

γένωμαι Konjunktiv Aor. 2 v. γίνομαι

\+ **γερουσία, ἡ** Rat [der Alten], Synedrium L

\+ **γέρων, ~οντος, ὁ** Greis J

γεύομαι (1) koste, schmecke, genieße τὶ etw. J; = nehme teil τινός an … (Mahl) L; absol. M L P; (2) bekomme zu fühlen, lerne kennen (Tod) Evv H; erhalte τὶ od. τινός etw. H; erfahre ὅτι K

\+ **γεωργέω** bestelle (das Land) H

\+ **γεώργιον, τὸ** Acker(feld) [v. der Gemeinde] P

γεωργός, ὁ Landmann P Ja; auch: Winzer Evv

γῆ, ἡ (1) Erde, Boden; (2) Land, ~schaft; Gegend; Heimatland L; (3) Ackerland L; (4) Erde im Ggs. zum Himmel u. als bewohnter Weltkörper

γημ´´ Aor. 1 v. γαμέω

\+ **γῆρας, τὸ** Greisenalter L

* **γηράσκω** werde alt J; veralte H

γίνομαι (1) werde geboren; entstehe; (2) komme zustande; komme heran, geschehe, werde erfüllt, getan, gehalten, gefeiert; (3) widerfahre, begegne, werde zuteil; μὴ γένοιτο keineswegs! nimmermehr! P; (4) werde zu etw.; bewähre, beweise, zeige mich als …; (5) komme, gelange; (6) als Ersatz für die Formen v. εἰμί

γινώσκω (1) erkenne, nehme wahr ἔν τινι od. ἔκ τινος an …; lerne kennen; (2) erfahre; Pass.: komme zur Erkenntnis jmds.; (3) kenne, weiß; ~ Ἑλληνιστί verstehe griechisch L; (4) [in geschlechtlichem Sinn:] verkehre geschlechtlich τινά mit …

(vom Mann u. der Frau); **(5)** erkenne an; **(6)** [bes. v. der rel. Erfahrung, die nicht nur das Gebiet des Verstandes, sondern auch des Gemütes u. Willens berührt:] kenne, erkenne, erfahre, weiß von

\+ **γλεῦκος, τό** Most L

* **γλυκύς, ~εῖα, ~ύ** süß (Wasser) Ja

γλῶσσα, ἡ **(1)** Zunge; παύω τὴν ~αν ἀπό … hüte die Zunge vor … K; ἀνεῴχθη τὸ στόμα καὶ ἡ ~ der Mund wurde aufgetan und die ~ L; [auch übertr. auf die Spitzen lodernden Feuers, das seinerseits eine Versinnlichung des Geistes ist L]; **(2)** Sprache L; **(3)** v. den sinnenfälligen, aber nicht begriffsmäßigen Lauten rel. Begeisterung:] ~αις λαλεῖν u.ä. mit Zungen reden

* **γλωσσόκομον, τό** Kassette [zur Aufbewahrung v. Geld] J

\+ **γναφεύς, ὁ** Walker m

* **γνήσιος** 3 **(1)** rechtmäßig (Kind); **(2)** echt; τὸ ~ον Echtheit (der Liebe) P

\+ **γνησίως** Adv. aufrichtig P

γνοῖ hellenist. Konjunktiv Aor. 2 [= γνῷ] v. γινώσκω

γνούς, γνόντος Ptz. Aor. 2 v. γινώσκω

\+ **γνόφος, ὁ** Dunkel H

γνῷ, γνῶθι Konjunktiv, Imp. Aor. 2 v. γινώσκω

* **γνώμη, ἡ** **(1)** Meinung; **(2)** Entscheidung, Entschluß; ἐγένετο ~ης er faßte den Entschluß L; **(3)** Einwilligung P

γνωρίζω mache kund, lasse wissen L; offenbare P; Pass.: werde kundgemacht εἰς, πρός τινα bei … P; **(2)** erkenne, weiß P

γνωσθ´´ Aor. 1 u. Fut. 1 Pass. v. γινώσκω

γνῶσι Konjunktiv Aor. 2 v. γινώσκω

γνῶσις, ἡ **(1)** Erkenntnis P; **(2)** bes. v. der christlichen Erkenntnis; **(3)** [v. der religionsgeschichtlichen Erscheinung] Gnosis P

γνώσομαι Fut. v. γινώσκω

\+ **γνώστης, ὁ** Kenner (der Sitten) L

γνωστός 3 **(1)** bekannt L; ὁ ~ Bekannter L J; **(2)** erkennbar; τὸ ~ὸν τοῦ θεοῦ das Wesen Gottes, sofern es ~ ist P

γνώτω Imp. Aor. 2 v. γινώσκω

* **γογγύζω** **(1)** murre πρός τινα, κατά τινος gegen …, περί τινος über …; ~ειν μετ᾽ ἀλλήλων murrend miteinander sprechen J; **(2)** rede heimlich, tuschle τὶ περί τινος etw. über … J

* **γογγυσμός, ὁ** **(1)** unwilliges Murren L P K; **(2)** heimliches Gerede J

\+ **γογγυστής, ὁ** Murrkopf K

\+ **γόης, ὁ** Schwindler P

* **γόμος, ὁ** (Schiffs)ladung, Fracht L

γονεῖς, οἱ Eltern

γόνυ, τό Knie; τίθημι, κάμπτω τὰ ~ατα beuge [vor Ehrfurcht im Gebet] die ~, absol., auch τινί od. πρός τινα vor … P L; προσπίπτειν τοῖς ~ασιν zu jmds. Füßen niederfallen L

* **γονυπετέω** falle auf die Knie nieder; ~ τινά bitte fußfällig M m

γράμμα, τό **(1)** Buchstabe P L; **(2)** das Geschriebene: Brief, Schuldschein L: **(3)** Pl.: **a.** τὰ ~τα die [heiligen] Schriften [vom AT] P J; **b.** die [elementaren od. gelehrten] Kenntnisse L J

γραμματεύς, ὁ **(1)** Sekretär L; **(2)** Schriftgelehrter, Gesetzeskundiger; **(3)** vom christlichen Schriftgelehrten M

\+ **γραπτός** 3 geschrieben P

γραφή, ἡ (heilige) Schrift; [auch:] Schriftstelle, ~wort

γράφω **(1)** schreibe; [formelhaft:] γέγραπται es steht in der Hl. Schrift; ~ τινί ~ an ..., περί τινος über ...; **(2)** beschreibe (eine Schriftrolle) O; **(3)** fasse ab (Buch, Brief, Gebot)

\+ **γραώδης** 2 altweiberhaft [= albern] (Mythen) P

γρηγορέω **(1)** bin wach, wachsam; **(2)** [übertr.:] behalte die Augen offen; ~ ἐν προσευχῇ bin mit wachem Sinn beim Gebet P

* **γυμνάζω** übe διά τινος durch ... H, πρός τι zu ... H P; γεγυμνασμένος πλεονεξίας geübt in [= gewöhnt an] Habgier K

\+ **γυμνασία, ἡ** Übung; σωματικὴ ~ Leibes~ P

\+ **γυμνιτεύω** [bessere Schreibung für] **γυμνητεύω** bin schlecht bekleidet P

γυμνός **(1)** nackt, bloß; ἐπὶ ~οῦ auf bloßem Leib m; ohne Obergewand J; dürftig gekleidet M Ja; **(2)** offenliegend H; **(3)** unverhüllt, bloß; die Seele ohne Körperhülle P; daher das Bild vom ~ κόκκος bloßen (Samen-)Korn P

* **γυμνότης, ἡ** Blöße P; Nacktheit O

γύναι Vokativ v. γυνή

\+ **γυναικάριον, τό** Weibchen; Pl.: Weibsleute P

\+ **γυναικεῖος** 3 weiblich; σκεῦος ~ Umschreibung für Ehefrau K

γυνή, ἡ **(1)** Frau; ~ χήρα Witwe L; **(2)** Ehefrau; ~ πατρός Stiefmutter P; **(3)** Braut

\+ **γωνία, ἡ** **(1)** Ecke; κεφαλὴ ~ας Eckstein; ~αι τῶν πλατειῶν Straßenecken M; **(2)** Winkel L

Δ

δαιμονίζομαι bin von einem Dämon besessen; κακῶς ~εται wird von einem D. übel geplagt M; ὁ ~όμενος der Besessene M m J

δαιμόνιον, τό **(1)** Gottheit L; **(2)** Dämon

\+ **δαιμονιώδης, ~ες** dämonisch (Weisheit) Ja

\+ **δαίμων, ὁ** Dämon M

\+ **δάκνω** beiße [übertr.] P

δάκρυον, τό Träne; μετὰ ~ων [m] L H; διὰ πολλῶν ~ων unter vielen ~n P

\+ **δακρύω** weine J

\+ **δακτύλιος, ὁ** Ring L

* **δάκτυλος, ὁ** Finger; ~ θεοῦ = Gottes Macht L

* **δαμάζω** bändige m Ja

\+ **δάμαλις, ἡ** junge Kuh H

* **δαν(ε)ίζω** leihe Geld aus L; Med.: leihe mir, borge (Geld) M

\+ **δάν(ε)ιον, τό** Darlehen; ἀφίημι τὸ ~ erlasse das ~ M

\+ **δαν(ε)ιστής, ὁ** Gläubiger L

* **δαπανάω** gebe aus ἐν für; brauche auf, vergeude L; wende auf ὑπέρ τινος od. ἐπί τινι für ...

\+ **δαπάνη, ἡ** Kosten L

δαρήσομαι Fut. 2 Pass. v. δέρω

δέ Partikel zur Hervorhebung des Ggs., Überganges usw.: vielmehr, aber, nun aber

δέδεκται Pf. v. δέχομαι

δεδεκώς Ptz. Pf. v. δέω

δεδώκει augmentloses Plsqpf. v. δίδωμι

δεηθείς Ptz. Aor. 1 Pass. v. δέομαι

δέησις, ἡ Bitte; Gebet; περί, ὑπέρ τινος für …

δεθῆναι Inf. Aor. 1 Pass. v. δέω

δεῖ **(1)** man muß; **(2)** man soll; καθὸ ~ wie sich's gebührt P; δέον ἐστίν man soll; εἰ δέον wenn es sein soll; **(3)** es ziemt sich L; τὰ μὴ δέοντα unziemliche Dinge P = ἃ μὴ ~ P

\+ **δεῖγμα, τό** Beispiel; πρόκειμαι ~ stehe als ~ vor Augen Ju

* **δειγματίζω** stelle bloß, mache zum Spott M P

δείκνυμι **(1)** zeige; weise vor; **(2)** weise an (Saal) m L; **(3)** beweise (Glauben) Ja; weise nach (Werke) Ja; tue dar [mit ὅτι od. Inf.]

\+ **δειλία, ἡ** Feigheit P

\+ **δειλιάω** bin furchtsam J

* **δειλός** verzagt M m O

\+ **δεῖνα** (ὁ, ἡ, τό) irgendwer, der und der M

* **δεινῶς** Adv. schrecklich M; ~ ἐνέχειν hart zusetzen L

* **δειπνέω** halte die Mahlzeit, speise

[+] **δειπνοκλήτωρ, ὁ** Gastgeber [M]

δεῖπνον, τό Mahlzeit; Gastmahl; γινομένου ~ου während des G. J

δειρ´´ Aor. 1 v. δέρω

\+ **δεισιδαιμονία, ἡ** Religion L

\+ **δεισιδαίμων** gottesfürchtig; Komp. = Superlativ: κατὰ πάντα ~ονεστέρους ὑμᾶς θεωρῶ ich sehe, daß ihr in jeder Hinsicht sehr ~ seid L

δέκα zehn; **δεκαδύω** zwölf; **δεκαοκτώ** achtzehn; **δεκαπέντε** fünfzehn; **δεκατέσσαρες** vierzehn

* **δέκατος** 3 der zehnte H; subst.: ἡ ~η der Zehnte; τὸ ~ον das Zehntel O

* **δεκατόω** nehme den Zehnten τινά von … H; Pass.: entrichte den Zehnten H

* **δεκτός** 3 angenehm, günstig (Zeit) L P; willkommen τινί bei … L

* **δελεάζω** ködere, verlocke K

δένδρον, τό Baum

δεξ´´ Aor. 1 v. δέχομαι

[+] **δεξιοβόλος, ὁ** od.

\+ **δεξιολάβος, ὁ** [nicht näher bestimmbare Waffengattung:] vielleicht Schleuderer, Schütze [L]

δεξιός 3 rechts; ἡ ~ά [nämlich χείρ] die Rechte; τὰ ~ά die rechte Seite; ἐκ ~ῶν, ἐν τοῖς ~οῖς zur Rechten

δέομαι bitte τινός jmdn. mit flgd. Inf. od. Akk. der Sache; bete τινός od. πρός τινα zu …; περί, ὑπέρ τινος für …, um … L

δέον s. δεῖ

\+ **δέος, τό** Furcht, Ehrfurcht H

\+ **δέρμα, τό** Fell H

* **δερμάτινος** 3 ledern m M

[+] **δέρρις, ἡ** Fell [m]

δέρω prügle; ~ τινὰ εἰς πρόσωπον schlage jmdm. ins Gesicht P; δαρήσεται πολλάς [nämlich πληγάς] wird viele Schläge bekommen L; ~ ἀέρα tue (das Ziel verfehlende) Lufthiebe [vom ungeübten Faustkämpfer] P

* **δεσμεύω** u. **δεσμέω** binde zusammen (Traglasten) M; fessle [dafür genauer:] ~ ἁλύσεσιν L

\+ **δέσμη, ἡ** Bündel M

δέσμιος, ὁ Gefangener

δεσμός, ὁ Band, Fessel; Pl.: (τὰ ~ά neben οἱ ~οί) Gefangenschaft; ὥστε τοὺς ~ούς μου φανεροὺς ἐν Χριστῷ γενέσθαι so daß es offenbar wurde, daß ich als Christ gefangen sei P [L

* **δεσμοφύλαξ, ὁ** Gefängniswärter

* **δεσμωτήριον, τό** Gefängnis L M

* **δεσμώτης, ὁ** Gefangener L

δεσπότης, ὁ Herr [auch v. Gott u. Christus]

* **δεῦρο** Adv. **(1)** hierher; [auch als Aufforderungspartikel:] komm her, heraus! **(2)** [zeitlich:] ἄχρι τοῦ ~ bis jetzt

δεῦτε kommt her! wohlan! auf!; ~ πρός με kommt zu mir! M; ~ ὀπίσω μου auf! mir nach M m; [mit flgd. Imp. od. Konjunktiv:] wohlan! S O

\+ **δευτεραῖος** 3 am zweiten Tage L

[+] **δευτερόπρωτος** 2 zweiterst; [Ausdruck fraglicher Bedeutung:] ἐν σαββάτῳ ~ῳ L

δεύτερος 3 der zweite; ~α χάρις ~ Beweis des Wohlwollens P; (τὸ) ~ον, ἐν τῷ ~ῳ, ἐκ ~ου das zweite Mal; ein zweites Mal P; ~ον zweitens P

δέχομαι **(1)** nehme in die Hand (Becher, Helm, Schriftstück); **(2)** nehme an (Wort, Gnade, Gottesreich) L; **(3)** bekomme, empfange (Briefe, Verkündigung); nehme gastlich auf, ins Haus; ~ εἰς τὰς ἀγκάλας nehme in die Arme L

δέω **(1)** binde zusammen; **(2)** lege in Fesseln, nehme gefangen; ἔδησεν αὐτὸν ἐν φυλακῇ warf ihn gefesselt in den Kerker m; [auch übertr.:] ὁ λόγος τοῦ θεοῦ οὐ δέδεται das Wort Gottes läßt sich nicht in Fesseln schlagen P; binde an (Esel) S; πρός τι an ...; **(4)** v. der Bindung durch Gesetz u. Pflicht: δέδεται ἀνδρί ist an den Mann gebunden P; **(5)** vom Zwang durch überirdische Mächte, seien es satanische: ἔδησεν ὁ σατανᾶς, seien es göttliche: δεδεμένος τῷ πνεύματι L; **(6)** binde [und löse], wohl = erkläre für verboten [u. für erlaubt] M

* **δή** nun; ὃς ~ der denn auch; doch

[+] **δηλαυγῶς** Adv. ganz deutlich m

* **δῆλος** 3 deutlich, offenbar; ~όν σε ποιεῖ verrät dich M; ~ ὅτι es ist klar, daß

* **δηλόω** **(1)** mache offenbar, bringe ans Licht; **(2)** mache kund, bringe zur Kenntnis; **(3)** weise hin εἴς τι auf ..., dafür τὶ (Umwandlung) H

\+ **δημηγορέω** rede öffentlich πρός τινα zu ... L

\+ **δημιουργός, ὁ** Schöpfer H

* **δῆμος, ὁ** Volksmenge, Volksversammlung L

* **δημόσιος** 3 öffentlich (Haft) L; ~ίᾳ [adv. Dat.:] öffentlich L

δηνάριον, τό Denar [römische Silbermünze = ca. 70 Goldpfennig]; ~ίου; ~ίων für ... = ἐκ ~ίου; τὸ ἀνὰ ~ einen ~ für den Mann und Tag M

[+] **δήποτε** Adv. nur immer [J]

\+ **δήπου** Adv. doch gewiß; οὐ ~ doch wohl nicht H

δήσ´´ Aor. 1 v. δέω

διά **I** mit Gen.: **(1)** [örtlich:] durch, hindurch; **(2)** [zeitlich:] während, in; binnen; ~ παντός [d.h. χρόνου] allezeit; nach; ~ ἡμερῶν nach (einigen) Tagen; **(3)** [ursächlich:] durch; **(4)** vermittelst, durch, vermöge; mit Hilfe von; durch Vermittlung von; **(5)** [v. den Umständen:] bei; mit, in; unter; ~ ὀλίγων mit wenigen Worten; ~ βραχέων in Kürze; ~ λόγου mündlich; ~ ἐπιστολῶν brieflich; **II** mit Akk.: **(1)** [örtlich:] durch; **(2)** [vom Grund:] wegen, um … willen; vor; ~ τί; warum?; ~ τοῦτο deshalb, auch mit flgd. ὅτι darum weil od. ἵνα dazu daß; ~ τὸ u. Inf.: weil …

* **δια'βαίνω** gehe durch, setze über τὶ etw., εἰς … nach …, πρός … zu

\+ **δια'βάλλομαι** werde beschuldigt τινί bei jmdm., ὡς mit Ptz. als einer der = daß L

διαβάς Ptz. Aor. 2 v. διαβαίνω

* **δια'βεβαιόομαι** behaupte ganz zuversichtlich περί τινος von … P

διαβῆναι Inf. Aor. 2 v. διαβαίνω

* **δια'βλέπω** **(1)** blicke scharf hin m; **(2)** [übertr.:] sehe zu, mit Inf. M L

διάβολος, ὁ verleumderisch; [meist Subst.:] ὁ ~ Verleumder, Widersacher [bes. vom Teufel]; ἐκ τοῦ ~ου εἶναι vom Teufel herstammen J

* **δι'αγγέλλω** mache überall bekannt, verkünde weit und breit (Gottesreich, Namen Gottes) L P

διάγε = διά γε

* **δια'γίνομαι** vergehe, verstreiche L m

* **δια'γινώσκω** entscheide; ~ ἀκριβέστερον τὰ περὶ αὐτοῦ bringe seine Angelegenheit durch genauere Untersuchung zur Entscheidung L; ~ τὰ καθ' ὑμᾶς ~ euren Fall L

[+] **δια'γνωρίζω** berichte genau (περί τινος über …) [L]

\+ **διάγνωσις** Erkenntnis, Entscheidung τινός … L

* **δια'γογγύζω** murre laut L

\+ **δια'γρηγορέω** durchwache = halte mich wach, auch wohl: wache völlig auf L

* **δι'άγω** verbringe (Leben); lebe hin (in Schlechtigkeit) P

\+ **δια'δέχομαι** übernehme (v. einem früheren Besitzer) L [O

* **διάδημα, τό** Diadem [des Königs]

* **δια'δίδωμι** teile aus, verteile L J

διάδος Imp. Aor. 2 v. διαδίδωμι

\+ **διάδοχος, ὁ** Nachfolger; λάμβανω ~ον erhalte zum ~ L

* **δια'ζώννυμι** umgürte, binde um; Med.: gürte mir um (das Obergewand) J

διαθήκη, ἡ **(1)** letztwillige Verfügung, Testament P H; **(2)** Willenserklärung, Verfügung, Gottesordnung; ἡ παλαιὰ ~ die alte ~; δύο ~αι die beiden Gottesordnungen [Moses u. Christus] P

* **διαίρεσις, ἡ** Zuteilung, vielleicht Unterschied

* **δι'αιρέω** teile βίον das Vermögen L; teile zu P

\+ **δια'καθαίρω** u. **διακαθαρίζω** reinige (Ausdrusch) L M

\+ **δια'κατ'ελέγχομαι** widerlege gründlich τινί … L

διακονέω **(1)** diene; **(2)** bediene, warte [bei Tisch] auf; Pass.:

lasse mich bedienen; **(3)** leiste Dienste; helfe; sorge für; **(4)** besorge; ἐπιστολὴ διακονηθεῖσα ὑφ' ἡμῶν ein von uns besorgter Brief P; **(5)** bin Diakon P

διακονία, ἡ **(1)** Dienst; Bedienung [bei Tisch]; Hilfeleistung, Unterstützung; **(2)** Amt, Beruf; ~ τῆς δικαιοσύνης, καταλλαγῆς Amt, das der Gerechtigkeit, Versöhnung dient P; ~ τῆς κατακρίσεως ~ der Verdammung P; ~ τοῦ πνεύματος ~ des Geistes P

διάκονος, ὁ **(1)** Diener; **(2)** Helfer; **(3)** Diakon; **(4)** ἡ die Dienerin; die Diakonisse P

* **διακόσιοι** 3 zweihundert

\+ **δι'ακούω** verhöre τινός jmdn. L

δια'κρίνω **(1)** mache einen Unterschied, μεταξύ mit Gen. zwischen ... L; bevorzuge P; **(2)** beurteile; **(3)** entscheide ἀνὰ μέσον τοῦ ἀδελφοῦ zwischen einem Bruder und dem andern P; Med.: **(4)** streite πρός ... mit ...; **(5)** zweifle, ἐν ἑαυτῷ bei sich Ja

* **διάκρισις, ἡ** **(1)** Unterscheidung P H; **(2)** Streit; εἰς ~εις διαλογισμῶν um in Wortgefechte über Anschauungen (einzutreten) P

\+ **δια'κωλύω** verhindere M

* **δια'λαλέω** bespreche; διελάλουν πρὸς ἀλλήλους sie ~ sich miteinander L; Pass.: διελαλεῖτο πάντα τὰ ῥήματα ταῦτα alle diese Dinge sprachen sich herum L

δια'λέγομαι **(1)** unterrede mich τινί, πρός τινα mit ... L, περί τινος über ...; **(2)** rede, spreche, predige

\+ **δια'λείπω** höre auf [negiert mit flgd. Ptz.: = tue etwas unablässig] [L]

* **διάλεκτος, ἡ** Sprache L

[*] **δια'λιμπάνω** [= **διαλείπω**] höre auf [negiert mit flgd. Ptz.: unaufhörlich] [L]

διαλλάγηθι Imp. Aor. 2 Pass. v. διαλλάσσω

\+ **δι'αλλάσσομαι** versöhne mich τινί mit ... M

δια'λογίζομαι **(1)** überlege; ἐν, παρ' ἑαυτῷ, πρὸς ἑαυτούς bei sich; **(2)** unterhalte mich πρός τινα mit ... m L

διαλογισμός, ὁ **(1)** Überlegung, Gedanke; ἐν τοῖς ~οῖς αὐτῶν in ihren ~ P; ~οὺς ποιεῖσθαι erwägen P; **(2)** Zweifel, Bedenken P L

\+ **δια'λύομαι** zerstreue mich [v. einer Menge] L

δια'μαρτύρομαι **(1)** bezeuge, versichere; lege Zeugnis ab von ... (Evangelium), τὰ περὶ ἐμοῦ von meiner Sache P; **(2)** beschwöre P L; τινί, ἵνα μή ... L

\+ **δια'μάχομαι** streite heftig L

* **δια'μένω** bleibe μετά τινα, πρός τινα bei ...; [absol.:] Bestand haben

δια'μερίζω **(1)** zerteile; ~όμενος zerteilt (Zungen) L; verteile τινί an ..., εἴς τινα unter ...; Med.: unter sich teilen Evv; **(2)** [übertr.:] mache zwiespältig; Pass.: werde uneinig ἐπί τινα, ἐπί τινι mit ... L

\+ **διαμερισμός, ὁ** Zwiespalt L

\+ **δια'νέμω** verbreite εἰς ... unter ... L

\+ **δια'νεύω** winke zu L

\+ **διανόημα, τό** Gedanke L

διάνοια, ἡ **(1)** Denkkraft, Verstand; **(2)** Denkart, Gesinnung; **(3)** Pl.: die Sinne

* **δι'αν'οίγω (1)** öffne; ~ων μήτραν = Erstgeburt L; [auch übertr. auf Augen, Verstand]; **(2)** erschließe (den Sinn der Schrift) L

διανοίχθητι Imp. Aor. 1 Pass. v. διανοίγω

+ **δια'νυκτερεύω** verbringe die ganze Nacht ἔν τινι mit (Gebet) L

+ **δι'ανύω** vollende (die Fahrt) L

διαπαντός fortwährend, immer = διὰ παντός

+ **διαπαρατριβή**, ἡ Reiberei [P]

* **δια'περάω** setze über εἰς ... nach ..., ἐκεῖθεν πρὸς ἡμᾶς von dort zu uns L

+ **δια'πλέω** durchfahre (Meer) L

* **δια'πονέομαι** bin aufgebracht L [m]

* **δια'πορεύομαι** gehe hindurch, wandere durch ... τὶ, κατά τι, διά τινος L m; gehe vorüber L

* **δι'απορέω** bin in Verlegenheit, im Zweifel περί τινος wegen ... L, ἐν ἑαυτῷ bei sich = Med. L

+ **δια'πραγματεύομαι** verdiene beim Geschäft L

* **δια'πρίομαι** ergrimme L; διεπρίοντο ταῖς καρδίαις αὐτῶν sie ergrimmten innerlich L

* **δι'αρπάζω** raube; plündere aus (Haus) M m

* **δια'(ρ)ρήγνυμι** u. **διαρήσσω** zerreiße (Gewand) S; sprenge (Fesseln) L; Pass. intr.: zerreiße, berste (Netz) L

* **δια'σαφέω (1)** deute (Gleichnis) M; **(2)** melde M [L]

+ **δια'σείω** erpresse [durch Mißhandlung] Geld τινά von jmdm. L

* **δια'σκορπίζω (1)** zerstreue; streue aus (Samen) M; **(2)** verschwende (Vermögen, Habe) L

διασπαρ´´ Aor. 2 Pass. v. διασπείρω

* **δια'σπάω** zerreiße; Pass.: werde in Stücke gerissen

* **δια'σπείρομαι** zerstreue mich (v. Gemeinden) L

* **διασπορά**, ἡ Zerstreuung [v. den unter Heiden lebenden Juden] K J

* **δια'στέλλομαι** ordne an; befehle; τὸ ~μενον Gebot H

+ **διάστημα, τό** Zwischenraum; ἐγένετο ὡς ὡρῶν τριῶν ~ nach Verlauf von etwa drei Stunden L

διαστήσας Ptz. Aor. 1 v. διΐστημι

* **διαστολή**, ἡ Unterschied P

* **δια'στρέφω (1)** mache krumm (Wege) L; **(2)** mache abwendig (Volk) ἀπό τινος von ...; **(3)** Pass.: διεστραμμένος verkehrt [im sittlichen Sinn], verdorben (Geschlecht) M L P; ~α λαλεῖν verkehrtes Zeug reden L

* **δια'σῴζω (1)** rette ἐκ τῆς θαλάσσης aus dem Meer, ἐπὶ τὴν γῆν aufs Land; bringe glücklich durch πρός τινα zu ...; **(2)** mache gesund L; Pass.: werde gesund M

διαταγείς Ptz. Aor. 2 Pass. v. διατάσσω

* **διαταγή**, ἡ Gebot; Anordnung; εἰς ~ὰς ἀγγέλων auf die Anordnungen von Engeln hin L

+ **διάταγμα, τό** Befehl H

+ **δια'ταράσσω** verwirre; Pass.: werde verwirrt ἐπί τινι infolge von ... L

δια'τάσσω ordne an, gebiete; ~γεὶς δι' ἀγγέλων durch Engel angeordnet; Pass.: τὸ διατεταγμένον Gebot L; Med. in gleicher Bedeutung P L

διαταχθείς Ptz. Aor. 1 Pass. v. διατάσσω

+ **δια'τελέω** verharre; ἄσιτοι ~εῖτε ihr seid ununterbrochen ohne Nahrung geblieben L

διατεταχέναι Inf. Pf. v. διατάσσω

* **δια'τηρέω** **(1)** bewahre sorgfältig (Worte) L; **(2)** erhalte frei ἔκ τινος von … L

διὰ τί warum s. διά

* **διατίθεμαι** **(1)** bestimme, ordne an; διαθήκην ~ τινι erlasse eine Verfügung für … H; **(2)** verfüge τί τινι über etw. zugunsten von L; **(3)** verfüge testamentarisch; ὁ διαθέμενος der Erblasser H

δια'τρίβω bringe hin, verbringe (Zeit, Tage) L; verweile μετά τινος mit jmdm. zusammen J

+ **διατροφή, ἡ** Pl. Lebensmittel P

+ **δι'αυγάζω** breche hell an (Tag) K

+ **διαυγής, ~ές** durchsichtig (Glas) [O]

[+] **διαφανής, ~ές** durchsichtig [O]

δια'φέρω **(1)** [tr.:] trage hindurch διά τινος durch …; Pass.: werde hin und her getrieben; werde auseinandergetragen, verbreite mich; **(2)** [intr.:] unterscheide mich; zeichne mich aus τινός vor … M L; τὰ ~οντα das Wesentliche P; **(3)** [unpersönlich:] οὐδέν μοι ~ει es liegt mir nichts daran P

+ **δια'φεύγω** entkomme L

* **δια'φημίζω** mache bekannt τινά jmdn. M; verbreite (das Wort) m; Pass.: werde verbreitet M

* **δια'φθείρω** **(1)** zerstöre, vernichte; Pass.: gehe zugrunde; **(2)** verderbe; διεφθαρμένος τὸν νοῦν verdorbenen Sinnes P

* **διαφθορά, ἡ** Verwesung L

* **διάφορος** 2 **(1)** verschieden (Gnadengaben) P; **(2)** vorzüglich (Name, Dienst) H

+ **δια'φυλάσσω** bewache, bewahre L

* **δια'χειρίζομαι** lege Hand an = ermorde τινά jmdn. L

+ **δια'χλευάζω** spotte L

+ **δια'χωρίζομαι** trenne mich ἀπό τινος von … L

* **διδακτικός** 3 zum Lehren geschickt (Bischof) P

* **διδακτός** 3 gelehrt **(1)** Personen: unterrichtet, unterwiesen; ~ θεοῦ von Gott ~; **(2)** eingelernt, beigebracht; ~οὶ ἀνθρωπίνης σοφίας λόγοι Worte, von menschlicher Weisheit beigebracht; [Ggs.:] διὰ πνεύματος P

διδασκαλία, ἡ **(1)** Unterweisung P; **(2)** Lehre; ~ ὑγιαίνουσα richtige ~ P

διδάσκαλος, ὁ Lehrer; v. Jesus [auch als Übersetzung v. Rabbi, Rabbuni], dem Täufer, jüdischen Schriftgelehrten u. Christen

διδάσκω **(1)** absol.: lehre; **(2)** lehre, belehre, unterweise; ~ τι lehre etw., τινά jmdn., τινά τι, τινὰ περί τινος, τινά mit flgd. Inf. od. ὅτι; mit Dat. u. flgd. Inf. bringe jmdm. bei, zu … O

διδαχή, ἡ **(1)** Unterweisung, Lehrvortrag; λαλέω ἐν ~ῇ rede lehrhaft P; **(2)** Lehre; ~ βαπτισμῶν ~ von den Taufen H; τύπος ~ῆς Lehrform P

διδόασιν 3. Pl. Präs. v. δίδωμι

* **δίδραχμον, τό** Doppeldrachme (ca. 1,56 Goldmark) M

δίδωμι **(1)** gebe; **(2)** entrichte, bezahle (Lohn, Rechnung, Steuer, Zins); **(3)** schenke, verleihe (Gnade, Einsicht, Verstand, Liebe, Leben, Zeichen); gewähre, gebe zu, mit AcI daß ...; **(4)** reiche hin (Brot, Bissen, Hand); übergebe, vertraue an (Schlüssel, Weinberg, Geld); **(5)** gebe her, bringe (Frucht); **(6)** gebe zurück, wieder; vergelte; **(7)** gebe hin ὑπέρ τινος für ...; **(8)** rufe hervor, bewirke (Hoffnung, Buße); **(9)** gestatte; **(10)** bestelle, setze ein (Richter, Apostel); **(11)** umschreibend: ~ ἀγάπην liebe; ~ ἐγρασίαν [= *operam do*] bemühe mich; ~ ἐντολήν gebiete; ~ μαρτυρίαν bezeuge; ~ δόξαν verherrliche; ~ αἶνον preise; ~ παράκλησιν tröste

διέβην Aor. 2 v. διαβαίνω

* **δι'εγείρω** **(1)** wecke auf; **(2)** [übertr.:] rufe od. halte wach; Pass.: bin erregt (Meer)

διεῖλον Aor. 2 v. διαιρέω

διέλιπον Aor. 2 v. διαλείπω

διενεγκ´´ Aor. 2 v. διαφέρω

\+ **δι'ενθυμέομαι** denke nach περί τινος über ... L

[+] **δι'εξ'έρχομαι** komme hervor [L]

\+ **διέξοδος, ἡ** Ausgang; ~οι τῶν ὁδῶν der Punkt, wo der *aus* dem Ort kommende Weg die Ortsgrenze *durch*schneidet M

[+] **διερμηνεία, ἡ** Übersetzung, Auslegung [P]

\+ **διερμηνευτής, ὁ** Übersetzer, Ausleger [P]

* **δι'ερμηνεύω** übersetze P L; lege aus L

δι'έρχομαι **(1)** gehe, ziehe hindurch ἐκείνης [d.h. ὁδοῦ] auf jenem Weg L, διά τινος durch ..., διὰ μέσου mitten durch; **(2)** komme, gelange εἰς nach ... L; gehe hin ἕως bis zu; **(3)** durchdringe (Seele) L; **(4)** auseinandergehen, sich zerstreuen κατὰ τὰς κώμας in die einzelnen Dörfer; **(5)** sich verbreiten, ausbreiten L

\+ **δι'ερωτάω** erfrage (Haus) L

διεσπάσθαι Inf. Pf. Pass. v. διασπάω

διεστείλατο Aor. 1 Med. v. διαστέλλω

διέστη Aor. 2 v. διΐστημι

διεστραμμένος s. διαστρέφω

\+ **διετής, ~ές** zweijährig; ἀπὸ ~οῦς von zwei Jahren an M

* **διετία, ἡ** der Zeitraum von zwei Jahren; ~αν ὅλην volle zwei Jahre L

διεφθάρη Aor. 2 Pass. v. διαφθείρω

* **δι'ηγέομαι** setze auseinander; berichte τινί τι jmdm. etw., περί τινος von ... H; zähle auf L

\+ **διήγησις, ἡ** Erzählung L

διηγοῦ Imp. Präs. v. διηγέομαι

διηκόνουν Impf. v. διακονέω

* **διηνεκής, ~ές** beständig; εἰς τὸ ~ές für immer und ewig H

διηνοίχθην Aor. 1 Pass. v. διανοίγω

\+ **διθάλασσος** 2 beiderseits von Meer umgeben; τόπος ~ Außengrund L

\+ **δι'ϊκνέομαι** dringe durch, dringe ein ἄχρι bis ... H

* **δι'ΐστημι** **(1)** entferne; βραχὺ διαστήσαντες [d.h. τὴν ναῦν] nachdem sie ein wenig weitergefahren waren L; **(2)** διέστην entferne mich ἀπό τινος von ... L; διαστάσης ὡσεὶ ὥρας

μιᾶς nach Verlauf von ungefähr einer Stunde L

* **δι'ϊσχυρίζομαι** behaupte fest und steif L

[+] **δικάζω** richte [L]

+ **δικαιοκρισία, ἡ** gerechtes Gericht P

δίκαιος **(1)** gerecht [v. Menschen u. Gott]; κρίνω τὸ ~ον finde das rechte Urteil L; **(2)** rechtschaffen

δικαιοσύνη, ἡ **(1)** Gerechtigkeit, Rechtbeschaffenheit; **(2)** Frömmigkeitsübung, speziell Almosen

δικαιόω **(1)** stelle als gerecht hin; **(2)** erkenne als gerecht; **(3)** rechtfertige, erkläre für gerecht, spreche frei

δικαίωμα, τό **(1)** Rechtsforderung; Gebot; [Pl. auch:] Vorschriften λατρείας hinsichtlich des Gottesdienstes H; **(2)** Rechtstat; **(3)** Rö 5,16 = δικαίωσις

* **δικαίως** Adv. **(1)** gerecht; **(2)** rechtschaffen

* **δικαίωσις, ἡ** Rechtfertigung; ~ ζωῆς ~, die zum Leben führt P

* **δικαστής, ὁ** Richter L

* **δίκη, ἡ** **(1)** Strafe; ~ην τίνω, ὑπέχω erleide ~ K; **(2)** Göttin der Strafgerechtigkeit (AG 24,4) [Tochter des Zeus u. der Themis]

δίκτυον, τό Netz Evv

+ **δίλογος** 2 doppelzüngig P

διό Konj. deshalb, daher ... auch

* **δι'οδεύω** **(1)** durchreise τόπον L; **(2)** intr.: ziehe herum κατὰ πόλιν von Stadt zu Stadt L

* **διόπερ** Konj. gerade deshalb, darum also P

+ **διοπετής, ~ές** vom Himmel gefallen; τὸ ~ές [d.h. ἄγαλμα] das vom Himmel gefallene Bild (der Artemis) L

+ **διόρθωμα, τό** verbesserte Einrichtung L [H

+ **διόρθωσις, ἡ** richtige Ordnung

* **δι'ορύσσω** grabe durch, breche ein M L

διορυχθῆναι Inf. Aor. 1 Pass. v. διορύσσω

διότι Konj. **(1)** deshalb weil; **(2)** deshalb; **(3)** denn; **(4)** zur Einführung dir. Rede

* **διπλοῦς, ~ῆ, ~οῦν** zwiefach P; Komp. διπλότερος 3, Ntr. als Adv. doppelt so (schlimm) τινός als ... M

+ **διπλόω** teile das Doppelte zu; ~ τὰ διπλᾶ vergelte zwiefach O

* **δίς** Adv. zweimal

+ **δισμυριάς, ἡ** Doppelmyriade (20000); ~άδες μυριάδων O

* **διστάζω** zweifle

* **δίστομος** 2 zweischneidig (Schwert) H O

+ **δισχίλιοι** 3 zweitausend

+ **δι'υλίζω** seihe durch (die Mücken, d.h. den Wein wegen der M.) M

+ **διχάζω** veruneinige, entzweie M

* **διχοστασία, ἡ** Zwist P

* **διχοτομέω** schneide mitten entzwei M L

διψάω dürste [wirklich u. übertr.:] τὶ nach ...

+ **δίψος, τό** Durst P

* **δίψυχος** 2 unentschlossen; ἀνὴρ ~ Zweifler Ja

* **διωγμός, ὁ** Verfolgung

διωδ´´ s. **διοδεύω**

+ **διώκτης, ὁ** Verfolger P

διώκω **(1)** verfolge; **(2)** eile, renne (nach dem Ziel); **(3)** laufe nach; **(4)** trachte nach, strebe nach (Liebe, Gerechtigkeit, Gastfreundschaft)

* **δόγμα, τό** Verfügung, Erlaß, Verordnung, Gebot

\+ **δογματίζομαι** lasse mir Satzungen aufzwingen P

δοκέω **(1)** scheine, gelte als; οἱ ~οῦντες εἶναί τι, στῦλοι εἶναι die als etw. Besonderes gelten, als Säulen betrachtet werden P; ἔδοξα ἐμαυτῷ mit Inf. = *mihi videbar* es schien mir, als ob ich ... L; **(2)** meine, glaube; μὴ δόξητε λέγειν meint nicht, ihr dürftet sagen; **(3)** [unpersönlich:] ~εῖ μοι mir scheint = ich glaube; ἔδοξέ μοι ich beschloß

δοκιμάζω **(1)** prüfe (Metalle, Gold, Ochsen); stelle auf die Probe; **(2)** erweise als probehaltig; **(3)** erkenne als erprobt; Pass.: werde als erprobt erfunden P; οὐκ ἐδοκίμασαν τὸν θεὸν ἔχειν ἐν ἐπιγνώσει sie befanden es nicht für gut, Gott in der Erkenntnis zu besitzen P

\+ **δοκιμασία, ἡ** Prüfung; πειράζειν ἐν ~ίᾳ auf die Probe stellen H

* **δοκιμή, ἡ** **(1)** Bewährung; ~ θλίψεως ~ durch Bedrängnis P; **(2)** Beweis; ζητεῖν ~ήν nach einem ~ suchen τινός für ... P; **(3)** Erprobtheit P

* **δοκίμιος** 3 bewährt, echt; τὸ ~ον **(1)** Echtheit; τὸ ~ον ὑμῶν τῆς πίστεως die Echtheit eures Glaubens 1 Pt; **(2)** Prüfungsmittel Ja

* **δόκιμος** 2 **(1)** bewährt, echt P Ja; **(2)** angesehen τινί bei ... (Menschen) P

* **δοκός, ἡ** Balken M L

\+ **δόλιος** 3 hinterlistig (Arbeiter) P

\+ **δολιόω** betrüge P

δόλος, ὁ List, Trug; ~ῳ, ἐν ~ῳ schlau, hinterlistig

\+ **δολόω** verfälsche (Wort Gottes) P

* **δόμα, τό** Gabe P M L

δόξα, ἡ **(1)** Preis; Ehre; Ruhm; Ansehen τινός bei ...; **(2)** Herrlichkeit; Glanz (des Lichtes); Pracht (der Könige); Herrlichkeit, Lichtglanz [Gottes u. der Himmelswesen]

δοξάζω **(1)** preise, rühme (Gott, Vater, den Namen, das Wort des Herrn), ἔν τινι in der Person jmds., ἐπί τινι auf Grund von ...; **(2)** verherrliche, verkläre; οὐ δεδόξασται τὸ δεδοξασμένον das [durchs Gesetz] Verherrlichte besitzt keine [wirkliche] Herrlichkeit P; χαρὰ δεδοξασμένη verklärte Freude K

* **δόσις, ἡ** **(1)** Gabe Ja; **(2)** das Geben; εἰς λόγον ~εως καὶ λήμψεως in Abrechnung des Gebens und Empfangens P

\+ **δότης, ὁ** Geber P

δότω Imp. Aor. 2 v. δίδωμι

\+ **δουλαγωγέω** schleppe als Sklaven fort; [bildl.] knechte P

* **δουλεία, ἡ** Sklaverei; ~ φθορᾶς ~ der Verwesung; πνεῦμα ~ας Sklavengeist, ζυγὸς ~ας Sklavenjoch P

δουλεύω **(1)** bin Sklave; **(2)** tue Sklavendienste; diene; gehorche; bin untertan (auch: Gott, dem Herrn, Christus, Elementargeistern); ~ εἴς τι tue Dienste am (Evangelium) P

* **δούλη, ἡ** Sklavin L

* **δοῦλος** 3 dienstbar, untertänig P

δοῦλος, ὁ Sklave, Knecht, Diener; [auch übertr. v. jeder Art v. Abhängigkeit:] ~ τῆς ἁμαρτίας ~ der Sünde; ~ τῆς φθορᾶς ~ des Verderbens K; bes. vom Verhältnis des Menschen zu Gott

* **δουλόω** mache zum Sklaven, unterwerfe; Pass.: verfalle als Sklave, unterwerfe mich τινί u. ὑπό τινα unter jmdn.; οἴνῳ πολλῷ δεδουλωμένος reichlichem Weingenuß sklavisch ergeben P; οὐ δεδούλωται ἐν τοῖς τοιούτοις ist nicht gebunden in derartigen Fällen P

δοῦναι, δούς Inf., Ptz. Aor. 2 v. δίδωμι

* **δοχή, ἡ** Gastmahl L

δράκων, ὁ Drache O

δραμεῖν, ~ών Inf., Ptz. Aor. 2 v. τρέχω

\+ **δράσσομαι** fasse, fange P

* **δραχμή, ἡ** Drachme (Silbermünze = ca. 80 Goldpfennig) L

* **δρέπανον, τό** Sichel m O

* **δρόμος, ὁ** Lauf [vom Wettlauf, bildl.] P; vom Lebenslauf: ~ον πληροῦν, τελεῖν ~ abschließen = sterben L

δύναμαι kann, vermag, bin imstande

δύναμις, ἡ **(1)** Kraft, Macht; **(2)** Wundertat, Krafterweisung; **(3)** Bedeutung; **(4)** Vermögen, Fähigkeit; **(5)** [v. Engelwesen:] Macht [als Person gedacht]

* **δυναμόω** stärke, verleihe Kraft; Pass.: werde stark; komme zur Kraft ἀπό τινος von … H

* **δυνάστης, ὁ** **(1)** Herrscher, Gewalthaber (im Himmel P u. auf Erden L); **(2)** fürstlicher Beamter L

* **δυνατέω** bin stark; vermag P

δυνατός 3 **(1)** stark, mächtig; τὸ ~όν Macht P; **(2)** vermögend, imstande πρός τι zu etw.; **(3)** möglich; πάντα ~ά (d.h. ἐστίν) alles ist ~ τινί od. παρά τινι jmdm.; εἰ ~όν (d.h. ἐστιν) wenn ~

* **δύνω** gehe unter m L

δύο zwei; ἀνὰ ~ je zwei und zwei = κατὰ ~, δύο δύο

* **δυσβάστακτος** 2 schwer zu tragen L

\+ **δυσεντερία, ἡ** u. **δυσεντέριον, τό** Durchfall, Ruhr; πυρετοὶ καὶ ~ον [od. ~ία] Anfälle von gastrischem Fieber L

\+ **δυσερμήνευτος** 2 schwer zu erklären H

\+ **δύσις, ἡ** Untergang (der Sonne); Westen (kurzer Markusschluß)

\+ **δύσκολος** 2 schwierig m

* **δυσκόλως** Adv. [nur] mit Schwierigkeit, schwerlich S

* **δυσμή, ἡ** Westen, nur im Pl. M L O

\+ **δυσνόητος** 2 schwerverständlich

\+ **δυσφημέω** schmähe [P]

\+ **δυσφημία, ἡ** üble Nachrede P

δύω Konjunktiv Aor. 2 v. δύνω

δῷ, δῷς Konjunktiv Aor. 2 v. δίδωμι

δώδεκα zwölf

\+ **δωδέκατος** 3 der zwölfte

\+ **δωδεκάφυλον, τό** das Zwölfstämmereich L

δῴη Opt. Aor. 2 v. δίδωμι

δώῃ Konjunktiv Aor. 2 v. δίδωμι

* **δῶμα, τό** Dach

δωρεά, ἡ Geschenk; [adv. Akk.] ~άν **(1)** geschenkweise, unentgeltlich; **(2)** unverdientermaßen, grundlos (hassen) J; **(3)** vergebens, zwecklos (sterben) P

* **δωρέομαι** schenke K m

* **δώρημα, τό** Geschenk Ja P

δῶρον, τό Gabe, bes. Opfergabe

[+] **δωροφορία, ἡ** Überbringung der Spende [P]

δώσῃ Konjunktiv Aor. 1 v. δίδωμι

E

\+ **ἔα** [Ausruf des Unwillens] o wehe! ach! [m] L

ἐάν **(1)** wenn, wofern; **(2)** hellenist. = ἄν nach Relativen, verallgemeinernd; **(3)** ἐὰν μή wenn nicht, außer wenn; ohne daß, ohne zu

* **ἐάνπερ** wenn anders; gesetzt den Fall, daß

ἑαυτοῦ, ~ῆς, ~οῦ **(1)** [reflexiv:] seiner, ihrer selbst; [auch v. der 1. u. 2. Pers. gebraucht statt ἐμαυτοῦ, σεαυτοῦ]; **(2)** [possessiv:] sein, ihr; **(3)** [= ἀλλήλων] einander

ἐάω **(1)** lasse, lasse zu; οὐκ ~ verwehre M L P; **(2)** lasse gehen [L]; (τὰς ἀγκύρας) εἴων εἰς τὴν θάλασσαν sie ließen die Anker ins Meer fallen L

* **ἑβδομήκοντα** siebzig

\+ **ἑβδομηκοντάκις** siebzigmal; ~ ἑπτά siebenundsiebzigmal M

* **ἕβδομος** 3 der siebte; ἡ ~η [d.h. ἡμέρα] der siebte Tag

ἐβεβλήκει, ἐβέβλητο Plsqpf. Akt. u. Pass. v. βάλλω

ἐβλήθην Aor. 1 Pass. v. βάλλω

[+] **ἑβραϊκός** 3 hebräisch

* **Ἑβραῖος, ὁ** Hebräer **(1)** vom Juden im Ggs. zum Heiden P; **(2)** vom aramäisch redenden Juden im Ggs. zum griechisch redenden L

* **Ἑβραΐς, ~ίδος, ἡ** (Fem. zu Ἑβραῖος) ἡ ~ διάλεκτος die hebräische Sprache L

* **Ἑβραϊστί** Adv. auf hebräisch J O

ἐγγιεῖ att. Fut. v. ἐγγίζω

ἐγγίζω nähere mich; komme nahe, heran τινί, εἴς τι, ἐπί τινα an …; ἤγγισεν μέχρι θανάτου er war dem Tode nahegekommen P; Pf.: ἤγγικα bin herangekommen, nahe (v. räumlicher u. zeitlicher Annäherung)

ἔγγιστα [Superlativ v. ἐγγύς] Adv. nächstgelegen [m]

* **ἐγγράφω** schreibe ein, trage ein, zeichne ein ἐν in … P L

\+ **ἔγγυος, ὁ** Bürge H

ἐγγύς Adv. nahe [v. Zeit u. Ort]; ~ τινός u. τινί ~ bei …; ~ ἐπὶ θύραις ~ vor der Tür = unmittelbar bevorstehend m M; Komp.: ἐγγύτερον näher P

ἐγεγόνει Plsqpf. v. γίνομαι

ἐγείρω **I** [tr.:] **(1)** wecke auf; Pass.: werde wach; **(2)** erwecke (Tote); Pass.: erstehe auf; **(3)** lasse (Kranke) aufstehen = mache gesund; Pass.: stehe auf; **(4)** lasse auftreten, hervortreten; Δαυὶδ εἰς βασιλέα ~ David als König ~; Pass.: trete auf; erhebe mich; **(5)** richte auf (das aus der Grube herausgeholte Schaf); **(6)** errichte (Tempel) J; **(7)** erwecke, lasse (hervor-)kommen (Kinder, Horn, Verfolgung, Bedrängnis); **(8)** Imp. Pass.: ἐγείρεσθε auf! **II** [intr.:] nur im (formelhaft gewordenen) Imp. ἔγειρε stehe auf!

\+ **ἔγερσις, ἡ** Auferstehung M

\+ **ἐγκάθετος**, ὁ Aufpasser L

\+ **ἐγκαίνια, τά** Tempelweihefest [im Dezember] J

* **ἐγ'καινίζω** **(1)** weihe ein H; **(2)** mache neu; ~ ὁδόν eröffne einen Weg H

* **ἐγ'κακέω** **(1)** werde müde, lässig, überdrüssig mit flgd. Ptz. P, absol. L; **(2)** verzage P

* **ἐγ'καλέω** klage an τινί (περί τινος od. τινός) jmdn. wegen … (Aufruhr, strittiger Fragen) L; trete als Kläger auf κατά τινος gegen jmdn. P

ἐγ'καταλείπω **(1)** verlasse, lasse im Stich; **(2)** lasse [zurück] (im Hades) L; **(3)** lasse übrig (Saatkorn) P

\+ **ἐγ'κατ'οικέω** wohne ἐν unter K

\+ **ἐγ'καυχάομαι** prahle ἐν mit … P

* **ἐγ'κεντρίζω** pfropfe (ein) εἴς τι auf … P

* **ἔγκλημα, τό** Anklage; ἔχω ~ stehe unter ~ L

\+ **ἐγ'κομβόομαι** lege an; ~ώσασθε ἀλλήλοις τὴν ταπεινοφροσύνην im Verkehr miteinander umkleidet euch mit Demut K

\+ **ἐγκοπή, ἡ** Hemmung; δίδωμι ~ήν hemme P

* **ἐγ'κόπτω** **(1)** hindere; verhindere τινά jmdn. PK; **(2)** ermüde τινά jmdn. L

* **ἐγκράτεια, ἡ** Enthaltsamkeit LPK

* **ἐγ'κρατεύομαι** lebe enthaltsam, πάντα in jeder Hinsicht P

\+ **ἐγκρατής, ~ές** enthaltsam P

\+ **ἐγ'κρίνω** rechne ἐμαυτόν τινι mich zu … P

\+ **ἐγ'κρύπτω** tue hinein εἰς in … (Sauerteig in Mehl) M [L]

\+ **ἔγκυος** 2 schwanger L

ἐγνωκ΄΄ Pf. v. γινώσκω

ἔγνων Aor. 2 v. γινώσκω

ἔγνωσται Pf. Pass. v. γινώσκω

\+ **ἐγ'χρίω** [ἔγχρισαι (ἔγχρισον) Imp. Aor. 1 Med. (Akt.); ἐγχρῖσαι Inf. Aor. 1 Akt. v. ἐγχρίω] reibe mit Salbe ein (Augen) O

ἐγώ ich

\+ **ἐδαφίζω** mache dem Erdboden gleich L

\+ **ἔδαφος, τό** Boden L

ἐδολιοῦσαν hellenist. Impf. v. δολιόω

* **ἑδραῖος** 3 fest P

\+ **ἑδραίωμα, τό** Fundament, Grundlage P

ἔδραμον Aor. 2 v. τρέχω

ἔδυ Aor. 2 v. δύνω

ἔζην hellenist. Impf. v. ζάω

\+ **ἐθελοθρησκία, ἡ** selbstgemachte Religion P

ἐθέλω will s. θέλω

ἐθέμην Aor. 2 Med. v. τίθημι

ἔθηκα Aor. 1 v. τίθημι

\+ **ἐθίζω** gewöhne; κατὰ τὸ εἰθισμένον τοῦ νόμου nach dem Brauch des Gesetzes L [P

\+ **ἐθνάρχης, ὁ** Ethnarch, Statthalter

* **ἐθνικός** 3 heidnisch; ὁ ~ Heide M

\+ **ἐθνικῶς** Adv. nach Art der Heiden (leben) P

ἔθνος, τό **(1)** Volk; **(2)** [meist im Pl. v. den nichtjüdischen Völkern:] Heiden; auch: Heidenchristen

ἔθος, τό **(1)** Sitte, Brauch; **(2)** Gesetz (Moses) L

ἔθου 2. Sg. Aor. 2 Med. v. τίθημι

ἔθρεψα Aor. 1 v. τρέφω

¹**εἰ** wenn; oft = ὅτι; **(1)** [beim Schwur:] gewiß nicht; **(2)** [bei dir. u. indir. Fragen; im letzteren

Fall:] ob; **(3)** εἰ μή wenn nicht; nur daß; außer als daß; [nach Negation:] außer; εἰ δὲ μή sonst; **(4)** εἰ οὖν wenn also; **(5)** εἴπερ wenn anders; **(6)** εἴ πως ob etwa; **(7)** εἴτε – εἴτε sei es – oder

\+ [2]**εἶ μήν** wahrlich [= ἦ μήν]

εἴα, **εἴων**, **εἴασα** Impf., Aor. 1 v. ἐάω

εἴδαμεν, **~αν** hellenist. Aor. = εἴδομεν, ~ον

\+ **εἰδέα**, **ἡ** Aussehen M

εἶδον [Aor. 2 zum Präs. ὁράω] **(1)** sehe, erblicke; **(2)** nehme wahr, erkenne; **(3)** lerne kennen, erfahre; erlebe; **(4)** blicke auf, betrachte; **(5)** besuche P L; ~ τὸ πρόσωπόν τινος ~ jmdn.

* **εἶδος**, **τό** **(1)** Gestalt, Erscheinung; Aussehen; **(2)** das Schauen; διὰ πίστεως – διὰ εἴδους im Glauben – im Schauen P; **(3)** Art; ἀπὸ παντὸς ~ους πονηροῦ vom Bösen jeder Art P

εἰδῶ Konjunktiv v. οἶδα

\+ **εἰδωλεῖον**, **τό** Götzentempel P

* **εἰδωλόθυτον**, **τό** Fleisch von Götzenopfern P L O [P O

* **εἰδωλολάτρης**, **ὁ** Götzendiener

* **εἰδωλολατρία**, **ἡ** Götzendienst P K

εἴδωλον, **τό** **(1)** Götzenbild P L O; **(2)** Götze P J L

εἰδώς, **~υῖα** Ptz. v. οἶδα

εἰθισμένος Ptz. Pf. Pass. v. ἐθίζω

* **εἰκῇ** [u. **εἰκῆ**] umsonst, nutzlos, vergeblich (arbeiten, erleben) P; ohne Zweck (das Schwert führen) P; ohne Grund (aufgeblasen) P [M]; unüberlegt, ohne Sinn und Verstand (glauben) P

εἴκοσι zwanzig

\+ **εἴκω** gebe nach P

εἰκών, **ἡ** **(1)** Bild; **(2)** Ebenbild P; **(3)** Aussehen, Gestalt P H

εἰλαμ´´ u. **εἰλομ´´** Aor. v. αἱρέομαι

εἴληφα, **εἴληπται** Pf. Akt., Pass. v. λαμβάνω

* **εἰλικρίνεια** u. **εἰλικρινία**, **ἡ** Lauterkeit P; ~ θεοῦ ~, wie sie sich bei Gott findet P

* **εἰλικρινής**, **~ές** lauter P K

εἰλίσσω s. ἑλίσσω

εἷλκον Impf. v. ἕλκω

εἵλκυσα Aor. 1 v. ἕλκω

εἱλκωμένος [Ptz. Pf. Pass. v. ἑλκόω =] mit Geschwüren bedeckt L

εἰμί bin; lebe; bin da, vorhanden; finde statt; verweile; ἔστιν [mit flgd. Inf.] es ist möglich; ἔστιν μοι habe; τί ἔστι μοί τι etw. dient, gereicht mir zu ...; εἰμί τινι εἰς bin, gelte jmdm. als ...

* **εἵνεκεν** [= ἕνεκα] wegen

εἶξα Aor. 1 v. εἴκω

εἶπα = εἶπον

εἰπέ Imp. v. εἶπον

* **εἴπερ** wenn anders

εἶπον, **εἶπα** [Aor. zum Präs. λέγω] **(1)** spreche, sage; **(2)** sage, gebiete, heiße; **(3)** spreche im Sinn = denke; **(4)** nenne

εἰργ´´ Aor. 1 [nur vereinzelte Variante] u. Pf. v. ἐγράζομαι

εἴρηκα Pf. v. εἶπον

* **εἰρηνεύω** lebe in Frieden, halte Frieden μετά τινος mit ... P, ἐν ἀλλήλοις untereinander

εἰρήνη, **ἡ** **(1)** Friede; τὰ πρὸς ~ην die Friedensbedingungen L; **(2)** Wohlbefinden, Heil; Sicherheit; ἐν ~ῃ unangefochten (reisen) L; ebenso μετ᾽ ~ης (aufnehmen) H; **(3)** Friede als Heilsgut

* **εἰρηνικός** 3 friedliebend Ja; Frieden bringend (Frucht) H
+ **εἰρηνοποιέω** stifte Frieden P
+ **εἰρηνοποιός, ὁ** Friedensstifter M

εἰς Präp. mit Akk. in; an; bei; zu; nach; unter; für; auch = ἐν; εἰς τό … um zu …

εἷς, μία, ἕν einer; ein einziger; irgendeiner [= unbestimmter Art.]; καθ' εἷς, καθ' ἕνα jeder einzelne; εἷς ἕκαστος jeder; ἀνὰ εἷς ἕκαστος jeder einzelne O; μία σαββάτων der erste Wochentag; ἀπὸ μιᾶς einmütig L; [bei Zahlen:] ἓν τριάκοντα dreißigfach [m]

εἰσ'άγω führe herein εἰς … in …; bringe herein L

* **εἰσ'ακούω (1)** gehorche τινός jmdm. P; **(2)** erhöre M L; Pass.: werde erhört ἀπό τινος wegen … H
+ **εἰσ'δέχομαι** nehme an P
* **εἴσ'ειμι** gehe hinein εἰς … in … L H, πρός τινα zu … L

εἰσ'έρχομαι (1) trete ein; gehe, komme hinein; ~ ὑπό τι ~ unter …; **(2)** [übertr.:] ~ εἰς … erhalte Anteil an …; gerate hinein in …

εἰσῄει Impf. v. εἴσειμι

εἰσίασι 3. Pl. Präs. v. εἴσειμι

+ **εἰσ'καλέομαι** lade zu mir ein L
* **εἴσοδος, ἡ (1)** Eingang; Zugang πρός τινα zu … P; **(2)** das Eintreten L H K
+ **εἰσ'πηδάω** springe hinein L

εἰσ'πορεύομαι gehe hinein; ~ κατὰ τοὺς οἴκους gehe in ein Haus nach dem andern L; **(2)** stelle mich ein (Begierde) m

εἱστήκει Plsqpf. v. ἵστημι

+ **εἰσ'τρέχω** laufe hinein L
* **εἰσ'φέρω (1)** trage hinein, bringe hinein; **(2)** [übertr.:] führe hinein in … (Versuchung) M L; ~ εἰς τὰς ἀκοάς bringe zu Ohren L

εἶτα u. **εἶτεν** darauf, alsdann; ferner

εἴτε s. εἰ

εἶχαν u. **εἴχοσαν** hellenist. Impf. v. ἔχω

* **εἴωθα** pflege; κατὰ τὸ ~θὸς αὐτῷ nach seiner Gepflogenheit L

εἴων Impf. v. ἐάω

ἐκ u. **ἐξ** Präp. mit Gen. aus; heraus; von – her; infolge, durch; an; für; von – an

ἐκάμμυσαν 3. Pl. Aor. 1 v. καμμύω = καταμύω

ἕκαστος 3 jeder; εἷς ~ jeder einzelne; [ganz vereinzelt Pl.:] ~οι die einzelnen

+ **ἑκάστοτε** jederzeit K

ἑκατόν hundert; ἓν ~ hundertfach [m]; κατὰ ~ je hundert [P

+ **ἑκατονταετής, ~ές** hundertjährig
* **ἑκατονταπλασίων, ~ον** hundertfach S

ἑκατοντάρχης u. **ἑκατόνταρχος, ὁ** Centurio

+ **ἐκ'βαίνω** gehe heraus, komme her ἀπό … von … [H]

ἐκ'βάλλω (1) werfe hinaus; treibe aus (Dämonen); jage hinaus; **(2)** verstoße (Frau); stoße hinaus εἰς … in …; **(3)** entlasse, sende aus εἰς in …; **(4)** führe, bringe hinaus (Schafe); **(5)** reiße aus (Auge); ziehe heraus, entferne (Balken, Splitter); **(6)** hole hervor (das Gute); **(7)** Med.: werfe über Bord L

* **ἔκβασις, ἡ** Ausgang P; ~ τῆς ἀναστροφῆς Lebensende od. Erfolg des Wandels H

ἐκβεβλήκειν Plsqpf. v. ἐκβάλλω

\+ **ἐκβολή, ἡ** Auswerfen der Ladung; ~ὴν ποιεῖσθαι einen „Notauswurf" vornehmen L

[*] **ἐκ'γαμίζω** verheirate [M] [P]; Pass.: ~ mich [M] [L]

\+ **ἔκγονος, ὁ** u. **ἡ**, Pl.: ἔκγονα Abkömmlinge, speziell Enkel P

\+ **ἐκ'δαπανάομαι** erschöpfe mich, reibe mich auf, ὑπέρ für P

* **ἐκ'δέχομαι** warte auf, erwarte; ~ ἕως ... warte bis ... [P

\+ **ἔκδηλος** 2 vollkommen offenbar

* **ἐκ'δημέω** **(1)** reise fort; [übertr.:] ~ ἐκ τοῦ σώματος ~ aus dem Leib P; **(2)** bin in der Fremde; [übertr.:] ~ ἀπὸ τοῦ κυρίου bin fern vom Herrn P [S

* **ἐκ'δίδομαι** verpachte (Weinberg)

* **ἐκ'δι'ηγέομαι** berichte (die Bekehrung) L

* **ἐκ'δικέω** **(1)** bestrafe (Ungehorsam) P; **(2)** verschaffe Recht τινὰ ἀπό τινος gegenüber ...; **(3)** räche τὶ ἔκ τινος etw. an ... O

* **ἐκδίκησις, ἡ** **(1)** Bestrafung, Strafe P H; ~ιν δίδωμί τινι strafe jmdn. P; **(2)** Rache; ποιέω ~ίν τινι räche; nehme Rache für ... L

* **ἔκδικος** 2 strafend; subst.: Rächer, Vergelter περί τινος von etw. P; ~ εἰς ὀργήν τινι zum Erweise des Zornes an ... P

\+ **ἐκ'διώκω** verfolge heftig P [L]

\+ **ἔκδοτος** 2 ausgeliefert, preisgegeben L

\+ **ἐκδοχή, ἡ** Erwartung (des Gerichts) H

* **ἐκ'δύω** ziehe aus [mit doppeltem Akk.]; Med.: ziehe mich aus [v. der Leibeshülle] P

ἐκεῖ Adv. **(1)** dort; **(2)** dorthin

ἐκεῖθεν Adv. von dort

ἐκεῖνος, ~η, ~ο **(1)** [absol.] jener; er; zum Hinweis auf bekannte Persönlichkeiten; **(2)** mit Subst. verbunden; **(3)** [adv.] ἐκείνης [erg. τῆς ὁδοῦ] dort L

* **ἐκεῖσε** Adv. **(1)** dorthin; **(2)** dort

ἐκέρασε Aor. 1 v. κεράννυμι

* **ἐκ'ζητέω** **(1)** suche, forsche mit Akk. u. περί τινος nach ...; **(2)** fordere von, räche an ἀπό τινος L

\+ **ἐκζήτησις, ἡ** Grübelei; ~εις παρέχω gebe Anlaß zu Grübeleien [P]

* **ἐκ'θαμβέομαι** entsetze mich m

\+ **ἔκθαμβος** 2 entsetzt L

\+ **ἐκ'θαυμάζω** wundere mich ἐπί τινι über ... m

\+ **ἔκθετος** 2 ausgesetzt; ~ον ποιέω setze aus L

* **ἐκ'καθ'αίρω** reinige **(1)** [mit Akk. des Gereinigten:] ~ ἑαυτὸν ἀπό τινος sich ~ von ... P; **(2)** [mit Akk. des als Schmutz Beseitigten:] den alten Sauerteig P

ἐκκαθάρατε, ἐκκαθάρῃ Imp. u. Konjunktiv Aor. 1 v. ἐκκαθαίρω

\+ **ἐκ'καίομαι** entbrenne εἰς gegen ... P

[*] **ἐκ'κακέω** nur Variante für ἐγκακέω [s. dort]

* **ἐκ'κεντέω** durchbohre; ὄψονται εἰς ὃν (= εἰς τοῦτον, ὃν) ἐξεκέντησαν sie werden auf den schauen, den sie durchbohrt haben J

ἐκκέχυται Pf. Pass. v. ἐκχέω [P

* **ἐκ'κλάω** breche aus, ab (Zweige)

* **ἐκ'κλείω** schließe aus; Pass.: ἐξεκλείσθη (der Ruhm) ist ausgeschlossen = unmöglich gemacht P

ἐκκλησία, ἡ **(1)** Volksversammlung; **(2)** Volksgemeinde (Israel); **(3)** [christlich =] Kirche; Gemeinde; ἡ κατ' οἶκον ~ Haus~; **(4)** Gemeindeversammlung

* **ἐκ'κλίνω** **(1)** weiche ab P; **(2)** weiche aus, wende mich ab ἀπό ... von P K

\+ **ἐκ'κολυμβάω** entkomme durch Schwimmen L

\+ **ἐκ'κομίζω** trage hinaus (Leichnam) L

ἐκκοπή, ἡ Variante zu ἐγκοπή [s. dort]

ἐκκοπήσῃ Fut. 2 Pass. v. ἐκκόπτω

ἐκ'κόπτω **(1)** haue um (Baum); haue ab (Hand, Fuß); **(2)** rotte aus, beseitige P

\+ **ἐκ'κρέμαμαι** hänge an [übertr.:] seinem Mund L

\+ **ἐκ'λαλέω** plaudere aus L

\+ **ἐκ'λάμπω** leuchte auf M

\+ **ἐκ'λανθάνομαι** vergesse τινός H

ἔκλαυσα Aor. 1 v. κλαίω

ἐκ'λέγομαι erwähle mir τινά, τὶ; ἐκ od. ἀπό aus ...; mit Inf. od. ἵνα des Zwecks; ~ τοὺς πτωχοὺς [erg. εἶναι] πλουσίους ~ die Armen, daß sie reich seien Ja

* **ἐκ'λείπω** **(1)** höre auf (Glaube) L; nehme ein Ende (Jahre) H; ὅταν ἐκλίπῃ wenn es damit zu Ende ist L; **(2)** verfinstere mich [v. der Sonne] L

ἐκλεκτός 3 ausgesucht, auserlesen, auserwählt, [zum Heil] erwählt

ἐκλελεγμένος 3 auserwählt [Ptz. Pf. Pass. v. ἐκλέγω] [L]

ἐκλέλησμαι Pf. v. ἐκλανθάνομαι

ἐκλήθην Aor. 1 Pass. v. καλέω

* **ἐκλογή, ἡ** **(1)** das Auserwählen, die Erwählung; σκεῦος ~ῆς auserwähltes Werkzeug L; κατ' ~ὴν χάριτος nach Gnadenwahl; εἰδότες τὴν ~ὴν ὑμῶν ihr wißt, daß ihr erwählt seid P; **(2)** das Ausgewählte, die Auswahl; kollektiv die Auserwählten

* **ἐκ'λύομαι** **(1)** werde matt; μὴ ~όμενος wenn wir nicht [zuvor] erschlaffen P; **(2)** mutlos werden; μὴ ἐκλύου verliere den Mut nicht H

* **ἐκ'μάσσω** putze ab L J

* **ἐκ'μυκτηρίζω** verspotte L

\+ **ἐκ'νεύω** weiche aus J

\+ **ἐκ'νήφω** werde nüchtern; ἐκνήψατε δικαίως werdet n., wie es recht ist P

\+ **ἑκούσιος** 3 freiwillig; κατὰ ~ον freiwillig P

* **ἑκουσίως** Adv. **(1)** freiwillig, willig (weiden) K; **(2)** vorsätzlich (sündigen) H

* **ἔκπαλαι** seit alters; schon längst K

* **ἐκ'πειράζω** versuche, stelle auf die Probe P M L

* **ἐκ'πέμπω** sende aus L; schicke fort εἰς nach ... L

ἐκπέπτωκα Pf. v. ἐκπίπτω

\+ **ἐκπερισσῶς** Adv. übermäßig, nachdrücklichst (versichere) m

ἐκπεσ´´ Aor. v. ἐκπίπτω

\+ **ἐκ'πετάννυμι** breite, strecke aus (Hände) πρός τινα nach ... P

\+ **ἐκ'πηδάω** springe los εἰς ... auf ... L

ἐκ'πίπτω **(1)** falle herab, ~ ab; **(2)** werde hinfällig (Verheißung) P; schwinde (Liebe) [P]; **(3)** gehe verlustig τινός ... P K; **(4)** [v. Schiffen] werde abgetrieben, werde verschlagen L ἐκπλεῦσαι Inf. Aor. 1 v. ἐκπλέω

* **ἐκ'πλέω** segle ab εἰς … nach …, ἀπό … von … L

+ **ἐκ'πληρόω** erfülle L

+ **ἐκπλήρωσις, ἡ** Erfüllung; διαγγέλλων τὴν ~ιν meldete, daß … herum seien L

ἐκ'πλήσσομαι gerate außer mir, bin betäubt S

* **ἐκ'πνέω** verscheide m L

ἐκ'πορεύομαι (1) gehe aus ἀπό, ἐκ, παρά τινος von …, εἴς, ἐπί, πρός τινα od. τι zu …; (2) komme, breche hervor (Blitz, Feuer, Rauch, Strom, Worte); ἐξεπορεύετο ἦχος εἰς … der Ruf drang in … L

+ **ἐκ'πορνεύω** lebe unzüchtig K

+ **ἐκ'πτύω** speie aus; τὸν πειρασμὸν ὑμῶν ἐν τῇ σαρκί μου οὐκ ἐξεπτύσατε als mein Fleisch [d.h. meine leibliche Schwäche] euch zur Versuchung wurde, habt ihr [vor mir] nicht ausgespien P

* **ἐκ'ριζόω** mache mit der Wurzel aus (Baum); reiße aus (Frucht)

ἐκρύβη Aor. 2 Pass. v. κρύπτω

* **ἔκστασις, ἡ** (1) Außersichsein, Verwunderung; Entsetzen; (2) Verzückung

+ **ἐκ'στρέφομαι** werde verdreht P

[+] **ἐκσῴζω**: ἐξσῶσαι, durch Hörfehler entstandene falsche Lesart für ἐξῶσαι AG 27,39; s. ἐξωθέω

+ **ἐκ'ταράσσω** bringe in Aufruhr (Stadt) L

ἐκ'τείνω (1) strecke aus (Hand) ἐπί τινα nach … S; (2) bringe zu Wasser (Anker) L

* **ἐκ'τελέω** vollende L

+ **ἐκτένεια, ἡ** Beharrlichkeit; ἐν ~ᾳ beharrlich L

ἐκτενεῖς Fut v. ἐκτείνω

+ **ἐκτενής, ~ές** angespannt, beharrlich; Komp.: [Ntr. = Adv.] ἐκτενέστερον recht inbrünstig L

* **ἐκτενῶς** Adv. innig (lieben); inbrünstig (beten) [L]

* **ἐκ'τίθημι** (1) setze aus (Kind) L; (2) Med.: setze auseinander L

* **ἐκ'τινάσσω** (1) schüttle ab (Staub) Mm; Med.: ~ von mir ab (Staub); (2) Med.: schüttle aus (Kleider) L

ἐκτισ´´ Aor. 1 Akt.; Pf., Aor. 1 Pass. v. κτίζω

ἕκτος 3 der sechste

* **ἐκτός** Adv. (1) τὸ ~ das Äußere M; ~ εἰ μή außer wenn; es sei denn, daß P; (2) uneigtl. Präp. mit Gen. außerhalb; abgesehen von; ~ ὧν = ~ τούτων ἅ außer dem, was L

* **ἐκ'τρέπομαι** (1) werde verrenkt (das Lahme) H; (2) wende mich εἴς, ἐπί τι zu … P, ὀπίσω τινός zur Gefolgschaft … P; (3) wende mich ab von, meide τὶ (leeres Geschwätz) P

* **ἐκ'τρέφω** (1) füttere auf P; (2) erziehe P

[+] **ἔκτρομος** 2 zitternd s. ἔντρομος [H]

+ **ἔκτρωμα, τό** Fehlgeburt P

* **ἐκ'φέρω** (1) führe hinaus ἔξω aus m; (2) bringe heraus (Kranke, Tote) L; (3) bringe hervor (Disteln) H

* **ἐκ'φεύγω** (1) entfliehe; (2) entrinne, entgehe mit Akk. dessen, dem man entkommt

+ **ἐκ'φοβέω** schüchtere ein P

* **ἔκφοβος** 2 erschreckt m H

* **ἐκ'φύω** (1) [tr.:] lasse hervorbrechen, treibe hervor; schwerlich (2) [intr.:] wachse hervor

ἐκχέαι Inf. Aor. 1 v. ἐκχέω

ἐκ'χέω **(1)** gieße aus; vergieße; verschütte; **(2)** [auch bildl. vom Geist u. anderen Himmelsgaben] gieße aus L P; **(3)** Pass. auch: gebe mich ganz und gar hin (dem Irrtum Bileams) K

ἐκ'χύν[ν]ω = ἐκχέω

+ **ἐκ'χωρέω** wandere aus L

* **ἐκ'ψύχω** verscheide L

* **ἑκών**, **\~οῦσα**, **\~όν** freiwillig; οὐχ \~οῦσα ohne ihren Willen P

ἔλαθον Aor. 2 v. λανθάνω

ἐλαία, **ἡ** **(1)** Ölbaum; **(2)** Olive Ja

ἔλαιον, **τό** **(1)** (Oliven)öl; **(2)** Ölpflanzung O

* **ἐλαιών**, **ὁ** Ölbaumpflanzung; auch Name: Ölberg L

ἐλάκησα Aor. 1 v. λακάω

* **ἐλάσσων**, **\~ον** [= att. ἐλάττων] geringer; jünger; [Ntr. = Adv.:] ἔλαττόν τινος weniger als … P

+ **ἐλαττονέω** habe Mangel P

* **ἐλαττόω** **(1)** vermindere, erniedrige παρά τινα im Vergleich zu … H; **(2)** [Pass.:] nehme ab J

ἐλάττων s. ἐλάσσων

* **ἐλαύνω** **(1)** treibe K; **(2)** absol. entweder intr.: treibe, fahre od. tr.: rudere m J

+ **ἐλαφρία**, **ἡ** Leichtfertigkeit; τῇ \~ᾳ χρῆσθαι leichtfertig handeln P

* **ἐλαφρός** 3 leicht (Last); τὸ \~ὸν τῆς θλίψεως die geringe Bedrängnis P

ἔλαχε Aor. 2 v. λαγχάνω

ἐλάχιστος 3 der kleinste, geringste; [meist nicht superlativisch:] ganz klein, recht unbedeutend; ἐμοὶ εἰς \~όν ἐστιν mir gilt es recht wenig P; vulgärer Komp. zur weiteren Steigerung: ἐλαχιστότερος 3 der allergeringste P

* **ἐλεάω** s. ἐλεέω

+ **ἐλεγμός**, **ὁ** Zurechtweisung [P]

+ **ἔλεγξις**, **ἡ** Überführung; \~ιν ἔχειν τινός überführt werden K

+ **ἔλεγχος**, **ὁ** Nachweis τινός von … H; Zurechtweisung [P]

ἐλέγχω **(1)** strafe, weise zurecht; **(2)** überführe περί τινος von …; widerlege; **(3)** bringe an den Tag J P

* **ἐλεεινός** 3 bemitleidenswert O; \~ότεροι πάντων \~er als alle anderen P

ἐλεέω u. **ἐλεάω** **(1)** erbarme mich, habe Mitleid τινά mit …; **(2)** Pass.: finde Erbarmen

ἐλεημοσύνη, **ἡ** **(1)** Wohltat; im NT wohl immer **(2)** Almosen; πρὸς τὴν \~ην um \~ zu erhalten L

* **ἐλεήμων**, **\~ον** barmherzig M H

ἔλεος, **τό** Mitleid, Erbarmen; \~ λαμβάνω finde \~; ποιέω \~ übe Barmherzigkeit μετά τινος an … L Ja; σπλάγχνα \~ους erbarmungsvolles Herz L; τὸ ὑμέτερον \~ das \~, das euch zuteil geworden ist P

ἐλευθερία, **ἡ** Freiheit; \~ τῆς δόξης \~, die mit der Herrlichkeit gegeben ist P

ἐλεύθερος 3 frei; \~ τῇ δικαιοσύνῃ unabhängig gegenüber der Gerechtigkeit P, ἀπό, ἔκ τινος von … J

* **ἐλευθερόω** befreie, mache frei P J, ἀπό τινος von … P, τινί für … P

+ **ἔλευσις**, **ἡ** Ankunft L

ἐλεύσομαι Fut. v. ἔρχομαι

+ **ἐλεφάντινος** 3 elfenbeinern O

ἐλήλακα Pf. v. ἐλαύνω

ἐλήλυθα Pf. v. ἔρχομαι

ἐλθεῖν Inf. Aor. 2 v. ἔρχομαι

[+] **ἕλιγμα, τό** Rolle [J]

* **ἑλίσσω** rolle auf [H]; [wie ein Buch] (Himmel) [O]

* **ἕλκος, τό** Eitergeschwür L O

\+ **ἑλκόω** verursache Geschwüre; Pass.: Ptz. Pf. εἱλκωμένος mit ~n bedeckt L

ἑλκύσω Fut. v. ἕλκω

* **ἕλκω (1)** ziehe (Netz, Schwert); ziehe heran πρός τινα zu ... J; **(2)** schleppe εἴς τι auf ..., zu ..., ἐπί τινα vor ... L

* **Ἑλληνιστί** Adv. auf griechisch

* **ἐλ'λογέω** [mit Formen nach der -ᾶν-Flexion] setze auf Rechnung, kreide an; rechne an P

ἑλόμενος Ptz. Aor. 2 Med. v. αἱρέομαι

ἐλπίζω hoffe **(1)** erhoffe mit Akk., auch Inf., ὅτι ...; **(2)** setze meine Hoffnung τινί, εἴς, ἐπί τινα, ἐπί τινι auf ...

ἐλπιοῦσι att. Fut. v. ἐλπίζω

ἐλπίς, ἡ (1) Hoffnung; ἐπ' ~ίδι auf Grund der ~; auf die ~ hin P; παρ' ~ίδα wider Verhoffen P; ~ τινος ~ auf ... (Leben, Heil, Herrlichkeit, Verheißungen); ~ίδα ἔχω εἰς ... hoffe auf ...; **(2)** Gegenstand der Hoffnung (Gemeinde, Christus) P; **(3)** Hoffnungsgut P H

\+ **ἐλωΐ** [aram.: 'ᵉlāhî] mein Gott

ἔμαθον Aor. 2 v. μανθάνω

ἐμαυτοῦ, ~ῆς meiner; mein

ἐμ'βαίνω gehe hinein; besteige (Schiff); schiffe mich ein

\+ **ἐμ'βάλλω** werfe hinein (Hölle) L

* **ἐμ'βάπτω** tunke ein M = Med. m

ἐμβάς Ptz. Aor. 2 v. ἐμβαίνω

\+ **ἐμ'βατεύω** betrete [Ausdruck der Mysteriensprache] P

\+ **ἐμ'βιβάζω** τινά schiffe jmdn. ein L

ἐμ'βλέπω (1) sehe hin, an; blicke auf mit Dat. des Angeschauten, auch εἰς ... u. absol.

* **ἐμ'βριμάομαι (1)** ergrimme τῷ πνεύματι innerlich; **(2)** fahre zornig an τινί jmdn. m M

ἐμέ mich

ἔμεινα Aor. 1 v. μένω

ἔμειξα Aor. 1 v. μείγνυμι

\+ **ἐμέω** speie aus O [L

\+ **ἐμ'μαίνομαι** wüte τινί gegen ...

* **ἐμ'μένω (1)** bleibe ἐν in ...; **(2)** verharre τινί bei ...

[*] **ἐμμέσῳ** inmitten = ἐν μέσῳ [O]

ἐμνήσθην Aor. 1 Pass. v. μιμνῄσκομαι

ἐμοί mir

ἐμός 3 mein; οὐκ ἔστιν ~όν es steht nicht bei mir

ἐμοῦ meiner

\+ **ἐμπαιγμονή, ἡ** [K] u. **ἐμπαιγμός, ὁ** Verspottung H

ἐμ'παίζω (1) verspotte τινί jmdn. S; **(2)** halte zum Besten M

* **ἐμπαίκτης, ὁ** Spötter K

ἐμπαῖξαι Inf. Aor. 1 v. ἐμπαίζω

ἐμπαιχθήσομαι Fut. 1 Pass. v. ἐμπαίζω

ἐμπεπλησμένος Ptz. Pf. Pass. v. ἐμπί(μ)πλημι

\+ **ἐμ'περιπατέω** wandle umher P

* **ἐμ'πι(μ)πλάω** u. **ἐμ'πί(μ)πλημι (1)** fülle an τινός mit ...; **(2)** sättige; Pass.: werde satt; **(3)** Pass.: ersättige mich τινός an ...; ἐάν ὑμῶν ἀπὸ μέρους ἐμπλησθῶ wenn ich mich einigermaßen an euch ersättigt habe P

\+ **ἐμ'πι(μ)πράω** u. **ἐμ'πί(μ)πρημι (1)** zünde an, verbrenne M; **(2)** bekomme eine Entzündung [L]

* **ἐμ'πίπτω** **(1)** falle hinein; **(2)** gerate εἰς ... in ..., unter ...; verfalle (dem Gericht)

ἐμπλακείς Ptz. Aor. 2 Pass. v. ἐμπλέκω

* **ἐμ'πλέκω** verflechte; Pass.: werde verwickelt in, befasse mich mit τινί (Geschäfte) P

ἐμπλησθῶ Konjunktiv Aor. 1 Pass. v. ἐμπί(μ)πλημι

\+ **ἐμπλοκή, ἡ** Flechte; ~ τριχῶν Haargeflecht K

\+ **ἐμπνέω** schnaube; ~ ἀπειλῆς καὶ φόνου ~ Drohung und Mord = gehe wild damit um AG

* **ἐμ'πορεύομαι** **(1)** mache Handelsgeschäfte Ja; **(2)** handle ein, erkaufe τινά jmdn. K

\+ **ἐμπορία, ἡ** Handel M

\+ **ἐμπόριον, τό** Handelsplatz; οἶκος ~ίου Geschäftshaus J

* **ἔμπορος, ὁ** Kaufmann, Handelsherr O [M]

ἔμπροσθεν **(1)** Adv. vorne, vorwärts; εἰς τὸ ~ voraus; τὰ ~ was davor liegt; **(2)** uneigtl. Präp. mit Gen.: vor, vor ... her; gegenüber; im Angesicht von

* **ἐμ'πτύω** speie an τινί jmdn. S

* **ἐμφανής, ~ές** sichtbar; ~ γίνομαι werde ~, offenbar P L

ἐμ'φανίζω **(1)** offenbare; Pass.: erscheine MH; **(2)** mache deutlich, bringe zur Anzeige πρός τινα bei ...; mache eine Anzeige περί τινος über etw., τινὶ κατά τινος bei jmdm. gegen ... L

* **ἔμφοβος** 2 erschrocken; ~ γίνομαι werde in Schrecken gesetzt LO

\+ **ἐμ'φυσάω** blase an J

\+ **ἔμφυτος** 2 eingepflanzt Ja

ἐν Präp. mit Dat.: an; in; bei; zu; auf; mit; durch; ἐν ᾧ worin; wobei; deshalb, weil; während, solange als; ἐν τούτῳ darum; oft = εἰς; mit Inf.: dadurch, daß; während, nachdem

* **ἐν'αγκαλίζομαι** schließe in die Arme m

\+ **ἐνάλιος** 2 im Meer lebend; τὰ ~α Tiere des Meeres Ja

* **ἔναντι** Adv. als uneigtl. Präp. mit Gen. **(1)** gegenüber; vor; ~ τοῦ θεοῦ vor Gott [im Tempel]; **(2)** [übertr.:] in den Augen; ~ τοῦ θεοῦ nach Gottes Urteil

* **ἐναντίος** 3 **(1)** widrig (Wind); **(2)** feindlich; **(3)** ἐξ ~ίας gegenüber von; ὁ ἐξ ~ίας Widersacher P; **(4)** [Ntr. als uneigtl. Präp. mit Gen.:] ~ον τινός vor ...; ~ τοῦ θεοῦ nach Gottes Urteil; adv.: τοὐναντίον im Gegenteil P K

[*] **ἐναργής, ~ές** offensichtlich [P] [H]

* **ἐν'άρχομαι** mache den Anfang, beginne τὶ mit ... P

ἔνατος 3 der neunte; ~η ὥρα = fünfzehn Uhr

ἐν'γράφω s. ἐγγράφω

\+ **ἐνδεής, ~ές** bedürftig L

\+ **ἔνδειγμα, τό** Anzeichen P

ἐν'δείκνυμαι **(1)** erzeige, beweise, erweise τὶ εἰς etw. gegenüber ..., τὶ ἐν etw. an ...; **(2)** tue an τί τινι jmdm. etw.

* **ἔνδειξις, ἡ** **(1)** Beweis; **(2)** Anzeichen

* **ἕνδεκα** elf

* **ἑνδέκατος** 3 der elfte; ~η ὥρα = siebzehn Uhr

\+ **ἐν'δέχομαι** nehme auf; [unpersönlich:] οὐκ ~εται es kommt nicht vor L

* **ἐν'δημέω** habe meine Heimat [übertr.:] ἐν τῷ σώματι im Leibe P, πρός τινα bei … P
* **ἐν'διδύσκω** bekleide τινά τι jmdn. mit … m; Med.: ziehe an L
* **ἔνδικος** 2 rechtmäßig, gerecht (Strafe, Vergeltung) P H

ἐνδόμησις, ἡ s. ἐνδώμησις [O]
* **ἐν'δοξάζω** verherrliche, Pass. P
* **ἔνδοξος** 2 **(1)** berühmt, vornehm P; **(2)** glänzend, herrlich; τὰ ~α die ~ Taten L
* **ἔνδυμα, τό** Gewand
* **ἐν'δυναμόω** mache stark; Pass.: erstarke; μᾶλλον ἐνεδυναμοῦτο kam wieder zu Kräften L; ~οῦ [Imp. Präs.] sei stark! P

+ **ἐν'δύνω** schleiche mich ein εἰς in … (Häuser) P
+ **ἔνδυσις, ἡ** Anziehen (der Kleider); ~εως ἱματίων κόσμος = Kleiderpracht K

ἐν'δύω **(1)** Akt.: ziehe an τινά τι jmdm. etw. M m; **(2)** Med.: ziehe od. lege mir an τὶ (Kleider, Waffen, Rüstung); auch übertr. v. Eigenschaften, Tugenden u. ä.

+ **ἐνδώμησις, ἡ** Einbau, wohl = Unterbau [O]

ἐνεγκ´´ Aor. v. φέρω
* **ἐνέδρα, ἡ** Hinterhalt, Anschlag L
* **ἐν'εδρεύω** stelle nach τινά jmdm. [L

[+] **ἔνεδρον, τό** = ἐνέδρα [s. dort]
+ **ἐν'ειλέω** packe fest ein m
+ **ἔν'ειμι** bin darin; τὰ ἐνόντα der Inhalt L

ἕνεκα [**ἕνεκεν, εἵνεκεν**] uneigtl. Präp. mit Gen.: wegen; τίνος ~; warum?; ~ τούτου, τούτων deshalb; οὗ ~ darum, weil

ἐνεκεντρίσθην Aor. 1 Pass. v. ἐγκεντρίζω
* **ἐνενήκοντα** neunzig

+ **ἐνεός** 3 sprachlos L

ἐνεπαίχθην Aor. 1 Pass. v. ἐμπαίζω

ἐνέπλησα Aor. 1 v. ἐμπί(μ)πλημι

ἐνέπρησε Aor. 1 v. ἐμπί(μ)πρημι
* **ἐνέργεια, ἡ** Wirksamkeit, Betätigung; ~ πλάνης wirksame Kraft des Irrwahns P; κατὰ τὴν ~αν τοῦ δύνασθαι αὐτόν auf Grund der ~, mit der er vermag P

ἐν'εργέω **(1)** intr.: bin wirksam, wirke; Akt.: τινὶ εἴς τι zugunsten jmds. für …; Med. [mit unpersönlichem Subj.]: zeige mich wirksam ἔν τινι P; **(2)** tr.: bewirke τὶ; ~ τὶ ἔν τινι schaffe etw. in jmdm.
* **ἐνέργημα, τό** Kraftbetätigung, -leistung; ~τα δυνάμεων ~en, die Wunder hervorbringen P
* **ἐνεργής, ~ές** wirksam; θύρα ~ = Möglichkeit zur Wirksamkeit P

ἐνεστηκώς, ἐνεστώς Ptz. Pf. v. ἐνίστημι: gegenwärtig

ἐνετειλάμην Aor. 1 v. ἐντέλλομαι

ἐνέτυχον Aor. 2 v. ἐντυγχάνω
* **ἐν'ευλογέω** segne P L

ἐνεχθ´´ Aor. 1 Pass. v. φέρω
* **ἐν'έχω** **(1)** Akt.: τινί habe es abgesehen auf … m; absol.: bin aufsässig L; **(2)** Pass.: bin unterworfen, unterliege τινί jmdm. P
* **ἐνθάδε** Adv. **(1)** hierher; **(2)** hier
* **ἔνθεν** Adv. von da
* **ἐν'θυμέομαι** erwäge; denke M L; denke nach περί τινος über … [L]
* **ἐνθύμησις, ἡ** Gedanke M H; Erfindungsgabe L

* **ἔνι** [= ἔνεστι] ist darin; [nur verneint:] es ist, gibt nicht, παρά τινι bei …, ἐν unter …

ἐνιαυτός, ὁ Jahr; κατ' ~όν jährlich

* **ἐν'ίστημι** [nur intr.] **(1)** im Präteritum: bin vorhanden, gegenwärtig; ἐνεστηκώς gegenwärtig P; ὁ καιρὸς ὁ ~ Gegenwart H; ὁ αἰὼν ὁ ἐνεστώς die gegenwärtige Weltzeit; **(2)** stehe bevor, Fut. Med. P; so wohl auch ἡ ἐνεστῶσα ἀνάγκη die bevorstehende Not

* **ἐν'ισχύω (1)** erstarke L; **(2)** stärke L

ἐνκ´´ s. ἐγκ´´

ἔννατος der neunte, s. ἔνατος

* **ἐννέα** neun; **ἐννενήκοντα** neunzig

ἐννεός s. ἐνεός

\+ **ἐν'νεύω** gebe einen Wink L

* **ἔννοια, ἡ** Einsicht, Gedanke H K

* **ἔννομος** 2 **(1)** unter dem Gesetz; ~ εἰμι stehe ~ P: **(2)** gesetzlich (Versammlung) L

\+ **ἔννυχον** u. **ἔννυχα** [adv. Ntr.] bei Nacht m

* **ἐν'οικέω** wohne ἐν in, unter … P

\+ **ἐν'ορκίζω** beschwöre τινά τι jmdn. bei … P

* **ἑνότης, ἡ** Einheit P

* **ἐν'οχλέω** plage L; bin hinderlich H

ἔνοχος 2 **(1)** festgehalten; ~ δουλείας versklavt H; **(2)** schuldig τινός (Strafe u. Vergehen); verfallen τινί (Gericht, Synedrium); schuldig τινός gegenüber …

ἐν'περι'πατέω s. ἐμπ´´

ἐν'πνέω s. ἐμπ´´

* **ἔνταλμα, τό** Gebot

* **ἐν'ταφιάζω** bestatte M J

* **ἐνταφιασμός, ὁ** Bestattung m J

ἐντελεῖται Fut. v. ἐντέλλομαι

ἐν'τέλλομαι befehle, gebiete τινί τι jmdm. etw., περί τινος wegen …; διαθήκης ἧς [= ἥν] ἐνετείλατο ὁ θεός Ordnung, die Gott verfügt hat H

ἐντέταλμαι Pf. [in akt. Bedeutung] v. ἐντέλλομαι

* **ἐντεῦθεν** Adv. **(1)** des Ortes: von hier, ~ καὶ ~ von hier und dort = von beiden Seiten; **(2)** zur Angabe des Grundes: daher

* **ἔντευξις, ἡ** Bittgebet; Gebet P

[+] **ἐν'τίθημι** pflanze ein (Namen Jesu) [L]

* **ἔντιμος** 2 **(1)** geehrt, vornehm, geschätzt; **(2)** kostbar, wertvoll

ἐντολή, ἡ Gebot, Befehl; Vorschrift, Gesetz

\+ **ἐντόπιος** 2 ortseingesessen; οἱ ~οι Ortseinwohner L

* **ἐντός** Ortsadv. innerhalb, als uneigtl. Präp. mit Gen. τινός in, unter … L; τὸ ~ τοῦ ποτηρίου das Innere des Bechers M

ἐντραπῇ Konjunktiv Aor. 2 Pass. v. ἐντρέπω

* **ἐν'τρέπω** beschäme; Pass.: werde beschämt; (in med. Sinn) scheue mich vor, achte τινά jmdn.

\+ **ἐν'τρέφομαι** nähre mich τινί mit … P

* **ἔντρομος** 2 zitternd; ~ γενόμενος begann zu zittern L [H]

* **ἐντροπή, ἡ** Beschämung; πρὸς ~ὴν ὑμῖν zur ~ für euch P

\+ **ἐν'τρυφάω** schwelge ἐν in … K

* **ἐν'τυγχάνω** wende mich an, bitte τινί jmdn., περί, ὑπέρ τινος wegen, zugunsten von …

* **ἐν'τυλίσσω (1)** hülle ein M L; **(2)** wickle zusammen J

\+ **ἐν'τυπόω** meißle ein ἐν γράμμασι λίθοις mit Buchstaben in Stein P

\+ **ἐν'υβρίζω** verspotte, tue Schmach an (Geist) H

ἔνυξα Aor. 1 v. νύσσω

* **ἐν'υπνιάζομαι** habe Traumgesichte L Ju

\+ **ἐνύπνιον, τό** Traum L

ἐνφ´´ s. ἐμφ´´

ἐνώπιον Ntr. v. ἐνώπιος als uneigtl. Präp. mit Gen. **(1)** vor, angesichts von; **(2)** in Gegenwart von; **(3)** nach dem Urteil von …, bei

\+ **ἐν'ωτίζομαι** horche auf, merke auf τὶ auf (Worte) L

ἕξ sechs

\+ **ἐξ'αγγέλλω** verkünde weit hinaus K

* **ἐξ'αγοράζω** kaufe los τινά jmdn., ἔκ τινος von …; Med.: kaufe mich los; ~ τὸν καιρόν wohl: kaufe aus = nütze aus P

ἐξ'άγω führe, geleite hinaus

* **ἐξ'αιρέω** **(1)** reiße heraus M; Med.: **(2)** erwähle L; **(3)** errette aus; befreie ἔκ τινος von … L P

\+ **ἐξ'αίρω** entferne τινὰ ἐκ … P

\+ **ἐξ'αιτέομαι** bitte mir aus L

* **ἐξαίφνης** Adv. plötzlich L m

* **ἐξ'ακολουθέω** **(1)** leiste Folge, huldige (Mythen), ergebe mich (Schwelgereien) K; **(2)** verfolge (einen Weg) K

* **ἑξακόσιοι** 3 sechshundert O

* **ἐξ'αλείφω** **(1)** wische ab (Tränen) O; **(2)** lösche aus (Namen in einem Buch: ἐκ τῆς βίβλου) O; **(3)** allg.: beseitige, vernichte (Schuldschein, Sünden) L P

\+ **ἐξ'άλλομαι** springe auf L

\+ **ἐξανάστασις, ἡ** Auferstehung P

* **ἐξ'ανα'τέλλω** gehe auf (Saat) m M

* **ἐξ'αν'ίστημι** **(1)** erwecke (Nachkommenschaft) m L; **(2)** intr. [Med. u. Aor. 2 Akt.]: ἐξανέστην stand auf

* **ἐξ'απατάω** betrüge (Arglose, mich selbst) P; verführe P

\+ **ἐξάπινα** plötzlich m

* **ἐξ'απορέομαι** verzweifle; ~ καὶ τοῦ ζῆν ~ sogar am Leben P

ἐξ'απο'στέλλω **(1)** sende aus, entsende L; **(2)** schicke fort, lasse abziehen κενόν mit leeren Händen L

ἐξάρατε Imp. Aor. 1 v. ἐξαίρω

ἐξαρθῇ Konjunktiv Aor. 1 Pass. v. ἐξαίρω

* **ἐξ'αρτίζω** **(1)** statte aus; ἐξηρτισμένος ausgerüstet πρός τι zu … P; **(2)** lasse vergehen (Tage) L

\+ **ἐξ'αστράπτω** blitze auf L

* **ἐξαυτῆς** [d.h. ἐξ αὐτῆς τῆς ὥρας] sofort

* **ἐξ'εγείρω** **(1)** erwecke P; **(2)** lasse in Erscheinung treten P

ἐξ'έδετο hellenist. Form des Aor. 2 Med. v. ἐκδίδωμι = ἐξέδοτο

ἐξείλατο hellenist. Aor. Med. v. ἐξαιρέω

* [1]**ἔξ'ειμι** [v. εἶμι] gehe hinaus, fort; ~ ἐπὶ τὴν γῆν gehe an Land L

[2]**ἔξ'ειμι** [v. εἰμί] s. ἔξεστιν

ἐξεκαύθην Aor. 1 Pass. v. ἐκκαίω

ἐξεκλάσθην Aor. 1 Pass. v. ἐκκλάω

ἐξεκόπην Aor. 2 Pass. v. ἐκκόπτω

ἐξεκρέμετο hellenist. Form des Impf. v. ἐκκρέμαμαι

ἔξελε Imp. Aor. 2 v. ἐξαιρέω

[+] **ἐξ'ελέγχω** überführe περί τινος von … [Ju]

ἐξελέξω 2. Sg. Aor. 1 Med. v. ἐκλέγω

ἐξελέσθαι Inf. Aor. 2 Med. v. ἐξαιρέω

ἐξελήλυθα Pf. v. ἐξέρχομαι

\+ **ἐξ'έλκω** reiße fort Ja

ἐξ'έμαξα Aor. 1 v. ἐκμάσσω

ἐξενεγκ´´ Aor. v. ἐκφέρω

ἐξέπεσα [-ον] Aor. v. ἐκπίπτω

ἐξεπέτασα Aor. 1 v. ἐκπετάννυμι

ἐξεπλάγην Aor. 2 Pass. v. ἐκπλήσσω

ἐξέπλει Impf. v. ἐκπλέω

ἐξέπλευσα Aor. 1 v. ἐκπλέω

ἐξ'έπνευσα Aor. 1 v. ἐκπνέω

\+ **ἐξέραμα, τό** das Ausgespiene K

\+ **ἐξ'εραυνάω** u. **ἐξερευνάω** forsche περί τινος nach … K

ἐξέρχομαι **(1)** gehe heraus, hervor; [v. Dämonen:] fahre aus; **(2)** schwinde (Hoffnung); **(3)** entkomme; **(4)** breche, fließe hervor; **(5)** [v. Befehlen, Gerüchten, Lehren, Verkündigungen:] gehe aus, ergehe

ἐξεστακέναι Inf. Pf. v. ἐξίστημι

ἔξ'εστιν es steht frei, ist erlaubt, möglich, verstattet; [Ptz. ἐξόν (nämlich ἐστιν) = ἔξεστιν]

ἐξέστραπται Pf. Pass. v. ἐκστρέφω

* **ἐξ'ετάζω** **(1)** forsche aus, frage aus J; **(2)** erforsche, untersuche; ~ περί τινος forsche nach … M

ἐξετράπην Aor. 2 Pass. v. ἐκτρέπω

ἐξέφνης plötzlich, s. ἐξαίφνης

ἐξέχεα Aor. 1 v. ἐκχέω

ἐξεχύθην Aor. 1 Pass. v. ἐκχέω

[+] **ἐξ'έχω** rage hervor; ~οντες τόποι erhöhte Plätze [als Ehrenplätze] [M]

ἐξέψυξα Aor. 1 v. ἐκψύχω

* **ἐξ'ηγέομαι** setze auseinander, erzähle, berichte L; verkünde J

ἐξῄειν Impf. v. ἔξειμι[1]

* **ἑξήκοντα** sechzig

ἐξήρανε, ~νθη, ~νται Aor. 1 Akt. u. Pass., Pf. Pass. v. ξηραίνω

* **ἑξῆς** Adv. danach; ἐν τῇ ~ ἡμέρᾳ, τῇ ~ ἡμέρᾳ, auch nur τῇ ~ am folgenden Tag; ἐν τῷ ~ [nämlich χρόνῳ] in der Folgezeit, danach

ἐξητήσατο Aor. 1 Med. v. ἐξαιτέω

\+ **ἐξ'ηχέω** lasse ertönen; Pass.: erschalle; ἐξήχηται ist erklungen (Lehre) P

\+ **ἕξις, ἡ** Übung, Gewöhnung; διὰ τὴν ~ιν infolge der ~ H

ἐξ'ιστάνω, ἐξιστάω u. **ἐξίστημι** **(1)** [tr.:] bringe in Verwirrung L; **(2)** [intr.:] komme von Sinnen; gerate außer mir S P

ἐξιστῶν Ptz. Präs. v. ἐξίστημι (ἐξιστάω)

\+ **ἐξ'ισχύω** vermag P

* **ἔξοδος, ἡ** Auszug H; Hingang [= Tod] L K

ἐξοίσουσι Fut. v. ἐκφέρω

\+ **ἐξ'ολεθρεύω** u. **ἐξολοθρεύω** rotte aus ἔκ τινος aus … L

ἐξ'ομολογέω **(1)** Akt.: sichere zu L; fast stets Med.: **(2)** bekenne τὶ etw. (Sünden, Vefehlungen); **(3)** preise τινί jmdn.

ἐξόν [erg. ἐστιν] s. ἔξεστιν

\+ **ἐξ'ορκίζω** beschwöre κατά τινος bei … M

\+ **ἐξορκιστής, ὁ** Beschwörer L

* **ἐξ'ορύσσω** **(1)** breche auf (Dach) m; **(2)** steche aus (Auge) P

\+ **ἐξ'ουδενέω** u. **ἐξουδενόω** verachte; behandle verächtlich m

ἐξ'ουθενέω u. **ἐξουθενόω** **(1)** schätze gering, verachte; ~ημένος geringgeschätzt, verachtet P;

(2) weise mit Verachtung zurück L P; (3) behandle verächtlich τινά jmdn. L, Pass. m

ἐξουσία, ἡ (1) Befugnis, Freiheit; (2) Macht, Gewalt, Herrschaft; bes. auch v. Gott: ἐν τῇ ἰδίᾳ ~ᾳ L; (3) Vollmacht, Berechtigung; (4) Obrigkeit: (5) (Engel)macht; (Dämonen)macht; (6) Machtbereich; [umstritten ist die Bedeutung v. ~ 1 K 11,10]

* **ἐξ'ουσιάζω** (1) habe Macht; ὁ ~ων der Gewalthaber L; habe Verfügungsrecht τινός über (Leib) P; (2) Pass.: werde beherrscht L

\+ **ἐξοχή, ἡ** das Hervorstehende, der Vorzug; κατ' ἐξοχήν vorzugsweise, vorzüglich: ἄνδρες οἱ κατ' ~ὴν [erg. ὄντες] τῆς πόλεως die vornehmsten Männer der Stadt L

\+ **ἐξ'υπνίζω** wecke auf J

\+ **ἔξυπνος** 2 wach; ~ γενόμενος aufgewacht L

ἔξω Ortsadv. (1) außen, draußen; ὁ ~ ἄνθρωπος der äußere Mensch [d.h. der Mensch nach seiner leiblichen Seite]; αἱ ~ πόλεις die ausländischen [d.h. nichtjüdischen] Städte; οἱ ~ die Außenstehenden [d.h. die Nichtjünger, Nichtchristen]; (2) heraus, hinaus; (3) [als uneigtl. Präp. mit Gen.:] außerhalb τινός von ...; hinaus aus ...

ἔξωθεν Ortsadv. (1) von außerhalb; außerhalb, draußen; τὸ ~ die Außenseite; οἱ ~ die Draußenstehenden [d.h. Nichtchristen]; ὁ ~ κόσμος der in Äußerlichkeiten bestehende Schmuck K; (2) [als uneigtl. Präp. mit Gen.:] von außerhalb; außerhalb

* **ἐξ'ωθέω** (1) vertreibe L; (2) lasse auflaufen (Schiff) εἰς auf ... (den Strand) L

ἐξῶσαι Inf. Aor. 1 v. ἐξωθέω

* **ἐξώτερος** 3 äußerster (Finsternis)

* **ἔοικα** gleiche τινί jmdm. Ja

\+ **ἑορτάζω** feiere das Fest [vom Passah als Bild des Christenlebens] P

ἑορτή, ἡ Fest; τὴν ~ὴν ποιεῖν das ~ feiern; κατὰ ~ήν zu jedem ~ S; εἶναι ἐν τῇ ~ῇ sich an der ~feier beteiligen

ἐπαγγελία, ἡ Versprechen (1) [v. Menschen] Zusage L; (2) [meist v. Gott] Verheißung; das verheißene Gut

ἐπ'αγγέλλομαι (1) [v. Menschen] verspreche m K; (2) [v. Gott] verheiße; ᾧ ἐπήγγελται dem die Verheißung gilt P; (3) bekenne mich τὶ zu ... (Gottesverehrung) P

* **ἐπάγγελμα, τό** (1) Verheißung; (2) das verheißene Gut K

* **ἐπ'άγω** bringe ἐπί τινα über ... (Blut) L; ziehe zu (Verderben) K

\+ **ἐπ'αγωνίζομαι** kämpfe τινί für ... Ju

\+ **ἐπ'αθροίζω** versammle dazu; Pass.: sich dazu ansammeln L

* **ἐπ'αινέω** belobe L P; lobe P

ἔπαινος, ὁ Lob, Beifall, Anerkennung ἀπό, ἔκ τινος von ..., εἰς ~ον zur Anerkennung für, zum Lobpreis von

ἐπ'αίρω (1) hebe auf (Augen, Hände); erhebe (Stimme, Haupt); (2) ~ τὸν ἀρτέμονα τῇ πνεούσῃ hole das Bramsegel vor den Wind L; (3) Pass.: lehne mich auf κατά τινος gegen ... P; brüste mich

ἐπ'αισχύνομαι schäme mich τινά, τὶ (des Evangeliums, Zeugnisses, der Gefangenschaft), ἐπί τινι, auch mit flgd. Inf. u. absol.

* ἐπ'αιτέω bettle L

* ἐπ'ακολουθέω (1) folge nach; komme hinterdrein; σημεῖα ~οῦντα [die Predigt] begleitende Wunder m; (2) gehe nach τινί (dem guten Werke) P

+ ἐπ'ακούω erhöre τινός jmdn. P

+ ἐπ'ακροάομαι höre zu τινός jmdm. L

* ἐπάν temporale Konj.: sobald, wann

+ ἐπάναγκες Adv. notwendigerweise; τὰ ~ die notwendigen Dinge L

* ἐπ'αν'άγω (1) fahre hinaus [mit dem Schiff] L; (2) kehre zurück εἰς ... in ... M

+ ἐπ'ανα'μιμνῄσκω erinnere P

* ἐπ'ανα'παύομαι (1) ruhe ἐπί τινα auf ... L; (2) ruhe mich aus = verlasse mich τινί auf ... (Gesetz) P

* ἐπ'αν'έρχομαι kehre wieder L

* ἐπ'αν'ίσταμαι erhebe mich ἐπί τινα gegen ... m M

+ ἐπανόρθωσις, ἡ Besserung P

ἐπάνω (1) als Adv.: oben, darüber; mehr, als; (2) als uneigtl. Präp. mit Gen.: über, auf

ἐπάξας Ptz. Aor. 1 v. ἐπάγω

ἐπᾶραι, ἐπάρας, ἐπάρατε Inf., Ptz., Imp. Aor. 1 v. ἐπαίρω

+ ἐπάρατος 2 verflucht J

* ἐπ'αρκέω helfe τινί jmdm. P

* ἐπαρχεία, ἡ Herrschaftsgebiet eines Eparchen, Provinz L

[+] ἐπάρχειος 2 zu einem Eparchen gehörig, Statthalter-; ἡ ~ [nämlich χώρα] die Provinz [AG]

+ ἔπαυλις, ἡ Gehöft, Landgut L

ἐπαύριον Adv. morgen; τῇ ~ [erg. ἡμέρᾳ] am nächsten Tag

ἐπαυτοφώρῳ auf frischer Tat s. αὐτόφωρος

+ ἐπ'αφρίζω werfe schäumend empor (Schande) Ju

ἐπέβην Aor. 2 v. ἐπιβαίνω

* ἐπ'εγείρω errege (Verfolgung) ἐπί τινα gegen ...; stachle auf κατά τινος gegen ... L

ἐπεί Konj. weil, da ja, denn sonst

ἐπειδή Konj. nachdem; da ja, weil denn

+ ἐπειδήπερ Konj. da nun einmal, nachdem bekanntlich L

* ἐπ'εῖδον [Aor. 2 zu ἐφοράω] richte mein Augenmerk ἐπί τι auf ...; sehe zu L

* ἔπειμι s. ἐπιοῦσα

ἐπείνασα Aor. 1 v. πεινάω

[+] ἐπείπερ Konj. da ja doch [P]

ἔπεισα Aor. 1 v. πείθω

+ ἐπεισαγωγή, ἡ Einführung; ~ κρείττονος ἐλπίδος die Herbeiführung einer besseren Hoffnung H

+ ἐπ'εισ'έρχομαι breche herein ἐπί τινα über ... [L]

ἔπειτα Adv. darauf, dann; [in Aufzählungen:] zweitens, ferner, sodann

ἐπέκειλα Aor. 1 v. ἐπικέλλω [L

+ ἐπέκεινα Adv. jenseits τινός von

ἐπεκλήθην Aor. 1 Pass. v. ἐπικαλέω

+ ἐπ'εκ'τείνομαι strecke mich aus τοῖς ἔμπροσθεν nach dem vor mir liegenden Ziel P

ἐπελαθ´´ Aor. 2 Med. v. ἐπιλανθάνομαι

* ἐπ'εν'δύομαι ziehe mir (darüber) an τὶ etw. P

\+ **ἐπενδύτης, ὁ** Oberkleid J

ἐπεποίθει Plsqpf. v. πείθω (s. dort III)

* **ἐπ'έρχομαι** **(1)** komme heran; **(2)** komme ἐπί τινα über … (Geist) L; **(3)** überfalle L; **(4)** stehe bevor (Leiden) Ja

ἐπ'ερωτάω **(1)** frage τινά jmdn., περί τινος nach … (Gleichnis) M L; θεόν (nach Gott) P; **(2)** bitte τινά τι jmdn. um … (Zeichen) M

\+ **ἐπερώτημα, τό** Bitte; συνειδήσεως ἀγαθῆς ~ εἰς θεόν ~ an Gott um ein gutes Gewissen (?) K

ἔπεσα hellenist. Aor. v. πίπτω

ἐπέστη Aor. 2 v. ἐφίστημι

ἐπετίθεσαν u. **ἐπετίθουν** 3. Pl. Impf. v. ἐπιτίθημι

ἐπέτυχε Aor. 2 v. ἐπιτυγχάνω

ἐπήνεσα Aor. 1 v. ἐπαινέω

* **ἐπ'έχω** **(1)** [tr.:] halte fest τὶ etw. (Wort) P; **(2)** [intr.:] richte mein Augenmerk auf τινί …; halte an, verweile χρόνον εἰς … eine Zeitlang in … L

ἔπηξα Aor. 1 v. πήγνυμι

ἐπῆρα Aor. 1 v. ἐπαίρω

* **ἐπ'ηρεάζω** kränke L; setze herab (Wandel) K

ἐπήρθη Aor. 1 Pass. v. ἐπαίρω

ἐπί Präp. **(1)** mit Gen.: auf, über; an, bei; in Gegenwart von, bei, vor; zur Zeit von, unter; **(2)** mit Dat.: auf, an, bei; in; über; zu … hinzu; auf Grund von; unter der Voraussetzung von; zu [Zweck]; während; ἐφ' ᾧ = ἐπὶ τούτῳ, ὅτι auf Grund dessen, daß; darum, weil; **(3)** mit Akk.: über … hin, auf; zu … hin; nach … hin, über; auf, bei, an; gegen, an; nach; mit Bezug, Rücksicht auf; während; ἐφ' ὅσον in dem Maße als; insofern als, und: [erg. χρόνον] solange als; ~ χρόνον eine Zeitlang; ~ πολύ auf lange Zeit

* **ἐπι'βαίνω** **(1)** betrete εἰς τὴν 'Ασίαν Asien, τῇ ἐπαρχείᾳ die Provinz L; **(2)** steige auf, besteige ἐπί τι, τινί (Esel, Schiff); steige hinauf εἰς …

ἐπι'βάλλω **(1)** werfe auf, über (Schlinge); **(2)** setze auf (Flicklappen) M L; **(3)** lege an (Hand, Kleid); **(4)** [intr.:] stürze mich auf m; falle zu: τὸ ~ον μέρος der mir zukommende Anteil L; **(5)** beginne; ἐπιβαλὼν ἔκλαιε er begann zu weinen (?) m

* **ἐπι'βαρέω** falle zur Last, belaste τινά … P

* **ἐπι'βιβάζω** lasse aufsteigen ἐπί τι auf … L

* **ἐπι'βλέπω** **(1)** schaue hin auf L; **(2)** nehme Rücksicht auf Ja; nehme mich an ἐπί τινα L

* **ἐπίβλημα, τό** Flicklappen S

[+] **ἐπι'βοάω** schreie laut zu [L]

* **ἐπιβουλή, ἡ** Anschlag τινί od. εἴς τινα auf … L

\+ **ἐπι'γαμβρεύω** verschwägere mich, heirate [als Schwager; v. der Leviratsehe] M

* **ἐπίγειος** 2 irdisch; οἱ ~οι die Erdbewohner [Menschen u. Geister] P; τὰ ~α die irdischen Dinge J P

\+ **ἐπι'γίνομαι** komme heran (Nacht) [L]; komme auf (Wind) L

ἐπι'γινώσκω **(1)** erkenne; weiß; kenne, verstehe; **(2)** erkenne an; **(3)** erfahre; **(4)** merke, bemerke

ἐπίγνωσις, ἡ Erkenntnis [auf rel. u. sittlichem Gebiet] [S

* **ἐπιγραφή, ἡ** Aufschrift; Inschrift

* **ἐπι'γράφω (1)** schreibe darauf; ἐν ᾧ ἐπεγέγραπτο der die Inschrift trug L; **(2)** schreibe hinein ἐπί τι in … (Herzen, Sinn) H

ἔπιδε Imp. v. ἐπεῖδον [s. dort]

* **ἐπι'δείκνυμι (1)** zeige; lasse sehen; Med.: zeige an mir selbst vor L; **(2)** weise nach, tue dar L H

* **ἐπι'δέχομαι** nehme auf, an J

* **ἐπι'δημέω** halte mich [als Fremder] auf L

\+ **ἐπι'δια'τάσσομαι** hänge dem Testament eine Klausel an P

ἐπι'δίδωμι (1) gebe hin; übergebe; **(2)** gebe nach [d.h. dem Wind] L

\+ **ἐπι'δι'ορθόω** [sowohl der med. als der akt. Konjunktiv Aor. 1 ist bezeugt] bringe nachher in Ordnung (das Übrige) P

\+ **ἐπι'δύω** gehe unter P

* **ἐπιείκεια, ἡ** Nachsicht, Milde; τῇ σῇ ~ᾳ entsprechend deiner ~ L

* **ἐπιεικής, ~ές** mild, nachgiebig; τὸ ~ὲς ὑμῶν eure Güte P

ἐπι'ζητέω (1) suche, suche auf, frage nach; **(2)** erstrebe, wünsche; verlange

\+ **ἐπιθανάτιος** 2 dem Tode verfallen P

ἐπίθες Imp. Aor. 2 v. ἐπιτίθημι

* **ἐπίθεσις, ἡ** Auflegen (der Hände)

ἐπι'θυμέω (1) begehre, wünsche; ἐπιθυμίᾳ ~ habe großes Verlangen L; verlange τινός nach …; auch mit flgd. [Akk. u.] Inf. u. absol.; **(2)** begehre auf κατά τινος gegen … L P

\+ **ἐπιθυμητής, ὁ** der Begehrende τινός nach … P

ἐπιθυμία, ἡ (1) Verlangen, Begierde; **(2)** [meist im üblen Sinn] Lust [nach Verbotenem], Leidenschaft; ἐν πολλῇ ~ᾳ mit leidenschaftlichem Verlangen P; oft Pl.: εἰς ~ας so daß Begierden entstehen P

[+] **ἐπι'θύω** bringe ein Opfer dar [L]

\+ **ἐπι'καθίζω (1)** [tr.:] setze auf [M]; **(2)** [intr.:] setze mich auf, sitze auf [M]

ἐπι'καλέω (1) nenne, benenne, gebe einen Namen; ἐφ' οὓς ἐπικέκληται τὸ ὄνομά μου ἐπ' αὐτούς über denen mein Name genannt worden ist; **(2)** Med.: lege Berufung ein τινά an … (Kaiser) L; rufe an (den Herrn, seinen Namen); ~ θεὸν μάρτυρα rufe Gott zum Zeugen

\+ **ἐπικάλυμμα, τό** Deckmantel K

\+ **ἐπι'καλύπτω** verhülle, bedecke (Sünden) P

* **ἐπικατάρατος** 2 verflucht P

* **ἐπί'κειμαι (1)** liege auf; δικαιώματα ~μενα auferlegte Rechtssatzungen H; ἀνάγκη ~ταί μοι ein Zwang liegt mir auf P; **(2)** setze zu, dränge τινί jmdn.; χειμῶνος ~ένου da ein Sturm (uns) hart zusetzte L

\+ **ἐπι'κέλλω** setze auf den Grund (Schiff) [L]

[*] **ἐπι'κερδαίνω** gewinne dazu [M]

ἐπικληθείς Ptz. Aor. 1 Pass. v. ἐπικαλέω

\+ **ἐπικουρία, ἡ** Hilfe L

ἐπικράνθη Aor. 1 Pass. v. πικραίνω [L

\+ **ἐπι'κρίνω** entscheide endgültig

ἐπι'λαμβάνομαι (1) ergreife τινός u. τινά; fasse τῆς χειρός bei der Hand m L; **(2)** [übertr.:] τινὸς λόγου, ῥήματος jmdn. bei einem Worte fassen [, um ihn zu verderben] L; **(3)** nehme mich an τινός … H

* **ἐπι'λανθάνομαι** (1) vergesse τινός u. τὶ; (2) vernachlässige, übersehe, kümmere mich nicht τινός um …; ἐπιλελησμένος übersehen L
* **ἐπι'λέγω** (1) gebe einen Beinamen; ~όμενος mit Beinamen … J; (2) Med.: wähle mir aus L
+ **ἐπι'λείπω** fehle; ~ψει με ὁ χρόνος es würde mir an Zeit fehlen H
+ **ἐπι'λείχω** lecke ab (Geschwüre) [L]

ἐπιλελησμένος Ptz. Pf. Pass. v. ἐπιλανθάνομαι

+ **ἐπιλησμονή, ἡ** Vergeßlichkeit; ἀκροατὴς ~ῆς vergeßlicher Hörer Ja
+ **ἐπίλοιπος** 2 noch übrig K
+ **ἐπίλυσις, ἡ** Deutung K
* **ἐπι'λύω** (1) deute m; (2) bringe zur Entscheidung L
+ **ἐπι'μαρτυρέω** bezeuge K
+ **ἐπιμέλεια, ἡ** Pflege; ~ας τυχεῖν Pflege finden L [L P
* **ἐπι'μελέομαι** sorge τινός für …
+ **ἐπιμελῶς** Adv. eifrig, genau, sorgfältig L

ἐπι'μένω (1) bleibe, verweile πρός τινα, παρά, ἐπί τινι bei …; (2) verharre, beharre τινί in, bei …; (3) mit Ptz. beharrlich; anhaltend L

+ **ἐπι'νεύω** nicke zu, gebe meine Zustimmung L
+ **ἐπίνοια, ἡ** Einfall L
+ **ἐπι'ορκέω** schwöre einen Meineid, breche einen geschworenen Eid M
+ **ἐπίορκος** 2 meineidig P

ἐπιοῦσα [Ptz. Fem. v. ἔπειμι komme heran, folge nach], ἡ [erg. ἡμέρα, νύξ] der folgende Tag, die folgende Nacht L

* **ἐπιούσιος** 2 [Wort zweifelhafter Bedeutung]: ἄρτος ~ Brot für den betreffenden od. den nächsten Tag? zum Dasein nötig? M L

ἐπι'πίπτω (1) werfe mich τινί über …; ~ ἐπὶ τὸν τράχηλον falle um den Hals L; (2) befalle, komme über ἐπί τινα, τινί jmdn.; falle ἐπί τινα auf …; (3) dränge mich an τινί m; ἐπὶ τὸ στῆθός τινος an jmds. Brust [J]

+ **ἐπι'πλήσσω** fahre hart an P [L]
* **ἐπι'ποθέω** verlange τὶ (Milch) K; sehne mich τινά nach … P
* **ἐπιπόθησις, ἡ** Sehnsucht P
+ **ἐπιπόθητος** 2 herbeigesehnt P
+ **ἐπιποθία, ἡ** Sehnsucht, Verlangen P
+ **ἐπι'πορεύομαι** gehe hin πρός τινα zu … L [m
+ **ἐπι'(ρ)ράπτω** nähe ἐπί τι auf …
* **ἐπι'(ρ)ρίπτω** (1) [eigtl.:] werfe über ἐπί τι L; (2) [übertr.:] lege auf ἐπὶ θεόν (Sorgen) K

[+] **ἐπι'σείω** hetze auf [L]

* **ἐπίσημος** 2 (1) ausgezeichnet P; (2) berüchtigt (Gefangener) M
+ **ἐπισιτισμός, ὁ** Nahrungsmittel L

ἐπι'σκέπτομαι (1) sehe mich um nach τινά L; (2) sehe nach = besuche M L Ja; (3) suche heim; sehe darauf [mit. Inf.] L

+ **ἐπι'σκευάζομαι** rüste mich L
+ **ἐπι'σκηνόω** nehme Wohnung, ziehe ein ἐπί τινα bei … P
* **ἐπι'σκιάζω** überschatte τινί, τινά
* **ἐπι'σκοπέω** (1) übe Aufsicht, sorge für [vom Gemeindeleiter] [K]; (2) nehme mich in acht μή … H

* **ἐπισκοπή, ἡ** **(1)** Heimsuchung K L; **(2)** Aufsichtsamt [der Apostel]; Bischofsamt L P

* **ἐπίσκοπος, ὁ** **(1)** Aufseher (v. Christus: ~ über die Seelen) K; **(2)** Bischof

\+ **ἐπι'σπάομαι** ziehe mir (die Vorhaut) über P

\+ **ἐπι'σπείρω** säe darunter ἀνὰ μέσον zwischen … M

ἐπίσταμαι **(1)** weiß, verstehe; **(2)** kenne (Taufe, Paulus) L

* **ἐπίστασις, ἡ** Andrang, Ansturm L; ἡ ~ μοι ἡ καθ' ἡμέραν der tägliche Andrang zu mir P

ἐπίσταται 3. Sg. Präs. v. ἐπίσταμαι u. für ἐφίσταται v. ἐφίστημι (1 Th 5,3 als Variante)

* **ἐπιστάτης, ὁ** Meister (in den Parallelen: Lehrer, Herr, Rabbi) L

* **ἐπι'στέλλω** teile brieflich mit L H

ἐπιστῇ, ἐπίστηθι Konjunktiv u. Imp. Aor. 2 v. ἐφίστημι

[+] **ἐπιστήμη, ἡ** Wissen, Verstehen [P]

\+ **ἐπιστήμων, ~ον** kundig, wohlunterrichtet Ja

* **ἐπι'στηρίζω** stärke L

ἐπιστολή, ἡ Brief; δι' ~ῆς, δι' ~ῶν brieflich P; ~αὶ συστατικαί Empfehlungsbriefe P

\+ **ἐπι'στομίζω** stopfe den Mund, auch allg.: zügle τινά jmdn. P

ἐπι'στρέφω **(1)** [tr.:] wende, bringe hin ἐπί τινα zu … L; bekehre τινὰ ἔκ τινος jmdn. von …; **(2)** [intr.:] wende mich um; wende mich … wieder zu; kehre zurück; bekehre mich ἐπί τι u. τινα, πρός τινα zu …, ἀπό τινος von …; **(3)** Med.: wende mich um; kehre zurück; bekehre mich

\+ **ἐπιστροφή, ἡ** Bekehrung L

* **ἐπι'συν'άγω** versammle S; Pass.: sammle mich L

* **ἐπισυναγωγή, ἡ** **(1)** Versammlung H; **(2)** das Sichversammeln; ἡμῶν ~ ἐπ' αὐτόν unser ~ bei ihm P

[+] **ἐπι'συν'ράπτω** nähe darauf fest [m]

\+ **ἐπι'συν'τρέχω** laufe zusammen m

[+] **ἐπισύστασις, ἡ** Aufruhr [L]; ἡ ~ μου der Zudrang zu mir [P]

\+ **ἐπισφαλής, ~ές** unsicher, gefährlich (Fahrt) L

\+ **ἐπ'ισχύω** werde stark; ~ον λέγοντες sie wiederholten dringend L

\+ **ἐπι'σωρεύω** häufe auf; ἑαυτῷ ~ειν διδασκάλους sich Lehrer zuhauf beschaffen P

* **ἐπιταγή, ἡ** Befehl, Gebot; κατ' ~ήν befehlsweise, als ~; entsprechend dem ~, auf ~ P; μετὰ πάσης ~ῆς mit allem Nachdruck P

ἐπι'τάσσω befehle, gebiete τινί τι jmdm. etw.

ἐπι'τελέω **(1)** bringe zu Ende, vollende; **(2)** vollbringe, verrichte; **(3)** vollziehe an τινί; Pass.: es vollzieht sich an … K

\+ **ἐπιτήδειος** 3 nötig; τὰ ~α τοῦ σώματος die leiblichen Bedürfnisse Ja

ἐπιτίθει Imp. v. ἐπιτίθημι

ἐπι'τίθημι **(1)** lege auf (Hände, Kreuz, Last, Joch); **(2)** lege bei (Namen); **(3)** setze auf (Kranz); versetze (Schläge); **(4)** lege auf (übertr.: Plagen); **(5)** Med.: übergebe; **(6)** stelle nach τινὶ τοῦ κακῶσαι jmdm., um ihn zu schädigen L

ἐπι'τιμάω **(1)** schelte, fahre an τινί jmdn.; **(2)** ermahne nachdrücklich, ἵνα od. ἵνα μή daß (nicht) ...; πολλὰ ἐπετίμα er redete ihnen ernstlich zu m; **(3)** strafe

\+ **ἐπιτιμία, ἡ** Strafe P

ἐπιτοαυτό zusammen = ἐπὶ τὸ αὐτό

ἐπι'τρέπω erlaube; Pass.: ~εταί τινι es wird jmdm. gestattet L

[+] **ἐπι'τροπεύω** bin Prokurator [L]

\+ **ἐπιτροπή, ἡ** Erlaubnis L

* **ἐπίτροπος, ὁ** **(1)** Verwalter M L; **(2)** Vormund P

* **ἐπι'τυγχάνω** erlange τινός u. τὶ

ἐπιτυχεῖν Inf. Aor. 2 v. ἐπιτυγχάνω

* **ἐπι'φαίνω** **(1)** [intr.:] erscheine; zeige mich (v. Sternen) L; **(2)** [Pass.:] trete in Erscheinung, werde sichtbar P

* **ἐπιφάνεια, ἡ** das Erscheinen, die Erscheinung (Christi, beim ersten wie beim zweiten Kommen) P

\+ **ἐπιφανής, ~ές** strahlend (Tag des Herrn) L

\+ **ἐπι'φαύσκω** gehe auf, leuchte P

* **ἐπι'φέρω** **(1)** bringe vor (Beschuldigung) [L]; (Schmähurteil) Ju; **(2)** bringe über jmdn. (Zorngericht) P; (Trübsal) [P]; **(3)** lege auf (Schweißtücher) [L]

* **ἐπι'φωνέω** rufe aus L

* **ἐπι'φώσκω** breche an L; τῇ ~ούσῃ εἰς μίαν σαββάτων als der erste Wochentag anbrach M

* **ἐπι'χειρέω** lege Hand an; versuche L

[+] **ἐπι'χείρησις, ἡ** Angriff ἐπί τινα auf ... [L]

\+ **ἐπι'χέω** gieße darauf (Öl) L

* **ἐπι'χορηγέω** **(1)** stelle her (Tugend); **(2)** gewähre, reiche dar P K; **(3)** unterstütze P

* **ἐπιχορηγία, ἡ** Unterstützung P

* **ἐπι'χρίω** **(1)** streiche auf ἐπί τι auf ... J; **(2)** bestreiche τὶ etw. J

[+] **ἐπι'ψαύω** komme in Berührung τινός mit ... [P]

ἐπλήγην Aor. 2 Pass. v. πλήσσω

ἔπλησα Aor. 1 v. πίμπλημι

* **ἐπ'οικοδομέω** baue darauf; erbaue P K

[+] **ἐπ'οκέλλω** setze auf den Grund (Schiff) [L]

\+ **ἐπ'ονομάζω** benenne; Pass.: lasse mich nennen P [K

* **ἐπ'οπτεύω** betrachte, beobachte

\+ **ἐπόπτης, ὁ** [Mysteriensprache] Weihzeuge K

\+ **ἔπος, τό** Wort; ὡς ~ εἰπεῖν um das rechte (od.: ein starkes) Wort zu gebrauchen H

ἐπουράνιος 3 himmlisch; οἱ ~ιοι die Himmelsbewohner P; τὰ ~ια die ~ Dinge, der Himmel (ἐν τοῖς ~ίοις im Himmel) P

ἐπράθην Aor. 1 Pass. v. πιπράσκω

ἐπρίσθην Aor. 1 Pass. v. πρίζω

ἑπτά sieben

* **ἑπτάκις** siebenmal

\+ **ἑπτακισχίλιοι** 3 siebentausend

[+] **ἑπταπλασίων, ~ον** siebenfach

ἐπύθετο Aor. 2 v. πυνθάνομαι

* **ἐραυνάω** erforsche, untersuche; ergründe

ἐργάζομαι **(1)** [intr.:] arbeite; mache Handelsgeschäfte ἔν τινι mit ... M; **(2)** [tr.:] mache, tue (Werk, Böses, Sünde); bewirke (Reue); verrichte τὰ ἱερά Tempeldienst P; übe (Gerechtigkeit); erwerbe (Nahrung); ~ τὴν θάλασσαν treibe auf dem Meer Geschäfte O

* **ἐργασία, ἡ** **(1)** Beschäftigung τινός mit ...; ~ ἀκαθαρσίας πάσης ~ mit allen möglichen sündigen Dingen P; **(2)** Gewerbe, Geschäft L; **(3)** Erwerb, Gewinn; **(4)** [Latinismus:] δίδωμι ~αν gebe mir Mühe = *operam do* L

ἐργάτης, ὁ Arbeiter; ~ ἀδικίας Übeltäter L

ἔργον, τό **(1)** Handlung, Tat; ~ τῆς πίστεως Betätigung des Glaubens; ~α τῆς σαρκός fleischliche Werke; ~α ἀσεβείας gottlose Taten; **(2)** Arbeit, Aufgabe, Amtstätigkeit; **(3)** [das Ergebnis des Wirkens:] Werk, Leistung; **(4)** [abgeschwächt:] Ding, Sache

* **ἐρεθίζω** reize auf; feure an P

\+ **ἐρείδω** [ἐρείσασα Ptz. Aor. 1 Fem.] dränge heran [intr.] L

\+ **ἐρεύγομαι** spreche aus, verkünde M

* **ἐρευνάω** s. ἐραυνάω

* **ἐρημία, ἡ** Wüste, Einöde

* **ἐρημόομαι** werde wüst gemacht, veröde; ἠρημωμένος vereinsamt [bildl. = entvölkert] O

ἔρημος 2 **(1)** adj.: wüst, unbebaut; verlassen; ὁδὸς ~ menschenleere Straße L; **(2)** subst.: ἡ ~ [erg. χώρα] Wüste, Steppe, Trift; Pl.: einsame Gegenden

* **ἐρήμωσις, ἡ** Verwüstung S

\+ **ἐρίζω** hadere M

* **ἐριθεία, ἡ** Streitsucht; [vielleicht:] Selbstsucht, Eigennutz; ~εῖαι Zänkereien od. Ausbrüche der Selbstsucht P; οἱ ἐξ ~ας Streithähne od. Egoisten P

ἐριμμένος Ptz. Pf. Pass. v. ῥίπτω

* **ἔριον, τό** Wolle H O

ἔρις, ἡ Hader; Pl.: ~ιδες Streitigkeiten

\+ **ἐρίφιον, τό** Böcklein, auch Bock M [L]

* **ἔριφος, ὁ** Bock M [L]

* **ἑρμηνεία, ἡ** Übersetzung P

[+] **ἑρμηνευτής, ὁ** Übersetzer [P]

* **ἑρμηνεύω** **(1)** deute [L]; **(2)** übersetze J H

* **ἑρπετόν, τό** Kriechtier, bes. Schlange

ἐρρέθη Aor. 1 Pass. zu εἶπον (λέγω)

ἔ[ρ]ρηξα Aor. 1 v. ῥήγνυμι

ἐ[ρ]ριμμένος Ptz. Pf. Pass. v. ῥίπτω

ἔρρωσο Imp. Pf. Pass. v. ῥώννυμι

* **ἐρυθρός** 3 rot

ἔρχομαι **(1)** komme; ~ heran; nahe; auch v. Zeit, Ereignissen u. Zuständen; ὁ αἰὼν ὁ ~μενος die zukünftige Weltzeit; τὰ ~μενα die kommenden Dinge; **(2)** trete auf [v. Christus, der ὁ ~μενος heißt; auch vom Vorläufer, dem Antichrist u. a.]; komme wieder [v. Christus]; **(3)** trete ein, ~ in die Erscheinung (Reich Gottes, Ärgernisse u. a.); **(4)** [besondere Verbindungen:] εἰς τὸ χεῖρον ~ es geht mir schlechter m; ὀπίσω τινὸς ~ ich folge jmdm. [auch im Sinn der Nachfolge]; εἰς κρίσιν ~ unterwerfe mich einer gerichtlichen Entscheidung J; εἰς ἐμαυτὸν ~ komme zu mir [= zur Einsicht] L; εἰς φανερὸν ~ komme in die Öffentlichkeit m L; εἰς προκοπήν τινος ~ diene zur Förderung von ... P

ἐρῶ Fut. zu εἶπον

ἐρωτάω **(1)** frage τινά τι, περί τινος jmdn. nach ...; **(2)** bitte τινά jmdn., τὶ um etw., περί τινος für …; mit flgd. ἵνα, ὅπως od. Inf.

ἔσβεσα Aor. 1 v. σβέννυμι

* **ἐσθής, ἡ** Gewand; Kleidung L Ja

ἐσθήσεσιν Dat. Pl. v. ἐσθής [L]

ἐσθίω u. **ἔσθω** esse; fresse; verzehre

ἐσήμανα Aor. 1 v. σημαίνω

ἐσκυλμένος Ptz. Pf. Pass. v. σκύλλω

ἐσόμενος Ptz. Fut. v. εἰμί

* **ἔσοπτρον, τό** Spiegel

ἐσπαρμένος Ptz. Pf. Pass. v. σπείρω

* **ἑσπέρα, ἡ** Abend; πρὸς τὴν ~αν ἐστίν es geht gegen ~ L

[+] **ἑσπερινός** 3 Abend-; φυλακὴ ~ή die ~wache [v. 18–21 Uhr]

\+ **ἑσσόομαι** stehe nach, komme zu kurz ὑπέρ τι gegenüber … P

ἑστάναι [= ἑστηκέναι] Inf. Pf. v. ἵστημι

ἐστρωμένος, ἔστρωσα Ptz. Pf. Pass., Aor. 1 Akt. v. στρώννυμι

ἑστώς Ptz. Pf. v. ἵστημι = ἑστηκώς

ἔστωσαν 3. Pl. des Imp. v. εἰμί

ἐσφάγην, ἐσφαγμένος, ἔσφαξα Aor. 2 Pass., Ptz. Pf. Pass., Aor. 1 Akt. v. σφάζω

ἔσχατος 3 **(1)** äußerster, letzter [räumlich u. zeitlich]; ἕως ~ου τῆς γῆς bis ans Ende der Welt; ἐπ' ~ου od. ~ων τῶν ἡμερῶν am Ende der Tage H K; ἐπ' ~ου τοῦ χρόνου od. τῶν χρόνων am E. der Zeiten K; τὰ ~α der spätere Zustand M L K; **(2)** unterster, geringster; **(3)** [Ntr. als Adv.:] ~ον πάντων zuallerletzt m P

\+ **ἐσχάτως** Adv. zuletzt; ~ ἔχει liegt in den letzten Zügen m

* **ἔσω** Ortsadv. **(1)** hinein; **(2)** inwendig; ὁ ~ ἄνθρωπος der innere Mensch [s. ἔξω] P; οἱ ~ die innerhalb der Gemeinde Befindlichen = die Christen P

ἔσωθεν Ortsadv. **(1)** von innen m L; **(2)** innen, inwendig M P O; τὸ ~ das Innere L

* **ἐσώτερος** 3 der inner(st)e; τὸ ~ον τοῦ καταπετάσματος was hinter dem Vorhang ist = das Allerheiligste H

* **ἑταῖρος, ὁ** Freund, Kamerad, Genosse M

ἔτεκον Aor. 2 v. τίκτω

\+ **ἑτερόγλωσσος** 2 eine fremde Sprache redend P

* **ἑτεροδιδασκαλέω** lehre andersartig, d.h. falsch P

\+ **ἑτεροζυγέω** gehe unter fremdartigem [d.h. nicht zu mir passendem] Joch τινί mit … P

ἕτερος 3 **(1)** der andere [v. zweien od. mehreren]; ὁ ~ der Nächste; τῇ ~ᾳ [erg. ἡμέρᾳ] am nächsten Tag L; ἐν ~ῳ an einer anderen Stelle L H; ἕτεροι andere; **(2)** andersartig, verschieden; fremd (Sprache) L P

\+ **ἑτέρως** Adv. anders P

ἐτέχθην Aor. 1 Pass. v. τίκτω

ἔτι Adv. noch; ~ dazu, außerdem; dann noch P H

ἐτίθει, ἐτίθουν u. **ἐτίθεσαν**, Impf. v. τίθημι

ἑτοιμάζω **(1)** bereite; richte zu (Mahlzeit) S; **(2)** stelle bereit (Soldaten) L; mache bereit

\+ **ἑτοιμασία, ἡ** Bereitschaft, Bereitsein; ~ τοῦ εὐαγγελίου τῆς εἰρήνης das Bereitsein für das Evangelium des Friedens P

ἕτοιμος 2 bereit; ὁ καιρός ἐστιν ~ die Zeit ist da J; ἐν ~ῳ ἔχων bereit zu … P

* **ἑτοίμως** Adv. bereit; ~ ἔχω bin ~ LPK

ἔτος, τό Jahr; ἦν x ἐτῶν war x ~e alt; ἀπὸ, ἐξ ~ῶν seit ~en; δι' ~ῶν, μετ' ~η nach ~en; εἰς ~η auf ~e; κατ' ἔτος jährlich

* **εὖ** Adv. wohl, gut, recht; ~ ποιῶ tue wohl τινί jmdm. m; ~ πράσσω, ~ γίνεταί μοι es geht mir wohl LP; absol. schön! vortrefflich! M [L]

εὐ'αγγελίζω **(1)** bringe eine freudige Nachricht LOP; **(2)** Med.: verkünde das Evangelium; Pass.: mir wird ~ verkündet od.: ich bekomme ~ zu hören

εὐαγγέλιον, τό Freudenbotschaft, Evangelium

* **εὐαγγελιστής, ὁ** Evangelist PL

* **εὐ'αρεστέω** **(1)** gefalle wohl τινί jmdm.; **(2)** Pass.: werde zufriedengestellt durch, finde Gefallen an τινί (Opfern) H

εὐάρεστος 2 wohlgefällig

\+ **εὐαρέστως** Adv. in wohlgefälliger Weise H

\+ **εὖγε** = εὖ γε wohl; recht so! [L]

* **εὐγενής, ~ές** vornehm **(1)** v. Abkunft LP; **(2)** v. Gesinnung; Komp.: anständiger L

\+ **εὐδία, ἡ** heiteres Wetter M

εὐ'δοκέω **(1)** habe Gefallen τινά, εἴς τινα, ἔν τινι an jmdm.; **(2)** billige, mag τὶ, τινί, ἔν τινι etw.; **(3)** halte für gut, will, beschließe mit flgd. [Akk. u.] Inf., auch absol.

* **εὐδοκία, ἡ** **(1)** der gute Wille [v. Menschen] P; δι' ~αν aus ~, ὑπὲρ τῆς ~ über den ~ hinaus; vielleicht ἐν ἀνθρώποις ~ας bei den Menschen von gutem Willen L; hier ist möglich: **(2)** Huld, Wohlgefallen [Gottes] PML; **(3)** Wunsch; ~ τῆς καρδίας Herzens~ P

* **εὐεργεσία, ἡ** Wohltätigkeit; Wohltat τινός an … PL

\+ **εὐ'εργετέω** erweise Wohltaten L

\+ **εὐεργέτης, ὁ** Wohltäter [als fürstlicher Ehrentitel] L

* **εὔθετος** 2 passend, brauchbar τινί, εἴς τι für … LH

εὐθέως Adv. sogleich; sofort; ohne Verzug Evv

* **εὐθυ'δρομέω** fahre geradenwegs εἰς nach … L

* **εὐ'θυμέω** bin guten Mutes L Ja

\+ **εὔθυμος** 2 wohlgemut L

\+ **εὐθύμως** Adv. guten Mutes [L]; Ntr. des Komp. ~ότερον steigernd: höchst zuversichtlich [L]

* **εὐ'θύνω** **(1)** richte gerade J; **(2)** führe gerade, lenke, steuere; ὁ ~ων der Steuermann Ja

* **εὐθύς, ~εῖα, ~ύ** **(1)** gerade (Weg); ἡ ~εῖα [d.h. ὁδός] der ~ Weg L; **(2)** geradsinnig, aufrichtig (Herz) L

εὐθύς Adv. sofort, s. εὐθέως

\+ **εὐθύτης, ἡ** Gerechtigkeit H

* **εὐ'καιρέω** habe Zeit, Muße, Gelegenheit εἴς τι zu …

* **εὐκαιρία, ἡ** günstige Gelegenheit ML

* **εὔκαιρος** 2 **(1)** rechtzeitig (Hilfe) H; **(2)** zeitgemäß, passend (Tag) m

* **εὐκαίρως** Adv. zu günstiger Zeit

* **εὔκοπος** 2 leicht; ~ώτερον leichter mit flgd. [Akk. u.] Inf. S

* **εὐλάβεια, ἡ** **(1)** ehrerbietige Scheu, Gottesfurcht H; **(2)** Furcht, Angst; so einige bei εἰσακουσθεὶς ἀπὸ τῆς ~ας erhört [u. errettet] aus seiner ~

\+ **εὐ'λαβέομαι (1)** fürchte mich [L] H; H 11,7 vielleicht **(2)** habe fromme Scheu

* **εὐλαβής, ~ές** gottesfürchtig L

εὐ'λογέω (1) preise, lobpreise (Gott); **(2)** sage (Gott) Dank; **(3)** segne, wünsche Gutes; **(4)** [mit Gott od. Christus als Subj.] bedenke mit Wohltaten

* **εὐλογητός** 3 gepriesen P

εὐλογία, ἡ (1) schöne Redensarten P; **(2)** Preis, Lob O; **(3)** das Segnen; die Segensgabe; **(4)** Weihe; τὸ ποτήριον τῆς ~ας der Weihekelch P; **(5)** der Segen = der reiche Ertrag; ἐπ' ~αις mit vollen Händen P

\+ **εὐμετάδοτος** 2 freigebig P

\+ **εὐ'νοέω** erweise mich wohlgesinnt M [P

\+ **εὔνοια, ἡ** Lust und Liebe, Eifer

* **εὐνουχίζω** entmanne M

* **εὐνοῦχος, ὁ** Verschnittener M L

εὐξαίμην Opt. Aor. 1 v. εὔχομαι

* **εὐ'οδόομαι** habe guten Fortgang, es gelingt, glückt mir; ὅ τι ἐάν εὐοδῶται soviel ihm etwa gelingen mag P; es geht mir gut J

\+ **εὐπάρεδρος** 2 beharrlich; πρὸς τὸ ~ον τῷ κυρίῳ daß ihr bei dem Herrn beharrt [P]

\+ **εὐπειθής, ~ές** gehorsam Ja

\+ **εὐπερίστατος** 2 leicht umstrickend H

\+ **εὐποιΐα, ἡ** Wohltätigkeit H

\+ **εὐ'πορέομαι** bin vermögend L

\+ **εὐπορία, ἡ** Wohlstand L

\+ **εὐπρέπεια, ἡ** Schönheit Ja

* **εὐπρόσδεκτος** 2 willkommen; günstig (Zeitpunkt) P

[+] **εὐπρόσεδρος** 2 beharrlich = εὐπάρεδρος [P]

\+ **εὐπροσωπέω** habe ein gutes Aussehen, spiele eine Rolle ἐν σαρκί im Fleische [= vor Menschen] P

\+ **εὐρακύλων, ὁ** Nordostwind [L]

εὑρίσκω (1) finde; Pass.: erscheine, bin; **(2)** erlange; **(3)** erkenne, kann … finden; **(4)** treffe an, stoße auf [ohne gesucht zu haben]

[+] **εὐροκλύδων, ὁ** fehlerhafte Wortbildung statt des unverstandenen εὐρακύλων Nordostwind [L]

\+ **εὐρύχωρος** 2 geräumig M

εὐσέβεια, ἡ Frömmigkeit; Pl.: fromme Handlungen

* **εὐ'σεβέω (1)** bin fromm; **(2)** versorge liebevoll (Familie) P

* **εὐσεβής, ~ές** fromm L; ὁ ~ der Fromme K

* **εὐσεβῶς** Adv. fromm P

\+ **εὔσημος** 2 deutlich (Rede) P

* **εὔσπλαγχνος** 2 barmherzig P K

* **εὐσχημόνως** Adv. anständig P

\+ **εὐσχημοσύνη, ἡ** Wohlanständigkeit P

* **εὐσχήμων, ~ον (1)** anständig; τὰ ~ονα ἡμῶν [μέλη] unsere anständigen Glieder P; τὸ ~ον der Anstand P; **(2)** vornehm L m

* **εὐτόνως** Adv. nachdrücklich L

\+ **εὐτραπελία, ἡ** Possenreißerei P

\+ **εὐφημία, ἡ** gute Nachrede P

\+ **εὔφημος** 2 glückverheißend P

\+ **εὐ'φορέω** liefere guten Ertrag L

εὐ'φραίνω erfreue; Pass.: freue mich; vergnüge mich; bin froh

* **εὐφροσύνη, ἡ** Frohsinn, Heiterkeit, Freude L

εὐ'χαριστέω (1) bin dankbar L P; **(2)** sage Dank τινί τι jmdm. für …, περί τινος od. ὑπέρ τινος für …, ἐπί τινι auf Grund von …; **(3)** bete

εὐχαριστία, ἡ (1) Dankbarkeit; (2) Danksagung; Dankgebet

\+ **εὐχάριστος** 2 dankbar P

* **εὐχή**, ἡ (1) Gebet; (2) Gelübde; ἔχω ~ήν habe ein ~ übernommen L

* **εὔχομαι** (1) bete θεῷ od. πρὸς θεόν zu Gott; das Erbetene folgt im Akk. od. AcI; (2) wünsche mit flgd. AcI od. Nom. u. Inf.

* **εὔχρηστος** 2 brauchbar τινί für … P; nützlich εἴς τι zu … P

\+ **εὐ'ψυχέω** bin guten Mutes P

* **εὐωδία**, ἡ Wohlgeruch P

* **εὐώνυμος** 2 links; ἐξ ~ων τινός zur Linken von … M m

ἔφαγον Aor. 2 zu ἐσθίω

\+ **ἐφ'άλλομαι** springe los ἐπί τινα auf … L

* **ἐφάπαξ** Adv. (1) auf einmal P; (2) ein für allemal H P

ἐφεῖδον statt ἐπεῖδον [s. dort]

\+ **ἐφευρετής**, ὁ der Erfinder κακῶν von Schlechtigkeiten P

ἐφείσατο Aor. 1 v. φείδομαι

* **ἐφημερία**, ἡ Tagklasse, eine der im wöchentlichen Turnus beim Tempeldienst sich abwechselnden 24 Priesterabteilungen L

\+ **ἐφήμερος** 2 für den Tag bestimmt Ja

ἔφθασα Aor. 1 v. φθάνω

* **ἐφ'ικνέομαι** gelange ἄχρι bis zu, εἰς zu P

ἐφιορκέω = ἐπιορκέω

ἐφ'ίστημι (1) [Präs. u. Aor.] trete heran, stelle mich zu, über, an; komme über; (2) [Pf.] stehe dabei; stehe bevor

ἐφνίδιος falsche Schreibung für αἰφνίδιος plötzlich

ἐφ'οράω s. ἐπεῖδον

ἔφυγον Aor. 2 v. φεύγω

\+ **ἐφφαθά** [aram.: 'ethpethaḥ, assimiliert 'epphethaḥ] öffne dich! gehe auf! [= διανοίχθητι] m

* **ἐχθές** Adv. gestern

* **ἔχθρα**, ἡ Feindschaft τινός, auch εἴς, πρός τινα mit …; Pl. v. den einzelnen feindseligen Gefühlen u. Handlungen

ἐχθρός 3 (1) verhaßt; (2) feindselig gesinnt; ὁ ~ der Feind, auch vom Teufel L

* **ἔχιδνα**, ἡ Natter; γεννήματα ~ῶν Natternbrut, Schlangengezücht M L

ἔχρησα Aor. 1 v. κίχρημι; vgl. auch χράομαι

ἔχω A [tr.:] (1) habe, halte, trage (Blätter, Unkraut); ~ ἐν γαστρί bin schwanger; (2) besitze; [absol.:] bin reich; ἐκ τοῦ ἔχειν je nach eurem Besitz; ὁ ἔχων der Besitzende; (3) habe bereit, zur Verfügung; (4) [umschreibend:] ~ σοφίαν bin weise; ~ χαράν freue mich; ~ λύπην trauere; ~ πίστιν glaube; ~ ἐπιθυμίαν begehre usw.; (5) bewahre (Gebote, Geheimnis des Glaubens); (6) erhalte erfüllt (Bitten); (7) halte für …; (8) [mit Inf.:] kann, muß; **B** [intr.] (9) befinde mich, es geht mir (gut, schlecht); ἐν ἑτοίμῳ ~ bin bereit = ἑτοίμως ~ P; τὸ νῦν ἔχον für jetzt L; (10) Med.: ἐχόμενος zusammenhängend mit; benachbart (Flecken) m; τῇ ~ῃ [d.h. ἡμέρᾳ] am nächsten Tag L

ἐψεύσω 2. Sg. Aor. 1 v. ψεύδομαι

ἕως A [temporale Konj.:] (1) solange bis, bis daß; (2) solange als, während; **B** [uneigtl. Präp. mit Gen.:] (3) bis zu; zu; (4) ~ οὗ, ~ ὅτου bis, solange als

Z

[*] **ζαφθάνι** hebräischer [= 'asabtānî] Ersatz für σαβαχθάνι du hast mich verlassen [M] [m]

[**ζάω**] **(1)** bin lebendig; ζῶ ἐγώ so wahr ich lebe [Schwurformel]; ἔζησα wurde lebendig; **(2)** lebe [v. dem überirdischen Leben der zu Gott Gehörigen]; **(3)** lebe; [v. der Lebensführung:] ~ ἐν … ~ in …, κατά τι gemäß …, τινί für jmdn. od. etw.; **(4)** [Ptz. v. Sachen:] lebendig, Lebens- [Worte, Hoffnung, Weg]; ὕδωρ ζῶν fließendes Wasser J

ζβέννυμι hellenist. Schreibung für σβέννυμι [s. dort]

* **ζεστός** 3 siedend heiß O

[+] **ζεύγνυμι** verbinde [m]

* **ζεῦγος, τό** Joch (Ochsen) L; Paar (Tauben) L

\+ **ζευκτηρία, ἡ** Trosse L

* **ζέω** siede; [übertr.:] vom Geist P; ζέων τῷ πνεύματι lodernden Geistes L

ζῇ 3. Sg. v. [ζάω]

\+ **ζηλεύω** bin eifrig [= ζηλόω] O

ζῆλος, ὁ u. **τό** **(1)** Eifer [mit Gen. objectivus od. ὑπέρ τινος] um, für … (Gott, Gotteshaus); **(2)** Eifersucht; Pl. v. den Ausbrüchen der ~

ζηλόω **(1)** bemühe mich eifrig um τινά …; trachte nach τὶ etw. (Geistesgaben) P; **(2)** bin eifersüchtig

* **ζηλωτής, ὁ** **(1)** Eiferer τινός um, für jmdn. (Gott) od. für, nach etw. (Geistesgaben, Gutes, Überlieferungen); **(2)** [als Parteiname:] Zelot L

* **ζημία, ἡ** Schaden L P

* **ζημιόω** schade; Pass.: **(1)** erleide Schaden an; büße ein; τὰ πάντα ἐζημιώθην ich habe mich um alles bringen lassen P; **(2)** bestraft werden P

ζῆν Inf. v. [ζάω]

ζητέω **(1)** suche; suche auf; **(2)** untersuche, stelle Erwägungen an περί τινος über …; mit indir. Rede; **(3)** trachte, strebe nach; wünsche; **(4)** verlange; fordere

* **ζήτημα, τό** Streitfrage τινός u. περί τινος über … L

* **ζήτησις, ἡ** **(1)** Untersuchung περί τινος über …; **(2)** Streitfrage; **(3)** Auseinandersetzung, Wortgefecht

* **ζιζάνιον, τό** Lolch [= Unkraut] M

* **ζόφος, ὁ** Dunkel; ~ τοῦ σκότους dunkelste Finsternis K

* **ζυγός, ὁ** **(1)** Joch [als Bild drückender Last] M; **(2)** Waage O

ζύμη, ἡ Sauerteig

* **ζυμόω** säuere, versäuere P; Pass.: werde durchsäuert M L

* **ζωγρέω** fange ein; ἐζωγρημένοι ὑπ' αὐτοῦ [d.h. τοῦ διαβόλου] εἰς τὸ θέλημα von ihm gefangen gehalten zur Ausführung seines Willens P

ζωή, ἡ Leben [sowohl vom irdischen wie vom übernatürlichen]

* **ζώνη, ἡ** Gürtel

* **ζώννυμι** u. **ζωννύω** gürte J; Med.: ~ mich L

* **ζῳογονέω** mache lebendig τὶ; erhalte am Leben L; Pass.: bleibe am Leben L

ζῷον, τό **(1)** Lebewesen O; **(2)** Tier H K

ζῳοποιέω mache lebendig; gebe das (ewige) Leben

ζῶσαι Imp. Aor. 1 Med., **ζώσω** Fut. v. ζώννυμι

Η

ἤ Partikel **(1)** disjunktiv: oder; [in Fragen auch:] oder etwa; ἤ – ἤ entweder – oder; in negativen Aussagen: noch; **(2)** als Vergleichspartikel: als [zuweilen ausgelassen]; πρὶν ἤ bevor

[+] **ἦ μήν** klassische Schreibung statt εἶ μήν wahrlich

ἤγαγον Aor. 2 v. ἄγω

* **ἡγεμονεύω** bin Legat, Prokurator τινός von (Syrien, Judäa) L

\+ **ἡγεμονία, ἡ** Herrschaft L

ἡγεμών, ὁ **(1)** Fürst M; **(2)** Statthalter; bes. Prokurator

ἡγέομαι **(1)** führe; bin Führer; ὁ ~ούμενος Leiter; Vorsteher; Statthalter; Herrscher; ~ τοῦ λόγου Wortführer L; **(2)** meine, glaube, halte für …; betrachte als …; ~ ὑπερεκπερισσῶς schätze sehr hoch P

ἠγέρθην Aor. 1 Pass. v. ἐγείρω

ἡγνικώς, ἡγνισμένος Ptz. Pf. Akt. u. Pass. v. ἁγνίζω

ᾔδειν Plsqpf. zu οἶδα

* **ἡδέως** Adv. gern m P

ἤδη Adv. schon; nun; endlich

* **ἥδιστα** [Ntr. des Superlativs v. ἡδύς = Adv.] am liebsten, sehr gern P

* **ἡδονή, ἡ** Vergnügen, Lust [meist im schlimmen Sinn]; Pl.: Lüste

* **ἡδύοσμον, τό** Gartenminze M L

ἤθελον Impf. v. θέλω

\+ **ἦθος, τό** Sitte P

ἥκω bin gekommen, bin da; ~ ἐπί τινα ~ über jmdn.

ἡλάμην Aor. 1 v. ἅλλομαι

ἠλεήθην, ἠλεημένος Aor. 1, Ptz. Pf. Pass. v. ἐλεέω

ἦλθα, ἦλθον Aor. v. ἔρχομαι

* **ἠλί (ἠλί, ἠλεί, ἠλεί)** = hebr. 'ēlî mein Gott M

* **ἡλικία, ἡ** **(1)** (Lebens)alter; ~αν ἔχω bin mündig J; **(2)** Größe, (Leibes)länge L

* **ἡλίκος** 3 wie groß (klein) P Ja

ἥλιος, ὁ Sonne

* **ἧλος, ὁ** Nagel J

ἤλπικα Pf. v. ἐλπίζω

ἡμεῖς wir

ἡμέρα, ἡ **(1)** Tag; πᾶσαν ~αν jeden ~ hindurch; ὅλην τὴν ~αν den ganzen ~ über; ~ας μέσης am Mittag; τὰς ~ας tagsüber; διὰ τριῶν ~ῶν binnen dreier ~e; ἐν τρισὶν ~αις innerhalb von drei ~en; καθ' ~αν täglich; πρὸς ὀλίγας ~ας für kurze Zeit; ᾗ ~ᾳ an dem ~, an welchem; ἄχρι ἧς ~ας bis zu dem ~, an dem; **(2)** Gerichtstag; ἀνθρωπίνη ~ menschlicher ~; **(3)** [im Sg. u. Pl. v. einem gewissen Zeitraum:] ~ ἡ ἐμή meine Zeit; ἀπὸ τῶν ~ῶν Ἰωάννου von der Zeit des Johannes an

* **ἡμέτερος** 3 unser; οἱ ~οι unsere Leute [= Gemeindeglieder]

\+ **ἡμιθανής, ~ές** halbtot L

* **ἥμισυς, ~εια, ~υ** halb; **(1)** adj. [wobei es Geschlecht u. Zahl des Hauptwortes annimmt]: τὰ ἡμίση τῶν ὑπαρχόντων die Hälfte der Besitztümer L; **(2)** subst.: τὸ ~υ die Hälfte; ~υ καιροῦ eine halbe Zeit O

\+ **ἡμίωρον, τό** u. **ἡμιώριον, τό** die halbe Stunde O

ἠμφιεσμένος Ptz. Pf. Pass. v. ἀμφιέννυμι

ἤνεγκα Aor. v. φέρω

ἠνεῳγμένος, ἠνεῴχθην Ptz. Pf., Aor. 1 Pass. v. ἀνοίγω

* **ἡνίκα** Adv. wann; sooft als …

ἠνοίγην u. **ἠνοίχθην** Aor. 2 u. 1 Pass. v. ἀνοίγω

\+ **ἧπερ** als selbst J

\+ **ἤπιος** 3 freundlich; ~ πρός τινα ~ gegen … P

ἠντληκώς Ptz. Pf. v. ἀντλέω

ἠπίστησα Aor. 1 v. ἀπιστέω

ἠπίστουν Impf. v. ἀπιστέω

ἦρε, ἤρατε, ἦραν Aor. 1 v. αἴρω

\+ **ἤρεμος** 2 still (Leben) P

ἤρεσε Aor. 1 v. ἀρέσκω

ἤρθην, ἠρμένος Aor. 1, Ptz. Pf. Pass. v. αἴρω

ἦσθα 2. Sg. Impf. v. εἰμί

ἡσσώθην Aor. 1 Pass. v. ἑσσόομαι

* **ἥσσων, ~ον** geringer; εἰς τὸ ~ον [schlage] zum Schlimmeren [aus] P; [das Ntr. als Adv.:] weniger P

* **ἡσυχάζω** (1) verhalte mich ruhig; führe ein ruhiges Leben; (2) bin ruhig, schweige L

* **ἡσυχία, ἡ** (1) Ruhe; (2) Stillschweigen P L

* **ἡσύχιος** 3 geruhig (Leben) P; still

\+ **ἤτοι – ἤ** entweder – oder

* **ἡττάομαι** (1) werde überwunden, unterliege τινί jmdm. K; (2) stehe zurück ὑπέρ τινα hinter … [P]

* **ἥττημα, τό** Niederlage τινί für … P

ἤφιε Impf. v. ἀφίημι

\+ **ἠχέω** töne P; brause L

ἤχθην Aor. 1 Pass. v. ἄγω

* [1]**ἦχος, ~ου, ὁ** (1) Klang, Ton; (2) Ruf, Kunde περί τινος von … L

\+ [2]**ἦχος, ~ους, τό** u. **ἠχώ, ~οῦς, ἡ** Brausen L

Θ

θάλασσα, ἡ Meer [auch v. einem Binnensee]

* **θάλπω** hege und pflege P

* **θαμβέω** (1) [intr.:] erstaune [L]; (2) [tr.:] setze in Schrecken; Pass.: entsetze mich ἐπί τινι über … m

* **θάμβος, τό** u. **ὁ** Staunen, Schrecken, Entsetzen L

\+ **θανάσιμος** 2 tödlich m

\+ **θανατηφόρος** 2 todbringend (Gift) Ja

θάνατος, ὁ Tod [eigtl. u. übertr.: geistlich, ewig]; Pl.: Todesgefahren

θανατόω [eigtl. u. übertr.:] töte; ertöte; Pass.: bin tot τινί für … P

θάπτω begrabe L M P

θαρρέω u. **θαρσέω** (1) bin getrost, guter Zuversicht; (2) bin mutig εἴς τινα gegen … P; (3) setze meine Zuversicht ἔν τινι auf … P

\+ **θάρσος, τό** Mut L

* **θαῦμα, τό** (1) Wunder P; (2) Verwunderung O

θαυμάζω (1) Akt. [intr.:] wundere mich διά τι, ἔν od. ἐπί τινι über …; [tr.:] bewundere τὶ etw.; ~ πρόσωπον schmeichle Ju; (2) Pass.: verwundere mich O

\+ **θαυμάσιος** 3 bewundernswert; τὰ ~ια die Wunder M

* **θαυμαστός** 3 (1) wunderbar; (2) erstaunlich, bewundernswert

\+ **θεά, ἡ** Göttin L

θεάομαι **(1)** betrachte; sehe; sehe nach = suche auf (Tischgäste); **(2)** erblicke, bemerke

\+ **θεατρίζω** mache zum öffentlichen Schauspiel H

* **θέατρον, τό** **(1)** Theater; **(2)** Schauspiel P

* **θεῖον, τό** Schwefel O L

* **θεῖος** 3 göttlich; τὸ ~ον das göttliche Wesen, die Gottheit L

\+ **θειότης, ἡ** Göttlichkeit, göttliche Natur P

\+ **θειώδης, ~ες** schwefelfarbig O

θέλημα, τό Wille; ἐν τῷ ~τι τοῦ θεοῦ wenn Gott will P; διὰ ~τος, κατὰ τὸ ~ nach dem ~

\+ **θέλησις, ἡ** Wille H

θέλω **(1)** will; begehre, wünsche; ~ ἤ ich will lieber … als; τί θέλω εἰ was möchte ich lieber, als daß … L; τί θέλει τοῦτο εἶναι; was mag das wohl sein? L; **(2)** will tun, bin im Begriff; **(3)** habe Gefallen, Lust; will wohl; ἤθελον ich wollte, möchte wohl; **(4)** tue gern

\+ **θεμέλιον, τό** Fundament L

θεμέλιος, ὁ **(1)** Grundstein; **(2)** Grundlage

* **θεμελιόω** **(1)** lege ein Fundament; **(2)** gründe fest, befestige P [P

\+ **θεοδίδακτος** 2 von Gott gelehrt

[+] **θεομαχέω** streite wider Gott [L]

\+ **θεόμαχος** 2 einer, der wider Gott streitet L

\+ **θεόπνευστος** 2 von Gott eingegeben P

θεός, ὁ Gott [ἡ: Göttin]; τὰ πρὸς τὸν ~όν in Beziehung, auf das Verhältnis zu ~; [vom Teufel:] ὁ ~ τοῦ αἰῶνος τούτου der ~ dieser Weltzeit

\+ **θεοσέβεια, ἡ** Gottesfurcht, Frömmigkeit, Religion P

\+ **θεοσεβής, ~ές** gottesfürchtig, fromm J

\+ **θεοστυγής, ~ές** gottverhaßt, gottverlassen P

\+ **θεότης, ἡ** Gottheit P

* **θεραπεία, ἡ** **(1)** Heilung L O; **(2)** Dienerschaft L [M]

θεραπεύω **(1)** diene; Pass.: lasse mich bedienen L; **(2)** behandle, heile, mache gesund

\+ **θεράπων, ὁ** Diener H

θερίζω ernte [eigtl. u. übertr.]

θερισμός, ὁ Ernte **(1)** v. der Handlung; **(2)** v. der Frucht

* **θεριστής, ὁ** Erntearbeiter, Schnitter M

* **θερμαίνομαι** wärme mich m J Ja

\+ **θέρμη, ἡ** Hitze L

* **θέρος, τό** Sommer S

θέσθε Imp. Aor. 2 Med. v. τίθημι

θεωρέω **(1)** sehe zu, an; **(2)** betrachte, besichtige; **(3)** nehme wahr, erblicke; **(4)** bemerke, beobachte, finde; **(5)** schaue [v. der geistlichen Schau des Gottgesandten] J; **(6)** lerne kennen, erfahre, erlebe (Tod, Herrlichkeit)

\+ **θεωρία, ἡ** Schauspiel; ἐπὶ τὴν ~αν ταύτην zu diesem ~ L

\+ **θήκη, ἡ** Scheide J

* **θηλάζω** **(1)** säuge; **(2)** sauge τὶ an …; οἱ ~ζοντες Säuglinge M

* **θῆλυς, ~εια, ~υ** weiblich; τὸ ~υ Weib = ἡ ~εια P

\+ **θήρα, ἡ** Netz, Falle P

\+ **θηρεύω** erjage, erhasche L

\+ **θηριομαχέω** kämpfe mit wilden Tieren (entweder eigtl. od. bildl.) P

θηρίον, τό **(1)** Tier; **(2)** tierartiges Wesen O

* **θησαυρίζω** **(1)** häufe auf, sammle; **(2)** spare auf K

θησαυρός, ὁ **(1)** Schatzkammer, Vorratsraum; Schatzbehälter M; **(2)** Schatz

* **θιγγάνω** [Konjunktiv Aor. 2 θίγω, ~ῃς, ~ῃ] berühre, rühre an τινός … H P

θλίβω dränge; bedränge; Pass.: gerate in Bedrängnis, leide Drangsal; τεθλιμμένος eingeengt, eng (Weg) M

θλῖψις, ἡ Bedrängnis, Drangsal; ~ τῆς καρδίας Beklommenheit

* **θνῄσκω** sterbe; τέθνηκα bin tot

* **θνητός** 3 sterblich

\+ **θορυβάζομαι** lasse mich umtreiben περί τι wegen … L

* **θορυβέω** versetze in Aufruhr L; Pass.: gerate in Unruhe, beunruhige mich L; rege mich auf M m

* **θόρυβος, ὁ** **(1)** Aufruhr; μετὰ ~ου tumultuarisch; **(2)** Lärm, Geräusch

[+] **θραυματίζω** [L] s. θραύω

\+ **θραύω** zerbreche, breche; τεθραυσμένος gebrochen [L]

\+ **θρέμμα, τό** Herdentier J

* **θρηνέω** **(1)** [intr.:] wehklage J; **(2)** [tr.:] beweine, beklage τινά L

[+] **θρῆνος, ὁ** Totenklage [M]

* **θρησκεία, ἡ** Gottesdienst, Kultus P Ja; Religion L

\+ **θρησκός** 2 fromm Ja

* **θριαμβεύω** **(1)** führe im Triumph auf P; **(2)** lasse triumphieren P

θρίξ, τριχός, ἡ Haar

* **θροέομαι** gerate in Schrecken, erschrecke S P

\+ **θρόμβος, ὁ** Tropfen geronnenen Blutes L

θρόνος, ὁ Thron

θυγάτηρ, ἡ Tochter; ~τέρες Ἰερουσαλήμ die Bewohnerinnen von J. L; ~ Σιών Zion und ihre Bewohner M L

* **θυγάτριον, τό** Töchterchen m

\+ **θύελλα, ἡ** Wirbelwind H

\+ **θύϊνος** 3 vom Zitrusbaum O

* **θυμίαμα, τό** **(1)** Räucheropfer L; **(2)** [Pl.:] Räucherwerk O

\+ **θυμιατήριον, τό** Räucheraltar H

\+ **θυμιάω** bringe Rauchopfer dar L

\+ **θυμομαχέω** grolle τινί … L

\+ **θυμόομαι** werde zornig M

θυμός, ὁ **(1)** Zorn; Grimm; Pl.: Wutausbrüche; **(2)** Leidenschaft; ~ τῆς ὀργῆς heftiger Zorn O; ~ τῆς πορνείας wilde Hurerei O

θύρα, ἡ Tür; [übertr.:] Zugang P

\+ **θυρεός, ὁ** Schild (des Glaubens) P

* **θυρίς, ἡ** Fenster L P

* **θυρωρός, ὁ** Türhüter, ἡ ~in m J

θυσία, ἡ Opfer, ~gabe

θυσιαστήριον, τό Altar; [bes.:] Brandopfer~, Rauchopfer~

θύω **(1)** opfere L P; **(2)** schlachte L m P; **(3)** schlachte ab, töte J

θῶ Konjunktiv Aor. 2 v. τίθημι

* **θώραξ, ὁ** **(1)** Panzer; Brustharnisch P; **(2)** Brust O

I

* **ἴαμα, τό** Heilung P

ἰάομαι **(1)** heile; **(2)** stelle wieder her [v. den Folgen der Sünde]

* **ἴασις, ἡ** Heilung L [J]

* **ἴασπις, ἡ** Jaspis O

* **ἰατρός, ὁ** Arzt S P

ἴδε [zur Partikel erstarrter Imp.] **(1)** siehe! sieh da! seht doch! **(2)** hier ist, sind; **(3)** horch!

[+] **ἰδέα** s. εἰδέα

ἰδίᾳ s. ἴδιος

ἴδιος 3 eigen, eigentümlich, besonders; oft = sein, ihr; τὰ ~α Heimat, Eigentum; nur vereinzelt so der Sg.: τὸ ~ον J; οἱ ~οι Angehörige, Glaubensgenossen, Jünger; Adv. ἰδίᾳ besonders, für sich; κατ' ~αν für sich allein, beiseite, besonders

* **ἰδιώτης, ὁ** Ungelehrter L P; Nichtfachmann (= Laie) τῷ λόγῳ in der Redekunst P

ἰδού [eigtl. Imp. v. εἰδόμην: ἰδοῦ, jedoch als Partikel mit dem Akut] **(1)** siehe! seht! **(2)** [mit einem Nom. ohne verbum finitum] da ist [sind], da war[en], da kommt [kam]; ~ ἐγώ hier bin ich; ~ φωνή da kam eine Stimme u. ä.

\+ **ἱδρώς, ὁ** Schweiß L

* **ἱερατεία, ἡ** Priesteramt L H

* **ἱεράτευμα, τό** Priesterschaft K

\+ **ἱερατεύω** versehe den Priesterdienst L

ἱερεύς, ὁ Priester

\+ **ἱερόθυτον, τό** Opferfleisch [P]

ἱερόν, τό Tempel

\+ **ἱεροπρεπής, ~ές** was den Heiligen [= Christen] ziemt P

* **ἱερός** 3 **(1)** [adj.:] heilig; **(2)** [subst.:] τὰ ~ά die ~ Dinge; τὰ ~ὰ ἐργάζομαι verrichte den ~ Dienst im Tempel P

\+ **ἱεροσυλέω** begehe Tempelraub P

\+ **ἱερόσυλος, ὁ** Tempelräuber

\+ **ἱερουργέω** wirke als Priester, verwalte priesterlich τὶ … P

* **ἱερωσύνη, ἡ** Priestertum H

ἱκανός 3 **(1)** hinreichend, ziemlich viel; χρόνος ~ geraume Zeit; ἀπὸ ~ῶν ἐτῶν seit langen Jahren; ἐξ ~οῦ schon längst [L]; ἐφ' ~όν lange, ausgiebig; ~όν ἐστι es genügt; τὸ ~ὸν ποιεῖν genugtun; λαμβάνω τὸ ~όν nehme Bürgschaft; **(2)** tüchtig, geeignet πρός τι zu …; auch mit flgd. Inf. od. ἵνα

\+ **ἱκανότης, ἡ** Tüchtigkeit P

* **ἱκανόω** mache tüchtig τινά τι, τινὰ εἴς τι jmdn. zu …

\+ **ἱκετηρία, ἡ** das Flehen, Gebet H

\+ **ἰκμάς, ἡ** Feuchtigkeit L

\+ **ἱλαρός** 3 fröhlich P

\+ **ἱλαρότης, ἡ** Fröhlichkeit P

* **ἱλάσκομαι** **(1)** versöhne, mache gnädig; Pass.: lasse mich versöhnen; ἱλάσθητί μοι laß dich mit mir versöhnen! sei mir gnädig! L; **(2)** sühne (Sünden) H

* **ἱλασμός, ὁ** Sühnung περί τινος für … J

* **ἱλαστήριον, τό** Sühnemittel P; [v. dem Gerät auf der Bundeslade, wie LXX] Sühndeckel H

* **ἵλεως, ~ων** gnädig; ~ σοι Gott behüte! M

* **ἱμάς, ὁ** Riemen, Peitsche

* **ἱματίζω** bekleide; ~ισμένος bekleidet

ἱμάτιον, τό Kleid; Obergewand

* **ἱματισμός, ὁ** Kleidung, sowohl Unter~ als Ober~

ἱμείρομαι sehne mich τινός nach … [P] s. ὁμείρομαι

ἵνα damit, auf daß; daß

* **ἱνατί** [aus ἵνα τί γένηται; damit was geschehe?] warum, wozu, weshalb M L

* **ἰός, ὁ** **(1)** Gift P Ja; **(2)** Rost Ja

\+ **ἰουδαΐζω** lebe auf jüdische Weise P

\+ **ἰουδαϊκός** 3 jüdisch P; ~ῶς nach Art der Juden P

* **ἱππεύς, ὁ** Reiter L

\+ **ἱππικός** 3 zum Pferde gehörig; τὸ ~όν Reiterei O

ἵππος, ὁ Pferd O Ja

* **ἶρις, ἡ** **(1)** Regenbogen; **(2)** farbiger Strahlenkranz O

\+ **ἰσάγγελος** 2 engelgleich L

ἴσασι 3. Pl. v. οἶδα

ἴσθι Imp. v. εἰμί

* **ἴσος** 3 gleich; übereinstimmend (Zeugenaussagen); ~ον ποιεῖν τινά τινι jmdn. jmdm. gleichstellen MJ; Ntr. Pl. als Adv.: ἴσα εἶναί τινι jmdm. gleich sein

* **ἰσότης, ἡ** **(1)** Gleichheit; ἐξ ~τητος gleichmäßig P; **(2)** Billigkeit P

\+ **ἰσότιμος** 2 gleichwertig, gleichartig K

\+ **ἰσόψυχος** 2 von gleicher Seelengröße P

ἱστάνω, ἱστάω u. **ἵστημι** **I** tr. [Präs., Impf., Fut., Aor. 1 Akt.:] **(1)** stelle; stelle fest; setze in Geltung (Gesetz, Überlieferung); bestimme (Tag); **(2)** setze aus (30 Silberstücke); rechne zu (Sünde); **II** intr. [Aor. 2 ἔστην, Pf. ἕστηκα, ἑστώς u. ἑστηκώς, Plsqpf. εἱστήκειν; Med.; Pass.] **A** die Aorist- u. Futurformen: **(1)** bleibe stehen; **(2)** trete hin; trete herzu; trete auf; **(3)** leiste Widerstand πρός τι gegen ...; **(4)** stehe fest; bleibe bestehen; habe Bestand; **(5)** trete fest hin; **B** Pf. u. Plsqpf. **(1)** stehe, stand; **(2)** stehe da, bin da; **(3)** stehe fest; **(4)** stehe in [P

ἴστε Ind. u. Imp. v. οἶδα

\+ **ἱστορέω** besuche, lerne kennen

ἰσχυρός 3 **(1)** stark; mächtig; **(2)** heftig (Wind), gewaltig (Hungersnot, Donner, Geschrei); **(3)** fest (Stadt) O; stark (Antrieb) H; **(4)** gewichtig (Brief) P

ἰσχύς, ἡ Kraft, Macht; ἐξ [ὅλης τῆς] ~ύος aus [voller] Kraft mK

ἰσχύω **(1)** bin stark, gesund; οἱ ~οντες die Gesunden; **(2)** vermag; **(3)** gelte PH; **(4)** habe Gewalt, bin mächtig L; ~ κατά τινος bekomme die Übermacht gegenüber jmdm. L; οὐκ ~ unterliege O; **(5)** tauge εἴς τι zu ... M

\+ **ἴσως** Adv. doch wohl L

* **ἰχθύδιον, τό** [kleiner] Fisch Mm

ἰχθύς, ὁ Fisch

* **ἴχνος, τό** Fußtapfe, Spur

\+ **ἰῶτα, τό** Jota [= etw. ganz Geringfügiges] M

K

κἀγώ, Dat. **κἀμοί**, Akk. **κἀμέ** [Krasis = καὶ ἐγώ, ἐμοί, ἐμέ] und ich, auch ich, ich aber

[+] **κάδος, ὁ** Krug, Eimer [L]

\+ **καθά** Adv. demgemäß, gleichwie, so wie M [L]

* **καθαίρεσις, ἡ** Niederreißung, Zerstörung [eigtl. u. übertr.: Ggs. „Erbauung"]; εἰς ~ιν ὑμῶν um euch zu zerstören P

* **καθ'αιρέω** **(1)** nehme ab; stoße herab (vom Thron) L; **(2)** reiße

ab (Scheuern) L; vernichte (Völker) L; bereite ein Ende (Erwägungen) P; **(3)** Pass.: büße ein τινός etw. L

+ **καθαίρω** reinige, säubere (Reben) J

καθάπερ Adv. so wie, gleichwie

+ **καθ'άπτω** ergreife, erfasse τινός etw. L

καθαριεῖ 3. Sg. des att. Fut. v. καθαρίζω

καθαρίζω **(1)** [eigtl.:] reinige; heile (Aussatz); **(2)** [übertr.:] erkläre für (kultisch) rein; mache (sittlich) rein

* **καθαρισμός, ὁ** Reinigung [kultisch u. sittlich] τινός von (Sünden)

καθαρός 3 **(1)** rein, sauber; **(2)** unschuldig ἀπό τινος an ... (Blut) L; **(3)** lauter (Herz, Gottesdienst)

+ **καθαρότης, ἡ** Reinheit H

* **καθέδρα, ἡ** Sitz, Sessel (der Verkäufer) M m; Lehrstuhl (des Mose) M

* **καθ'έζομαι** **(1)** sitze; sitze da M L J; **(2)** setze mich J

καθεῖλον Aor. 2 v. καθαιρέω

καθεῖς = καθ' εἷς jeder einzelne, s. εἷς

καθελεῖν Inf. Aor. 2, **καθελῶ** Fut. 2 v. καθαιρέω

* **καθεξῆς** Adv. der Reihe nach L; τὸ ~ das Folgende, ἐν τῷ ~ im weiteren Verlauf L; οἱ ~ die Nachfolgenden L

καθερίζω hellenist. [ionisch] = καθαρίζω

καθ'εύδω schlafe **(1)** eigtl.; **(2)** vom Todesschlaf; **(3)** v. geistiger Trägheit

κάθῃ 2. Sg. v. κάθημαι

* **καθηγητής, ὁ** Lehrer M

καθῆκα Aor. 1 v. καθίημι

* **καθ'ήκω** gezieme; τὰ μὴ ~οντα das Unziemliche P; [unpersönlich:] ~ει es ist recht L

κάθ'ημαι **(1)** setze mich; **(2)** sitze; **(3)** halte mich auf, befinde mich, wohne L

καθημέραν = καθ' ἡμέραν täglich, s. ἡμέρα

+ **καθημερινός** 3 täglich (Armenpflege) L

καθῆψα Aor. 1 v. καθάπτω

καθ'ίζω **(1)** lasse sich niedersetzen; setze ein P; **(2)** setze mich nieder; **(3)** sitze; verweile, halte mich auf; **(4)** Med.: setze mich [M]

* **καθ'ίημι** lasse herab [Akt. u. Pass.]

καθ'ιστάνω u. **καθ'ίστημι** **(1)** setze ἐπί τινος über ...; **(2)** setze ein; mache zu ...; stelle hin als ...; καθίσταται τὰ πρὸς τὸν θεόν wird für den Verkehr mit Gott bestellt H; **(3)** bringe hin L; **(4)** Med.: erweise mich als ... Ja

* **καθό** [= καθ' ὅ] Adv. **(1)** in dem Maße, als; **(2)** so wie

+ **καθόλου** [= καθ' ὅλου] Adv. überhaupt; ~ μή durchaus nicht L

+ **καθ'οπλίζω** bewaffne; καθωπλισμένος bewaffnet L

+ **καθ'οράω** bemerke (Unsichtbares); nehme wahr P

* **καθότι** **(1)** je nachdem L; **(2)** deshalb, weil L

κάθου Imp. v. κάθημαι

καθώς Adv. **(1)** gleichwie, so wie; **(2)** je nachdem; **(3)** wie; **(4)** weil, da

+ **καθώσπερ** Adv. (eben)so wie [P] H

καί und; auch; und zwar; sogar; selbst; noch [vor Komp.]; ὁ καί … der auch … heißt; καὶ τοῦτο, ταῦτα und zwar, und noch dazu; δὲ ~ aber auch; ~ δέ und auch; ~ γε und zwar; ja sogar L

καινός 3 neu; unerhört (Lehre, Name, Gebot, Lied); τὶ ~ότερον etw. ganz Neues L

* **καινότης, ἡ** Neuheit; ~ ζωῆς neues Leben P; ~ πνεύματος neuer Geist P

καινοφωνία falsche Schreibung für κενοφωνία [1 Ti 6,20; 2 Ti 2,16]

* **καίπερ** obschon

καιρός, ὁ (1) Zeitpunkt, rechte Zeit; ἐν ἐκείνῳ τῷ ~ῷ, κατ' ἐκεῖνον τὸν ~όν zu jener Zeit, damals; ἐν ᾧ ~ῷ damals als; ἐν παντὶ ~ῷ jederzeit; ἄχρι ~οῦ bis zur bestimmten ~; κατὰ ~όν von ~ zu ~, regelmäßig; πρὸς ~όν eine ~lang; Pl.: Zeiten; Festzeiten; ~ὸν καὶ ~οὺς καὶ ἥμισυ ~οῦ ein und zwei und ½ Jahr O; **(2)** die geeignete, passende Zeit; ἐν ~ῷ zur rechten ~

Καῖσαρ, ὁ Kaiser

* **καίτοι** obgleich L H

\+ **καίτοιγε** obgleich ja J [L]

καίω **(1)** brenne an, habe brennend (Lampe); Pass.: bin angezündet, brenne; [auch übertr. v. heftiger innerer Bewegung:] das Herz brennt L; **(2)** verbrenne; Pass.: werde verbrannt; verbrenne [intr.]

κἀκεῖ [= καὶ ἐκεῖ] Adv. und dort; auch dort

κἀκεῖθεν [= καὶ ἐκεῖθεν] Adv. **(1)** und von dort; **(2)** und danach L

κἀκεῖνος, ~η, ~ο [= καὶ ἐκεῖνος] und jener, er; auch jener, er

κακία, ἡ **(1)** Schlechtigkeit; **(2)** Bosheit P; **(3)** Plage M

\+ **κακοήθεια, ἡ** Boshaftigkeit P

* **κακολογέω** schmähe, lästere, beschimpfe S

\+ **κακοπάθεια** u. **κακοπαθία, ἡ** Ertragen des Leidens, Ausdauer Ja

* **κακοπαθέω** **(1)** erleide Unglück P Ja; **(2)** ertrage geduldig Ungemach P

* **κακοποιέω** **(1)** bin ein Übeltäter, begehe ein Verbrechen; **(2)** schädige

* **κακοποιός, ὁ** Übeltäter K [J]

κακός 3 **(1)** schlecht, böse; **(2)** verderblich, schädlich, schlimm (Geschwür); τὸ ~όν Ungemach; Übel; Schaden; Unrecht

* **κακοῦργος, ὁ** Übeltäter L P

* **κακουχέω** mißhandle H

* **κακόω** **(1)** plage, quäle; **(2)** mache böse, bringe auf κατά τινος gegen … L

κακῶς Adv. **(1)** böse, schlecht; ~ λέγω schmähe; **(2)** schlimm; ~ ἔχω bin krank

\+ **κάκωσις, ἡ** Mißhandlung L

\+ **καλάμη, ἡ** Stroh P

κάλαμος, ὁ **(1)** Schilfrohr; **(2)** Rohrstab; **(3)** Schreibrohr J; **(4)** Meßrute O

καλέω **(1)** rufe; berufe; lade vor, ein; **(2)** nenne; Pass.: heiße; lasse mich nennen

\+ **καλλιέλαιος, ὁ** edler Ölbaum P

\+ **κάλλιον** [Komp. zu καλῶς] sehr gut L

\+ **καλοδιδάσκαλος** 2 lehrhaft im Guten P

\+ **καλοποιέω** handle recht P

καλός 3 **(1)** schön (Steine); **(2)** brauchbar, gut; **(3)** sittlich gut, edel; **(4)** ~όν ἐστιν es ist gut, angenehm, vorteilhaft, schicklich; ~όν ἐστιν αὐτῷ (μᾶλλον) es wäre besser für ihn gewesen; ~όν σοί ἐστιν … ἤ es ist besser für dich … als M

* **κάλυμμα, τό** Decke, Hülle P

* **καλύπτω** **(1)** bedecke, decke zu L M; **(2)** verberge; Pass.: κεκαλυμμένος verborgen = unbekannt P M; **(3)** decke zu, mache verschwinden (Menge der Sünden) K

καλῶς Adv. **(1)** gut; recht; ~ ἔχω bin gesund; ~ λέγω rede gut von; **(2)** angenehm, bequem; **(3)** richtig! P m

κἀμέ = καὶ ἐμέ, s. κἀγώ

* **κάμηλος, ὁ** Kamel S

κάμητε 2. Pl. Konjunktiv Aor. 2 v. κάμνω

κάμιλος s. κάμηλος

* **κάμινος, ὁ** Ofen O M

* **καμμύω** [= καταμύω] schließe (Augen = bin verstockt) M L

* **κάμνω** **(1)** ermüde, ermatte H; **(2)** bin krank Ja

* **κάμπτω** **(1)** beuge (Knie) P; **(2)** beuge mich (P)

κἄν [= καὶ ἄν, ἐάν] **(1)** und wenn; auch, selbst wenn; **(2)** wenigstens, wenn auch nur

* **Καναναῖος** u. **Κανανίτης, ὁ** Eiferer [= ζηλωτής]

* **κανών, ὁ** **(1)** Maßstab, Richtschnur, Regel; **(2)** zugemessener Bezirk, Arbeitsgebiet P

\+ **καπηλεύω** schachere τὶ mit … P

καπνός, ὁ Rauch

καρδία, ἡ **(1)** Herz [als Sitz des leiblichen Lebens wie des Denkens, Wollens, Empfindens]; **(2)** das Innerste (der Erde) M

* **καρδιογνώστης, ὁ** Herzenskenner L

καρπός, ὁ **(1)** Frucht; ποιῶ ~όν bringe ~; **(2)** Ertrag; Erfolg; ~ὸν ἔχω habe Vorteil, Gewinn

* **καρποφορέω** bringe Frucht; auch übertr. [mit Dat. commodi: dem Tod, Gott]; Med.: trage Frucht aus mir heraus [L

\+ **καρποφόρος** 2 fruchtbar (Zeiten)

\+ **καρτερέω** halte standhaft aus H

* **κάρφος, τό** Splitter

κατά Präp. **I** mit Gen.: **(1)** von … herab; herab; auf; über; in … hinein; ἡ ~ βάθους πτωχεία die bis in die Tiefe hineinreichende [= übergroße] Armut; **(2)** durch … hin; **(3)** gegen; im Widerspruch mit … (1 K 15,15); ἔχω τι ~ τινος ich habe etw. gegen …; **(4)** bei (schwöre); **II** mit Akk.: **(1)** durch … hin; in … herum; in; κατὰ πόλιν von Stadt zu Stadt; κατ' οἶκον von Haus zu Haus, ἡ κατ' οἶκον ἐκκλησία Hausgemeinde; **(2)** entlang; **(3)** [zeitlich:] um; κατ' ἔτος jährlich; καθ' ἡμέραν täglich; κατὰ ἑορτήν an jedem Fest; **(4)** zu; was … betrifft, hinsichtlich; **(5)** gemäß, nach; entsprechend; τὰ καθ' ὑμᾶς eure Angelegenheit; ἡ ~ πίστιν δικαιοσύνη Glaubensgerechtigkeit H; τὸ κατ' ἐμὲ πρόθυμον meine Bereitwilligkeit P; ~ ταῦτα in derselben Weise; καθ' ὅσον insoweit; κατ' ἐπιταγήν befehlsweise

κατάβα Imp. Aor. 2 v. καταβαίνω [m]

κατα'βαίνω **(1)** gehe, steige herab; komme herab; falle herab; **(2)** werde hinabgestoßen ἕως ᾅδου

* **κατα'βάλλω** **(1)** werfe nieder, zu Boden; **(2)** Med.: lege mir (Fundament) H

\+ **κατα'βαρέω** falle zur Last P

\+ **κατα'βαρύνομαι** bin schwer (v. schlafmüden Augen) [m]

\+ **κατάβασις, ἡ** Abhang L

καταβάτω Imp. Aor. 2 v. καταβαίνω

καταβῇ Konjunktiv Aor. 2 v. καταβαίνω

[*] **κατα'βιβάζω** stoße hinunter [M] [L]

καταβολή, ἡ **(1)** Grundlegung, Schöpfung; **(2)** Begründung; εἰς ~ὴν σπέρματος zur ~ einer Nachkommenschaft H

\+ **κατα'βραβεύω** erkenne den Kampfpreis ab, verdamme τινά jmdn. P

καταγαγεῖν Inf. Aor. 2 v. κατάγω

\+ **καταγγελεύς, ὁ** Verkündiger L

κατ'αγγέλλω verkündige, mache (rühmend) bekannt P

* **κατα'γελάω** lache aus τινός jmdn. S

* **κατα'γινώσκω** verurteile τινός jmdn. J; κατεγνωσμένος ἦν er war [durch sein Betragen] gerichtet P

* **κατ'άγνυμι** zerbreche M J

\+ **κατα'γράφω** schreibe [J]

* **κατ'άγω** **(1)** führe, hole herab P L; **(2)** bringe ans Land, in den Hafen (Schiffe) L; Pass.: laufe ein εἰς in … L

\+ **κατ'αγωνίζομαι** bezwinge (Reiche) H

\+ **κατα'δέω** verbinde (Wunden) L

\+ **κατάδηλος** 2 sehr deutlich, ganz offenbar H

* **κατα'δικάζω** verurteile M L Ja

\+ **καταδίκη, ἡ** Verurteilung [L]

\+ **κατα'διώκω** folge eilends nach, eile nach m

* **κατα'δουλόω** mache zum Sklaven, knechte P

* **κατα'δυναστεύω** behandle gewalttätig τινός jmdn. Ja; Pass.: werde tyrannisiert L

\+ **κατάθεμα, τό** das Gebannte [O]

\+ **κατα'θεματίζω** fluche [M]

κατ'αισχύνω **(1)** schände, verunziere (Haupt) P; **(2)** beschäme, mache zuschanden; lasse zuschanden werden P; **(3)** Pass.: werde beschämt, werde zuschanden P K

κατακαήσομαι Fut. 2 Pass. v. κατακαίω

κατα'καίω verbrenne τὶ etw.

* **κατα'καλύπτομαι** verhülle mich [absol.], ~ mir (das Haupt) P

κατακαῦσαι, κατακαύσει Inf. Aor. 1, Ind. Fut. v. κατακαίω

* **κατα'καυχάομαι** rühme mich τινός gegenüber …; tue groß, brüste mich P Ja

κατά'κειμαι liege [krank] danieder; liege zu Tisch

* **κατα'κλάω** breche (Brot) m L

* **κατα'κλείω** sperre ein L

[+] **κατα'κληροδοτέω** verteile durchs Los [L]

\+ **κατα'κληρονομέω** übergebe als Erbteil τὶ etw. [L]

* **κατα'κλίνω** lasse sich niederlegen; Pass.: lege mich zu Tisch L

\+ **κατα'κλύζω** überschwemme K

* **κατακλυσμός, ὁ** Überschwemmung = Sintflut M L K

* **κατ'ακολουθέω** folge nach τινί jmdm. L

\+ **κατα'κόπτω** schlage; ἑαυτὸν λίθοις ~ sich mit Steinen ~ m

\+ **κατα'κρημνίζω** stürze von einem Abhang herab L

* **κατάκριμα, τό** Verdammnis P

κατα'κρίνω verurteile; ~ θανάτῳ, εἰς θάνατον ~ zum Tod, καταστροφῇ zur Zerstörung; ὁ θεὸς κατέκρινεν τὴν ἁμαρτίαν ἐν τῇ σαρκί Gott vollzog das Strafurteil über die Sünde durch das Fleisch P

* **κατάκρισις, ἡ** Verurteilung; πρὸς ~ιν οὐ λέγω nicht um zu verdammen sage ich das P

\+ **κατα'κύπτω** bücke mich [J]

* **κατα'κυριεύω** **(1)** überwältige, zwinge nieder τινός jmdn. L; **(2)** bin Herr, herrsche τινός über … M

* **κατα'λαλέω** verleumde; ἐν ᾧ ~εῖσθε womit man euch verlästert K

* **καταλαλιά, ἡ** üble Nachrede P K

\+ **κατάλαλος, ὁ** Verleumder P

κατα'λαμβάνω **(1)** nehme, ~ in Besitz, ~ an J; ergreife P; **(2)** überfalle; packe an [der Dämon den Kranken]; **(3)** ertappe J; **(4)** Med.: sehe ein, begreife L P

\+ **κατα'λέγω** wähle aus P

[+] **κατάλειμμα, τό** Überrest [P]

κατα'λείπω **(1)** verlasse; lasse im Stich, zurück; lasse liegen; Κύπρον εὐώνυμον ~ Zypern links liegen lassen L; **(2)** vernachlässige (Wort) L; **(3)** lasse übrig; hinterlasse m L; lasse hinter mir L

καταλελειμμένος Ptz. Pf. Pass. v. καταλείπω

\+ **κατα'λιθάζω** steinige L

καταλιπών Ptz. Aor. 2 v. καταλείπω

* **καταλλαγή, ἡ** Versöhnung P

* **κατ'αλλάσσω** versöhne; Pass.: werde versöhnt, lasse mich ~: ~άγητε τῷ θεῷ laßt euch mit Gott ~ P; söhne mich aus τῷ ἀνδρί mit dem Manne P

\+ **κατάλοιπος** 2 übrig L

* **κατάλυμα, τό** Herberge; allg. die Unterkunft

κατα'λύω **(1)** zerstöre (Tempel, Haus); löse auf; vernichte (Werk); mache zunichte (Anschlag); **(2)** schaffe ab, setze außer Geltung (Gesetz); **(3)** [intr.] kehre ein, raste L

\+ **κατα'μανθάνω** beobachte (Lilien) M

* **κατα'μαρτυρέω** lege Zeugnis ab gegen, sage aus τί τινος etw. gegen jmdn.

* **κατα'μένω** verweile, halte mich auf L, πρός τινα bei … [P]

καταμόνας allein, s. μόνος

[+] **κατανάθεμα, τό** [O], s. κατάθεμα

[+] **κατ'ανα'θεματίζω** [M], s. καταθεματίζω

\+ **κατ'αναλίσκω** verzehre

* **κατα'ναρκάω** falle zur Last P [L

\+ **κατα'νεύω** winke zu τινί jmdm.

κατα'νοέω **(1)** bemerke, nehme wahr (Balken); **(2)** beschaue mit Überlegung, betrachte, beobachte (Raben); beschaue (Antlitz); **(3)** richte die Augen des Geistes auf τινά jmdn. H; merke τὶ etw. L

κατ'αντάω **(1)** komme (hin) εἰς nach …; ~ ἄντικρυς Χίου ~ in die Gegend von Chios L; **(2)** gelange zu = erlange, erreiche εἴς τι … (Glaubenseinigkeit) P; **(3)** komme zu … P

\+ **κατάνυξις, ἡ** Betäubung; πνεῦμα ~εως Geist der ~ P

\+ **κατα'νύσσομαι** werde durchbohrt; [übertr.:] κατενύγησαν τὴν καρδίαν sie empfanden quälenden Schmerz im Herzen L

* **κατ'αξιόω** halte für würdig; Pass.: werde gewürdigt τινός … P, mit flgd. Inf. L

* **κατα'πατέω** **(1)** [eigtl.:] zertrete; trete M L; **(2)** [übertr.:] trete mit Füßen, behandle verächtlich H

* **κατάπαυσις, ἡ** **(1)** Ruhe L; **(2)** Ruhestätte H

* **κατα'παύω** **(1)** bringe zur Ruhe H; **(2)** bringe zum Abstehen; κατέπαυσαν τοῦ μὴ θύειν veranlaßten sie, vom Opfern abzustehen L; **(3)** [intr.:] ruhe aus ἀπό τινος von … H

* **καταπέτασμα, τό** Vorhang; τὸ ἐσώτερον τοῦ ~τος das durch den Vorhang abgetrennte Innere, das Allerheiligste H

καταπίῃ 3. Sg. Konjunktiv Aor. 2 v. καταπίνω

* **κατα'πίνω** **(1)** [eigtl.:] verschlucke (Kamel, Fluß); verschlinge (der Teufel als Löwe) K; Pass.: ertrinke H; **(2)** [übertr.:] verschlinge = zehre völlig auf; Pass.: λύπῃ καταποθῆναι vom Leid verzehrt werden; das Sterbliche vom Leben P

* **κατα'πίπτω** falle nieder ἐπί, εἴς τι auf; ~ νεκρός falle tot hin L

\+ **κατα'πλέω** fahre hin εἰς nach L

καταποθῇ Konjunktiv Aor. 1 Pass. v. καταπίνω

* **κατα'πονέομαι** werde gequält, bedrückt L K

* **κατα'ποντίζομαι** versinke, ertrinke M

* **κατάρα, ἡ** Fluch; Verwünschung

* **κατ'αράομαι** med. Deponens verfluche; fluche; Ptz. Pf. Pass.: κατηραμένος verflucht

κατ'αργέω **(1)** sauge aus (Land) L; **(2)** mache wirkungslos, setze außer Kraft (Gesetz, Verheißung, Treue); **(3)** vernichte, beseitige, lege ab (das kindische Wesen); Pass.: höre auf, vergehe; τὸ ~ούμενον das Vergängliche P; **(3)** werde entbunden, komme los ἀπό τινος von … P

\+ **κατ'αριθμέω** zähle zu, rechne zu; Pass.: werde gezählt, gehöre ἔν τινι zu … L

κατ'αρτίζω **(1)** bringe in Ordnung (Netze); helfe zurecht P; Pass.: ~εσθε laßt euch wieder zurechtbringen; **(2)** vollende, τὰ ὑστερήματα was noch fehlt; κατηρτισμένος vollendet = ganz durchgebildet L; ~ ἐν τῷ αὐτῷ νοΐ vollendet in derselben Gesinnung P; **(3)** bereite, stelle her, schaffe H; ~σμένα εἰς ἀπώλειαν zum Untergang geschaffen P; **(4)** Med.: bereite τί τινι etw. für jmdn. H, für mich selbst M [P

\+ **κατάρτισις, ἡ** Vervollkommnung

\+ **καταρτισμός, ὁ** Zurichtung; πρὸς τὸν ~όν εἰς um zuzurichten für P

* **κατα'σείω** **(1)** schüttle, bewege lebhaft τὴν χεῖρα die Hand L; **(2)** winke τῇ χειρί mit der Hand; ~ τινὶ τῇ χειρὶ σιγᾶν gebiete jmdm. durch einen Wink Schweigen L

* **κατα'σκάπτω** reiße nieder P; τὰ κατεσκαμμένα das Niedergerissene [L]

κατα'σκευάζω **(1)** setze instand (Wege); λαὸς κατεσκευασμένος wohlgerüstetes Volk L; **(2)** erbaue, richte her (Haus, Arche); **(3)** richte ein, statte aus H; τούτων οὕτως κατεσκευασμένων entsprechend dieser Einrichtung H

κατασκηνοῖν Inf. Präs. v. κατασκηνόω statt ~οῦν

* **κατα'σκηνόω** wohne; niste

* **κατασκήνωσις, ἡ** Nest

\+ **κατα'σκιάζω** bedecke [mit den Flügeln] (die Bundeslade) H

\+ **κατα'σκοπέω** belauere, spioniere aus (Freiheit) P

\+ **κατάσκοπος, ὁ** Kundschafter H

\+ **κατα'σοφίζομαι** überliste L

καταστείλας Ptz. Aor. 1 v. καταστέλλω

* **κατα'στέλλω** beruhige; κατεσταλμένος ruhig L

\+ **κατάστημα, τό** Benehmen, Haltung P

\+ **καταστολή, ἡ** Haltung; ἐν ~ κοσμίῳ in würdiger ~ P

* **κατα'στρέφω** **(1)** werfe um (Tische); **(2)** zerstöre; τὰ κατεστραμμένα das Zerstörte [L]

\+ **κατα'στρηνιάω** werde lüstern τοῦ Χριστοῦ Christus zuwider P

* **καταστροφή, ἡ** **(1)** Zerstörung, Untergang [K]; **(2)** Verstörung P

\+ **κατα'στρώννυμι** strecke nieder P

\+ **κατα'σύρω** schleife hin L

\+ **κατα'σφάζω** schlachte ab, töte L

\+ **κατα'σφραγίζω** versiegle O

* **κατάσχεσις, ἡ** Besitznahme; Besitz

κατάσχωμεν Konjunktiv Aor. 2 v. κατέχω

* **κατα'τίθημι** **(1)** lege (ins Grab); **(2)** Med.: ~εμαι χάριν τινί tue jmdm. einen Gefallen L

\+ **κατατομή, ἡ** Zerschneidung P

[+] **κατα'τοξεύω** schieße nieder H

\+ **κατα'τρέχω** laufe hinab ἐπί τι auf … zu L

[+] **κατ'αυγάζω** leuchte, erleuchte [P]

καταφαγεῖν Inf. Aor. 2 zu κατεσθίω

* **κατα'φέρω** **(1)** gebe meine Stimme ab gegen L; **(2)** bringe vor (Beschuldigungen) L; **(3)** Pass.: ~εσθαί τινι gerate in einen Zustand; κατενεχθεὶς ἀπὸ τοῦ ὕπνου vom Schlaf übermannt L

* **κατα'φεύγω** **(1)** flüchte mich εἰς … nach … L; **(2)** [übertr.:] nehme meine Zuflucht H

\+ **κατα'φθείρω** **(1)** vernichte; Pass.: gehe zugrunde [K]; **(2)** verderbe; κατεφθαρμένος τὸν νοῦν mit verdorbenem Sinn P

* **κατα'φιλέω** küsse ab

* **κατα'φρονέω** **(1)** verachte, schätze gering τινός jmdn.; **(2)** achte für nichts (Schande) H

\+ **κατα'φρονητής, ὁ** Verächter L

[+] **κατα'φωνέω** erhebe ein Geschrei περί τινος über … [L]

* **κατα'χέω** gieße hinab über τινός m, ἐπί τινος auf … M

\+ **καταχθόνιος** 2 unterirdisch; οἱ ~οι die ~ Wesen P

* **κατα'χράομαι** mache Gebrauch τινί von … (Vollmacht, Welt) P

\+ **κατα'ψύχω** kühle (Zunge) L

κατέαξα, κατεάγην Aor. 1 Akt. u. 2 Pass. v. κατάγνυμι

\+ **κατείδωλος** 2 voll von Götterbildern L

κατειλημμένος Ptz. Pf. Pass. v. καταλαμβάνω

κατεκάνην Aor. 2 Pass. v. κατακαίω

* **κατέναντι** **(1)** [als Adv.:] gegenüber; ἡ ~ κώμη das Dorf ~ L; **(2)** [als uneigtl. Präp. mit Gen.:] gegenüber von; vor, angesichts von; ~ οὗ ἐπίστευσεν θεοῦ [= ~ τοῦ θεοῦ, ᾧ ἐπίστευσεν] vor dem Gott, an den er glaubte P

κατενεχθείς Ptz. Aor. 1 Pass. v. καταφέρω

κατενύγησαν Aor. 2 Pass. v. κατανύσσομαι

* **κατενώπιον** Adv. als uneigtl. Präp. mit Gen. **(1)** angesichts von, vor (Herrlichkeit) Ju; **(2)** nach dem Zeugnis, Urteil von P

* **κατ'εξ'ουσιάζω** mißbrauche Amtsgewalt τινός jmdm. gegenüber M m

κατεπόθην Aor. 1 Pass. zu καταπίνω

κατ'εργάζομαι **(1)** vollbringe (Wunder); vollführe (Böses); treibe (Schändlichkeiten); **(2)** schaffe, erarbeite mir (Heil), bewirke (Geduld, Eifer, Zorn, Begierde); **(3)** setze instand τινὰ εἴς τι jmdn. zu … P; **(4)** überwinde; ἅπαντα ~σάμενοι στῆναι nach dem Sieg über alles den Stand behaupten P

κατ'έρχομαι **(1)** komme herunter, gehe hinab ἀπό τινος εἴς τι von … nach, πρός τινα zu … L; **(2)** lande, laufe an εἰς … L; **(3)** komme von oben [= v. Gott] (Weisheit) Ja

κατ'εσθίω **(1)** fresse auf, verschlinge; [übertr.:] verzehre, zehre auf (Vermögen) L; **(2)** eigne mir an (Häuser) m L; **(3)** zerfleische (vom Parteitreiben) P

κατεστρώθην Aor. 1 Pass. v. καταστρώννυμι

* **κατ'ευθύνω** lenke τὶ εἴς, πρός τι od. τινα auf … hin

\+ **κατ'ευλογέω** segne (Kinder) m

κατέφαγον Aor. 2 zu κατεσθίω

κατεφθαρμένος Ptz. Pf. Pass. v. καταφθείρω

\+ **κατ'εφ'ίσταμαι** [dazu Aor. 2 Akt. κατεπέστην] erhebe mich τινί gegen … L

κατ'έχω **(1)** halte fest, behalte; nehme in Besitz, nehme ein; **(2)** behalte zurück P; halte zurück; halte nieder (Wahrheit) P; ὁ κατέχων, τὸ κατέχον der, das Zurückhaltende, Hemmende P; **(3)** [intr.:] steuere los εἴς τι auf …

κατηγορείτωσαν 3. Pl. Imp. Präs. v. κατηγορέω

κατ'ηγορέω klage, verklage τινός (τινά O), τινὸς περί τινος, κατά τινος gegen jmdn., πρός τινα vor, bei …; κατηγόρουν αὐτοῦ πολλά sie brachten viele Klagen gegen ihn vor m

* **κατηγορία, ἡ** Anklage, Beschuldigung τινός wegen … P L J

* **κατήγορος** u. [O] **κατήγωρ, ὁ** Ankläger L

κατηραμένος Ptz. Pf. Pass. v. καταράομαι

κατηράσω 2. Sg. Aor. 1 Med. v. καταράομαι

κατήργηκα Pf. v. καταργέω

\+ **κατήφεια, ἡ** Niedergeschlagenheit Ja

* **κατηχέω** **(1)** belehre, unterrichte; κατηχοῦμαι werde unterwiesen; περὶ ὧν κατηχήθης λόγων τὴν ἀσφάλειαν (= τὴν ἀσφάλειαν τῶν λόγων, περὶ ὧν κατηχήθης) die Zuverlässigkeit der Lehren, in denen du unterwiesen worden bist L;

(2) berichte, teile mit; κατηχήθησαν περί σου ὅτι es wurde ihnen über dich berichtet, daß … L; ὧν κατήχηνται περί σου was sie über dich erfahren haben L

κατήχθημεν Aor. 1 Pass. v. κατάγω

κατ' ἰδίαν für sich s. ἴδιος

+ **κατ'ιόομαι** [κατίωται Pf. Pass.] verroste Ja

* **κατ'ισχύω** (1) bekomme das Übergewicht; αἱ φωναὶ ~υον die Stimmen drangen durch L; (2) überwältige τινός jmdn. M; (3) vermag mit flgd. Inf. L

κατ'οικέω (1) [tr.:] bewohne (Erde, Tempel) L M O; (2) [intr.:] wohne; nehme den Wohnsitz ἐν, εἰς … in …, ἐπί τινος auf …

+ **κατοίκησις, ἡ** das Wohnen, der Aufenthalt; ~ιν ἔχω ἔν τινι hause in … m [P O

* **κατοικητήριον, τό** Wohnung

+ **κατοικία, ἡ** Wohnung, Wohnort L [Ja

+ **κατ'οικίζω** lasse wohnen (Geist)

+ **κατ'οπτρίζομαι** besehe, schaue wie im Spiegel (Herrlichkeit) P

[+] **κατόρθωμα, τό** der geordnete Zustand [L]

κάτω Adv. (1) nach unten, hinab, herunter; (2) unten; τὰ ~ das Irdische [τὰ ἄνω = der Himmel] J

+ **κατώτερος** 3 [Komp. v. κάτω] τὰ ~α μέρη τῆς γῆς die Niederungen der Erde P

+ **κατωτέρω** Adv. weiter unten; ἀπὸ διετοῦς καὶ ~ von zwei Jahren an und darunter M

* **καῦμα, τό** Brand, Glut, Hitze O

* **καυματίζω** verbrenne τινὰ ἐν πυρί jmdn. im Feuer; Pass.: werde versengt, verdorre M m; ἐκαυματίσθησαν καῦμα μέγα sie wurden versengt vor großer Hitze O

+ **καῦσις, ἡ** Verbrennen; ἧς τὸ τέλος εἰς ~ιν der mit dem Verbrennen endigt H

* **καυσόομαι** vergehe vor Hitze K

+ **καυστηριάζω** versehe mit einem Brandmal; Pass.: trage ein Brandmal; κεκαυστηριασμένων τὴν ἰδίαν συνείδησιν denen in ihrem Gewissen ein Brandmal aufgedrückt ist P

* **καύσων, ὁ** Hitze, Sonnenbrand M L Ja

[+] **καυτηριάζω** s. καυστηριάζω

καυχάομαι (1) rühme mich, prahle ἔν, ἐπί τινι mit …; bin stolz εἴς τι im Hinblick auf … P Ja; (2) rühme, preise τὶ (Schwachheit); ~ τί τινι ὑπέρ τινος jmdm. etw. Rühmendes sagen zu jmds. Empfehlung P

καύχημα, τό (1) Gegenstand des Rühmens P H; (2) was zum Ruhme gesagt wird, Loblied P

καύχησις, ἡ (1) das Rühmen; νὴ τὴν ὑμετέραν ~ιν so wahr ich mich euer rühmen darf P; ἔχω τὴν ~ιν ἐν Χριστῷ τὰ πρὸς τὸν θεόν ich kann mich in Christus bei Gott rühmen P; στέφανος ~εως Ruhmeskranz P; (2) Gegenstand des Rühmens, Grund zum Rühmen P

[+] **κέδρος, ἡ** Zeder; χειμάρρους τῶν κέδρων Zedernbach [richtig χειμάρρους τοῦ Κεδρών Kidronbach] [J]

κεῖμαι (1) liege da, bin da; ~ται ἡ ἀξίνη πρὸς τὴν ῥίζαν die Axt ist an die Wurzel gelegt M L; (2) bin bestimmt εἴς τι zu …, festgesetzt; **(3)** befinde mich; ὁ κόσμος ἐν τῷ πονηρῷ ~ται die Welt liegt im [Machtbereich des] Bösen J; **(4)** gelte τινί für … P

\+ **κειρία, ἡ** Binde J

* **κείρω** schere; Med.: schere mich, lasse mir scheren τὴν κεφαλήν das Haupt(haar) L

κεκαθαρμένος Ptz. Pf. Pass. v. καθαίρω

κεκάθικα Pf. v. καθίζω

κεκαυμένος Ptz. Pf. Pass. v. καίω

κεκερασμένος Ptz. Pf. Pass. v. κεράννυμι

κέκληκα Pf. v. καλέω

κέκλικα Pf. v. κλίνω

κέκμηκα Pf. v. κάμνω

κεκορεσμένος Ptz. Pf. Pass. v. κορέννυμι

\+ **κέλευσμα, τό** Kommandoruf P

κελεύω befehle; heiße

[+] [**κενεμβατεύω** tue einen Fehltritt auf dem Seil; Konjektur für ἐμβατεύω; s. dort] [P

\+ **κενοδοξία, ἡ** eitle Ruhmbegierde

\+ **κενόδοξος** 2 prahlerisch P

κενός 3 **(1)** leer; ~ὸν ἀποστέλλειν mit leeren Händen [= unverrichteter Dinge] wegschicken m; **(2)** fruchtlos (Mühe); erfolglos (Auftreten) P; nichtig; εἰς ~όν umsonst; **(3)** inhaltsleer (Glaube, Verkündigung, Lehre); **(4)** eitel, hohl Ja [P

* **κενοφωνία, ἡ** leeres Geschwätz

* **κενόω** **(1)** entleere; ἐκένωσεν ἑαυτόν er ~ sich selbst [durch Aufgabe der göttlichen Art u. Annahme der Sklavengestalt] P; **(2)** beraube des Inhaltes, Erfolges; mache zunichte P; **(3)** Pass.: büße meine Berechtigung ein P

* **κέντρον, τό** Stachel [m

* **κεντυρίων** [lat.: *centurio*] Centurio

\+ **κενῶς** Adv. ohne Grund Ja

* **κεραία, ἡ** Häkchen, Strichlein [als geringfügiger Bestandteil des Buchstabens] M L

* **κεραμεύς, ὁ** Töpfer P M

\+ **κεραμικός** 3 Töpfer-; τὰ σκεύη τὰ ~ά die ~ware O

* **κεράμιον, τό** irdener Krug M L

\+ **κέραμος, ὁ** Dachziegel L

* **κεράννυμι** mische, schenke ein τὶ ἔν τινι O

κέρας, τό **(1)** Horn; auch: gewundene Verzierung am Altar O; **(2)** [übertr.: bildl. Ausdruck für Macht, Stärke] ~ σωτηρίας = eine starke Stütze der Rettung L

\+ **κεράτιον, τό** Johannisbrot L

κερδαίνω **(1)** gewinne (den Bruder für das Gottesreich); mache mir zu eigen (Christus); **(2)** vermeide (Schaden u. Verlust) L

κερδάνω Konjunktiv Aor. v. κερδαίνω

κερδη´´ Aor. u. Fut. v. κερδαίνω

* **κέρδος, τό** Gewinn; Pl.: gewinnbringende Sachen P

κερέα falsche Schreibung f. κεραία

\+ **κέρμα, τό** [im Pl. wie kollektiven Sg.] Kleingeld J

\+ **κερματιστής, ὁ** Geldwechsler J

* **κεφάλαιον, τό** **(1)** Hauptsache; ~ ἐπὶ τοῖς λεγομένοις die ~ bei dem Gesagten ist dies H; **(2)** Kapital, Geldsumme L

[+] **κεφαλαιόω** [besser: **κεφαλιόω**] schlage auf den Kopf [m]

κεφαλή, ἡ **(1)** Haupt; **(2)** Oberhaupt, Herr P; **(3)** ~ γωνίας Eckstein

\+ **κεφαλιόω** s. κεφαλαιόω m [H

\+ **κεφαλίς, ἡ** Buchrolle = ~ βιβλίου

κέχρημαι Pf. v. χράομαι

\+ **κημόω** lege einen Maulkorb an βοῦν dem Ochsen P

* **κῆνσος, ὁ** [lat.: *census*] Kopfsteuer; τὸ νόμισμα τοῦ ~ου Steuermünze M

* **κῆπος, ὁ** Garten J L

\+ **κηπουρός, ὁ** Gartenhüter, Gärtner J

[+] **κηρίον, τό** Honigwabe L

* **κήρυγμα, τό** Verkündigung; ~ Ἰησοῦ Χριστοῦ ~ von Jesus Christus P

* **κῆρυξ, ὁ** Verkündiger, Herold, Prediger K P

κηρύσσω **(1)** verkünde, mache bekannt; **(2)** predige, lehre (Buße, Taufe, Evangelium, Gottesreich, Beschneidung); ~ Ἰησοῦν ~ von Jesus L P; ~ Χριστὸν Ἰησοῦν κύριον ~ Christus Jesus als den Herrn P; τινί τι, τὶ εἴς τινα jmdm. etw.; auch mit flgd. ὅτι, mit der Einführung des Inhalts der Verkündigung durch λέγων u. absol.

\+ **κῆτος, τό** Meerungeheuer M

[+] **κιβώριον, τό** Behälter [L]

* **κιβωτός, ὁ** **(1)** Bundeslade; **(2)** Arche

* **κιθάρα, ἡ** Zither, Laute; ~ τοῦ θεοῦ ~ zum Lobe Gottes O

* **κιθαρίζω** spiele die Laute; τὸ ~όμενον die auf der Laute gespielte Melodie P

* **κιθαρῳδός, ὁ** Lautensänger O

* **κινδυνεύω** laufe Gefahr, bin in ~ P L; mit flgd. Inf. L

* **κίνδυνος, ὁ** Gefahr; ~ ποταμῶν ~ durch Flüsse, ἐξ ἐθνῶν durch Heiden, ἐν πόλει in der Stadt P

* **κινέω** **(1)** bewege fort, entferne (Leuchter, Lasten); **(2)** setze in Bewegung, schüttle (Haupt); **(3)** errege, mache aufrührerisch L; **(4)** Pass.: bewege mich L; **(5)** [übertr.:] rege an, stifte an

[+] **κίνησις, ἡ** Bewegung (des Wassers) [J]

\+ **κιννάμωμον, τό** Zimmet O

\+ **κίχρημι** leihe τινί τι jmdm. etw. L

κλάδος, ὁ Zweig P

κλαίω **(1)** [intr.:] weine, klage, ἐπί τινα über jmdn. L; **(2)** [tr.:] beweine τινά jmdn.

* **κλάσις, ἡ** Brechen; ~ τοῦ ἄρτου Brotbrechen L

* **κλάσμα, τό** Brocken Evv

* **κλαυθμός, ὁ** Weinen, Jammern

κλαυσ´´ Aor. 1 u. Fut. v. κλαίω

κλάω breche [nur vom Brotbrechen]

* **κλείς, ἡ** Schlüssel τινός von jmdm. od. zu etw.; [auch übertr.: zur Erkenntnis]

κλείω schließe zu, verschließe (Tür, Gefängnis, Eingänge, Himmel); ~ τὰ σπλάγχνα ἀπό τινος verschließe das Herz vor … J

\+ **κλέμμα, τό** Diebstahl O

\+ **κλέος, τό** Ruhm K

κλέπτης, ὁ Dieb

κλέπτω stehle

κληθ´´ Aor. 1 u. Fut. 1 Pass. v. καλέω

* **κλῆμα, τό** (Wein)ranke J

κληρονομέω erbe, nehme in Besitz, erlange (Segen, Leben, Reich Gottes, Heil)

κληρονομία, ἡ **(1)** das Erbe, Erbteil; **(2)** Besitz, Eigentum; **(3)** Heilsbesitz, (ewiges) Erbgut; ἔχω ~αν ἐν τῇ βασιλείᾳ habe Anteil am Reich P

κληρονόμος, ὁ der Erbe [eigtl. u. übertr.]

κλῆρος, ὁ **(1)** Los Evv; **(2)** das Verloste, der Anteil; Pl.: Teilgemeinden (?) 1 P 5,3; **(3)** Erbteil

+ **κληρόω** bestimme (durchs Los); Pass.: ἐκληρώθημεν wir sind erwählt worden P

κλῆσις, ἡ **(1)** Berufung; **(2)** Beruf; ἐν τῇ ~ει, ᾗ (= ἐν ᾗ) ἐκλήθη in dem ~, in dem ihn der Ruf [Gottes] traf P

κλητός 3 **(1)** eingeladen M; **(2)** berufen

* **κλίβανος, ὁ** Ofen M L

* **κλίμα, τό** Gegend [= Pl.] P

+ **κλινάριον, τό** Bett L

* **κλίνη, ἡ** Bett; Polster [bei Tisch] m L; βάλλειν εἰς ~ην aufs Krankenlager strecken O

* **κλινίδιον, τό** Bett, Lager L

* **κλίνω** **(1)** neige (Haupt); lege [zur Ruhe]; **(2)** schlage in die Flucht (Heere) H; **(3)** [intr.:] neige mich [vom Tag = gehe zur Rüste] L

+ **κλισία, ἡ** Tischgenossenschaft; ~ας nach Tischgruppen L

* **κλοπή, ἡ** Diebstahl m M

* **κλύδων, ὁ** Wogenschlag L Ja

+ **κλυδωνίζομαι** werde hin und her geworfen P

+ **κνήθομαι** spüre einen Juckreiz; ~ τὴν ἀκοήν ~ im Ohr [vor Neugier] P

* **κοδράντης, ὁ** [lat.: *quadrans*] 1 As = 1 Goldpfennig

κοιλία, ἡ **(1)** Bauch; Leib; **(2)** Mutterleib; ἐκ ~ας μητρός = von frühester Jugend an; **(3)** Bild des Innersten u. Geheimsten: ἐκ τῆς ~ας αὐτοῦ ganz innen aus ihm heraus J

κοιμάομαι **(1)** schlafe; schlafe ein; **(2)** entschlafe

+ **κοίμησις, ἡ** Schlummer; ἡ ~ τοῦ ὕπνου der ~ des Schlafes J

κοινός 3 **(1)** gemeinschaftlich, gemeinsam (Heil, Glaube); **(2)** gemein, [kultisch] unrein

κοινόω **(1)** mache [kultisch] unrein τινά, τὶ ... S H; **(2)** betrachte als unrein L

* **κοινωνέω** **(1)** habe teil τινός, τινί an ...; beteilige mich τινί an ... P; **(2)** teile mit, gewähre Anteil τινὶ ἐν od. εἰς jmdm. an etw. P

κοινωνία, ἡ **(1)** Gemeinschaft; **(2)** Anteilhaben τινός an ... (Leiden, Glauben) P; **(3)** Gemeinsinn, Selbstlosigkeit P H; **(4)** [vielleicht:] Zeichen der Gemeinschaft, Spende: ~αν ποιεῖσθαι εἰς ... P

+ **κοινωνικός** 3 mitteilsam P

κοινωνός, ὁ Genosse; Teilnehmer τινός od. τινί des ..., τινός od. ἔν τινι an ... P

* **κοίτη, ἡ** **(1)** Lagerstatt L; **(2)** Ehebett H; **(3)** Beischlaf; ~ην ἔχειν ἔκ τινος Verkehr haben mit ... P; Pl.: geschlechtliche Ausschweifungen P

+ **κοιτών, ὁ** Schlafgemach; [Titulatur:] ὁ ἐπὶ τοῦ ~ῶνος Kammerherr L

* **κόκκινος** 3 scharlachrot M H O; τὸ ~ον Scharlachstoff, -gewand O

* **κόκκος, ὁ** Korn (des Getreides, Senfs) Evv P

* **κολάζω** strafe; im gleichen Sinn das Med. L

+ **κολακεία, ἡ** Schmeichelei; λόγος ~ας Schmeichelrede P

* **κόλασις, ἡ** Strafe; ~ιν ἔχει hat es mit Strafe zu tun J

* **κολαφίζω** **(1)** ohrfeige; **(2)** quäle [v. schmerzhafter Krankheit als Faustschlägen eines Satansengels] P

κολλάομαι **(1)** hafte an τινί jmdm. L; berühre aufs engste; [Verschmelzung zweier Ausdrücke:] ~ ἄχρι τοῦ οὐρανοῦ reiche bis zum Himmel O; **(2)** folge dicht ἅρματι dem Wagen L; **(3)** hänge mich an, hange an τινί … P; **(4)** befasse mich τινί mit …, τῷ ἀγαθῷ P

\+ **κολλούριον, τό** Augensalbe; s. κολλύριον [O] [M m J

* **κολλυβιστής, ὁ** Geldwechsler

[+] **κολλύριον, τό** Augensalbe [O]

* **κολοβόω** kürze ab (Tage) M m

* **κόλπος, ὁ** **(1)** Busen; Schoß; **(2)** Bausch [des Gewandes]; διδόναι τι εἰς τὸν ~ον τινός jmdm. etw. [in die Tasche] geben, schenken L; **(3)** Bucht L

\+ **κολυμβάω** schwimme L

* **κολυμβήθρα, ἡ** Teich J

\+ **κολωνία, ἡ** [lat.: *colonia*] Pflanzstadt L

* **κομάω** trage langes Haar P

\+ **κόμη, ἡ** Haar P

κομιοῦμαι, κομιεῖται Fut. Med. v. κομίζω

κομίζω **(1)** bringe herbei (Gefäß) L; **(2)** Med.: **a)** trage davon, empfange, erlange (Lohn, Verheißung, Ruhmeskranz, Heil als Ziel des Glaubens); **b)** erhalte wieder

\+ **κομψότερον** [Ntr. des Komp. = Adv.] besser; ~ ἔσχεν es ging ihm wieder besser J

* **κονιάω** tünche; κεκονιαμένος geweißt M L

* **κονιορτός, ὁ** Staub

* **κοπάζω** lege mich [vom Sturm] M m

\+ **κοπετός, ὁ** Wehklage L

\+ **κοπή, ἡ** Niederwerfung

κοπιάω **(1)** werde müde; **(2)** arbeite mich ab, plage mich; ~ εἴς τινα ~ für …, εἰς τοῦτο zu diesem Zweck P, εἰς ὅ wofür

κόπος, ὁ **(1)** Mühe, Arbeit; **(2)** Mühsal, Beschwerde

\+ **κοπρία, ἡ** Misthaufen L

\+ **κόπριον, τό** Mist [= Pl.] L

* **κόπτω** **(1)** haue ab τὶ ἀπό od. ἔκ τινος etw. von …; **(2)** Med.: schlage [mir vor Trauer die Brust], trauere, wehklage ἐπί τινα über … O; betrauere τινά jmdn. L

\+ **κόραξ, ὁ** Rabe L

* **κοράσιον, τό** Mädchen m M

\+ **κορβᾶν, τό** [hebr.: qorbān] Gabe an Gott m

\+ **κορβανᾶς, ὁ** [aram.: qorbānā] Tempelschatz M

* **κορέννυμι** sättige; Pass.: sättige mich L; κεκορεσμένος satt P

\+ **κόρος, ὁ** [hebr.: kor] Kor [Hohlmaß] L

κοσμέω **(1)** bringe in Ordnung (Lampen) M; **(2)** schmücke, ziere; **(3)** gereiche zur Zierde (Lehre) P

* **κοσμικός** 3 **(1)** irdisch; **(2)** weltlich = gottfeindlich (Begierden) P

* **κόσμιος** 2 anständig P

[+] **κοσμίως** Adv. anständig P

\+ **κοσμοκράτωρ, ὁ** Weltherrscher [v. bösen Geistern] P

κόσμος, ὁ **(1)** Schmuck; **(2)** Welt als Weltall; **(3)** ~ als Erdkreis; **(4)** ~ als Menschenwelt, Menschheit; **(5)** ~ als Stätte irdischer Freuden; **(6)** ~ als das Gottfeindliche; ὁ ~ οὗτος die gegenwärtige ~; **(7)** Gesamtheit, Inbegriff Ja [m

\+ **κοῦμ(ι)** [aram.: qûm(i)] stehe auf!

* **κουστωδία, ἡ** [lat.: *custodia*] Wache M

\+ **κουφίζω** erleichtere (Schiff) L

* **κόφινος, ὁ** Korb Evv

κράβαττος u. **κράββατος, ὁ** Bett m L J

κράζω **(1)** schreie; [auch übertr.: Steine, Lohn] L Ja; **(2)** rufe, ~ aus, ~ zu

\+ **κραιπάλη, ἡ** Rausch L

* **κρανίον, τό** Schädel; ~ου τόπος Ort, der Schädel heißt Evv

* **κράσπεδον, τό** **(1)** Saum S; **(2)** Quaste M

* **κραταιόομαι** werde stark, erstarke L P

\+ **κραταιός** 3 stark K

κρατέω **(1)** nehme fest, gefangen; **(2)** fasse, fasse an, ergreife τῆς χειρός die Hand S; **(3)** erlange; ~ τῆς προθέσεως erreiche die Absicht L; **(4)** halte τὶ etw., halte fest τινά jmdn.; auch ~ τὶ halte fest an etw. [um nicht den Zusammenhang mit ihm zu verlieren]; **(5)** halte zurück von O L; **(6)** halte zurück = vergebe nicht (Sünde) J

* **κράτιστος** 3 der vortrefflichste; [als Titulatur:] hochansehnlich L

κράτος, τό **(1)** Kraft; κατὰ ~ mächtig L; **(2)** Machtbetätigung, Krafttat; ποιεῖν ~ Wunder tun L; **(3)** Stärke, Nachdrücklichkeit, Intensität; **(4)** Herrschaft τινός über … H

* **κραυγάζω** schreie; sage laut; rufe

* **κραυγή, ἡ** Geschrei; Klagegeschrei, eindringliches Rufen; ~ῇ μεγάλῃ mit lauter Stimme L O

* **κρέας, τό** Fleisch P

κρεῖσσον u. **κρεῖττον** [Ntr. = Adv.] besser παρά τι als …

κρείσσων u. **κρείττων** **(1)** besser, nützlicher P H K; πεπείσμεθα περὶ ὑμῶν τὰ ~ονα wir sind bei euch des günstigeren Falles gewiß H; **(2)** hervorragender, vorzüglicher [v. Personen u. Sachen] H

κρέμαμαι s. κρεμάννυμι 2

* **κρεμάννυμι** **(1)** [tr.:] hänge, hänge auf L; Pass.: ἵνα κρεμασθῇ μύλος περὶ τὸν τράχηλον daß ein Mühlstein um den Hals gehängt würde M; absol.: L; **(2)** [intr. das Deponens:] κρέμαμαι hänge ἐπί τινος, ἔκ τινος an …; [übertr.:] das Gesetz hängt in zwei Geboten als seinen Angeln M

κρεπάλη Schreibung für κραιπάλη [s. dort]

* **κρημνός, ὁ** Abhang S

\+ **κριθή, ἡ** Gerste [= Pl.] O

κριθη´´ Aor. 1 u. Fut. 1 Pass. v. κρίνω

* **κρίθινος** 3 Gersten- (Brote) J

κρίμα, τό **(1)** Entscheidung, Beschluß P; **(2)** das Richten; **(3)** das richterliche Urteil; **(4)** Verurteilung, Verdammung θανάτου zum Tod L; Strafgericht; **(5)** Rechtsstreit P

* **κρίνον, τό** Lilie M L

κρίνω **(1)** scheide, unterscheide, wähle aus; ~ ἡμέραν παρ' ἡμέραν ziehe einen Tag dem andern vor P; **(2)** meine; urteile; **(3)** beschließe [κέκρικα bin entschlossen; ἐκρίθη es war beschlossene Sache L]; **(4)** beurteile, richte, verurteile; **(5)** Med.: fechte einen Rechtsstreit aus ἐπί τινος vor … P

κρίσις, ἡ **(1)** Gericht; Richten; **(2)** Urteil; **(3)** Strafe; **(4)** Gerechtigkeit; Recht M L; **(5)** Gerichtsbehörde M

* **κριτήριον, τό** Gerichtshof; [im NT wohl besser:] Rechtssache, -handel; ~α βιωτικά ~ des täglichen Lebens P; ~α ἐλάχιστα ganz geringfügige ~ P

κριτής, ὁ Richter τινός über …, Schiedsrichter L; auch v. den Führern Israels in der Vorkönigszeit L

\+ **κριτικός** 3 befähigt, zu urteilen und zu entscheiden; ~ ἐνθυμήσεων entscheidend über die Gedanken H

* **κρούω** klopfe an τὶ an, auch absol. M L O

κρυβῆναι Inf. Aor. 2 Pass. v. κρύπτω

\+ **κρύπτη, ἡ** Versteck L

κρυπτός 3 verborgen **(1)** adj.; **(2)** subst.: τὸ ~όν die verborgene Sache; Geheimnis P; τὰ ~ὰ τῆς καρδίας die geheimen Gedanken des Herzens P; der verborgene Ort; ἐν ~ῷ am geheimen Ort

κρύπτω **(1)** verberge; verstecke; Pass.: verberge mich ἀπό τινος vor …, bleibe verborgen P; κεκρυμμένα Verborgenes, Unbekanntes M; **(2)** verheimliche

\+ **κρυσταλλίζω** glänze, bin durchsichtig O

\+ **κρύσταλλος, ὁ** Bergkristall O

* **κρυφαῖος** 3 verborgen M

\+ **κρυφῇ** heimlich P

* **κτάομαι** erwerbe τινός, διά od. ἔκ τινος für, um …; (Leben) L

* **κτῆμα, τό** **(1)** Habe, Besitz; Pl.: Besitztümer S; **(2)** Grundstück, Acker L

* **κτῆνος, τό** [Pl. kollektiv] Haus-, Herdentier; Zug-, Reittier L

\+ **κτήτωρ, ὁ** Besitzer L

κτίζω erschaffe (Speisen, Himmel, alles); εἴς τινα od. τι, ἐπί τινι zu …; ὁ κτίσας Schöpfer P

κτίσις, ἡ **(1)** Ordnung; ἀνθρωπίνη ~ = menschliche Obrigkeit K; **(2)** Erschaffung P; **(3)** Geschöpf, Schöpferwerk, Schöpfungswelt = Geschöpfe; καινὴ ~ neues Geschöpf [vom Christgewordenen] P

* **κτίσμα, τό** Geschöpf

\+ **κτίστης, ὁ** Schöpfer K

\+ **κυβεία, ἡ** Würfelspiel P

\+ **κυβέρνησις, ἡ** Leitung [der Gemeinde] P

* **κυβερνήτης, ὁ** Steuermann L O

\+ **κυκλεύω** schließe rings ein (Lager) O

* **κυκλόθεν** Adv. ringsum **(1)** [als Adv.] O; **(2)** [als uneigtl. Präp. mit Gen.] O

* **κυκλόω** **(1)** umringe, umzingle L J; **(2)** umkreise H

* **κύκλῳ** Adv. ringsum **(1)** [als Adv.]; **(2)** [als uneigtl. Präp. mit Gen.] O

\+ **κυλίομαι** wälze mich m

\+ **κύλισμα, τό** u. **κυλισμός, ὁ** Wälzen βορβόρου im Kot [K]

* **κυλλός** 3 verkrüppelt, verstümmelt [an der Hand] M m; subst.: Krüppel M

* **κῦμα, τό** Woge

\+ **κύμβαλον, τό** Zimbel [als Musikinstrument] P

\+ **κύμινον, τό** Kümmel M

* **κυνάριον, τό** (Haus)hund M m

* **κύπτω** bücke mich; ~ κάτω beuge mich nieder J

* **κυρία, ἡ** Herrin [übertr. auf eine Gemeinde?] J

* **κυριακός** 3 Herren-; ἡμέρα ~ή Sonntag O; δεῖπνον ~όν Herrenmahl P

* **κυριεύω** bin Herr τινός über ...; herrsche, habe Gewalt τινός über ... L P

κύριος, ὁ Herr; **(1)** Besitzer, Eigentümer (der Sklavin, des Füllens, des Hauses, Weinbergs); **(2)** Gebieter; ~ τοῦ σαββάτου ~ über den Sabbat; **(3)** Bezeichnung für Gott u. Christus; **(4)** Anrede κύριε Herr! κύριοι Herren! L

* **κυριότης**, ἡ **(1)** Herrntum, Herrschgewalt K; **(2)** Pl. = Träger der Herrschgewalt [v. Engelmächten] P

* **κυρόω** **(1)** mache rechtskräftig; κεκυρωμένη διαθήκη rechtskräftiges Testament P; **(2)** beschließe, entscheide mich für τὶ εἴς τινα; entscheide mich jmdm. gegenüber für etw. P

* **κύων**, ὁ Hund [auch als Bezeichnung für Menschen]

\+ **κῶλον, τό** Pl.: die Leichname H

κωλύω **(1)** hindere, verhindere, halte ab von τινά τινος, τινά mit flgd. Inf.; **(2)** hemme, wehre, verbiete τὶ etw.; auch mit flgd. Inf.; **(3)** verweigere, verwehre, versage τὶ ἀπό τινος jmdm. etw., τὸ ὕδωρ = die Taufe L

κώμη, ἡ Dorf Evv

\+ **κωμόπολις**, ἡ Marktflecken m

* **κῶμος**, ὁ Gelage P K

\+ **κώνωψ**, ὁ Mücke M

κωφός 3 **(1)** taub S; **(2)** stumm [M L

Λ

λάβε Imp. Aor. 2 v. λαμβάνω

* **λαγχάνω** **(1)** erlose L; **(2)** lose περί τινος um ... J; **(3)** erlange K

λαθεῖν Inf. Aor. 2 v. λανθάνω

* **λάθρα** Adv. heimlich M L J

* **λαῖλαψ**, ἡ Sturm; ~ ἀνέμου Sturmwind m L

\+ **λακάω** zerberste mit Krachen L

\+ **λακτίζω** schlage aus πρὸς κέντρα wider den Stachelstock L

λαλέω **(1)** rede; schwätze; **(2)** verkündige, predige, spreche aus; **(3)** rede an, unterrede mich τινί mit ...; **(4)** sage, trage vor, verkündige (Gleichnis, Wort, Weisheitsrede); **(5)** töne O

* **λαλιά**, ἡ **(1)** die Rede, das Reden J; **(2)** Redeweise; Dialekt M J

\+ **λαμά** [hebr. = lammā] u. λεμά [aram. = l^{e}mā] warum?

λαμβάνω **(1)** nehme, ~ an, auf, mit, weg; λαβών bleibt oft unübersetzt: ~ ἔσπειρε er säte; **(2)** ergreife, erfasse, fange (nichts); erobere (Reich), suche zu erlangen; Latinismus: ῥαπίσμασιν αὐτὸν ἔλαβον = *verberibus eum acceperunt* = sie bedachten ihn mit Backenstreichen m; Hebraismus: ~ πρόσωπον sehe die Person an, bin parteiisch; **(3)** häufig nur ein Verbum umschreibend: ~ ἀρχήν nehme meinen Anfang; ~ θάρσος fasse Mut; ~ λήθην vergesse; ~ οἰκοδομήν werde erbaut; ~ πεῖραν erfahre, erleide; ~ περιτομήν werde beschnitten; ~ συμβούλιον fasse Beschluß; ~ τέλη erhebe Steuer; ~ ὑπόμνησιν gedenke; **(4)** nehme in Empfang, erhalte

* **λαμπάς**, ἡ **(1)** Fackel O; **(2)** Lampe M L J

* **λαμπρός** 3 glänzend (Stern, Gewand, Kleidung); hell, klar (Fluß); τὰ ~ά die glänzenden Dinge O [L

\+ **λαμπρότης, ἡ** Glanz (der Sonne)

\+ **λαμπρῶς** Adv. prächtig L

* **λάμπω** leuchte; strahle; leuchte auf M L P

* **λανθάνω** **(1)** bin verborgen, bleibe unbemerkt τινά jmdm.; **(2)** [mit Ptz.:] ohne es zu merken H; [mit flgd. ὅτι:] es entgeht ihnen, wenn sie solches behaupten, daß K

\+ **λαξευτός** 3 in den Felsen gehauen; μνῆμα ~όν Felsengrab L

λαός, ὁ **(1)** Volk [als Masse u. als Nation]; **(2)** bes. Volk Gottes; zunächst v. Israel, danach auch v. den Christen; **(3)** Volk [im Unterschied v. Behörden, Priestern, Vornehmen]; **(4)** Leute, große Menge

\+ **λάρυγξ, ὁ** Schlund, Kehle P

* **λατομέω** haue im Stein aus (Grab)

* **λατρεία, ἡ** Gottesdienst

λατρεύω diene; verehre [nur vom Gottesdienst: θεῷ, auch absol.]; ὁ ~ων Gottesdiener H

* **λάχανον, τό** Gemüse S P

λαχοῦσιν Dat. Pl. des Ptz. Aor. 2 v. λαγχάνω

λάχωμεν Konjunktiv Aor. 2 v. λαγχάνω

* **λεγιών, ἡ** [lat.: *legio*] Legion S [als Name eines Dämons ὁ ~]

λέγω **(1)** sage; λέγων die dir. Rede einführend, bleibt unübersetzt; ἐν ἑαυτῷ bei sich; σὺ λέγεις das sagst du; **(2)** rede; **(3)** behaupte; versichere; erkläre; **(4)** befehle, ordne an; **(5)** nenne; Pass.: heiße; **(6)** meine

\+ **λεῖμμα** [falsche Schreibung λίμμα], τό Rest; ~ γέγονεν es ist ein ~ vorhanden P

\+ **λεῖος** 3 eben (Weg) L

* **λείπω** **(1)** lasse zurück; Pass.: bleibe zurück, stehe nach, ἐν μηδενί in keinem Betracht Ja; habe Mangel τινός an …; **(2)** unpersönlich: ~ει es fehlt L P; τὰ ~οντα was noch fehlt, der Rest P

* **λειτουργέω** **(1)** diene P; [bes. vom Gottesdienst] P L H; **(2)** mache mich dienstbar P

* **λειτουργία, ἡ** **(1)** Gottesdienst, Priesterdienst; **(2)** Opferdienst, Dienstleistung; ἡ πρός με ~ die Dienstleistung um mich P; auch v. der Kollekte P

\+ **λειτουργικός** 3 im heiligen Dienst stehend (Geister) H

* **λειτουργός, ὁ** Diener P; Priester H; ~ τῆς χρείας μου der, dessen Dienst meiner Bedürftigkeit abhilft P

\+ **λεμά** [aram.] warum? s. λαμά

* **λέντιον, τό** [lat.: *linteum*] Leinentuch J

\+ **λεπίς, ἡ** Schuppe L

* **λέπρα, ἡ** Aussatz S

* **λεπρός** 3 aussätzig; ὁ ~ der Aussätzige S

* **λεπτόν, τό** der Heller [kleine Kupfermünze, ungefähr ½ Goldpfennig]; τὸ ἔσχατον ~ ἀποδοῦναι = die ganze Schuld bezahlen L

\+ **Λευιτικός** 3 levitisch H

* **λευκαίνω** mache weiß (Kleider) m O

λευκός 3 **(1)** glänzend; **(2)** weiß; ~ά [erg. ἱμάτια] ~ Kleider J O

* **λέων, ὁ** Löwe

\+ **λήθη**, **ἡ** Vergessenheit; ~ην λαμβάνω τινός vergesse etw. K

\+ **λῆμψις**, **ἡ** Einnahme P

λήμψομαι Fut. v. λαμβάνω

* **ληνός**, **ὁ** Kelter [in Palästina oft in den Felsen gehauen] O M

\+ **λῆρος**, **ὁ** Geschwätz L

λῃστής, **ὁ** Räuber; σπήλαιον ~ῶν ~höhle S

λῆψις = λῆμψις [s. dort]

λίαν Adv. sehr, heftig; ~ ἐκ περισσοῦ ganz und gar m; ὑπὲρ ~ s. ὑπερλίαν

* **λίβανος**, **ὁ** Weihrauch M O

* **λιβανωτός**, **ὁ** Räucherpfanne O

\+ **λιβερτῖνος**, **ὁ** [lat.: *libertinus*] Freigelassener L

* **λιθάζω** steinige J P L H

* **λίθινος** 3 steinern (Krüge; Tafeln; Bilder) P J O

* **λιθοβολέω** **(1)** bewerfe mit Steinen M; **(2)** steinige M L H

λίθος, **ὁ** **(1)** Stein; ~ μυλικός, μύλινος Mühl~, Bau~; auch als Bild: ~οι ζῶντες lebende Bausteine; ~ προσκόμματος ~, über den man stolpert; **(2)** Edelstein O

\+ **λιθόστρωτον**, **τό** Mosaikboden [auch die Fassung als Adj. ist möglich] J

* **λικμάω** zerschmettere M L

* **λιμήν**, **ὁ** Hafen L

λίμνη, **ἡ** See L O; [auch vom Höllenpfuhl O]

λιμός, **ὁ** u. **ἡ** **(1)** Hunger P L; **(2)** Hungersnot S O

* **λίνον**, **τό** **(1)** Leinengewand O; **(2)** Docht M

\+ **λιπαρός** 3 prächtig; τὰ ~ά die Kostbarkeiten

* **λίτρα**, **ἡ** [lat.: *libra*] Pfund J

\+ **λίψ**, **~βός**, **ὁ** Südwest L

* **λογεία**, **ἡ** Kollekte P

λογίζομαι **(1)** bringe, stelle in Rechnung (Sünden, das Böse); **(2)** schreibe gut; rechne an εἴς τι zu, als etw.; ~ εἴς τινα setze aufs Konto für …; **(3)** bewerte, taxiere, sehe an als; **(4)** berechne, erwäge, überlege; ~ ἐξ ἑαυτῶν ~ von sich aus P, ἐφ' ἑαυτοῦ bei sich P; **(5)** meine, denke, glaube P

* **λογικός** 3 geistig (Gottesdienst) P; γάλα ~όν ~ Milch K

* **λόγιον**, **τό** Spruch [v. Aussagen der Offenbarungsempfänger]

\+ **λόγιος** 3 **(1)** beredt; **(2)** gelehrt, gebildet L

* **λογισμός**, **ὁ** Berechnung, Überlegung, Gedanke P

\+ **λογομαχέω** streite mit Worten P

\+ **λογομαχία**, **ἡ** Wortstreit, -gefecht P

λόγος, **ὁ** **(1)** Wort; Rede; Gespräch; Erzählung; Lehre; Ausspruch; διὰ λόγου mündlich; bes. Wort Gottes; **(2)** Rechenschaft; Abrechnung; **(3)** der vernünftige Grund; κατὰ ~ον vernünftigerweise, mit Fug und Recht L; τίνι ~ῳ; warum? **(4)** Beziehung πρός τινα zu … H; **(5)** der Logos J O

\+ **λόγχη**, **ἡ** Lanze [M] J

* **λοιδορέω** schmähe

* **λοιδορία**, **ἡ** Schmähung P K

* **λοίδορος**, **ὁ** Lästerer P

* **λοιμός**, **ὁ** Pest, Seuche; als Adj. 3 von Pest befallen, verseucht, verderblich; subst.: gefährlicher Mensch, Schädling L

λοιπός 3 übrig; οἱ ~οὶ τῶν ἀνθρώπων die ~ Menschen; αἱ περὶ τὰ ~ὰ ἐπιθυμίαι die Begierden nach den andern Dingen [= was es sonst noch für Begierden gibt] m; Ntr. = Adv.

übrigens, schließlich; nunmehr; τὸ ~όν weiterhin; für die Zukunft; τοῦ ~οῦ [d.h. χρόνου] hinfort; des weiteren

* **λουτρόν, τό** Bad P; ~ παλιγγενεσίας ~, das Wiedergeburt bewirkt P

* **λούω** wasche; Med.: bade mich

\+ **Λυκαονιστί** Adv. in lykaonischer Sprache L

* **λύκος, ὁ** Wolf; [auch übertr. v. gefährlichen Menschen] M L

\+ **λυμαίνομαι** richte zugrunde (Gemeinde) L

λυπέω **(1)** betrübe, versetze in Trauer (den Hl. Geist); **(2)** Pass.: Präs. bin traurig; Aor. werde traurig P

λύπη, ἡ Trauer; Betrübnis; ἀπὸ τῆς ~ης vor Traurigkeit L; ἐκ ~ης aus traurigem Herzen, mit Unlust P; Pl.: Kümmernisse

\+ **λύσις, ἡ** Scheidung P

\+ **λυσιτελέω** nütze; ~εῖ es frommt τινὶ jmdm. L

* **λύτρον, τό** Lösegeld, ἀντὶ πολλῶν zugunsten vieler m M

* **λυτρόομαι** **(1)** kaufe los, löse aus; **(2)** befreie, erlöse, errette ἔκ τινος von …

* **λύτρωσις, ἡ** Lösung, Auslösung, Erlösung L; ποιέω ~ίν τινι bereite Erlösung für … L

\+ **λυτρωτής, ὁ** Retter, Erlöser L

λυχνία, ἡ Leuchter S O H

λύχνος, ὁ Lampe [auch als Bild]

λύω **(1)** löse, binde auf (Riemen, Band der Zunge, Siegel) m O; **(2)** binde los (Füllen, Ochsen, Schuh); befreie (v. Sünden) O; **(3)** löse [in seine Bestandteile] auf; zerstöre (Tempel) J; **(4)** mache zunichte, beendige, hebe auf, vertilge (Werke des Teufels) J; setze außer Geltung, schaffe ab (Gebote)

M

\+ **μαγεία, ἡ** Zauberei; Pl.: Zauberkünste, Blendwerke L

\+ **μαγεύω** treibe Zauberei L

* **μάγος, ὁ** **(1)** Magier [= Sterndeuter] M; **(2)** Zauberer L

μαθεῖν Inf. Aor. 2 v. μανθάνω

* **μαθητεύω** **(1)** [intr.:] werde ein Jünger τινί jmds. [M]; **(2)** [tr.:] mache zum Jünger M L; **(3)** pass. Deponens: ~ομαι werde ein Jünger τινί jmds. M

μαθητής, ὁ **(1)** Schüler M L; **(2)** Jünger

\+ **μαθήτρια, ἡ** Jüngerin L

* **μαίνομαι** bin verrückt L P; bin nicht Herr meiner selbst J

* **μακαρίζω** preise glückselig L Ja

μακάριος 3 glücklich; selig; [zur Kennzeichnung des himmlischen Bereiches: das Hoffnungsgut] P

* **μακαρισμός, ὁ** Seligpreisung [auch = selige Freude] P

\+ **μάκελλον, τό** Fleischmarkt, Lebensmittelmarkthalle P

μακράν adv. Akk. [erg. ὁδόν] weit, entfernt ἀπό τινος von …; οἱ ~ die Fernstehenden (Heiden) P; οἱ εἰς ~ die fernen [Geschlechter] od. die ferne [Wohnenden] = Heiden L

μακρόθεν Adv. von fern; von weit her = ἀπὸ ~ S O

μακροθυμέω (1) warte geduldig ἐπί τινι auf ...; (2) bin langmütig εἴς, πρός τινα, ἐπί τινι gegen ...

μακροθυμία, ἡ (1) Ausdauer, Geduld, Standhaftigkeit P H Ja; (2) Langmut

\+ μακροθύμως Adv. geduldig L

* μακρός 3 (1) lang; ~ὰ προσεύχομαι spreche langatmige Gebete S; (2) weit entfernt, entlegen L

\+ μακροχρόνιος 2 langlebig; ~ον εἶναι langes Leben haben P

* μαλακία, ἡ Schwäche M

* μαλακός 3 (1) Sachen: weich (Gewand); τὰ ~ά weiche Gewänder M; (2) Personen: ὁ ~ Weichling P

μάλιστα Adv. am meisten; vorzugsweise P L

μᾶλλον Adv. (1) mehr; πολλῷ ~ viel ~ L P; ~ καλόν ἐστιν es ist viel besser m L; ~ διαφέρω übertreffe M L; ~ περισσεύω nehme zu P; περισσοτέρως ~ viel mehr P; (2) viel mehr, um so mehr

\+ μάμμη, ἡ Großmutter P

* μαμωνᾶς, ὁ Besitz, Vermögen L M

μανθάνω (1) lerne; (2) erfahre, ἀπό τινος von ... P L; (3) mache eine Schule durch; gewöhne mich; ἔμαθεν ἀφ᾽ ὧν (= ἀπὸ τούτων ἃ) ἔπαθεν τὴν ὑπακοήν er machte im Leiden die Schule des Gehorsams durch H

\+ μανία, ἡ Wahnsinn; Verschrobenheit L

* μάννα, τό Manna J H; [v. einer himmlischen Speise] O

\+ μαντεύομαι weissage L

\+ μαραίνομαι erlösche, versiege, schwinde dahin Ja

\+ μαράνα θά [aram.: mārānâ thâ] Herr komm! [od.: māran 'ᵃthâ] unser Herr kommt

* μαργαρίτης, ὁ Perle

\+ μάρμαρος, ὁ Marmor O

μαρτυρέω (1) bezeuge τὶ etw.; (2) stelle ein gutes Zeugnis aus, spende Beifall τινί jmdm.; (3) lege Zeugnis ab; ~ τὴν καλὴν ὁμολογίαν lege das gute Bekenntnis ab P; (4) gebe ein Zeugnis, bin Zeuge; (5) Pass.: werde bezeugt; bin wohlbezeugt, habe ein gutes Zeugnis ὑπό τινος von seiten ...

μαρτυρία, ἡ (1) [akt.:] das Zeugnisablegen; εἰς ~αν um zu (be)zeugen; (2) [pass.:] Zeugnis

μαρτύριον, τό (1) Zeugnis τινί, ἐπί τινα über ...; ἀποβήσεται ὑμῖν εἰς ~ es wird euch zum ~ ausschlagen = Gelegenheit geben, Zeugen zu werden L; εἰς ~ ὑμῖν ἔσται wird euch überführen Ja; (2) ~ τῆς ἀναστάσεως ~ für die Auferstehung L; [überhaupt v. der christlichen Predigt:] ~ Χριστοῦ ~ von Christus; ~ θεοῦ P; (3) ἡ σκηνὴ τοῦ ~ου Stiftshütte (LXX)

* μαρτύρομαι (1) bezeuge; beteuere τινί jmdm. (groß u. klein) L; (2) beschwöre P [L O

μάρτυς, ὁ Zeuge; bes. Blutzeuge

\+ μασάομαι beiße mir [v. einer Mehrheit:] τὰς γλώσσας auf die Zunge O

[+] μασθός, ὁ Mutterbrust, dorische u. hellenist. Form für μαστός [O]

* μαστιγόω (1) peitsche aus; (2) züchtige H

\+ μαστίζω peitsche aus L

* μάστιξ, ἡ Geißel [eigtl. u. übertr. = Plage]

* **μαστός, ὁ** Brust O; bes. Mutterbrust L

\+ **ματαιολογία, ἡ** hohles Geschwätz P

\+ **ματαιολόγος, ὁ** hohler Schwätzer P

\+ **ματαιόομαι** gerate auf Torheiten P

* **μάταιος** 3 eitel = ohne Kraft, ohne Wahrheit, ohne Erfolg (Frömmigkeit); nichtig = ohne Inhalt, Wert u. Bestand (Gedanken, Glaube) P; auf Nichtiges gerichtet (Wandel) K; τὰ ~α Götzen L

* **ματαιότης, ἡ** Nichtigkeit, Vergänglichkeit P; Torheit

* **μάτην** Adv. vergeblich; umsonst M m

μάχαιρα, ἡ Schwert [eigtl. u. übertr.:]; ἐν ~ῃ mit dem ~ L

* **μάχη, ἡ** Streit; Zank P Ja

* **μάχομαι** **(1)** kämpfe L; **(2)** zanke mich, hadere J

μέ [enklitisch] mich

[+] **μεγαλαυχέω** prahle [Ja]

\+ **μεγαλεῖος** 3 großartig; ~α große Dinge [L]; τὰ ~α τοῦ θεοῦ die Großtaten Gottes L

* **μεγαλειότης, ἡ** Großartigkeit, Erhabenheit, Majestät (Gottes, Christi, der Artemis)

\+ **μεγαλοπρεπής, ~ές** großartig, erhaben (Herrlichkeit = Gott) K

* **μεγαλύνω** **(1)** mache groß (Quasten an den Gewändern); ~ τὸ ἔλεος μετά τινος erweise jmdm. reiches Erbarmen L; Pass.: werde groß P; **(2)** erhebe, preise (Gott, die Apostel); Pass.: werde verherrlicht (Christus) P

\+ **μεγάλως** Adv. [v. μέγας] sehr P

* **μεγαλωσύνη, ἡ** Erhabenheit, Majestät H K

μέγας, ~άλη, ~α **(1)** groß; hoch (Haus); lang (Schwert); breit (Schlucht) L; gewaltig (Stadt, Taten, Dinge); mächtig (Wind, Sturm); laut (Stimme); **(2)** mächtig; οἱ ~άλοι die Hochgebietenden; **(3)** prächtig (Mahl) L; **(4)** Ntr. als Subst.: μέγα eine große Sache = etw. Besonderes; ~άλα große (Taten, Worte); Komp.: μείζων größer, mächtiger, hervorragender; auch superlativisch: der größte; hellenist. auch μειζότερος größer 3 J 4; Superlativ [nur einmal im NT]: μέγιστος übergroß 2 Pt 1,4

\+ **μέγεθος, τό** Größe P [O m

* **μεγιστᾶνες, οἱ** die Vornehmen

μέγιστος Superlativ v. μέγας [s. da am Ende]

* **μεθ'ερμηνεύω** übersetze Evv

* **μέθη, ἡ** Trunkenheit L; = Pl. P

* **μεθ'ιστάνω, μεθίστημι** **(1)** versetze, verpflanze (Berge) P, εἴς τι in … P; **(2)** setze ab, entferne ἔκ τινος von … L; **(3)** verführe L

* **μεθοδεία, ἡ** Arglist; ~ τῆς πλάνης ~ des Irrwahns; Pl.: Ränke, Schliche P

[+] **μεθόρια, τά** Gebiet [m]

* **μεθύσκομαι** betrinke mich L, τινί an … P; Aor.: habe mich betrunken, bin betrunken ἔκ τινος von … O; οἱ ~όμενοι die sich Betrinkenden P

* **μέθυσος, ὁ** Trunkenbold P

* **μεθύω** bin betrunken, ἔκ τινος von … (Blut) O

* **μείγνυμι, μειγνύω** mische τί τινι, τὶ ἔν τινι od. τὶ μετά τινος etw. mit etw.

μειζότερος, μείζων Komp. v. μέγας [s. dort 4]

* **μέλαν, τό** Tinte J P

* **μέλας, ~αινα, ~αν** schwarz O M

μέλει μοι es liegt mir an, ich kümmere mich τινός od. περί τινος um ..., περὶ οὐδενός um niemanden M m; [wohl als persönliche Konstruktion ist aufzufassen:] οὐδὲν [Subj.] τούτων [Gen. partitivus] τῷ Γαλλίωνι ἐμέλεν nichts von diesem lag dem G. am Herzen (= er kümmerte sich um nichts)

* **μελετάω** **(1)** übe ein, befleißige mich τὶ einer Sache P; **(2)** sinne auf (Eitles) L

* **μέλι, τό** Honig m M O

[+] **μελίσσιος** 3 Bienen- (Wabe) L

μέλλω **(1)** bin im Begriff, werde = Fut. periphrasticum; gedenke; **(2)** zaudere L; **(3)** muß, soll; εἰς τὸ ~ον für die Zukunft P; nächstes Jahr L; τὰ ~οντα Zukunft P

μέλος, τό Glied; ἀλλήλων ~η ~er im Verhältnis zueinander P; ~η ἐκ μέρους ~er, jedes als Teil angesehen P

\+ **μεμβράνα, ἡ** [lat. = *membrana*] Pergament P

μέμνημαι Pf. v. μιμνῄσκομαι

* **μέμφομαι** mache Vorwürfe, tadle P H

\+ **μεμψίμοιρος, ὁ** Nörgler K

[+] **μέμψις, ἡ** Tadel

μέν nachgestellte Partikel, in der Regel unübersetzbar

* **μενοῦνγε** ja vielmehr P L

* **μέντοι** **(1)** wirklich, in der Tat Ja; **(2)** freilich, jedoch

μένω **(1)** bleibe; τὸ ~ον was bleibt P; **(2)** verweile; wohne παρά τινι bei ...; **(3)** beharre ἔν τινι bei ...; halte aus μετά τινος bei ...; **(4)** [tr.:] erwarte τινά ...

μερίζω **(1)** zerteile; Pass.: spalte mich, werde uneins ἐπί τινα mit ...; **(2)** verteile, teile zu (Fische, Zehnten, Maß) m H P; **(3)** Med.: μερίζομαί τι μετά τινος teile etw. mit jmdm. zusammen L

* **μέριμνα, ἡ** Sorge S P K; ~ τοῦ αἰῶνος ~ der Gegenwart

μεριμνάω **(1)** bin sorgenvoll, besorgt περί τινος um ..., εἴς τι hinsichtlich ...; μηδὲν ~ᾶτε habt keinerlei Besorgnis P; **(2)** sorge für, besorge τὶ etw. P

* **μερίς, ἡ** **(1)** Bezirk L; **(2)** Anteil, Teil L P; ἔστι μοι ~ μετά τινος habe Anteil [an derselben Sache] mit ... P

* **μερισμός, ὁ** **(1)** Teilung, Spaltung (v. Seele u. Geist) H; **(2)** Zuteilung (des Geistes) H

\+ **μεριστής, ὁ** Verteiler [L]

μέρος, τό **(1)** Teil; **(2)** Anteil; **(3)** [Pl.:] Gebiet, Landschaft; **(4)** [Pl.:] Seite; τὰ δεξιὰ ~η die rechte ~ J; **(5)** Stück; **(6)** Partei; **(7)** Geschäftszweig L; **(8)** [mit Präp.:] ἐν τούτῳ τῷ ~ει in dieser Sache; ἐν ~ει ἑορτῆς wegen Festfeier P; ἀπὸ ~ους teilweise; zum Teil; einigermaßen P; ἐκ ~ους einzeln; teilweise; τὸ ἐκ ~ους Stückwerk P; ἀνὰ ~ der Reihe nach; κατὰ ~ im einzelnen; **(9)** [adv. Akk.] ~ τι zum Teil P; **(10)** Anteil; Platz

[+] **μεσάζω** s. μεσόω

μεσανύκτιον Vulgärform für μεσονύκτιον; s. dort

* **μεσημβρία, ἡ** **(1)** Mittag L; **(2)** Süden L [H

\+ **μεσιτεύω** verbürge ὅρκῳ eidlich

* **μεσίτης, ὁ** Vermittler, Mittelsmann P H

* **μεσονύκτιον, τό** Mitternacht; ~, ~ίου um ~

μέσος 3 mitten; Ntr. als Subst.: τὸ ~ον Mitte; αἴρω ἐκ ~ου räume aus dem Weg; ἐν ~ῳ τινός inmitten von ...; mitten auf, unter ...; ἀνὰ ~ον zwischen; διὰ ~ου mitten durch ...; κατὰ ~ον τῆς νυκτός um Mitternacht; [das Ntr. als Adv., gebraucht als uneigtl. Präp. mit Gen.:] μέσον γενεᾶς mitten unter einem Geschlecht P

\+ **μεσότοιχον, τό** Zwischenwand; ~ τοῦ φραγμοῦ durch den Zaun gebildete Scheidewand P

* **μεσουράνημα, τό** Himmelsmitte, Zenith; ἐν ~τι hoch am Himmel O

\+ **μεσόω** bin hälftig; τῆς ἑορτῆς ~ούσης als das Fest halb vorbei war [J]

* **μεστός** 3 voll [eigtl. u. übertr.] τινός von ...

\+ **μεστόω** fülle an; μεμεστωμένος voll τινός von (Most) L

μετά Präp. **I** mit Gen.: mitten; zwischen; mit; unter; bei; in; οἱ ~ τινος jmds. Begleiter, Freunde u.ä.; **II** mit Akk.: nach; μετ' οὐ πολύ nach kurzer Zeit

μετάβα Imp. Aor. 2 v. μεταβαίνω

μετα'βαίνω gehe hinüber; ziehe um, ἐξ οἰκίας εἰς οἰκίαν L

\+ **μετα'βάλλομαι** werde anderer Meinung L

μετάβηθι Imp. Aor. 2 v. μεταβαίνω

* **μετ'άγω** lenke; steuere Ja

* **μετα'δίδωμι** teile mit τινί τι jmdm. etw.; [absol.] übe Barmherzigkeit L

* **μετάθεσις, ἡ** **(1)** Versetzung, Entrückung H; **(2)** Veränderung H

* **μετ'αίρω** gehe von dannen M

* **μετα'καλέομαι** berufe zu mir, lasse holen L

\+ **μετα'κινέομαι** entferne mich ἀπό τινος von ... P

* **μετα'λαμβάνω** **(1)** nehme teil τινός an (Segen) H; erhalte Anteil τινός an (Früchten) P; **(2)** nehme zu mir τινός (Speise) L; **(3)** [mit Akk.:] ~ καιρόν finde Zeit L

\+ **μετάλημψις, ἡ** Anteilnahme, Entgegennahme P

* **μετ'αλλάσσω** vertausche τὶ ἔν τινι od. εἴς τι mit ... P [M P H

* **μετα'μέλομαι** bekomme Reue

* **μετα'μορφόομαι** werde verwandelt **(1)** [äußerlich sichtbar] m M; **(2)** [v. äußerlich nicht bemerkbarer Verwandlung] ~ τὴν αὐτὴν εἰκόνα ~ in dasselbe Bild P; μεταμορφοῦσθε laßt euch umgestalten P

μετα'νοέω ändere meinen Sinn, empfinde Reue, bekehre mich ἀπό τινος L od. ἔκ τινος von ... O; tue Buße ἐπί τινι für ...

μετάνοια, ἡ Sinnesänderung; Reue; Buße; ἡ εἰς θεὸν ~ die ~, die zu Gott führt L

* **μεταξύ** Adv. **I** als Adv. gebraucht **(1)** in der Mitte zwischen, dazwischen; ἐν τῷ ~ in der Zwischenzeit J; **(2)** nachher; τὸ ~ σάββατον der folgende Sabbat L; **II** als uneigtl. Präp. mit Gen.: zwischen; ~ ἀλλήλων untereinander P

* **μετα'πέμπομαι** beordere herbei; berufe her τινά jmdn., εἴς τι ... L

μετάπεμψαι Imp. Aor. 1 Med. v. μεταπέμπομαι

* **μετα'στρέφω** **(1)** verkehre [ins Gegenteil], wandle um L P [Ja]

* **μετα'σχηματίζω** **(1)** verwandle, gestalte um; **(2)** Med.: verwandle mich εἰς ... in ...; falsche Apostel nehmen die Gestalt v. Aposteln Christi an P; **(3)** beziehe τὶ εἴς τινα etw. auf ...; ~ εἰς ἐμαυτόν bringe an mir zur Darstellung P
* **μετα'τίθημι** stelle um **(1)** versetze; verbringe L; **(2)** ändere; verkehre; **(3)** Med.: wende mich ab, falle ab P
+ **μετα'τρέπω** kehre um; Pass.: verkehre mich [Ja]
[+] **μετα'φυτεύομαι** werde verpflanzt, verpflanze mich [L]
μετέβη Aor. 2 v. μεταβαίνω
+ **μετέπειτα** Adv. hinterher H
* **μετ'έχω** **(1)** habe teil τινός an ...; **(2)** genieße τινός, ἔκ τινος von ...; **(3)** gehöre τινός zu ... (Stamm) H
+ **μετ'εωρίζομαι** werde in Unruhe versetzt L
μετῆρα Aor. 1 v. μεταίρω
* **μετοικεσία, ἡ** [erzwungene] Übersiedlung [v. der babylonischen Gefangenschaft] M [L
* **μετ'οικίζω** versetze, verpflanze
+ **μετοχή, ἡ** Gemeinschaft, Teilhaberschaft P [L H
* **μέτοχος** 2 teilhaftig; ὁ ~ Genosse
μετρέω **(1)** messe aus, vermesse O; **(2)** messe zu ... S; **(3)** messe; ~εῖν ἑαυτόν ἐν ἑαυτῷ sich an sich selbst ~ P
+ **μετρητής, ὁ** die Maß = ca. 40 Liter J
+ **μετριοπαθέω** mäßige meine Leidenschaften, fühle maßvoll τινί mit ... H
+ **μετρίως** Adv. mäßig; οὐ ~ sehr L
μέτρον, τό **(1)** Maß als Werkzeug des Messens [Hohl- wie Längenmaß]; ~ πεπιεσμένον σεσαλευμένον ein gedrängtes, gerütteltes ~ L; οὐκ ἐκ ~ου ohne ~, maßlos J; **(2)** das Zugemessene; ἐν ~ῳ nach dem Anteil P; εἰς ~ ἡλικίας zum Maß des Alters P
* **μέτωπον, τό** Stirn O
μέχρι, selten **μέχρις** **(1)** Präp. [mit Gen.] u. **(2)** Konj.: bis
μή **(1)** Verneinung bei subjektiven Aussagen, hellenist. auch statt οὐ [das fast nur noch den Ind. negiert]; **(2)** Fragepartikel bei Erwartung verneinender Antwort: doch nicht; bei indir. Fragen: ob nicht etwa; **(3)** οὐ μή gewiß nicht; **(4)** Konj. nach Verben des Fürchtens u. ä.: daß; auch statt eines Finalsatzes
* **μήγε** in der Verbindung εἰ δὲ μήγε andernfalls
* **μηδαμῶς** u. **μηθαμῶς** Adv. keineswegs
μηδέ **(1)** auch nicht; und nicht; **(2)** nicht einmal
μηδείς, ~δεμία, ~δέν [auch **~θέν**] keiner, keine, kein; niemand, nichts; μηδέν in keiner Weise
+ **μηδέποτε** niemals P
+ **μηδέπω** noch nicht H
μηθαμῶς s. μηδαμῶς
μηθέν s. μηδείς
μηκέτι nicht länger, nicht weiter
* **μῆκος, τό** Länge O P [m
+ **μηκύνομαι** wachse in die Höhe
+ **μηλωτή, ἡ** Schaffell H
[1]**μήν, ὁ** Monat
+ [2]**μήν** nachgestellte Partikel in der Verbindung εἶ ~ wahrlich H
* **μηνύω** zeige an L J; mache kund L P
μήποτε **(1)** Adv.: niemals H; **(2)** Konj.: daß nicht; damit nicht; daß (ob) nicht etwa; **(3)** Fragepartikel: ob etwa, ob vielleicht

\+ **μήπου** [nach φοβέομαι]: daß nicht irgendwo L

* **μήπω** noch nicht P H

μήπως daß nicht etwa; daß vielleicht; ob etwa

\+ **μηρός**, ὁ Schenkel O

μήτε und nicht; μήτε – μήτε weder – noch

μήτηρ, ἡ **(1)** Mutter; **(2)** v. solchen, die Verehrung einer Mutter genießen; **(3)** v. Städten im Verhältnis zu ihren Bürgern (Jerusalem) P

μήτι **(1)** doch nicht etwa; **(2)** etwa nicht; εἰ ~ [ἄν] wenn nicht etwa P L

\+ **μήτιγε** geschweige denn P

* **μήτρα**, ἡ Mutterleib L P

\+ **μητρολῴας** u. **μητραλῴας**, ὁ Muttermörder P

* **μιαίνω** beflecke; mache unrein

μιανθῶ Konjunktiv Aor. 1 Pass. v. μιαίνω

\+ **μίασμα**, **τό** Befleckung τοῦ κόσμου durch die Welt K

\+ **μιασμός**, ὁ Befleckung K

\+ **μίγμα**, **τό** Mischung [J]

μίγνυμι s. μείγνυμι

μικρός 3 **(1)** klein; niedrig; **(2)** gering; **(3)** kurz; **(4)** Ntr. = Subst.: ~όν τι ein bißchen P; eine kleine Strecke; kurze Zeit J; μετὰ ~όν bald darauf; ἔτι ~ὸν ὅσον ὅσον noch eine kleine Zeit = bald H

\+ **μίλιον**, **τό** [lat. = *mille (passuum)*] Meile = ca. 1½ km M

* **μιμέομαι** ahme nach τινά, τὶ jmdn., etw.

* **μιμητής**, ὁ Nachahmer; γίνομαι ~ τινος nehme jmdn. zum Vorbild; folge jmds. Vorbild, Vorgang P H

μιμνῄσκομαι **(1)** erinnere mich; **(2)** bedenke, kümmere mich um, sorge τινός für … L; **(3)** μέμνημαι [präsentisches Pf.] bin eingedenk; **(4)** ἐμνήσθησαν αἱ ἐλεημοσύναι σου es wurde deiner Almosen gedacht L

μισέω hasse; verabscheue; μεμισημένος [aus rel. Gründen] verabscheut O

* **μισθαποδοσία**, ἡ Vergeltung; Lohn; Strafe H

\+ **μισθαποδότης**, ὁ Vergelter H

* **μίσθιος**, ὁ Taglöhner L

* **μισθόομαι** nehme um Lohn an, dinge M

μισθός, ὁ Lohn

\+ **μίσθωμα**, **τό** Mietswohnung L

* **μισθωτός**, ὁ Lohnknecht m J

* **μνᾶ**, ἡ Mine [= ca. 80 Goldmark] L

* **μνεία**, ἡ **(1)** Erinnerung, Gedenken; ἀδιάλειπτον ἔχω τὴν περί σου ~αν ich denke beständig an dich P; **(2)** Erwähnung; ἐπὶ πάσῃ τῇ ~ᾳ ὑμῶν sooft ich euch erwähne [im Gebet] P; ποιοῦμαι ~αν τινός erwähne jmdn. P

μνῆμα, **τό** Grab

μνημεῖον, **τό** **(1)** Grabmal; **(2)** Grab

\+ **μνήμη**, ἡ Gedächtnis, Erinnerung [die man selbst hat]; ~ην ποιοῦμαί τινος verschaffe mir die Erinnerung an … K

μνημονεύω **(1)** erinnere mich, gedenke τινός od. τινά, τὶ od. περί τινος an …; **(2)** tue Erwähnung

* **μνημόσυνον**, **τό** Andenken; εἰς ~ τινος zur Erinnerung an …; ἀνέβησαν εἰς ~ ἔμπροσθεν θεοῦ sind aufgestiegen zum Gedenken [Gedächtnisopfer] vor Gott L

* **μνηστεύομαι** werde verlobt τινί mit … L M

* **μογιλάλος** 2 **(1)** mit Mühe redend; **(2)** stumm [m]

[*] **μόγις** Adv. mit Mühe, kaum [L P]

* **μόδιος, ὁ** [lat.: *modius*] Scheffel [Hohlmaß = ca. 8¾ l] S

μοί [enklitisch] mir

* **μοιχαλίς, ἡ** Ehebrecherin; γενεὰ ~ ehebrecherisches [= abtrünniges] Geschlecht m M

* **μοιχάομαι** treibe Ehebruch m M

* **μοιχεία, ἡ** Ehebruch; Pl.: die ehebrecherischen Handlungen

μοιχεύω **(1)** treibe Ehebruch; **(2)** verleite zum E. τινά jmdn.; **(3)** hure [= treibe Götzendienst] μετά τινος mit …

* **μοιχός, ὁ** Ehebrecher

* **μόλις** Adv. mit Mühe, kaum

* **μολύνω** beflecke [bildl. u. übertr.]

+ **μολυσμός, ὁ** Befleckung P

+ **μομφή, ἡ** Tadel P

* **μονή, ἡ** **(1)** das Wohnen, der Aufenthalt J; **(2)** Aufenthaltsort, Wohnung J

* **μονογενής, ~ές** **(1)** einzig; **(2)** einzig erzeugt, vom Einzigen erzeugt J

μόνον Adv. nur, bloß

+ **μονόομαι** bin vereinsamt P

μόνος 3 **(1)** allein, einzig; **(2)** einsam, verlassen; **(3)** für sich, vereinzelt; κατὰ ~ας allein, für sich

* **μονόφθαλμος** 2 einäugig m M

* **μορφή, ἡ** Gestalt m P

+ **μορφόομαι** gewinne Gestalt P

* **μόρφωσις, ἡ** **(1)** Gestaltung, Verkörperung (der Erkenntnis u. Wahrheit) P; **(2)** äußere Form, Schein (der Frömmigkeit) P

+ **μοσχοποιέω** mache ein Kalb L

* **μόσχος, ὁ** Kalb

μοῦ [enklitisch] meiner

+ **μουσικός, ὁ** Musiker O

* **μόχθος, ὁ** Mühe, Anstrengung P

+ **μυελός, ὁ** Mark H

+ **μυέομαι** werde unterwiesen; μεμύημαι ἐν παντὶ καὶ ἐν πᾶσιν bin in alles und jedes eingeweiht P

* **μῦθος, ὁ** Fabel P K

+ **μυκάομαι** brülle O

+ **μυκτηρίζομαι** lasse mich höhnen [P

+ **μυλικός** 3 u. **μύλινος** 3 Mühl-(Stein)

* **μύλος, ὁ** **(1)** Mühle; **(2)** Mühlstein; ~ ὀνικός der Esels~, d. h. der ~ einer großen, v. Eselskraft in Bewegung gesetzten Mühle

[+] **μυλών, ὁ** Mühlenhaus [M]

* **μυριάς, ἡ** die Myriade: **(1)** = zehntausend; **(2)** nicht genau bestimmbare große Anzahl

+ **μυρίζω** salbe m

+ **μύριοι** 3 zehntausend

* **μυρίος** 3 unzählig

μύρον, τό Salböl

μυστήριον, τό Geheimnis, Mysterium

+ **μυωπάζω** bin kurzsichtig K

+ **μώλωψ, ὁ** Strieme K

* **μωμάομαι** verhöhne P

+ **μῶμος, ὁ** Gebrechen, Makel; [auch sittlich v. Menschen] Schandfleck K

* **μωραίνω** **(1)** mache töricht, erweise als Torheit; Pass.: werde zum Narren P; **(2)** mache unschmackhaft; Pass.: werde fade (Salz) M L

* **μωρία, ἡ** Dummheit P

+ **μωρολογία, ἡ** dummes Geschwätz P

μωρός 3 töricht; τὸ ~ὸν τοῦ θεοῦ was [den Menschen] bei Gott ~ scheint P; ὁ ~ Narr

N

ναί [Affirmativpartikel] ja, gewiß, freilich; ganz recht

ναός, ὁ Tempel [eigtl. u. übertr.]

* **νάρδος**, ἡ Nardenöl m J

* **ναυαγέω** leide Schiffbruch [eigtl. u. übertr.] P

+ **ναύκληρος**, ὁ Schiffsherr [Reeder od. Kapitän] L

+ **ναῦς**, ἡ Schiff L

* **ναύτης**, ὁ Schiffer L O

* **νεανίας**, ὁ Jüngling L

νεανίσκος, ὁ Jüngling

νεκρός 3 **(1)** tot; gestorben τινί für (Sünde); ὁ ~ der Tote; **(2)** [bildl.:] wirkungslos (Glaube, Sünde); unfähig, Leben zu schaffen (Werke)

* **νεκρόω** töte, ertöte P; νενεκρωμένος abgestorben H P

* **νέκρωσις**, ἡ **(1)** Tötung; **(2)** Getötetsein, Abgestorbensein (des Mutterschoßes) P

νενικήκατε 2. Pl. Pf. v. νικάω

νενομοθέτητο augmentloses Plsqpf. Pass. v. νομοθετέω [H]

+ **νεομηνία**, ἡ Neumond = νουμηνία P

νέος 3 **(1)** neu (Wein, Bund); frisch (Teig); αἱ νέαι junge Frauen; **(2)** Komp.: νεώτερος 3 jünger, jüngst; ὁ ~ Jüngling, junger Mann; οἱ ~οι junge Leute, [αἱ] ~αι junge weibliche Wesen

νεοσσός, ὁ s. νοσσός

* **νεότης**, ἡ Jugend P; ἐκ ~τητος von ~ an S

+ **νεόφυτος** 2 neubekehrt P

* **νεύω** nicke zu; ~ τινί gebe jmdm. durch Zunicken ein Zeichen L J

νεφέλη, ἡ Wolke

+ **νέφος**, τό Wolke; [als Bild einer dichten Menge:] Schwarm (v. Zeugen) H

+ **νεφρός**, ὁ Niere O

+ **νεωκόρος**, ὁ Tempelpfleger [Ehrentitel v. Städten, z.B. Ephesus] L

+ **νεωτερικός** 3 jugendlich (Begierden) P

+ **νή** Beteuerungspartikel mit Akk.: so wahr ...; ~ τὴν ὑμετέραν καύχησιν = so wahr ich auf euch stolz sein kann P

* **νήθω** spinne

+ **νηπιάζω** bin ein Kind P

νήπιος 3 **(1)** unmündig [allg. vom Alter, wie speziell im juristischen Sinn]; τὰ τοῦ ~ου kindisches Wesen P; **(2)** unreif; **(3)** unverbildet

+ **νησίον**, τό Inselchen L

* **νῆσος**, ἡ Insel L O

* **νηστεία**, ἡ Fasten [aus Not wie als rel. Brauch]

νηστεύω faste

* **νῆστις**, ~ιος nüchtern m M

[*] **νηφαλέος** 3 u. **νηφάλιος** 3 nüchtern P

* **νήφω** bin nüchtern, besonnen P K

νήψατε Imp. Aor. 1 v. νήφω

νικάω **(1)** [intr.:] siege, behalte den Sieg; **(2)** [tr.:] besiege, überwinde (Welt, den Bösen, das Böse)

+ **νίκη**, ἡ Sieg J

* **νῖκος**, τό Sieg P; ἐκβαλεῖν εἰς ~ τὴν κρίσιν das Recht zum ~ bringen M

νικοῦντι = νικῶντι [O]

+ **νιπτήρ**, ὁ Waschbecken J

νίπτω wasche; Med.: ~ mich; ~ τὶ ~ mir etw.

νίψαι Imp. Aor. 1 Med. v. νίπτω

νοέω **(1)** erkenne, begreife, verstehe, bemerke; **(2)** denke aus, ersinne; **(3)** bedenke, überlege, merke auf

* **νόημα, τό** **(1)** Gedanke, meist im Pl.; **(2)** Entschluß, Anschlag P

\+ **νόθος** 3 unehelich H

* **νομή, ἡ** **(1)** Weide J; **(2)** Abweiden; ~ὴν ἔχειν um sich fressen P

νομίζω **(1)** meine, nehme an; **(2)** habe in herkömmlichem Brauch; Pass.: es ist Brauch [L]

* **νομικός** 3 **(1)** das Gesetz betreffend; μάχαι ~αί Kämpfe um das Gesetz P; **(2)** ὁ ~ der Gesetzeskundige L M

* **νομίμως** Adv. dem Gesetz entsprechend; regelrecht P

\+ **νόμισμα, τό** Münze M [P L

* **νομοδιδάσκαλος, ὁ** Gesetzeslehrer

\+ **νομοθεσία, ἡ** Gesetzgebung, auch kollektivierend das Gesetz P

* **νομοθετέομαι** empfange Gesetze, werde gesetzlich verordnet H

\+ **νομοθέτης, ὁ** Gesetzgeber Ja

νόμος, ὁ **(1)** Gesetz; bes. das mosaische ~; οἱ ἐκ ~ου die Gesetzesmenschen; ἐν ~ῳ ἁμαρτάνειν im Besitze des ~ sündigen P; ἔργα ~ου Werke, die das mosaische ~ zu tun gebietet P; [auf das Christentum übertr.:] ~ ἐλευθερίας ~, das die Freiheit bringt; **(2)** das Gesetzbuch [der Pentateuch]; ~ καὶ οἱ προφῆται = das AT; **(3)** Norm, Ordnung, Regel; εὑρίσκω τὸν ~ον ich nehme die Regel wahr

\+ **νοσέω** kranke περί τι an … P

[+] **νόσημα, τό** Krankheit J

νόσος, ἡ Krankheit S

\+ **νοσσιά, ἡ** Brut L

\+ **νοσσίον, τό** das Vogeljunge M

\+ **νοσσός** u. **νεοσσός, ὁ** das Junge des Vogels L

* **νοσφίζομαι** unterschlage P, ἀπό τινος [etw.] von etw. L

* **νότος, ὁ** **(1)** Südwind L; **(2)** Süden L O; **(3)** Südreich M L

* **νουθεσία, ἡ** Zurechtweisung P

* **νουθετέω** weise zurecht P L

νουμηνία, ἡ s. νεομηνία

\+ **νουνεχῶς** Adv. wohlbedacht m

νοῦς, ὁ **(1)** Verstand, Vernunft; **(2)** Sinn, Gesinnung; **(3)** Gedanke, Meinung; Ratschluß

* **νύμφη, ἡ** **(1)** Braut O J [M]; **(2)** Schwiegertochter M L

νυμφίος, ὁ Bräutigam Evv O

* **νυμφών, ὁ** **(1)** Brautgemach; υἱοὶ τοῦ ~ῶνος Hochzeitsgesellen S; **(2)** Hochzeitssaal [M]

νῦν Adv. **(1)** jetzt; ὁ, ἡ ~ [adj.] der, die gegenwärtige; τὸ ~ [subst.] die gegenwärtige Zeit; τὰ ~ [adv.] jetzt; καὶ ~ auch ~ noch; **(2)** nun, also; ~ δέ nun aber

νυνί Adv. **(1)** eben jetzt; **(2)** nun

νύξ, ἡ Nacht; νυκτός bei ~; μέσης νυκτός um Mitternacht; διὰ νυκτός nächtlicherweile; ταύτῃ τῇ νυκτί in dieser ~; ἐν νυκτί bei ~; νύκτα καὶ ἡμέραν Tag und ~ hindurch

\+ **νύσσω** stoße J; stoße an [L]

* **νυστάζω** **(1)** schlummere ein M; **(2)** säume K

\+ **νυχθήμερον, τό** 1 Tag und 1 Nacht = Zeit v. 24 Stunden P

* **νωθρός** 3 träge; ~ ταῖς ἀκοαῖς ~ an den Ohren = schwerhörig H

\+ **νῶτος, ὁ** Rücken P

Ξ

* **ξενία, ἡ** Gaststube L P

ξενίζω **(1)** nehme gastlich auf; Pass.: finde gastliche Aufnahme, wohne als Gast; **(2)** befremde; ~οντά τινα befremdliche Dinge L; Pass.: bin befremdet τινί, ἔν τινι durch ... K

\+ **ξενοδοχέω** erweise Gastfreundschaft P

ξένος 3 **(1)** fremd; ὁ ~ Fremdling, Gastfreund P; **(2)** ohne Anteil τινός an ... P; **(3)** fremdartig, unerhört; ὡς ~ου ὑμῖν συμβαίνοντος als hätte euch etw. ~es betroffen K

\+ **ξέστης, ὁ** Krug m [vielleicht verderbtes Latein: *sextarius*]

ξηραίνω mache dürr, trockne aus (Gras); Pass.: werde dürr, verdorre; vertrockne, versiege; [auch v. lebensunfähig werdenden Gliedern:] ἐξηραμμένος abgezehrt (Hand) m

* **ξηρός** 3 **(1)** dürr, ausgetrocknet (Holz); ἡ ~ά Festland M [H]; **(2)** abgezehrt (Hand); ὁ ~ Ausgezehrter, Schwindsüchtiger S

* **ξύλινος** 3 hölzern (Götterbilder, Geräte) P O

ξύλον, τό **(1)** Holz; **(2)** Knüppel S; **(3)** Kreuz L P K; **(4)** hölzerner Block [für die Füße] L; **(5)** Baum L, (des Lebens) O

* **ξυράομαι** u. **ξυρέομαι** lasse mich scheren; ἡ ἐξυρημένη die Geschorene (Frau) P

ξύρασθαι Inf. Aor. v. ξύρομαι = ξυράομαι

O

ὁ καί ... der auch ... heißt

* **ὀγδοήκοντα** achtzig

* **ὄγδοος** 3 der achte

\+ **ὄγκος, ὁ** Last H

ὅδε, ἥδε, τόδε dieser da, er; εἰς τήνδε τὴν πόλιν in die und die Stadt Ja

\+ **ὁδεύω** reise L

* **ὁδηγέω** **(1)** führe (Blinde), ἐπί τι od. εἴς τι zu ... (Quellen des Lebens, Wahrheit) O J; **(2)** gebe Anleitung L

* **ὁδηγός, ὁ** Führer

\+ **ὁδοιπορέω** reise, bin auf dem Marsch L [P J

* **ὁδοιπορία, ἡ** Wanderung, Reise

[+] **ὁδοποιέω** bahne einen Weg [m]

ὁδός, ἡ **(1)** Weg; Straße; **(2)** Reise; ἐν τῇ ~ῷ od. κατὰ τὴν ~όν unterwegs; εἰς ~όν auf die ~; ἐξ ὁδοῦ auf der ~ L; **(3)** [übertr.:] Wandel; Lebensauffassung L; **(4)** Lehre L K

ὀδούς, ὁ Zahn S O

* **ὀδυνάομαι** empfinde Schmerz; bin schmerzlich berührt ἐπί τινι von ... L; ~ώμενος unter Schmerzen L

* **ὀδύνη, ἡ** [seelischer] Schmerz, Betrübnis P

* **ὀδυρμός, ὁ** Wehklagen M P

\+ **ὄζω** stinke J

ὅθεν Adv. **(1)** von wo, woher; woraus J; **(2)** aus welchem Grunde, weshalb

* **ὀθόνη, ἡ** Leintuch L
* **ὀθόνιον, τό** Leinenbinde [zur Umhüllung der Leichen] J [L]

οἶδα **(1)** weiß; kenne τινά, τὶ; ~ περί τινος habe Kenntnis von ... (Tag u. Stunde) m M; **(2)** erkenne; verstehe; lerne kennen; **(3)** bin bekannt mit ...; **(4)** verstehe; bin imstande zu ...

* **οἰκεῖος, ὁ** Hausgenosse, Verwandter, Glaubensgenosse P

+ **οἰκετεία, ἡ** Hausgesinde, Dienerschaft [M]

* **οἰκέτης, ὁ** Sklave
* **οἰκέω** **(1)** bewohne τὶ etw. P; **(2)** [intr.:] hause, wohne; ἡ ~ουμένη s. dort

+ **οἴκημα, τό** Gefängnis L

* **οἰκητήριον, τό** Wohnung **(1)** [eigtl.:] Wohnsitz K; **(2)** [übertr.:] Behausung (Lichtleib der Verklärten) P

οἰκία, ἡ **(1)** Haus; **(2)** Familie; Hausgenossenschaft; **(3)** Behausung [auch übertr.; s. οἰκητήριον 2]

* **οἰκιακοί, οἱ** Hausgenossen, Verwandte M

+ **οἰκοδεσποτέω** stehe dem Hauswesen vor P

οἰκοδεσπότης, ὁ Hausherr S

οἰκοδομέω **(1)** baue; erbaue; οἱ ~οῦντες die Bauhandwerker; **(2)** baue wieder auf; **(3)** [bildl.:] erbaue = fördere, kräftige, stärke in rel. u. sittlicher Hinsicht

οἰκοδομή, ἡ **(1)** Bau, Gebäude; **(2)** Erbauung [s. οἰκοδομέω 3]

[+] **οἰκοδομία, ἡ** Erbauung [P]

+ **οἰκοδόμος, ὁ** Baumeister [L]

+ **οἰκονομέω** bin Verwalter L

* **οἰκονομία, ἡ** **(1)** Verwaltung, auch vom Amt des Apostels; **(2)** (Gottes) Heilsplan P; **(3)** Heilserziehung

οἰκονόμος, ὁ **(1)** Verwalter; ~ τῆς πόλεως Stadtrechner P; **(2)** übertr. auf den Verwalter göttlicher Güter P

οἶκος, ὁ **(1)** Haus; Behausung; Wohnung; auch übertr. auf die Christenheit K P; **(2)** Familie; **(3)** Geschlecht; **(4)** Haus u. sein Inhalt = Hab und Gut L

οἰκουμένη, ἡ **(1)** die bewohnte Erde, der Erdkreis; **(2)** die Menschheit; **(3)** das Römerreich

+ **οἰκουργός** 2 haushälterisch [P]

[+] **οἰκουρός** 2 haushälterisch [P]

* **οἰκτείρω, οἰκτίρω** habe Mitleid P
* **οἰκτιρμός, ὁ** Erbarmen [= Pl.] P H
* **οἰκτίρμων, ~ον** barmherzig L Ja
* **οἶμαι** meine, denke
* **οἰνοπότης, ὁ** Säufer M L

οἶνος, ὁ Wein; ~ τοῦ θυμοῦ Zorn~ [Gottes, der getrunken werden muß] O; ~ τῆς πορνείας ~, der zur Hurerei verführt O

+ **οἰνοφλυγία, ἡ** Trunksucht K

οἴομαι s. οἶμαι

οἷος 3 wie (beschaffen); οὐχ ~ον δὲ ὅτι es ist durchaus nicht so, daß ...; aber nicht als ob P

οἴσω Fut. zu φέρω

+ **ὀκνέω** säume L

* **ὀκνηρός** 3 **(1)** saumselig, träge, faul τινί in ...; **(2)** unlustig machend, langweilig; ἐμοὶ οὐκ ~όν [d. h. ἐστιν] ist mir nicht ~

+ **ὀκταήμερος** 2 am achten Tag P

* **ὀκτώ** acht

ὀλεθρευτής, ὀλεθρεύω s. ὀλοθρευτής, ὀλοθρεύω

[+] **ὀλέθριος** 2 Verderben bringend [P]

* **ὄλεθρος** Verderben, Vernichtung, Untergang P

\+ **ὀλιγοπιστία, ἡ** Kleinglaube [M]

* **ὀλιγόπιστος** 2 kleingläubig M L

ὀλίγος 3 **(1)** wenig [im Pl. u. Sg.]; ~ας [d.h. πληγὰς] δαρῆναι ~ Schläge erhalten L; **(2)** klein; gering; unbedeutend; τὸ ~ον das geringe Quantum; **(3)** kurz; ~ καιρός ~ Frist; **(4)** das Ntr. ~ον adv.: ein bißchen, wenig; in Verbindung mit Präp.: πρὸς ~ον auf ~ Zeit; ἐν ~ῳ in Kürze, in kurzem

\+ **ὀλιγόψυχος** 2 kleinmütig P

\+ **ὀλιγωρέω** mißachte τινός … H

\+ **ὀλίγως** Adv. kaum K

\+ **ὀλοθρευτής, ὁ** Verderber P

\+ **ὀλοθρεύω** verderbe H

* **ὁλοκαύτωμα, τό** Ganzopfer, Brandopfer m H

\+ **ὁλοκληρία, ἡ** volle Gesundheit L

* **ὁλόκληρος** 2 unversehrt P Ja

\+ **ὀλολύζω** wehklage Ja

ὅλος 3 ganz; δι' ~ου ganz durch, durch und durch J

\+ **ὁλοτελής, ~ές** vollständig P

\+ **ὄλυνθος, ὁ** Spätfeige O

* **ὅλως** Adv. überhaupt; ~ οὐκ durchaus nicht, in keiner Hinsicht P

\+ **ὄμβρος, ὁ** Platzregen L

\+ **ὁμείρομαι** (**ὁμείρομαι**) habe Sehnsucht τινός nach … P

* **ὁμιλέω** rede; unterhalte mich τινί, πρός τινα mit … L

\+ **ὁμιλία, ἡ** Umgang, Verkehr P

[+] **ὅμιλος, ὁ** Menschenmenge [O]

\+ **ὁμίχλη, ἡ** Nebelwolke K

* **ὄμμα, τό** Auge M m

ὄμνυμι u. **ὀμνύω** **(1)** schwöre τὶ, ἔν τινι, κατά τινος bei …; **(2)** sichere zu, verspreche, drohe [mit einem Schwur] τινί od. πρός τινα …

ὁμοθυμαδόν Adv. einmütig L P

[*] **ὁμοιάζω** gleiche [M] [m]

* **ὁμοιοπαθής, ~ές** gleichgeartet τινί jmdm. L Ja

ὅμοιος 3 **(1)** gleich τινί jmdm.; καὶ τὰ ~α τούτοις und dergleichen; **(2)** ähnlich

* **ὁμοιότης, ἡ** Gleichheit; καθ' ~ητα in ganz der gleichen Weise H

ὁμοιόω **(1)** mache gleich; Pass.: werde gleich, gleiche; **(2)** vergleiche τί od. τινά τινι etw. od. jmdn. mit … S

* **ὁμοίωμα, τό** **(1)** Gleichheit P; **(2)** Bild, Abbild P; **(3)** Gestalt, Figur O; **(4)** ἐν ~τι ἀνθρώπων [od. σαρκός] läßt in der Schwebe, ob gleiche Art od. nur gleiches Aussehen P

ὁμοίως Adv. gleicherweise, ebenso

\+ **ὁμοίωσις, ἡ** Gleichheit; καθ' ~ιν in Übereinstimmung mit … Ja

ὁμολογέω **(1)** gebe zu, gestehe zu; **(2)** bekenne; **(3)** gestehe ein; **(4)** verspreche M [L]; **(5)** preise τῷ ὀνόματι den Namen (Gottes) H

* **ὁμολογία, ἡ** **(1)** [akt.:] das Bekennen; **(2)** [pass.:] Bekenntnis

\+ **ὁμολογουμένως** Adv. anerkanntermaßen P

[+] **ὁμόσε** Adv. zusammen [L]

\+ **ὁμότεχνος, ὁ** Berufsgenosse L

* **ὁμοῦ** Adv. **(1)** zusammen; **(2)** zugleich, im Verein

\+ **ὁμόφρων, ~ον** gleichgesinnt, einträchtig K

* **ὅμως** Adv. gleichwohl; dennoch, gleichfalls, auch [?] P J

ὀναίμην Opt. Aor. 2 Med. v. ὀνίναμαι

* **ὄναρ, τό** Traum M; κατ' ὄναρ im ~ M

\+ **ὀνάριον, τό** junger Esel J

* **ὀνειδίζω** **(1)** schmähe; **(2)** mache [berechtigte] Vorwürfe, tadle

* **ὀνειδισμός, ὁ** Schmähung, Beschimpfung, Vorwurf H P

\+ **ὄνειδος, τό** Schmach, Schande L

* **ὀνικός** 3 Esel- S; μύλος ~ s. μύλος 2

\+ **ὀνίναμαι** erlebe Freude τινός an … P

ὄνομα, τό **(1)** Name; εἰς τὸ ~ τινος auf den ~ jmds. [um die Zugehörigkeit zu bezeichnen, juristische Formel]; ἐν ~τί τινος im Namen = im Auftrag von …; unter Anrufung von …; **(2)** Person; **(3)** Titel; ἐν ~τι ὅτι unter dem ~, daß = in der Eigenschaft als m; **(4)** [bekannter] Name, Ruf, Ruhm

ὀνομάζω **(1)** nenne, brauche einen Namen; **(2)** benenne, gebe einen Namen; **(3)** Pass.: werde genannt = bin bekannt P

* **ὄνος, ὁ, ἡ** Esel, Eselin

ὄντως Adv. in Wahrheit; wirklich; ἡ ~ ζωή Leben, das ~ ein solches ist; ἡ ~ χήρα eine wirkliche Witwe P

* **ὄξος, τό** Essig Evv

* **ὀξύς, ~εῖα, ~ύ** **(1)** scharf (Schwert, Sichel) O; **(2)** schnell (Füße) P

* **ὀπή, ἡ** Loch, Spalt, Höhlung H Ja

* **ὄπισθεν** Adv. **(1)** als Adv.: von hinten her; hinten; **(2)** als uneigtl. Präp. mit Gen.: hinter … her; hinter

ὀπίσω Adv. **(1)** als Adv.: hinten; εἰς τὰ ~ zurück; τὰ ~ was dahinten liegt P; nach hinten; **(2)** als uneigtl. Präp. mit Gen.: hinter; hinter … her; [v. der Zeit:] nach

\+ **ὁπλίζομαι** wappne mich τὶ mit … K

* **ὅπλον, τό** Werkzeug, Waffe [auch bildl.: ~ der Gerechtigkeit, des Lichtes]

* **ὁποῖος** 3 wie beschaffen; ~οί ποτε ἦσαν was für Leute auch immer sie einmal waren P

[+] **ὁπότε** Adv. damals, als L

ὅπου Adv. **(1)** wo; ~ ἄν od. ἐάν wo nur immer; **(2)** wohin; ~ ἄν od. ἐάν wohin auch immer M L O: **(3)** insofern 1 K 3,3

\+ **ὀπτάνομαι** erscheine L

* **ὀπτασία, ἡ** Erscheinung, Gesicht L P

\+ **ὀπτός** 3 gebacken L

\+ **ὀπώρα, ἡ** Obst; ~ σου τῆς ἐπιθυμίας τῆς ψυχῆς das ~, nach dem deine Seele Verlangen hatte O

ὅπως **(1)** Adv.: wie; **(2)** Konj.: auf daß, damit [mit u. ohne ἄν]; [nach Verben des Bittens, Beschließens] daß

ὅραμα, τό **(1)** das Geschaute, das Gesicht; **(2)** Akt od. Zustand des Schauenden: δι' ~τος, ἐν ~τι durch eine Vision L

* **ὅρασις, ἡ** **(1)** Aussehen; ~ει von ~ O; **(2)** Gesicht, Vision L O

\+ **ὁρατός** 3 sichtbar; τὰ ~ά das ~ P

ὁράω **(1)** sehe; Pass.: erscheine; zeige mich; komme zu Gesicht; **(2)** erkenne; nehme wahr; **(3)** erlebe, erfahre; **(4)** sehe mich vor, hüte mich μή daß …; **(5)** sehe zu

ὀργή, ἡ Zorn [v. Menschen u. Gott]

* **ὀργίζομαι** zürne; bin zornig

\+ **ὀργίλος** 3 zornmütig P

* **ὀργυιά, ἡ** Klafter [ca. 1,85 m] L

* **ὀρέγομαι** strebe τινός nach (Geld, Bischofsamt, Besserem) P H

* **ὀρεινός** 3 bergig; ἡ ~ή [erg. χώρα] Bergland L

\+ **ὄρεξις, ἡ** Begierde P

\+ **ὀρθοποδέω** gehe auf geraden Wegen; ~ πρὸς τὴν ἀλήθειαν τοῦ εὐαγγελίου = wandle recht gemäß der Wahrheit des Evangeliums P

* **ὀρθός** 3 **(1)** aufrecht L; **(2)** gerade H

\+ **ὀρθοτομέω** schneide in gerader Richtung ein; ~ τὸν λόγον τῆς ἀληθείας führe das Wort der Wahrheit in gerader Richtung P

\+ **ὀρθρίζω** bin frühmorgens auf L

* **ὀρθρινός** 3 frühmorgens [L] [O]

[+] **ὄρθριος** 3 frühmorgens [L]

* **ὄρθρος, ὁ** Morgenfrühe; ~ου βαθέως im ersten Morgengrauen L; ὑπὸ τὸν ~ον um das Morgengrauen L

* **ὀρθῶς** Adv. recht, richtig L m

ὅρια, τά die Grenzen = das Gebiet S

* **ὁρίζω (1)** bestimme, setze fest; τὸ ὡρισμένον die Bestimmung L; **(2)** setze ein als; bestelle zu L P

* **ὁρκίζω** beschwöre τινὰ κατά τινος jmdn. bei …; auch mit doppeltem Akk.

ὅρκος, ὁ Eid; auch = feierliches Gelübde M

* **ὁρκωμοσία, ἡ** eidliche Versicherung H

* **ὁρμάω** stürze S; stürme L

* **ὁρμή, ἡ** Drang, Eifer, Begier; ἐγένετο ~ es entstand ein Drang L; Antrieb Ja

\+ **ὅρμημα, τό** Ansturm; ~τι mit stürmischer Gewalt O

* **ὄρνεον, τό** Vogel O

* **ὄρνιξ** [dorisch u. hellenist.] u. **ὄρνις, ὁ** u. **ἡ** Hahn; Henne M L

\+ **ὁροθεσία, ἡ** Grenze L

ὄρος, τό Berg; Pl.: Gebirge; Bergland

* **ὀρύσσω (1)** grabe auf, um M; **(2)** grabe aus M m; **(3)** vergrabe [M] [Ja

* **ὀρφανός** 3 verwaist J; ὁ ~ Waise

* **ὀρχέομαι** tanze S

ὅς, ἥ, ὅ welche (-r, -s), die (der, das)

* **ὁσάκις** Adv. sooft als P O

\+ **ὅσγε** der sogar P

* **ὅσιος** 2 u. 3 **(1)** heilig; τὰ ~α Δαυὶδ τὰ πιστά = die auf David bezüglichen zuverlässigen Gottessatzungen L; ὁ ~ v. Gott u. Christus O L; **(2)** fromm

* **ὁσιότης, ἡ** Frömmigkeit L P

\+ **ὁσίως** Adv. fromm P

* **ὀσμή, ἡ** Geruch; ~ εὐωδίας Wohlgeruch P; ~ τῆς γνώσεως Duft der (Gottes)erkenntnis P

ὅσος 3 **(1)** wie groß; [v. der Zeit] wie lange; **(2)** wieviel; **(3)** Ntr.: um wieviel …; καθ' ~ον in dem Maße; καθ' ~ον – οὕτως wie – so; ὅσα – τοσοῦτον soviel als – ebensoviel O; ἐφ' ~ον insofern als; ἐφ' ~ον ἐποιήσατε in dem Maße als, soviel als ihr getan habt M

[+] **ὅσπερ** ebender, welcher [m]

* **ὀστέον (ὀστοῦν), τό** Knochen

ὅστις, ἥτις, ὅτι (1) jede (-r, -s) die (der, das); **(2)** solche (-r, -s), welche (-r, -s); **(3)** = Relativpronomen welcher; **(4)** ἕως ὅτου bis; während

* **ὀστράκινος** 3 tönern P

\+ **ὄσφρησις, ἡ** **(1)** Geruchssinn; **(2)** Nase

* **ὀσφύς, ἡ** **(1)** Hüfte; **(2)** Lende L H

ὅταν Konj. **(1)** dann, wann; **(2)** sooft, als; **(3)** wenn

ὅτε **(1)** Konj.: da; als; nachdem; **(2)** Ersatz für ein Relativpronomen nach einem Subst. der Zeit: ἡμέραι ~ Tage, in denen …

ὅτι Konj. **(1)** daß; **(2)** zur Einführung der dir. Rede; dann nicht übersetzbar; **(3)** weil

ὅτου Gen. v. ὅστις; s. dort 4

οὗ wo; wohin

οὔ nein

οὐ (**οὐκ, οὐχ**) nicht [objektive Verneinung; in der Regel beim Ind.]

\+ **οὐά** ach! oh! m

οὐαί wehe; ~ μοί ἐστιν = mir droht Unheil P; [subst.:] ὁ ~ das Wehe O

\+ **οὐδαμῶς** Adv. keineswegs M

οὐδέ **(1)** und nicht; noch; **(2)** auch nicht; **(3)** nicht einmal

οὐδείς, ~εμία, ~έν keiner, keine, kein; niemand, nichts; ~έν in keiner Hinsicht; durchaus nicht P

οὐδέποτε niemals

* **οὐδέπω** noch nicht

οὐθείς = οὐδείς; s. dort

οὐκέτι Adv. **(1)** [zeitlich:] nicht mehr, nicht länger; **(2)** [logisch:] dann also nicht P

\+ **οὐκοῦν** [in Fragen:] nicht wahr? also doch? J

οὐ μή nicht, durchaus nicht [als bes. entschiedene Verneinung]

οὖν also, daher, folglich; mithin, demnach; da

οὔπω noch nicht

* **οὐρά, ἡ** Schwanz O

* **οὐράνιος** 2 himmlisch (Erscheinung, Heerschar, Vater) M L

* **οὐρανόθεν** Adv. vom Himmel her L

οὐρανός, ὁ Himmel [= Pl.]; auch Umschreibung für Gott

οὖς, ὠτός, τό Ohr; πρὸς τὸ ~, εἰς τὸ ~ = heimlich; auch übertr. auf das geistige Verständnis

* **οὐσία, ἡ** Vermögen L

οὔτε und nicht; ~ – ~ weder – noch

οὗτος, αὕτη, τοῦτο diese (-r, -s); διὰ τοῦτο deshalb; τοῦτο μέν – τοῦτο δέ teils – teils; καὶ τοῦτο und zwar P = καὶ ταῦτα H

οὕτω u. **οὕτως** Adv. **(1)** [wie …] so; derart, ebenso; **(2)** folgendermaßen; **(3)** ohne Umstände, kurzerhand; **(4)** [wie ein Adj.:] derartig

οὐχί verstärktes οὐ: nicht; nein; in Fragen, die eine bejahende Antwort erwarten

* **ὀφειλέτης, ὁ** **(1)** Schuldner; verpflichtet τινός zu …; **(2)** Sünder

* **ὀφειλή, ἡ** **(1)** Schuld; **(2)** Pflicht

* **ὀφείλημα, τό** Schuld **(1)** = das Geschuldete P; **(2)** [im rel. Sinn =] Sünde M

ὀφείλω **(1)** bin schuldig τινί τι jmdm. etw.; τὸ ~όμενον die Schuldsumme M; **(2)** bin verpflichtet, muß; **(3)** verfehle mich τινί gegen … L

* **ὄφελον** wenn doch …

* **ὄφελος, τό** Nutzen; τί μοι τὸ ~ [erg. ἐστίν]; was nützt es mir? P

* **ὀφθαλμοδουλία, ἡ** Augendienerei [= Pl.] P

ὀφθαλμός, ὁ Auge; ~ πονηρός böser Blick = Neid M m; ἀπέναντι τῶν ~ῶν εἶναι vor ~n stehen = deutlich bewußt sein P; κατ' ~οὺς προγράφειν vor ~n malen = lebhaft vorstellen P

ὀφθείς Ptz. Aor. 1 Pass. v. ὁράω

ὀφθησ´´ Fut. 1 Pass. v. ὁράω

ὄφις, ὁ Schlange [eigtl. u. übertr.; auch = Teufel]

\+ **ὀφρῦς, ἡ** Rand L

[+] **ὀχετός, ὁ** Kloake [m]

* **ὀχλέω** belästige L [L

\+ **ὀχλοποιέω** errege einen Auflauf

ὄχλος, ὁ (1) Volksmenge; [= Pl.:] Volk [bes. das geringe ~]; (2) Menge L O

\+ **ὀχύρωμα, τό** Bollwerk P

* **ὀψάριον, τό** Fisch J

* **ὀψέ** Adv. (1) als Adv.: spät; abends; (2) als uneigtl. Präp. mit Gen.: nach

ὄψῃ 2. Sg. Fut. Med. v. ὁράω

ὀψία, ἡ Abend

[+] **ὄψιμος** 2 spät; ὑετὸς ~ Spätregen [im März u. April]; in gleicher Bedeutung [ὁ] ὄψιμος Ja

ὄψιος 3 spät (Stunde) [m]

* **ὄψις, ἡ** (1) Antlitz J; (2) Aussehen, äußere Erscheinung; κατὰ ~ιν nach dem Augenschein J

* **ὀψώνιον, τό** (1) Sold [= Pl.]; ἰδίοις ~ίοις auf eigene Kosten P; (2) Lohn; (3) Entgelt; ~α τῆς ἁμαρτίας ~ der Sünde [Gen. subiectivus] P

Π

\+ **παγιδεύω** fange M

* **παγίς, ἡ** Schlinge, Fallstrick P L

παθ´´ Aor. 2 v. πάσχω

πάθημα, τό (1) [meist. Pl.:] Leid; Unglück; τὰ εἰς Χριστὸν ατα = die Leiden, die an Christus kommen sollten K; (2) Leidenschaft; τὰ ~τα τῶν ἁμαρτιῶν die sündigen ~en P

\+ **παθητός** 3 Leiden unterworfen L

* **πάθος, τό** Leidenschaft P; ~ ἐπιθυμίας ~liche Begierde P

* **παιδαγωγός, ὁ** Knabenführer, Hofmeister P

\+ **παιδάριον, τό** Knabe, Jüngling [vielleicht auch: jugendlicher Sklave] J [M]

* **παιδεία, ἡ** Zucht; Züchtigung

* **παιδευτής, ὁ** (1) Erzieher P; (2) Zuchtmeister H

παιδεύω (1) unterweise; erziehe; (2) züchtige P H; Pass.: werde gezogen [mit flgd. Inf.] P; (3) = geißele L

\+ **παιδιόθεν** Adv. von Jugend auf; = ἐκ ~ m

παιδίον, τό Kind [sowohl Knabe als Mädchen]; eigtl. u. übertr.

παιδίσκη, ἡ Sklavin; Magd

\+ **παίζω** spiele P

παῖς, ὁ (1) Knabe; (2) Sohn J; (3) [in Beziehung zu Menschen wie zu Gott] Diener, Knecht, Sklave; ~δες Hofleute M 14,2; (4) ἡ ~ Mädchen L

* **παίω** (1) schlage; treffe Evv; (2) steche O

* **πάλαι** Adv. (1) vormals, vor alters; (2) schon längst, seit langem

παλαιός 3 alt [auch = abgenützt (Kleid)]; ~ ἄνθρωπος = ursprünglicher, nicht wiedergeborener Mensch P

\+ **παλαιότης, ἡ** Alter; ~ γράμματος der alte Buchstabe (des Gesetzes) P

* **παλαιόω** **(1)** Akt.: erkläre für veraltet H; **(2)** Pass.: werde alt, werde hinfällig HL

\+ **πάλη, ἡ** Kampf P

πάλιν Adv. **(1)** zurück; rückwärts; **(2)** weiterhin, ferner; **(3)** andererseits; hinwiederum; **(4)** abermals, aufs neue

* **παλιγγενεσία, ἡ** Wiedergeburt **(1)** v. der Welt; **(2)** vom erlösten Menschen

\+ **παμπληθεί** Adv. allesamt L

[+] **πάμπολυς, ~πόλλη, ~πολυ** sehr groß (Haufe) [m]

\+ **πανδοχεῖον** u. **πανδοκεῖον, τό** Herberge, Karawanserei L

\+ **πανδοχεύς** u. **πανδοκεύς, ὁ** Herbergswirt L

\+ **πανήγυρις, ἡ** Festgemeinde H

\+ **πανοικεί** u. **πανοικί** Adv. mit der ganzen Familie L

* **πανοπλία, ἡ** volle Rüstung L; [bildl.:] P [PL

* **πανουργία, ἡ** Verschlagenheit

\+ **πανοῦργος** 2 listig, gerieben P

\+ **πανταχῇ** Adv. überall L

[+] **πανταχόθεν** Adv. von überall her [m]

* **πανταχοῦ** Adv. **(1)** überall; **(2)** nach allen Seiten [m]

* **παντελής, ~ές** vollständig, vollkommen; im NT nur εἰς τὸ ~ές, das Adv. umschreibend LH: **(1)** völlig, gänzlich; **(2)** überhaupt; **(3)** für immer

\+ **πάντη** Adv. auf jede Weise L

* **πάντοθεν** Adv. von allen Seiten; ringsum

παντοκράτωρ, ὁ der Allherrscher, der Allmächtige OP

πάντοτε Adv. jederzeit

* **πάντως** Adv. **(1)** jedenfalls, sicherlich, ganz bestimmt; **(2)** wenigstens; **(3)** [verneint:] durchaus nicht; nicht überhaupt P

παρά Präp. **I** mit Gen.: von, von ... her; οἱ ~ αὐτοῦ die Seinen; τὰ ~ τινος jmds. Gabe, Vermögen; **II** mit Dat.: neben, bei; unter; vor; in den Augen; nach der Meinung von; **III** mit Akk.: vorbei an; an, neben, bei; auf; wider; mehr als, vor; τεσσεράκοντα ~ μίαν vierzig weniger eins P; ~ τοῦτο deshalb P; ~ τι βυθίζεσθαι beinahe versinken [L]

* **παρα'βαίνω** **(1)** übertrete (Gebot, Überlieferung) M [J]; **(2)** trete ab (vom Apostelamt) L

\+ **παρα'βάλλω** **(1)** vergleiche; ~ παραβολῇ erläutere durch ein Gleichnis [m]; **(2)** setze über εἰς nach ... L

* **παράβασις, ἡ** Übertretung (des Gesetzes; auch absol.) PH

* **παραβάτης, ὁ** Übertreter (des Gesetzes; auch absol. = Sünder) P Ja

* **παρα'βιάζομαι** dränge, nötige τινά jmdn. L

\+ **παρα'βολεύομαι** setze aufs Spiel τῇ ψυχῇ das Leben P

παραβολή, ἡ **(1)** Gleichnis, Bildrede S; **(2)** Gegenbild, Sinnbild; ἐν ~ῇ als ein S.

[+] **παρα'βουλεύομαι** bin sorglos τινί in bezug auf etw. [P]

* **παραγγελία, ἡ** Gebot; Weisung LP

παρ'αγγέλλω befehle, ordne an; ~ παραγγελίᾳ gebe strengen Befehl L; mit [durch μή] negiertem Inf.: verbiete

παρα'γίνομαι **(1)** komme heran ἐπί, πρός τινα zu ..., εἰς ... nach ...; **(2)** trete auf, trete hervor; **(3)** stehe bei P

παρ'άγω **(1)** gehe vorbei; **(2)** gehe fort; **(3)** [Pass.:] vergehe

παραδεδώκεισαν augmentloses Plsqpf. v. παραδίδωμι

\+ **παρα'δειγματίζω** gebe der Schande preis [M] H

* **παράδεισος**, **ὁ** Paradies [als Aufenthalt der Seligen]

* **παρα'δέχομαι** **(1)** τινά nehme [freundlich] auf; **(2)** τὶ nehme [als richtig] an, lasse gelten

[+] **παραδιατριβή**, **ἡ** unnütze Beschäftigung [P]

παρα'δίδωμι **(1)** übergebe; gebe hin, dahin; **(2)** liefere aus; **(3)** befehle an; **(4)** überliefere; **(5)** lasse zu; ὅταν παραδοῖ ὁ καρπός wenn es die Frucht zuläßt m

\+ **παράδοξος** 2 wunderbar; ~α ~e Dinge L

παράδοσις, **ἡ** Überlieferung; Lehre

παραδῷ 3. Sg. Konjunktiv Aor. 2 v. παραδίδωμι

* **παρα'ζηλόω** mache eifersüchtig τινὰ ἐπί τινι jmdn. auf jmdn. P, τινά (den Herrn) P

\+ **παραθαλάσσιος** 3 am Meere od. See liegend (Stadt) M

\+ **παρα'θεωρέω** übersehe = vernachlässige L

* **παραθήκη**, **ἡ** anvertrautes Gut, Depositum P

παράθου Imp. Aor. 2 Med. v. παρατίθημι

παραθῶσιν Konjunktiv Aor. 2 Akt. v. παρατίθημι [L

* **παρ'αινέω** fordere auf, ermahne

παρ'αιτέομαι **(1)** bitte mir los; ἔχε με παρῃτημένον sieh mich als losgebeten [= entschuldigt] an L; **(2)** verbitte mir μή mit Inf. daß ... H; weigere mich L; **(3)** weise zurück P

\+ **παρα'καθ'έζομαι** setze mich daneben (zu den Füßen) [L]

[+] **παρα'καθ'ίζω** setze mich daneben [L]

παρα'καλέω **(1)** rufe herbei L; **(2)** lade ein L; **(3)** rufe an, bitte S P; **(4)** rufe auf, fordere auf; **(5)** rufe zu Hilfe mit flgd. ἵνα; **(6)** spreche zu, tröste; **(7)** rede gut zu P L

\+ **παρα'καλύπτομαι** bin verborgen ἀπό τινος vor ... L

[*] **παρακαταθήκη**, **ἡ** anvertrautes Gut, Depositum [P]

* **παρά'κειμαι** bin da; ~ταί μοι ist mir zur Hand P

παρακεκλήμεθα Pf. Pass. v. παρακαλέω

παρακληθῶ Konjunktiv Aor. 1 Pass. v. παρακαλέω

παράκλησις, **ἡ** **(1)** Ermunterung; **(2)** Ersuchen, Bitte; **(3)** Trost, Zuspruch; ~ τῶν γραφῶν ~, den die Hl. Schriften gewähren P

* **παράκλητος**, **ὁ** Anwalt; Beistand; Helfer; Fürsprecher J

* **παρακοή**, **ἡ** Ungehorsam P H

* **παρ'ακολουθέω** **(1)** folge; **(2)** verfolge [prüfend] L; **(3)** folge vertrauensvoll nach, nehme zur Richtschnur τὶ (Lehre) P

* **παρ'ακούω** **(1)** überhöre (Wort) m; **(2)** fange nebenbei auf m; **(3)** bin ungehorsam τινός jmdm. M

* **παρα'κύπτω** **(1)** beuge mich vor L J; **(2)** betrachte genau K

παρα'λαμβάνω **(1)** empfange, übernehme (Amt, Reich); **(2)** nehme mit; ~ κατ' ἰδίαν ~ zur Seite; **(3)** nehme an (Evangelium, Lehre) P; **(4)** nehme auf, erkenne an J

* **παρα'λέγομαι** segle vorüber τὶ an … L

παραλημφθήσομαι Fut. 1 Pass. v. παραλαμβάνω

\+ **παράλιος** 2; subst.: ἡ ~ [erg. χώρα] das Küstenland L

\+ **παραλλαγή, ἡ** Veränderung Ja

* **παρα'λογίζομαι** betrüge τινά jmdn. P Ja

παραλυτικός, ὁ der Gelähmte

* **παρα'λύω** löse auf, entkräfte; ~λελυμένος gelähmt

* **παρα'μένω** **(1)** bleibe; ~ τινί ~ in Verbindung mit … P; **(2)** beharre (bei einer Beschäftigung) H Ja

* **παρα'μυθέομαι** **(1)** tröste J; **(2)** ermuntere P

\+ **παραμυθία, ἡ** Zuspruch, Trost P

\+ **παραμύθιον, τό** Trost; ~ ἀγάπης Erleichterung durch die Liebe P

[+] **παράνοια, ἡ** Wahnwitz [K]

\+ **παρα'νομέω** handle gegen das Gesetz L

\+ **παρανομία, ἡ** Frevel K

\+ **παρα'πικραίνω** erbittere; bin ungehorsam, lehne mich auf H

* **παραπικρασμός, ὁ** Erbitterung; Auflehnung H

\+ **παρα'πίπτω** falle ab H

παραπλεῦσαι Inf. Aor. 1 v. παραπλέω

\+ **παρα'πλέω** fahre vorüber τὶ an … L

\+ **παραπλήσιον** Ntr. als Adv. nahekommend; fast ebenso wie; ~ θανάτῳ (θανάτου) bis auf den Tod P

\+ **παραπλησίως** Adv. ebenso H

* **παρα'πορεύομαι** **(1)** gehe hindurch (durch das Kornfeld) m; ziehe durch (Galiläa) m; **(2)** gehe vorbei, gehe vorüber m M

παράπτωμα, τό Sünde; Verfehlung

\+ **παρα'ρρέω** fließe vorbei; μήποτε παραρυῶμεν = daß wir nicht weggespült werden [= um das Heil kommen?] H

παραρυῶμεν Konjunktiv Aor. 2 Pass. v. παραρρέω

\+ **παράσημος** 2 gekennzeichnet L

* **παρα'σκευάζω** **(1)** bereite zu (Essen) L; **(2)** Med.: rüste mich P; Pf.: bin gerüstet, bereit P

* **παρασκευή, ἡ** Rüsttag [Freitag] = ἡμέρα ~ῆς Evv

παρασχών Ptz. Aor. 2 v. παρέχω

\+ **παρα'τείνω** dehne aus, ziehe in die Länge (Rede) L

* **παρα'τηρέω** [Akt. u. Med.:] **(1)** beobachte (Tage) P; passe auf τινά auf …; **(2)** bewache (Tore) L

\+ **παρατήρησις, ἡ** Beobachtung; μετὰ ~εως so daß man äußere Kennzeichen beobachten könnte L

παρα'τίθημι **(1)** lege vor (Speisen, Gleichnisse); **(2)** Med.: vertraue an; lege dar L

\+ **παρα'τυγχάνω** bin gerade dabei; οἱ ~οντες die zufällig Anwesenden L

\+ **παραυτίκα** Adv. augenblicklich; τὸ ~ ἐλαφρόν die für den Augenblick geringe Last P

* **παρα'φέρω** **(1)** nehme fort (Kelch); **(2)** Pass.: lasse mich fortreißen τινί durch … (Lehre) H; werde fortgetrieben ὑπό τινος von … (Winden) Ju

\+ **παρα'φρονέω** bin wahnsinnig P

\+ **παραφρονία, ἡ** Wahnsinn K

* **παρα'χειμάζω** überwintere L P

\+ **παραχειμασία, ἡ** das Überwintern L

παραχρῆμα Adv. sofort L M

\+ **πάρδαλις, ἡ** Leopard O

παρέβη Aor. 2 v. παραβαίνω

παρεδίδοσαν u. **παρεδίδουν** 3. Pl. Impf. v. παραδίδωμι

\+ **παρ'εδρεύω** bin dauernd beschäftigt τινί mit … (Altar) P

παρειμένος Ptz. Pf. Pass. v. παρίημι

πάρ'ειμι **(1)** bin anwesend, πρός τινα bei …, ἐπί τινος vor … L; ἐφ' ὃ πάρει; zu welchem Zweck bist du da? M; ~ ἐνώπιον τοῦ θεοῦ bin vor Gott gegenwärtig; παρών anwesend; πρὸς τὸ ~όν für die Gegenwart H; **(2)** πάρεστί μοί τι etw. steht mir zu Gebot; τὰ ~όντα der Besitz H; ἐν τῇ ~ούσῃ ἀληθείᾳ in der [bei euch] vorhandenen Wahrheit K

\+ **παρ'εισ'άγω** führe heimlich ein (Ketzereien) K

\+ **παρείσακτος** 2 eingeschlichen P

\+ **παρ'εισ'δύω** [παρεισεδύησαν Aor. 2 Pass. mit intr. Bedeutung] schleiche heimlich ein K

παρεισενέγκας Ptz. Aor. v. παρεισφέρω

* **παρ'εισ'έρχομαι** **(1)** schleiche mich heimlich ein P; **(2)** komme daneben herein P [K

\+ **παρ'εισ'φέρω** wende auf (Eifer)

παρεῖχαν hellenist. Impf. v. παρέχω

* **παρεκτός** Adv. **(1)** als Adv.: außerhalb, draußen; **(2)** als uneigtl. Präp. mit Gen.: außer

παρελάβοσαν hellenist. Aor. v. παραλαμβάνω [= παρέλαβον]

\+ **παρ'εμ'βάλλω** werfe auf (Wall) L

παρεμβολή, ἡ **(1)** Lager, Kaserne L; **(2)** Heer [in der Schlachtordnung], Schlachtreihe H

παρένεγκε Imp. Aor. 2 v. παραφέρω

\+ **παρ'εν'οχλέω** mache Schwierigkeiten τινί jmdm. L

* **παρεπίδημος, ὁ** der Fremde K H

παρ'έρχομαι **(1)** gehe, ziehe vorbei τινά an …; **(2)** gehe vorüber, vergehe, gehe zu Ende; **(3)** überschreite, übertrete (Gebot) L; **(4)** komme herbei

\+ **πάρεσις, ἡ** das Durchgehenlassen (früherer Sünden) P

παρ'έχω **(1)** gewähre L; schenke; **(2)** verursache (Mühe; Grübeleien); bringe (Gewinn) L; **(3)** Med.: gewähre; zeige mich als … P

\+ **παρηγορία, ἡ** Trost P

παρηκολουθηκώς Ptz. Pf. v. παρακολουθέω

\+ **παρθενία, ἡ** Jungfrauschaft L

παρθένος, ἡ **(1)** Jungfrau [auch in geistlicher Ehe lebende?]; **(2)** auch v. Männern O

* **παρ'ίημι** **(1)** unterlasse L; **(2)** lasse nach, spanne ab; παρειμένος abgespannt, entkräftet (Hände) H

παρ'ιστάνω u. **παρ'ίστημι** **I** [tr.:] **(1)** stelle zur Verfügung; setze in Bereitschaft (Reittiere) L; **(2)** stelle hin, dar; stelle her; **(3)** bringe dar (Opfer); **(4)** erweise, beweise L; **II** [intr.: παρίσταμαι, παραστήσομαι, παρέστην, παρέστηκα] **(1)** trete herzu; trete heran τινί zu ...; **(2)** stehe (dabei) τινί, ἐνώπιόν τινος vor ...; **(3)** bin da; **(4)** trete zur Seite, komme zu Hilfe τινί jmdm. P

\+ **πάροδος, ἡ** Vorbeigehen P

* **παρ'οικέω (1)** bewohne als Fremder τὶ ... L; **(2)** siedle über εἰς nach ... H

* **παροικία, ἡ** Aufenthalt in der Fremde L K

* **πάροικος, ὁ** Fremder

* **παροιμία, ἡ** Sprichwort K; Rätselrede J

* **πάροινος** 2 trunken, liederlich P

\+ **παρ'οίχομαι** gehe vorüber; παρῳχημέναι γενεαί vergangene Geschlechter L

\+ **παρ'ομοιάζω** gleiche [M]

\+ **παρόμοιος** 2 ähnlich m

* **παρ'οξύνομαι** lasse mich zum Zorn reizen P; gerate in Erregung L

* **παροξυσμός, ὁ (1)** Erbitterung L; **(2)** Antrieb; ~ ἀγάπης Ansporn in der Liebe H

* **παρ'οργίζω** reize zum Zorn P

\+ **παροργισμός, ὁ** Zorn P

παροργιῶ att. Fut. v. παροργίζω

\+ **παρ'οτρύνω** ermuntere, reize auf L

παρουσία, ἡ (1) Anwesenheit P; **(2)** Ankunft; ἡ ~ πάλιν πρός τινα die Rückkehr zu ... P; **(3)** [technisch v. Christus u. Antichrist:] Ankunft, Wiederkunft

\+ **παροψίς, ἡ** Schüssel M

παρρησία, ἡ (1) Offenheit [im Reden], Freimut; ~ᾳ frei heraus; **(2)** Öffentlichkeit; ~ᾳ öffentlich J; ἐν ~ᾳ öffentlich J P; ebenso μετὰ ~ας L, ἐν πάσῃ ~ᾳ in aller ~ P; **(3)** Freimütigkeit, Unerschrockenheit [im Verkehr mit Menschen u. Gott]; μετὰ ~ας freimütig P; πολλή μοι ~ πρὸς ὑμᾶς ich bin euch gegenüber des guten Zutrauens P

* **παρρησιάζομαι (1)** rede frei heraus; predige öffentlich L; ~ ἐπί τινι trete offen auf für ... L; **(2)** gewinne den Mut mit flgd. Inf. P

παρῳχημένος Ptz. Pf. v. παροίχομαι

πᾶς, πᾶσα, πᾶν I ohne Art.: **(1)** jeder; Pl.: alle; **(2)** jeder beliebige; **(3)** ganz; πᾶσα χαρά lauter Freude Ja; **II** mit Art.: **(1)** gesamt, ganz; alle; **(2)** Pl.: alle ... zusammen; **III** subst.: τὰ πάντα alles, das All; adv.: διὰ παντός fortwährend; κατὰ πάντα in jeder Hinsicht; **IV** mit Verneinung: οὐ ~ mancher; nicht jeder; πάντες οὐ = οὐ πάντες 1 K 15,51; οὐ [od. μή] ... πᾶσα σάρξ kein Mensch P M m; οὐ ... πᾶν ῥῆμα nichts L

πάσχα, τό (1) Passahfest; **(2)** Passahlamm; **(3)** Passahmahl; ποιεῖν τὸ ~ das ~ veranstalten; ἑτοιμάζειν τὸ ~ das ~ bereiten

πάσχω (1) leide; erleide; **(2)** erlebe; τοσαῦτα ἐπάθετε so Gewaltiges habt ihr erlebt P

πατάσσω (1) schlage; erschlage (Hirten); ~ ἐν πληγῇ treffe mit einer Plage O; **(2)** stoße τὴν πλευράν in die Seite L

* **πατέω (1)** [tr.:] trete, zertrete; plündere (Stadt) O; **(2)** [intr.:] trete, gehe, wandle ἐπάνω τινός auf ... L

πατήρ, πατρός, ὁ Vater [auch Ehrentitel für Lehrer u. alle Angesehenen; bes. Bezeichnung für Gott im Munde Jesu u. seiner Jünger]

* **πατριά, ἡ** Geschlecht L P; = Volk L

* **πατριάρχης, ὁ** Stammvater L H

+ **πατρικός** 3 väterlich, vom Vater ererbt (Überlieferungen) P

* **πατρίς, ἡ** (1) Vaterland J; (2) Vaterstadt

+ **πατρολῴας** u. **πατραλῴας** Vatermörder P

+ **πατροπαράδοτος** 2 vom Vater (od.: von den Vorfahren) überliefert (Wandel) K

* **πατρῷος** 3 väterlich, vom Vater ererbt (Gesetz, Bräuche) L; θεὸς ~ Gott der Väter L

παύω **(1)** lasse aufhören, halte zurück (die Zunge) ἀπὸ κακοῦ von dem Bösen K; **(2)** Med.: höre auf [mit einem Ptz.: = zu ...]; οὐ ~ unaufhörlich L P; πέπαυται ἁμαρτίας hat mit der Sünde aufgehört K

* **παχύνομαι** werde unempfindlich M L

* **πέδη, ἡ** Fußfessel m L

+ **πεδινός** 3 eben (Platz) L

+ **πεζεύω** reise zu Fuß, reise zu Land L

* **πεζῇ** Adv. zu Land [M] m

[+] **πεζός** auf dem Landweg [M]

* **πειθαρχέω** gehorche L P; ἔδει ... πειθαρχήσαντάς μοι μὴ ἀνάγεσθαι man hätte mir folgen und nicht abfahren sollen L

πειθοῖ Dat. v. πειθώ

+ **πειθός** 3 überredend (Worte) [P]

+ **πειθώ, ἡ** Überredung [P]

πείθω **I** Akt.: **(1)** überrede; berede; beschwichtige M; **(2)** überzeuge; **II** Pass. [abgesehen vom Pf.; s. IV]: **(1)** lasse mich überreden, bestimmen; glaube (den Worten) L; **(2)** gehorche; folge L; **III** Pf. 2 πέποιθα in präsentischer Bedeutung [mit Plsqpf. ἐπεποίθειν]: πέποιθα vertraue τινί, ἔν u. ἐπί τινι, εἴς τινα auf ...; πεποιθώς überzeugt, gewiß P; **IV** Pf. Pass.: πέπεισμαι bin überzeugt τὶ περί τινος von etw. in betreff jmds.; ~ περὶ ὑμῶν ... τὰ κρείσσονα s. κρείσσων 1

πεῖν Inf. Aor. 2 v. πίνω statt πιεῖν

πεινάω **(1)** [eigtl.:] hungere; **(2)** [übertr.:] ~ τι habe Hunger [= Verlangen] nach ... M; absol. J

* **πεῖρα, ἡ** **(1)** [akt.:] Versuch, Probe; λαβεῖν ~άν τινος ~ machen mit ... H; **(2)** [pass.:] Erfahrung; λαβεῖν ~άν τινος mit etw. Bekanntschaft machen H

πειράζω **(1)** versuche; **(2)** stelle auf die Probe; **(3)** führe in Versuchung; ὁ ~ων Versucher

* **πειράομαι** versuche L H

πειρασμός, ὁ **(1)** Prüfung, Erprobung K; **(2)** [akt. u. pass.:] Versuchung, Verlockung

+ **πεισμονή, ἡ** Zureden, Überredung P

* **πέλαγος, τό** **(1)** hohe See L = τὸ ~ τῆς θαλάσσης M; **(2)** das Meer; ~ τὸ κατὰ τὴν Κιλικίαν ~ längs der Küste von Cilicien L

+ **πελεκίζω** enthaupte O

* **πέμπτος** 3 der fünfte O

πέμπω sende, schicke; = lasse; ~ψας ... εἶπεν ließ ... sagen M

+ **πένης, ὁ** der Arme P

* **πενθερά, ἡ** Schwiegermutter S

+ **πενθερός, ὁ** Schwiegervater J

πενθέω **(1)** [intr.:] klage, bin traurig ἐπί τινα über ...; **(2)** [tr.:] beklage P

* **πένθος, τό** Klage, Trauer O Ja

\+ **πενιχρός** 3 arm L

\+ **πεντάκις** Adv. fünfmal P

* **πεντακισχίλιοι** 3 fünftausend

* **πεντακόσιοι** 3 fünfhundert

πέντε fünf

\+ **πεντεκαιδέκατος** 3 der fünfzehnte

* **πεντήκοντα** fünfzig

* **πεντηκοστή, ἡ** Pfingsten P L

πεπιστεύκεισαν augmentloses Plsqpf. v. πιστεύω

πέποιθα s. πείθω III

* **πεποίθησις, ἡ** Vertrauen, Zuversicht [zu anderen u. zu sich selbst] P

πεποιήκεισαν augmentloses Plsqpf. v. ποιέω

πέπονθα Pf. v. πάσχω

πέπρακα Pf. v. πιπράσκω

πεπραμένος Ptz. Pf. Pass. v. πιπράσκω

πέπτωκα Pf. v. πίπτω

πέπωκα Pf. v. πίνω [L

\+ **περαιτέρω** Adv. darüber hinaus

πέραν Adv. **(1)** als Adv.: jenseits; τὸ ~ das jenseitige Ufer Evv; **(2)** als uneigtl. Präp. mit Gen.: jenseits [auf die Fragen wohin? u. wo?]

* **πέρας, τό** **(1)** Grenze; τὰ ~τα die äußersten Enden (der Erde) L M P; **(2)** Ende, Abschluß H

περί Präp. **(1)** mit Gen.: über; von; für; ~ ἁμαρτίας zur Sühnung der Sünde, τὰ ~ τῆς ἁμαρτίας Sündopfer; wegen; auf Grund von; in betreff; τὰ ~ ἐμαυτοῦ meine Lage; τὰ ~ Ἰησοῦ Jesu Lage, Schicksal, Lehre; ~ πάντων in jeder Hinsicht; **(2)** mit Akk.: um ... herum; τὰ ~ τὸν τόπον Umgegend; οἱ ~ αὐτόν seine Begleiter; mit; an; um; was ... anbetrifft; τὰ ~ ἐμέ meine Angelegenheiten; ~ πάντα in jeder Hinsicht

* **περι'άγω** **(1)** [tr.:] führe [auf Reisen] mit P; **(2)** [intr.:] gehe umher, ziehe umher; ~ τὴν θάλασσαν καὶ τὴν ξηράν reise über Meer und Land umher M

* **περι'αιρέω** **(1)** nehme weg; ~ τὰς ἀγκύρας nehme die Anker fort L; tilge (Sünden); **(2)** Pass.: schwinde (Hoffnung) L

\+ **περι'άπτω** zünde an (Feuer) L

* **περι'αστράπτω** **(1)** [tr.:] umleuchte [blitzartig] L; **(2)** [intr.:] strahle ringsum auf περί τινα um ... L

περι'βάλλω **(1)** lege herum [L]; **(2)** lege um, ziehe an τὶ etw.; [davon Med.:] ~ τὶ ziehe mir etw. an; ~ομαι ἔν τινι bekleide mich mit ... O; ~ω τινά τι ziehe jmdm. etw. an J; ~ομαι ziehe mich an

* **περι'βλέπομαι** sehe mich (im Kreise) um; sehe an

* **περιβόλαιον, τό** Mantel H; Umhang P

\+ **περι'δέω** umwickle J

περιεδέδετο Plsqpf. Pass. v. περιδέω

περιεζωσμένος Ptz. Pf. Pass. v. περιζώννυμι

περιελεῖν, ~ών Inf., Ptz. Aor. 2 v. περιαιρέω

\+ **περι'εργάζομαι** kümmere mich um Dinge, die mich nichts angehen; mache mich unnütz P

* **περίεργος** 2 **(1)** sich um fremde Angelegenheiten kümmernd, vorwitzig P; **(2)** zur Zauberei gehörig; τὰ ~α Zauberkünste L

* **περι'έρχομαι (1)** ziehe umher L; laufe herum τὰς οἰκίας in den Häusern P; **(2)** fahre herum L; **(3)** irre umher H

περιέτεμον Aor. 2 v. περιτέμνω

* **περι'έχω (1)** erfasse, befalle L; **(2)** [tr.:] enthalte etw. [v. einem Brief] [L]; [intr.:] ~ει ἐν γραφῇ es steht in der Schrift K

* **περι'ζώννυμι** u. **περι'ζωννύω (1)** umgürte; **(2)** Med.: umgürte mich LOP

περίζωσαι Imp. Aor. 1 Med. v. περιζώννυμι

περιζωσάμενος Ptz. Aor. 1 Med. v. περιζώννυμι

περιῃρεῖτο 3. Sg. Impf. Pass. v. περιαιρέω

+ **περίθεσις, ἡ** das Anlegen χρυσίων von Goldschmuck K

* **περι'ίστημι (1)** Akt.: stelle herum; Aor. 2 trete ringsherum, stelle mich ringsherum L; Pf. stehe ringsherum J; **(2)** Med.: gehe aus dem Wege, vermeide (leeres Geschwätz, Streitigkeiten) P

+ **περικάθαρμα, τό** Schmutz, Unrat; ~τα τοῦ κόσμου = Auswurf der Menschheit P

[+] **περι'καθίζω** setze mich rundherum [L]

* **περι'καλύπτω** verhülle; umkleide (mit Gold) H

* **περί'κειμαι (1)** liege rundherum; bin umgelegt (um den Hals); umgebe τινί H; **(2)** ~αί τι bin mit etw. angetan, trage etw. an mir (Fessel; Schwäche) LH

* **περι'κεφαλαία, ἡ** Helm P; ~ τοῦ σωτηρίου ~ des Heils (geistliche Waffenrüstung) P

+ **περικρατής, ~ές** mächtig; ~ γίνομαι werde ~ τινός ... L

+ **περι'κρύβω (περικρύπτω)** verberge sorgfältig L

+ **περι'κυκλόω** umzingle L

* **περι'λάμπω** umleuchte L

* **περι'λείπομαι** bleibe übrig; bleibe am Leben P

* **περίλυπος** 2 tiefbetrübt S

+ **περι'μένω** erwarte L

+ **πέριξ** Adv. ringsum; αἱ ~ πόλεις die umliegenden Städte [L]

+ **περι'οικέω** wohne in der Nachbarschaft; οἱ ~οῦντες αὐτούς ihre Nachbarn L

+ **περίοικος, ὁ** Nachbar L

+ **περιούσιος** 2 auserlesen, auserwählt; λαὸς ~ ein ~ Volk P

+ **περιοχή, ἡ** Wortlaut; Abschnitt L

περι'πατέω (1) ziehe umher; gehe, gehe einher; ~ ἐπάνω gehe oben darüber hin; **(2)** führe einen Lebenswandel, lebe ἔν τινι in ..., κατά τι entsprechend ...; **(3)** [vom äußeren Leben:] führe das Leben διὰ πίστεως im Glauben P

+ **περι'πείρω** durchbohre; ~ ἐμαυτὸν ὀδύναις bereite mir viel nagende Pein P

* **περι'πίπτω** falle, gerate unter τινί ... L Ja, εἰς ... auf ... L

* **περι'ποιέομαι (1)** erhalte für mich, rette mir τὶ etw. L; **(2)** erwerbe mir, gewinne für mich PL

* **περιποίησις, ἡ (1)** Erhaltung, Bewahrung (des Lebens) H; **(2)** Erwerbung, Gewinn P; **(3)** Besitz, Eigentum; λαὸς εἰς ~ιν Volk zum Eigentum

[+] **περι'(ρ)ραίνω** besprenge ringsum O

+ **περι'(ρ)ρήγνυμι** reiße auf allen Seiten herunter (die Kleider) L

\+ **περι'σπάομαι** werde in Anspruch genommen περί τι von … L

* **περισσεία, ἡ** Überfluß, Fülle P Ja

* **περίσσευμα, τό** (1) Überfluß, Überschuß; ~ τῆς καρδίας wes das Herz überfließt; (2) Überbleibsel (v. Brocken) m

περι'σσεύω I [intr.:] (1) bin übrig; τὸ ~ον der Rest; (2) bin im Überfluß vorhanden; ~ει πλεῖον ist viel größer als …; ~ει τινί τι jmd. hat Überfluß an …; ~ τῷ ἀριθμῷ wachse der Zahl nach L; (3) tue mich hervor τινί durch … P; (4) bin reich τινός, ἔν τινι an … P; **II** [tr.:] (1) lasse reichlich zuteil werden τὶ etw.; (2) mache überreich τινά jmdn.; (3) Pass.: habe Überfluß τινός an …

* **περισσός** 3 (1) reichlich; ~ὸν ἔχω habe Überfluß J; (2) überflüssig; ~όν μοί ἐστίν es ist ~, daß ich … P; (3) außerordentlich; τί ~ὸν ποιεῖτε; was tut ihr ~es? M; (4) mehr [= πλείων]; τὸ ~ὸν τούτων was mehr ist als dies M; τὸ ~όν τινος der Vorzug P; Komp.: περισσότερος 3 (1) mehr τινός als …; (2) schlimmer (Urteil); härter (Leid); (3) Ntr. als Adv.: mehr

περισσῶς Adv. (1) heftig; sehr; (2) mehr; – Komp.: (1) περισσότερον mehr; (2) περισσοτέρως mehr; sehr; ganz besonders P H

περιστερά, ἡ Taube Evv

περι'τέμνω beschneide; Pass.: lasse mich ~ L P; περιτετμημένος der Beschnittene [= Jude] P; auch bildl. v. der Taufe P

* **περι'τίθημι** (1) ziehe herum (Zaun) τινί um …; (2) ziehe an (Mantel) M; (3) setze, stecke auf (Kranz; Schwamm); (4) [übertr.:] verleihe; ~ τιμήν τινι erweise jmdm. Ehre P

περιτομή, ἡ (1) Beschneidung [auch übertr.]; (2) Zustand des Beschnittenseins; (3) die Beschnittenen [= Juden; auch übertr.] P

\+ **περι'τρέπω** versetze εἴς τι in … (Verschrobenheit) L

\+ **περι'τρέχω** laufe hin und her, durchziehe kreuz und quer τὶ … m

* **περι'φέρω** trage herum τινά od. τὶ jmdn. od. etw., ἐν … an …; Pass.: werde umhergetrieben τινί von …

\+ **περι'φρονέω** verachte τινός … P

περίχωρος, ἡ [erg. χώρα] Umgegend

\+ **περίψημα, τό** Unrat, Schmutz, Auswurf; πάντων ~ Abschaum von allen P

\+ **περπερεύομαι** führe mich als Windbeutel auf P

* **πέρυσι** Adv. voriges Jahr; ἀπὸ ~ seit ~ P

πεσεῖν, ~ών Inf., Ptz. Aor. 2 v. πίπτω

πεσοῦμαι Fut. v. πίπτω

[*] **πετάομαι** fliege = πέτομαι

πετεινόν, τό Vogel

* **πέτομαι** fliege O

πέτρα, ἡ Fels; Stein; ~ σκανδάλου ein S., über den man stolpert

* **πετρώδης, ~ες** steinig; τὸ ~ες, τὰ ~η Felsboden M m

πεφίμωσο Imp. Pf. Pass. v. φιμόω

\+ **πήγανον, τό** Raute L

πηγή, ἡ Quelle; ~ τοῦ αἵματος Blutfluß m

\+ **πήγνυμι** füge zusammen, erbaue H

* **πηδάλιον, τό** Steuerruder L Ja

* **πηλίκος** 3 wie groß P H

* **πηλός, ὁ** **(1)** Lehm, Ton P; **(2)** Schlamm J

* **πήρα, ἡ** Ranzen, Reisetasche, auch Bettelsack S

* **πῆχυς, ὁ** Elle

πιάζω **(1)** fasse an τινός an ...; **(2)** ergreife; fange J O; verhafte J L P

πίε Imp. Aor. 2 v. πίνω

\+ **πιέζω** presse zusammen; πεπιεσμένος festgedrückt (Maß) L

πιεῖν Inf. Aor. 2 v. πίνω

πίεσαι 2. Sg. Fut. v. πίνω

\+ **πιθανολογία, ἡ** falsche Vorspiegelung P

πιθός itazistische Schreibung für πειθός

* **πικραίνω** **(1)** mache bitter; ~ τὴν κοιλίαν verursache bitteren Geschmack im Magen O; **(2)** [übertr.:] erbittere; Pass.: werde bitter, lasse mich erbittern πρός τινα gegen ... P

* **πιρκία, ἡ** **(1)** Bitterkeit; εἰς χολὴν ~ας ὁρῶ σε ὄντα ich sehe, daß du gallenbitter bist L; ῥίζα ~ας bittere Wurzel H; **(2)** Erbitterung P

* **πικρός** 3 **(1)** bitter Ja; **(2)** verbittert Ja

* **πικρῶς** Adv. bitterlich M L

πίμπλημι **(1)** fülle τινός mit ...; Pass.: werde voll τινός von ... (Furcht = fürchte mich; Eifersucht = werde eifersüchtig; vom heiligen Geist); **(2)** Pass.: [v. Zeitspannen:] bin abgelaufen L; [v. Prophezeiungen:] gehe in Erfüllung L

\+ **πίμπραμαι** **(1)** werde von einem inneren Brande verzehrt; **(2)** schwelle an L

πῖν itazistische Schreibung für das aus πιεῖν [Inf. Aor. 2 v. πίνω] kontrahierte πεῖν

\+ **πινακίδιον, τό** Schreibtafel L

* **πίναξ, ὁ** Teller S

πίνω trinke ἀπό, ἐκ von ..., ἐκ aus ...; auch bildl. verwendet

\+ **πιότης, ἡ** Fettigkeit; ῥίζα τῆς ~τητος Fett spendende Wurzel P

* **πιπράσκω** verkaufe τινός um ... (viel Geld; Denare); πεπραμένος ὑπὸ τὴν ἁμαρτίαν [als Sklave] unter die [Gewalt der] Sünde verkauft P

πίπτω **(1)** falle herab ἀπό, ἐκ von ..., εἰς, ἐπί auf ..., ἐν μέσῳ mitten unter ..., παρὰ τὴν ὁδόν am Weg her; **(2)** stürze (ein, über ... hin); falle nieder; **(3)** werfe mich nieder; **(4)** breche zusammen; **(5)** gehe zugrunde; **(6)** komme zu Fall P; **(7)** werde hinfällig, höre auf; **(8)** befalle; komme ἐπί τινα über jmdn.

πιστεύω **(1)** glaube τὶ etw.; messe Glauben bei τινί ...; ~ περί τινος ὅτι glaube von jmdm., daß J; habe Glauben; ἐπίστευσα bin zum Glauben gelangt, gläubig geworden; ἐπιστεύθη τὸ μαρτύριον ἡμῶν unser Zeugnis hat Glauben gefunden P; ~ εἴς τι ~ an ...; **(2)** glaube an; vertraue εἴς, ἔν, ἐπί τινι u. ἐπί τινα auf ...; auch mit Dat.; **(3)** vertraue an τινί τι jmdm. etw.; Pass.: πιστεύομαί τι mir wird etw. anvertraut P; οἰκονομίαν πεπίστευμαι bin mit einem Amt betraut P: **(4)** getraue mich (alles zu essen) Rö 14,2

* **πιστικός** 3 echt (? Narde) m J

πίστις, ἡ **(1)** Treue, Zuverlässigkeit; **(2)** Vertrauen, Glaube; ~ τινός, εἰς, ἐν ~ an ...; **(3)** Glaubenslehre Ju; **(4)** ~ιν παρέχω τινί erbringe jmdm. einen Beweis (?) L

\+ **πιστόομαι** lasse mich überzeugen, nehme gläubig auf; μένε ἐν οἷς [= ἐν τούτοις, ἃ] ἔμαθες καὶ ἐπιστώθης bleibe bei dem, was du gelernt und gläubig aufgenommen hast P

πιστός 3 **(1)** zuverlässig, treu (Sklave, Verwalter; auch Gott, Christus); glaubhaft; glaubwürdig; **(2)** gläubig

πλανάω **(1)** führe in die Irre, betrüge; **(2)** Pass.: verirre mich, lasse mich verführen, verfalle in Irrtum; ~ ἀπὸ τῆς ἀληθείας irre von der Wahrheit ab Ja; täusche mich, werde betrogen

πλάνη, ἡ Irrtum; Irrwahn, Täuschung

\+ **πλανήτης, ὁ** der Herumirrende; ἀστὴρ ~ Irrstern Ju

* **πλάνος** 2 irreführend, täuschend; [subst.:] Verführer

* **πλάξ, ἡ** Tafel (des Bundes = des Gesetzes) H P; (des Herzens) P

\+ **πλάσμα, τό** Gebilde P

* **πλάσσω** bilde P

\+ **πλαστός** 3 erdichtet, gefälscht (Lehren) K

* **πλατεῖα, ἡ** Straße

* **πλάτος, τό** Breite; ~ τῆς γῆς breite Fläche der Erde O

* **πλατύνω** **(1)** mache breit; ~ φυλακτήρια trage breite Gebetsriemen M; **(2)** Pass.: werde weit (Herz) P

\+ **πλατύς, ~εῖα, ~ύ** breit (Weg) M

\+ **πλέγμα, τό** [kunstvolle] Haarflechte P

* **πλεῖστος** 3 [Superlativ zu πολύς] meist; ὁ ~ ὄχλος die sehr große Menschenmenge M; τὸ ~ον höchstens P

πλείων, πλεῖον u. **πλέον** [Komp. zu πολύς] mehr; zahlreicher; οἱ ~ους die Mehrzahl, die meisten; τὸ πλεῖον die größere Summe L; ἐπὶ ~ον länger; lange; weiterhin; immer mehr

* **πλέκω** flechte (Kranz)

πλέον s. πλείων

* **πλεονάζω** **I** [intr.:] **(1)** bin reichlich vorhanden; **(2)** wachse; **(3)** habe Überfluß; **II** [tr.:] mache reich τινά τινι jmdn. an ... P

* **πλεονεκτέω** übervorteile; Pass.: werde überlistet P

* **πλεονέκτης, ὁ** der Habgierige, Gewinnsüchtige P

πλεονεξία, ἡ Habgier; [= Pl. m]

* **πλευρά, ἡ** Seite J L

* **πλέω** segle εἰς nach ... L [O]

πληγή, ἡ **(1)** Schlag, Hieb; **(2)** Wunde, Strieme; ~ τῆς μαχαίρης Schwertwunde O; ~ τοῦ θανάτου Todeswunde O; **(3)** Plage; Unheil O

πλῆθος, τό **(1)** Vielheit H; **(2)** Menge; Schar, Haufe; **(3)** Volk, Bevölkerung; **(4)** Gemeinde L

πληθύνω **I** [tr.:] vermehre; Pass.: vermehre mich, wachse; **II** [intr.:] nehme zu L

* **πλήκτης, ὁ** Raufbold P

\+ **πλήμμυρα, ἡ** Hochwasser, Überschwemmung L

πλήν Adv. **(1)** [als Konj. gebraucht:] indessen, jedoch; ~ ὅτι außer daß L P; **(2)** [als uneigtl. Präp. mit Gen. gebraucht:] außer

πλήρης, ~ες [J 1,14 wie hellenist. indeklinabel] **(1)** voll τινός von ...; **(2)** vollständig, vollzählig

(Lohn) J; voll ausgereift (Korn) m

* **πληροφορέω** **(1)** erfülle ἔν τινι mit … P; vollbringe (Dienst; Verkündigung) P; τὰ πεπληροφορημένα πράγματα die Dinge, die sich vollzogen haben L; **(2)** Pass.: bin vollkommen überzeugt P; πεπληροφορημένος mit Gewißheit erfüllt P

* **πληροφορία, ἡ** volle Überzeugung, Gewißheit PH

πληρόω **(1)** fülle (Netz, Haus, Herz); befriedige (den Bedarf) P; Pass.: werde voll τινός, ἔκ τινος von …; **(2)** fülle aus; **(3)** mache vollzählig; [v. der Zeit:] erfülle; vollende (Worte, Werk, Lauf); **(4)** mache vollkommen, völlig (Freude, Gehorsam); **(5)** vollbringe (Gesetz) P; bringe zur Erfüllung (Weissagungen)

πλήρωμα, τό **(1)** Füllsel (der Körbe); Füllstück; **(2)** Erfüllung (der Zeit, des Gesetzes) P; **(3)** Fülle; Vollzahl; ἡλικία τοῦ ~τος Vollalter P; Gesamtheit (der Heiden) P

πλήσας, πλησθείς Ptz. Aor. 1 Akt. u. Pass. v. πίμπλημι

πλησίον Adv. **(1)** als Adv.: nahe, nahe dabei; ὁ ~ der Nächste; Mitmensch; **(2)** als uneigtl. Präp. mit Gen.: nahe bei J

\+ **πλησμονή, ἡ** Sättigung, Befriedigung P

\+ **πλήσσω** treffe; ἐπλήγη wurde getroffen (Gestirne, die dadurch v. ihrem Licht einbüßen) O

* **πλοιάριον, τό** Schiff

πλοῖον, τό Schiff; Kahn

* **πλοῦς, ὁ** Seefahrt L

πλούσιος 3 reich [eigtl. u. übertr.:] ἔν τινι an …; ὁ ~ der Reiche

* **πλουσίως** Adv. reichlich PK

πλουτέω bin reich [eigtl. u. übertr.]; ἐπλούτησα bin zu Reichtum gelangt ἔν τινι an …, εἴς τινα für … P, im Verhältnis zu … (Gott) L, ἀπό od. ἔκ τινος von … her O

* **πλουτίζω** mache reich [übertr.], ἐν παντί in jeder Hinsicht P

πλοῦτος, ὁ u. **τό** Reichtum; großer Überfluß, Fülle τινός an … (Gnade, Güte, Herrlichkeit, Einfalt); ~ κόσμου ~ für die Welt P

* **πλύνω** wasche (Netze; Gewänder) LO

πνεῦμα, τό **(1)** Wind; **(2)** Atem P; **(3)** Geist; bes. der Hl. Geist; **(4)** Geistwesen

πνευματικός 3 den Geist betreffend, geistig, geistlich; ὁ ~ der Geistmensch; τὰ ~ά das Geistliche; die Geistesgaben; τὰ ~ὰ τῆς πονηρίας die bösen Geister P

* **πνευματικῶς** Adv. geistlich

* **πνέω** wehe; τῇ ~ούσῃ [d.h. αὔρᾳ] bei einsetzender Brise L

* **πνίγω** **(1)** würge; **(2)** ersticke τὶ etw. [M]; Pass.: ertrinke m

* **πνικτός** 3 erstickt; τὸ ~όν Ersticktes [d.h. Fleisch v. nicht geschächteten Tieren] [L]

* **πνοή, ἡ** **(1)** Wind L; **(2)** Atem L

\+ **ποδήρης, ὁ** [erg. χιτών] Talar O

πόθεν Adv. woher? **(1)** von wo? **(2)** aus welcher Quelle? von wem herbeigeführt? **(3)** aus welchem Grunde? wieso?

\+ [**ποία, ἡ** Gras Ja 4,14, wo jedoch ποία (Fem. v. ποῖος) mit ἡ ζωή zu verbinden ist]

ποιέω **(1)** mache; verfertige; erschaffe; rufe hervor, führe herbei (Streit, Freude, Frieden,

Anstöße); verrichte (Wunder, Zeichen, Werke); veranstalte (Mahl, Hochzeit, Gasterei); halte ab, feiere (Passah); **(2)** bringe hervor, trage (Früchte), treibe (Zweige); **(3)** gewinne (Talente, Minen, Freunde); **(4)** mache zu … (Fischern, König, Boten); **(5)** arbeite; **(6)** Akt. u. Med. dienen häufig zur Umschreibung eines Verbs: ~ ὁδόν gehe; ~ συμβούλιον beschließe; ~ κρίσιν richte; ~ φόνον morde; ~οῦμαι μνείαν gedenke; ~ δέησιν bitte; ~ κοπετόν mühe mich; ~ ἐκβολήν erleichtere; **(7)** handle, tue; führe aus; τινά, εἴς τινα, ἔν τινι, τινί τι tue an …; **(8)** verbringe, bringe zu (ein Jahr, Tag u. Nacht)

* **ποίημα, τό** Gebilde, Werk P

\+ **ποίησις, ἡ** Tun Ja

* **ποιητής, ὁ** **(1)** Täter P Ja; **(2)** Dichter L

ποικίλος 3 mannigfach (Begierden, Krankheiten, Lüste, Versuchungen); verschiedenartig (Lehren)

ποιμαίνω weide; [auch bildl. = leite, beherrsche]

ποιμήν, ὁ Hirt; [auch vom Gemeindeleiter P]

* **ποίμνη, ἡ** Herde [auch = Gemeinde]

* **ποίμνιον, τό** Herde [auch v. der Kirche] L K

ποῖος 3 welcher; was für ein; wie; ποίας [d.h. ὁδοῦ] auf welchem Wege L; ποῖα; was? L

* **πολεμέω** **(1)** führe Krieg μετά τινος mit …, κατά τινος gegen … O; **(2)** liege im Streit Ja

πόλεμος, ὁ **(1)** Krieg; **(2)** Schlacht P O; **(3)** Pl.: Streitigkeiten Ja

πόλις, ἡ Stadt; Vaterstadt; [auch = Einwohnerschaft S]

* **πολιτάρχης, ὁ** Stadtpräfekt [makedonischer Titel] L

* **πολιτεία, ἡ** **(1)** Bürgerschaft, Staat P; **(2)** Bürgerrecht L

\+ **πολίτευμα, τό** Gemeinwesen, Staatsverband P

* **πολιτεύομαι** erfülle die Bürgerpflichten; [dann allg.:] führe mein Leben, wandle P; πεπολίτευμαι τῷ θεῷ habe meine Pflichten gegen Gott erfüllt L

* **πολίτης, ὁ** Bürger; Mitbürger L H

πολλάκις Adv. oft

* **πολλαπλασίων** vielfältig [M] [L]

\+ **πολυλογία, ἡ** Redestrom M

\+ **πολυμερῶς** Adv. vielfältig H

\+ **πολυποίκιλος** 2 sehr mannigfaltig (Weisheit) P

πολύς, ~λλή, ~ύ **(1)** viel; πολλοί Menge; οἱ ~ die große Masse; Mehrzahl; πολλοῦ um hohen Preis M; ~ύ u. πολλά viel, sehr; oft; τὰ ~λλά die vielen Male [P]; **(2)** groß, heftig; **(3)** lange (Zeit); ὥρα ~λλή späte Stunde m; ἐπὶ ~ύ lange Zeit L; μετ᾽ οὐ ~ύ bald darauf L; Komp.: πλείων s. dort; Superlativ: πλεῖστος s. dort

\+ **πολύσπλαγχνος** 2 mitleidsvoll (Gott) Ja

* **πολυτελής, ~ές** sehr kostbar (Salbe, Kleidung) m P; wertvoll [bildl.] K

* **πολύτιμος** 2 sehr wertvoll (Perle, Salbe) M J; Komp.: ~ότερόν τινος kostbarer als … K

\+ **πολυτρόπως** Adv. auf mannigfache Weise H

* **πόμα, τό** Trank P H

* **πονηρία, ἡ** Schlechtigkeit, Gemeinheit, Nichtswürdigkeit [Pl.: die verschiedenen Formen davon]

πονηρός 3 **(1)** böse; schlimm (Tage); bösartig (Geschwür); τὸ ~όν das Böse; Übel; **(2)** schlecht; ὁ ~ = Teufel; τὰ ~ά Untaten

* **πόνος, ὁ (1)** Arbeit, Mühe; ἔχω ~ον ὑπέρ gebe mir Mühe mit … P; **(2)** Mühsal, Pein; ἐκ τοῦ ~ου vor Schmerz O

* **πορεία, ἡ (1)** Wanderung, Reise; ~αν ποιεῖσθαι reisen L; **(2)** Lebenswandel Ja

πορεύομαι (1) reise; gehe; ~ ὀπίσω τινός folge jmdm. nach; **(2)** gehe fort; auch = sterbe L; **(3)** führe einen Wandel τινί in (Gottesfurcht, Gottes Wegen) L, auch ἔν τινι od. κατά τι

* **πορθέω** vernichte (Glauben; Gemeinde) P; vertilge, rotte aus L

* **πορισμός, ὁ** Erwerbsmittel P

πορνεία, ἡ Unzucht; [auch = Abgötterei]

* **πορνεύω** treibe Unzucht [auch = Götzendienst O]

πόρνη, ἡ Hure; κολλᾶσθαι τῇ ~ῃ sich an eine ~ hängen P; [auch übertr. auf ein Gott feindliches Staatswesen]

πόρνος, ὁ Hurer

* **πόρρω** Adv. fern S

* **πόρρωθεν** Adv. von ferne H; in der Ferne L [L

+ **πορρώτερον** u. **πορρωτέρω** weiter

* **πορφύρα, ἡ** Purpurstoff, -gewand

+ **πορφυρόπωλις, ἡ** Purpurwollenhändlerin L

* **πορφυροῦς** 3 purpurfarbig (Gewand) J; τὸ ~οῦν [erg. ἱμάτιον] Purpurgewand O

* **ποσάκις** Adv. wie oft? M L

* **πόσις, ἡ (1)** das Trinken P; **(2)** Trank J

πόσος 3 wie groß; wieviel; ~α was … alles m; πόσῳ; um wieviel …?

ποταμός, ὁ Fluß, Bach

+ **ποταμοφόρητος** 2 vom Strom fortgeführt; ~ον ποιεῖν wegschwemmen O

* **ποταπός** 3 was für ein …; von welcher Art; wie groß … m J

[+] **ποταπῶς** Adv. auf welche Art [L]

πότε Adv. wann [in dir. u. indir. Frage]; ἕως ~ bis ~? wie lange?

ποτέ Adv. einmal; ἤδη ~ endlich ~; einst; jemals: τίς … ~; wer … jemals? οὐ … ποτέ niemals

+ **πότερον – ἤ** ob – oder J

ποτήριον, τό Becher, Kelch [auch = Leidenskelch Evv]

ποτίζω (1) lasse trinken τινά τι jmdn. etw.; ~ ἔκ τινος gebe zu trinken von …; tränke (Ochsen); **(2)** begieße P

+ **πότος, ὁ** Zechgelage K

ποῦ Adv. wo (?); wohin (?)

* **πού** Adv. **(1)** irgendwo H; **(2)** ungefähr P

πούς, ποδός, ὁ Fuß; παρὰ, πρὸς τοὺς ~ας zu Füßen

πρᾶγμα, τό (1) Tat; Handlung P; **(2)** Geschehnis; Angelegenheit; **(3)** Sache; ἔχειν ~ πρός τινα einen Rechtsstreit haben mit … P

+ **πραγματεία, ἡ** Geschäft P

+ **πραγματεύομαι** treibe Handelsgeschäfte L

πραθείς, πραθῆναι Ptz., Inf. Aor. 1 Pass. v. πιπράσκω

* **πραιτώριον, τό (1)** Amtswohnung des Statthalters Evv; **(2)** Kaserne [?] P

* **πράκτωρ, ὁ** Büttel L

* **πρᾶξις, ἡ** **(1)** Handeln, Verrichtung P; **(2)** Handlung, Tat; auch Übeltat P L; **(3)** Zauberei L

πρᾶος 2 s. πραΰς

πραότης, ἡ s. πραΰτης

\+ **πρασιά, ἡ** Beet; ~αὶ ~αί gruppenweise m

πράσσω I [tr.:] **(1)** vollbringe, tue; unternehme; verübe; treibe, betreibe; **(2)** erhebe; ~ πλέον ~ mehr Steuer L; fordere zurück (Geld) L; **II** [intr.:] **(1)** verhalte mich; handle; **(2)** befinde mich; εὖ πράξετε ihr werdet gut fahren L; τί ~ wie es mir geht P

\+ **πραϋπάθεια, ἡ** Sanftmut P

* **πραΰς, ~εῖα, ~ύ** sanftmütig

πραΰτης, ἡ Sanftmut, Gütigkeit P; πνεῦμα ~τητος Geist der Sanftmut P

* **πρέπει** es ziemt sich τινί für …; = ~ον ἐστίν M P; τοιοῦτος ἡμῖν ἔπρεπεν ἀρχιερεύς ein solcher Hohepriester paßte für uns H

* **πρεσβεία, ἡ** Gesandtschaft = die Abgesandten L

* **πρεσβεύω** wirke als Gesandter, ὑπέρ τινος für … P

* **πρεσβυτέριον, τό** der Ältestenrat [bei Juden u. Christen] L P

πρεσβύτερος 3 **(1)** älter; alt; ἡ ~α alte Frau; οἱ ~οι die Vorfahren; **(2)** ὁ ~ der Älteste [als Mitglied des Ältestenrates bei Juden u. Christen]

* **πρεσβύτης, ὁ** der Alte L P

\+ **πρεσβῦτις, ἡ** die Alte P

\+ **πρηνής, ~ές** kopfüber; ~ γενόμενος indem er vornüber stürzte [od.: angeschwollen?] L

\+ **πρίζω** od. **πρίω** zersäge H

πρίν Konj. bevor; = ~ ἤ

πρίω s. πρίζω

πρό Präp. mit Gen.: vor; ~ καιροῦ vor der Endzeit; πρὸ ἓξ ἡμερῶν τοῦ πάσχα sechs Tage vor dem Passah J; πρὸ πάντων vor allem, besonders K

προ'άγω **(1)** [tr.:] führe vor ἐφ' ὑμῶν euch L; ~ ἔξω führe hinaus L; **(2)** [intr.:] gehe voran τινά jmdm.; ~ων früher ergangen (Prophezeiung) P

\+ **προ'αιρέομαι** nehme mir vor; καθὼς προῄρηται τῇ καρδίᾳ wie er sich vorgenommen hat in (seinem) Sinn P

\+ **προ'αιτιάομαι** erhebe vorher eine Anklage [mit flgd. AcI] P

\+ **προ'ακούω** höre zuvor τὶ von … P

* **προ'αμαρτάνω** sündige vorher P

\+ **προαύλιον, τό** Vorhalle m

* **προ'βαίνω** gehe weiter; προβεβηκὼς ἐν ταῖς ἡμέραις in vorgeschrittenem Alter L

* **προ'βάλλω** **(1)** schiebe vor L; **(2)** treibe hervor, schlage aus L

προβάς Ptz. Aor. 2 v. προβαίνω

\+ **προβατικός** 3 Schaf-; ἡ ~ή [erg. πύλη] Schaftor J

* **προβάτιον, τό** Schäfchen, Schaf J

πρόβατον, τό Schaf; ἐνδύματα ~ων ~skleider [= äußerlich harmlos] M

προβεβηκώς Ptz. Pf. v. προβαίνω

\+ **προ'βιβάζω** schiebe vor M [L]

\+ **προ'βλέπομαι** ersehe zuvor aus … τὶ περί τινος etw. für … H

\+ **προ'γίνομαι** entstehe früher; τὰ προγεγονότα ἁμαρτήματα die vorher begangenen Sünden P

* **προ'γινώσκω** **(1)** kenne von früher L; **(2)** weiß, erkenne zum voraus P; προεγνωσμένος zum voraus bestimmt K

* **πρόγνωσις, ἡ** Vorherbestimmung, Vorsehung L K
* **πρόγονοι, οἱ** Vorfahren P
* **προ'γράφω (1)** schreibe vorher P; προγεγραμμένοι im voraus aufgeschrieben εἰς ... für ... Ju; **(2)** male hin P
* **πρόδηλος** 2 allbekannt P; ~ον [erg. ἐστίν] es ist offenkundig H
+ **προ'δίδωμι** gebe zuvor P
* **προδότης, ὁ** Verräter L P
* **πρόδρομος, ὁ** Vorläufer H

προεῖδον Aor. 2 zu προοράω

προεῖπον [Aor. 2 zu προλέγω] sagte zuvor, voraus P L

προείρηκα [Pf. zu προλέγω] habe zuvor [= oben] gesagt P

προέλαβον Aor. 2 v. προλαμβάνω

+ **προ'ελπίζω** hoffe zum voraus ἐν ... in ... P [P
* **προ'εν'άρχομαι** fange vorher an
* **προ'επ'αγγέλλομαι** verheiße schon vorher P
* **προ'έρχομαι (1)** gehe weiter; ~ voraus L P; **(2)** gehe voran ἐνώπιόν τινος jmdm.; **(3)** komme zuvor τινά jmdm. m
* **προ'ετοιμάζω** bereite zuvor [οἷς = ἅ] P, εἰς ... zu ... P
+ **προ'ευαγγελίζομαι** verkünde eine frohe Botschaft vorher P
+ **προ'έχομαι** schütze etw. vor [kaum: habe einen Vorzug] P
+ **προ'ηγέομαι** übertreffe τινά τινι jmdn. an ... P

πρόθεσις, ἡ (1) Ausstellung, Darstellung; ἄρτοι τῆς ~εως Schaubrote; **(2)** Vorsatz, Entschluß, Wille; Ratschluß [Gottes] P

+ **προθεσμία, ἡ** [erg. ἡμέρα] festgesetzter Tag; ~ τοῦ πατρός der vom Vater vorherbestimmte Termin P
* **προθυμία, ἡ** Bereitwilligkeit P L; πρὸς ἡμῶν ~αν unserem guten Willen entsprechend P
* **πρόθυμος** 2 bereitwillig; τὸ ~ον Geneigtheit, Wunsch; τὸ κατ' ἐμέ ~ mein Wunsch P
+ **προθύμως** Adv. bereitwillig K

προϊδών Ptz. v. προεῖδον, s. dort

+ **πρόϊμος** 2 [v. πρό, während die Schreibung πρώϊμος zu πρωΐ gehört] subst.: entweder Frühregen od. Frühfrucht Ja
* **προ'ίστημι (1)** stehe vor τινός ... P; ~ καλῶς führe eine gute Verwaltung P; **(2)** Med.: sorge τινός für ...; befleißige mich (guter Werke) P
+ **προ'καλέομαι** fordere heraus P
* **προ'κατ'αγγέλλω** kündige zuvor an τὶ etw.; mache vorher Mitteilung περί τινος von etw.
+ **προ'κατ'αρτίζω** mache vorher zurecht P
* **πρό'κειμαι (1)** liege vor Augen, bin vorhanden P H Ju; **(2)** liege vor τινί jmdm. H
+ **προ'κηρύσσω** predige vorher τὶ etw. L
* **προκοπή, ἡ** Förderung P
* **προ'κόπτω (1)** mache Fortschritte τινί od. ἔν τινι in ...; ἐπὶ πλεῖον ~ mache weitere Fortschritte P L; **(2)** schreite vor; ἡ νὺξ προέκοψε die Nacht ist vorgerückt P
+ **πρόκριμα, τό** Vorurteil P
+ **προ'κυρόομαι** werde vorher rechtskräftig gemacht (Testament) P
* **προ'λαμβάνω (1)** nehme ein (Mahlzeit) P; **(2)** ertappe ἐν ... bei ... P; **(3)** nehme voraus; προέλαβεν μυρίσαι hat zum voraus gesalbt m

* **προ'λέγω** sage vorher, sage im voraus P

προλημφθῇ Konjunktiv Aor. 1 Pass. v. προλαμβάνω

\+ **προ'μαρτύρομαι** bezeuge zum voraus K

\+ **προ'μελετάω** übe vorher ein, bereite vor ἀπολογηθῆναι die Verteidigung L

\+ **προ'μεριμνάω** mache mir zum voraus Sorge m

* **προ'νοέω** **(1)** sorge τινός für … P; **(2)** Med.: bin bedacht τὶ auf … (Gutes) P

* **πρόνοια, ἡ** Vorsorge; ~αν ποιεῖσθαί τινος sorgen für … (das Fleisch) P

* **προ'οράω** **(1)** sehe vorher L; **(2)** sehe voraus L P; **(3)** Med.: habe vor Augen L

* **προ'ορίζω** bestimme zum voraus P L

\+ **προ'πάσχω** leide vorher P

\+ **προπάτωρ, ὁ** Vorfahr, Stammvater P

* **προ'πέμπω** **(1)** geleite, begleite L; **(2)** befördere weiter P L J

* **προπετής, ~ές** voreilig L P

* **προ'πορεύομαι** gehe voran τινός, ἐνώπιόν τινος u. πρὸ προσώπου τινός L

πρός Präp. **I** mit Gen.: zum Vorteil von; ὑπάρχει πρὸς τῆς σωτηρίας dient zum Heil L; **II** mit Dat.: bei; in der Nähe von …; **III** mit Akk.: nach; gegen; hin; στόμα ~ στόμα von Mund zu Mund; mündlich J; zu: τὰ ~ τὰς χρείας was den Bedürfnissen dient L; τὰ ~ εἰρήνην was zum Frieden führt P L; gegen (Abend, Sabbat); auf, für (eine Stunde); ~ καιρόν eine Zeitlang; bei, in; in Hinsicht auf …; τί πρὸς ἡμᾶς; was geht das uns an? M; gemäß; im Vergleich zu; ~ φθόνον eifersüchtig Ja

\+ **προσάββατον, τό** Tag vor dem Sabbat [= Freitag] [m]

\+ **προσ'αγορεύω** nenne; Pass. H

* **προσ'άγω** **(1)** [tr.:] bringe herbei (Sohn); führe vor L; verschaffe Zugang bei K; **(2)** [intr.:] komme näher L

* **προσαγωγή, ἡ** Zugang εἴς τι, πρός τινα zu … P

* **προσ'αιτέω** bettle an

* **προσαίτης, ὁ** Bettler [m] J

\+ **προσ'ανα'βαίνω** [~ανάβηθι Imp. Aor. 2] gehe hinauf; ~ ἀνώτερον rücke weiter hinauf L

[+] **προσ'αναλίσκω** od. **προσ'αναλόω** [Ptz. Aor. 1 προσαναλώσας] gebe aus (Vermögen) τινί für … L

* **προσ'ανα'πληρόω** helfe ab (Mangel) P

* **προσ'ανα'τίθεμαι** **(1)** lege noch dazu auf τινί τι jmdm. etw. P; **(2)** vertraue mich an τινί jmdm. P

προσανεθέμην Aor. 2 Med. v. προσανατίθημι

[+] **προσ'αν'έχω** nähere mich [L]

\+ **προσ'απ'ειλέω** füge eine Drohung hinzu L

[+] **προσ'αχέω** schalle entgegen [v. der Brandung] [L]

\+ **προσ'δαπανάω** gebe außerdem aus L

\+ **προσ'δέομαι** bedarf noch außerdem L

προσ'δέχομαι **(1)** nehme auf (Sünder); nehme hin (Beraubung) H; [mit Negation:] lehne ab H; **(2)** erwarte (Reich, Trost, Verheißung, Erlösung, Hoffnungsgut, den Herrn) προσ'δοκάω erwarte

* προσδοκία, ἡ Erwartung L

προσδραμών Aor. 2 zu προστρέχω

\+ προσ'εάω lasse herankommen L

[*] προσ'εγγίζω nähere mich [L] [m]

[+] προσ'εδρεύω beschäftige mich τινί mit … [P]

προσενήνοχα Pf. zu προσφέρω

\+ προσ'εργάζομαι erwerbe noch dazu L

προσ'έρχομαι (1) komme heran; trete hinzu; nahe mich (Gott); (2) trete bei, stimme zu P

προσευχή, ἡ (1) Gebet; (2) Gebetsstätte L

προσ'εύχομαι bete ὑπέρ, περί τινος für …; ~ τι erbitte etw.

προσ'έχω (1) merke τινί auf …; (2) kümmere mich um, achte auf; ~ειν ἑαυτῷ für sich selbst sorgen L; nehme mich in acht ἀπό τινος vor …; (3) befasse mich mit; halte mich τινί an … (Schriftlesung, Wein, Altar) P L H

\+ προσ'ηλόω nagle an τὶ τινί etw. an etw. P

* προσήλυτος, ὁ Proselyt L M

πρόσθες Imp. Aor. 2 v. προστίθημι

* πρόσκαιρος 2 (1) vorübergehend P H; (2) unbeständig M m

προσ'καλέομαι (1) rufe herbei; fordere vor; (2) berufe

προσ'καρτερέω (1) beharre, bleibe τινί bei …; (2) halte treu τινί zu … L; halte mich dauernd auf ἐν … in … L; (3) stehe zur Verfügung (Nachen) m

\+ προσκαρτέρησις, ἡ Ausdauer P

\+ προσκεφάλαιον, τό Ruderpolster m

\+ προσ'κληρόομαι falle zu τινί L

πρόσκλησις s. πρόσκλισις

\+ προσ'κλίνομαι neige mich zu, schließe mich an τινί jmdm. L

\+ πρόσκλισις, ἡ Hinneigung zu; κατὰ ~ιν nach [parteiischer] Neigung, nach Gunst P

\+ προσ'κολλάομαι schließe mich eng an, bin treu ergeben

* πρόσκομμα, τό (1) Anstoß; διὰ ~τος unter ~ [= unter Gewissensbedenken] (essen) P; (2) Gelegenheit, Anstoß zu nehmen

\+ προσκοπή, ἡ Gelegenheit, Anstoß zu nehmen P

* προσ'κόπτω (1) stoße an πρός τι an …; pralle an τινί an …; (2) nehme Anstoß ἔν τινι, τινί an … P K

* προσ'κυλίω wälze heran τὶ etw. ἐπί τι, τινί an … M m

προσ'κυνέω erweise Verehrung [durch Niederfallen]; bete an τινά, τινί, ἐνώπιόν τινος

\+ προσκυνητής, ὁ Anbeter J

* προσ'λαλέω rede τινί mit … L

προσ'λαμβάνομαι (1) nehme mir zu Hilfe L; (2) nehme auf; ~ zu mir L P; (3) nehme beiseite M m; (4) nehme ein (Speise) L

\+ πρόσλημψις, ἡ Annahme P

* προσ'μένω (1) bleibe bei, harre aus τινί bei …; (2) bleibe noch weiterhin

\+ προσ'ορμίζομαι laufe in den Hafen ein m

\+ προσ'οφείλω bin noch außerdem schuldig; σεαυτόν μοι ~εις du schuldest dich selbst mir P

* προσ'οχθίζω bin zornig τινί über … H

[+] προσ'παίω stoße an τινί etw. [M]

\+ πρόσπεινος 2 hungrig; ~ον γενέσθαι Hunger bekommen L

\+ **προσ'πήγνυμι** befestige daran; [absol. v. der Kreuzigung:] schlage an L

* **προσ'πίπτω** **(1)** falle nieder τινί vor … L M; **(2)** falle an, stürze mich los auf τινί etw. M

\+ **προσ'ποιέομαι** gebe mir den Anschein, als ob … L

\+ **προσ'πορεύομαι** trete heran τινί an … m

* **προσ'ρήσσω** breche mich an τινί etw. L [M]

* **προσ'τάσσω** **(1)** befehle; **(2)** bestimme; προστεταγμένοι καιροί festbestimmte Zeiten [d.h. Jahreszeiten] [L]

\+ **προστάτις**, ἡ Schutzherrin P

προστεταγμένος Ptz. Pf. Pass. v. προστάσσω

προσ'τίθημι **(1)** füge hinzu [Sachen u. Personen]; **(2)** Aor. 2 Akt. u. meist Med.: fahre fort = fernerhin, wieder: οὐ μὴ προσθῶ πιεῖν ich werde nicht wieder trinken [m]; προσέθετο συλλαβεῖν ließ dazu auch … ergreifen L; **(3)** verschaffe, verleihe

* **προσ'τρέχω** laufe hinzu m L

\+ **προσφάγιον**, **τό** Fisch J

\+ **πρόσφατος** 2 neu (Weg) H

\+ **προσφάτως** Adv. neuerdings, kürzlich L

προσ'φέρω **(1)** bringe herbei (Geschenke, Geld, Talente); nähere (dem Mund einen Schwamm) J; **(2)** bringe dar (Gaben, Sündopfer, Reinigungsopfer); opfere H L; **(3)** Pass.: begegne jmdm., behandle jmdn. [mit Dat.:] ὡς υἱοῖς ὑμῖν H

\+ **προσφιλής**, **~ές** beliebt, angenehm P

* **προσφορά**, **ἡ** **(1)** Darbringung (des Leibes) H; ~ὰς ποιεῖν Opferhandlungen vornehmen L; **(2)** Opfergabe, Opfer H L P

* **προσ'φωνέω** **(1)** rede an; ~ zu; rufe zu; **(2)** rufe herbei L

[+] **προσ'χαίρω** freue mich [m]

\+ **πρόσχυσις**, **ἡ** Besprengung αἵματος mit Blut H

\+ **προσ'ψαύω** rühre τινί an … (Lasten) L

\+ **προσωπολημπτέω** nehme Rücksicht auf die Person, urteile parteiisch Ja

\+ **προσωπολήμπτης**, **ὁ** der Parteiische L

* **προσωποληψία**, **ἡ** Parteilichkeit; [= Pl.] P Ja

πρόσωπον, **τό** **(1)** Gesicht; τῷ ~ῳ persönlich; dem Angesicht nach P; κατὰ ~ vor, persönlich, angesichts; τὰ κατὰ ~ was vor Augen liegt P; πρὸ ~ου vor, angesichts; βλέπω εἰς ~, λαμβάνω ~ sehe die Person an, bin parteiisch; **(2)** Anblick; Aussehen; **(3)** Oberfläche (der Erde) L

[+] **προ'τάσσω** bestimme zuvor; προτεταγμένοις καιροῖς zu vorherbestimmten Zeiten [L]

\+ **προ'τείνω** spanne aus [zur Vollziehung der Geißelstrafe] L

πρότερος 3 früher; Ntr. = Adv. ehedem, früher, vorher; τὸ ~ον vormals, ehemals, einst; das erste Mal P

* **προ'τίθεμαι** **(1)** stelle dar als … (Sühnopfer) P; **(2)** nehme mir vor τὶ etw. P

\+ **προ'τρέπομαι** ermuntere L

* **προ'τρέχω** laufe voraus L J

* **προ'ϋπάρχω** bin zuvor da; προϋπῆρχον ἐν ἔρχθρᾳ ὄντες waren früher feind L

* **πρόφασις, ἡ (1)** der wirkliche Grund, die tatsächliche Entschuldigung J; **(2)** der angebliche Grund, die Ausrede, der Anschein; ἐν ~ει τινός mit einem vorgeschützten Anlaß für … P; ~ει unter dem Vorwand P; zum Schein S; ~ει ὡς unter dem Vorwand, als ob od.: scheinbar, als ob L

* **προ'φέρω** bringe hervor L

προφητεία, ἡ (1) Äußerung des Propheten, Prophetenwort, Weissagung; **(2)** Prophetengabe

προ'φητεύω (1) verkünde die Gottesoffenbarung; **(2)** enthülle prophetisch; **(3)** sage voraus, weissage

προφήτης, ὁ Prophet; νόμος καὶ ~αι Gesetz und ~en = AT

* **προφητικός** 3 Propheten- (Rede, Schriften) P K

* **προφῆτις, ἡ** Prophetin L O

\+ **προ'φθάνω** komme zuvor τινά jmdm.; προέφθασεν αὐτὸν λέγων kam ihm mit der Frage zuvor M

* **προ'χειρίζομαι** Med.: wähle für mich aus, bestimme zu; Pass.: τὸν προκεχειρισμένον … Χριστόν den zum Messias Bestimmten L

\+ **προ'χειροτονέω** bestimme vorher L [L

* **πρύμνα, ἡ** Achterschiff m; Heck

πρωΐ Adv. frühmorgens; ἀπὸ ~ vom Morgen L; λίαν ~ ganz ~ m

* **πρωΐα, ἡ** Frühe M J; ~ας in der Frühe [M]

πρώϊμος s. πρόϊμος

* **πρωϊνός** 3 Morgen- (Stern) O [L

* **πρῷρα, ἡ** Schiffsvorderteil, Bug

\+ **πρωτεύω** bin der erste P

* **πρωτοκαθεδρία, ἡ** Ehrenplatz S

* **πρωτοκλισία, ἡ** Ehrenplatz S

[+] **πρωτομάρτυς, ὁ** der erste Märtyrer [L]

πρῶτος 3 **(1)** der erste, früheste, frühere; ~ μου eher als ich J; **(2)** der vornehmste, angesehenste, wichtigste; ἐν ~οις unter den wichtigsten Stücken, in erster Linie P; **(3)** Ntr. = Adv. zuerst; vorher; vor allem M P; erstens; τὸ ~ον das erste Mal; zunächst J

\+ **πρωτοστάτης, ὁ** Anführer, Rädelsführer L

\+ **πρωτοτόκια, τά** Erstgeburtsrecht; ἀποδίδομαι τὰ ~ verkaufe das ~ H

* **πρωτότοκος** 2 erstgeboren; erst

\+ **πρώτως** Adv. zum ersten Mal [L]

* **πταίω (1)** stoße an [intr.] P; fehle, sündige πολλά häufig, ἔν τινι in, bei … Ja; **(2)** gehe unter [?] K

\+ **πτέρνα, ἡ** Ferse J

* **πτερύγιον, τό** Rand, Zinne M L

* **πτέρυξ, ἡ** Flügel

\+ **πτηνός** 2 od. 3 geflügelt; τὰ ~ά das Geflügel, die Vögel

* **πτοέομαι** ängstige mich, erschrecke, zage L

\+ **πτόησις, ἡ (1)** [akt.:] das Erschrecken, die Einschüchterung; **(2)** [pass.:] Furcht, Schrecken K

πτύξας Ptz. Aor. 1 v. πτύσσω

* **πτύον, τό** Worfschaufel M L

\+ **πτύρομαι** lasse mich einschüchtern ἐν μηδενί in keiner Hinsicht P

\+ **πτύσμα, τό** Speichel J

\+ **πτύσσω** falte zusammen, schließe (Buch) L
* **πτύω** speie aus m J
* **πτῶμα, τό** Leichnam
* **πτῶσις, ἡ** Einsturz (eines Hauses) M; Hinfallen L
* **πτωχεία, ἡ** Armut P O
\+ **πτωχεύω** bin arm P
πτωχός 3 **(1)** arm; ὁ ~ der Arme; **(2)** armselig P
\+ **πυγμή, ἡ** Faust; ~ῇ mit der ~ m 7,3 [nicht sicher gedeutet]
πυθόμενος, ~έσθαι Ptz., Inf. Aor. 2 v. πυνθάνομαι
\+ **πύθων, ὁ** Wahrsagergeist L
* **πυκνός** 3 häufig P; Ntr. Pl. πυκνά = Adv.: oft; πυκνότερον öfter; so oft als möglich L
\+ **πυκτεύω** kämpfe als Faustkämpfer P
πύλη, ἡ [eigtl. u. bildl.] Tor; Pforte
πυλών, ὁ (1) Tor; **(2)** Torhalle; **(3)** Torgebäude
πυνθάνομαι (1) frage, erfrage L M J; **(2)** erkunde, erfahre L
πῦρ, τό Feuer; Gen.: πυρός = brennend (Kohlen, Fackeln, Säulen)
* **πυρά, ἡ** Haufe brennbarer oder brennender Stoffe L
* **πύργος, ὁ** Turm S
* **πυρέσσω** fiebere M m
* **πυρετός, ὁ** Fieber; [Pl. = Fieberanfälle] L
\+ **πύρινος** 3 feurig (Panzer) O
* **πυρόομαι (1)** brenne [eigtl. u. übertr.]; πεπυρωμένος feurig P; **(2)** glühe, glühe aus (Gold) O
* **πυρράζω** bin feuerrot M
* **πυρρός** 3 feuerrot O
* **πύρωσις, ἡ (1)** das Verbranntwerden O; **(2)** Feuersglut; ~ πρὸς πειρασμόν ~ zur Erprobung K
πωλέω verkaufe; Pass.: komme zum Verkauf P
πῶλος, ὁ Eselsfüllen
* **πώποτε** je; οὐ … ~ niemals, noch niemals J
* **πωρόω** verhärte (Herz) J; Pass.: werde verstockt (Herz, Sinn) m P
* **πώρωσις, ἡ** Verhärtung, Verstockung P m
πῶς wie?

Ρ

ῥαββ(ε)ί mein Herr
* **ῥαββουν(ε)ί** mein Herr [m] J
* **ῥαβδίζω** peitsche aus L P
ῥάβδος, ἡ Rute; Stab; Stock
* **ῥαβδοῦχος, ὁ** Stockträger [= Liktor] L [L
\+ **ῥᾳδιούργημα, τό** Schelmenstreich
\+ **ῥᾳδιουργία, ἡ** Gaunerei L
ῥαίδη, ἡ falsche Schreibart für ῥέδη Wagen
\+ **ῥακά** u. **ῥαχά** [aram. u. hebr.: rêqâ] Hohlkopf, Narr? M
* **ῥάκος, τό** Stoffstück, Lappen M m
* **ῥαντίζω** besprenge [zur Sühne] mit … H [O]; Med.: wasche mich [m]; ῥεραντισμένοι τὰς καρδίας ἀπὸ συνειδήσεως πονηρᾶς nachdem wir die Herzen reingewaschen haben von dem bösen Gewissen H
* **ῥαντισμός, ὁ** Besprengung τινός mit … K H
* **ῥαπίζω** ohrfeige M

* **ῥάπισμα, τό** Ohrfeige; λαμβάνω τινὰ ~σιν s. λαμβάνω 2

* **ῥαφίς, ἡ** Nähnadel m M; τρῆμα ~ίδος Nadelöhr M; dafür τρυμαλιὰ ~ίδος m [L]

ῥαχά s. ῥακά

\+ **ῥέδη, ἡ** Wagen O

ῥεριμμένος Ptz. Pf. Pass. v. ῥίπτω

ῥεύσω Fut. v. ῥέω

\+ **ῥέω** fließe J

\+ **ῥῆγμα, τό** Zusammenbruch, Einsturz (eines Hauses) L

* **ῥήγνυμι** mit der Nebenform ῥήσσω [s. dort] **(1)** zerreiße; Pass.: berste; **(2)** lasse fahren [zu ergänzen: die Stimme]; breche in Jubel aus P

ῥηθείς Ptz. Aor. 1 Pass. zu εἶπον

ῥῆμα, τό **(1)** Wort; Ausspruch; **(2)** Lehre; Weissagung; Verkündigung; **(3)** Sache; Angelegenheit, Gegenstand M P

ῥῆξον Imp. Aor. 1 v. ῥήγνυμι

ῥήξω Fut. v. ῥήγνυμι

* **ῥήσσω** **(1)** Nebenform zu ῥήγνυμι [s. dort]; **(2)** [altepisch = att. ῥάττω] werfe nieder, schmettere zu Boden (böser Geist sein Opfer) m L

\+ **ῥήτωρ, ὁ** Sachwalter L

\+ **ῥητῶς** Adv. ausdrücklich P

ῥίζα, ἡ **(1)** Wurzel; ἐκ ~ῶν von den ~n an m; **(2)** Wurzelschoß O P

* **ῥιζόομαι** wurzle fest P

\+ **ῥιπή, ἡ** Wurf; ἐν ~ῇ ὀφθαλμοῦ im Augenblick [P] s. ῥοπή

\+ **ῥιπίζομαι** werde hin und her bewegt Ja

* **ῥιπτέω** u. **ῥίπτω** **(1)** werfe; ~ ab (Kleider), ~ aus, ~ nieder; **(2)** lege nieder; ἐρριμμένος daniederliegend M

\+ **ῥοιζηδόν** Adv. mit Geprassel K

* **ῥομφαία, ἡ** Schwert [auch bildl.: heftiger Schmerz] O L

[+] **ῥοπή, ἡ** die Senkung, das Neigen; ἐν ~ῇ ὀφθαλμοῦ im Augenblick [P] s. ῥιπή

* **ῥύμη, ἡ** Gasse L M

ῥύομαι errette τινὰ ἀπό, ἔκ τινος jmdn. von ...; ὁ ~όμενος der Erretter P

\+ **ῥυπαίνομαι** verunreinige mich od.: lasse mich ~ [O]

[+] **ῥυπαρεύομαι** verunreinige mich od.: lasse mich ~ [O]

\+ **ῥυπαρία, ἡ** Schmutz = schmutzige Gesinnung Ja

* **ῥυπαρός** 3 **(1)** schmutzig Ja; **(2)** sündenbefleckt O

\+ **ῥύπος, ὁ** Schmutz (des Fleisches = Körpers) K

[+] **ῥυπόω** beschmutze [O]

ῥῦσαι Imp. Aor. 1 Med. v. ῥύομαι

* **ῥύσις, ἡ** das Fließen; ~ αἵματος Blutfluß m L

\+ **ῥυτίς, ἡ** Runzel [= Makel] P

\+ **Ῥωμαϊστί** Adv. auf lateinisch J

\+ **ῥώννυμι** stärke; Imp. Pf. Pass.: ἔρρωσο leb wohl! L

Σ

* **σαβαχθάνι (~ανεί)** [aram.: šebaqtani] du hast mich verlassen M m

* **Σαβαώθ** [hebr.: sebâ'ôt] Zebaoth [= Heerscharen] P Ja

\+ **σαββατισμός, ὁ** Sabbatruhe H

σάββατον, τό [hebr.: šabbâth] **(1)** Sabbat [= Pl.]; τὸ ~ während des ~; ἐπὶ τρία ~α an drei ~; κατὰ πᾶν ~ allsabbatlich L; ὁδὸς ~ου ~weg [= etwa 1 km]; **(2)** Woche; μία ~ων erster Wochentag; κατὰ μίαν ~ων [~ου] jedesmal am Sonntag

\+ **σαγήνη, ἡ** Schleppnetz M

\+ **σαίνομαι** lasse mich betören [?]; werde erschüttert [?] P

* **σάκκος, ὁ** [hebr.: saq] Sack

σαλεύω **(1)** [eigtl.:] mache schwanken (Rohr) M L; erschüttere; μέτρον σεσαλευμένον ein gerütteltes Maß L; **(2)** [übertr.:] Pass.: gerate ins Wanken L; τὰ ~όμενα das Erschütterte H

\+ **σάλος, ὁ** Brandung L

σάλπιγξ, ἡ Trompete; ἐν τῇ ἐσχάτῃ ~γγι beim letzten ~nstoß P

σαλπίζω **(1)** stoße in die Trompete; [unpersönlich:] σαλπίσει es wird trompeten P; **(2)** posaune aus M

\+ **σαλπιστής, ὁ** Trompeter O

* **σανδάλιον, τό** Sandale m L

\+ **σανίς, ἡ** Brett L

* **σαπρός** 3 **(1)** faul (Fische); morsch (Baum); **(2)** häßlich [= nichtsnutzig] (Wort) P

\+ **σάπφιρος, ἡ** Saphir [blauer Edelstein] O

\+ **σαργάνη, ἡ** Korb P

[+] **σάρδινος, ὁ** = σάρδιον; s. dort

* **σάρδιον, τό** Karneol [rötlicher Edelstein] O; s. σάρδινος

\+ **σαρδόνυξ, ὁ** Sardonyx [Edelstein] O

* **σαρκικός** 3 [ursprünglich „zum Fleisch gehörig", „nach Art des Fleisches", während σάρκινος „aus Fleisch bestehend", „fleischern" ist; doch hat sich der Unterschied verwischt] fleischlich [oft = irdisch, menschlich, sündig] (Weisheit, Begierden); τὰ ~ά was zur Ordnung der irdischen Dinge gehört, das Materielle P

* **σάρκινος** 3 [s. σαρκικός] **(1)** fleischern P; **(2)** fleischlich (Gebot, Menschen) P

σάρξ, ἡ **(1)** Fleisch [= Pl.]; [bes. als Sitz der Sünde]; τὸ κατὰ ~κα nach seiner menschlichen Natur P; πᾶσα ~ jedermann; οὐ πᾶσα ~ niemand; **(2)** Leib

* **σαρόω** fege aus L M

σατανᾶς, ὁ [auch **σατᾶν**; hebr.: sātān] Widersacher [Gottes], Satan

* **σάτον, τό** [aram.: sâtâ, hebr.: s[e]'â] Sat [Hohlmaß = 13 l] M L

* **σβέννυμι** **(1)** lösche aus (Docht, Feuer, Brandpfeile); Pass.: verlösche; **(2)** unterdrücke (Geist) P

σβέσαι Inf. Aor. 1 v. σβέννυμι

σέ [betont u. enklitisch] dich

σεαυτοῦ, ~ῷ, ~όν (~ῆς, ~ῇ, ~ήν) deiner, dir, dich selbst; Pl.: ὑμῶν αὐτῶν; meist ἑαυτῶν

\+ **σεβάζομαι** verehre P

* **σέβασμα, τό** **(1)** Heiligtum P; **(2)** Kultgegenstand L

* **σεβαστός** 3 erhaben [= *augustus* kaiserlich]; σπεῖρα ~ή cohors Augusta L

σέβομαι verehre; ~όμενος gottesfürchtig L

[+] **σειρά, ἡ** Kette; doch ist 2 P 2,4 wohl σιροῖς Gruben zu lesen

[+] **σ(ε)ιρός, ὁ** Grube; ~ ζόφου dunkle Höhlen [v. der Unterwelt] [K]

σεισμός, ὁ Erdbeben; ~ ἐν τῇ θαλάσσῃ Unruhe auf dem See M

* **σείω** erschüttere (Erde u. Himmel) H; Pass.: erzittere M; werde geschüttelt (Feigenbaum) O; werde in Aufregung versetzt (v. Menschen) M

σελήνη, ἡ Mond

* **σεληνιάζομαι** bin mondsüchtig M

+ **σεμίδαλις, ἡ** Weizenfeinmehl O

* **σεμνός** 3 ehrwürdig (Presbyter, Diakonen); ehrbar (Frauen); ὅσα ~ά was anständig ist P [P

* **σεμνότης, ἡ** Ehrbarkeit, Würde

σέσωκα Pf. v. σῴζω

* **σημαίνω** **(1)** tue kund, berichte L O; **(2)** deute an; sage voraus J L

σημᾶναι Inf. Aor. 1 v. σημαίνω

σημεῖον, τό **(1)** Zeichen; ~ ἀντιλεγόμενον ~, das Widerspruch erfährt L; **(2)** Wunderzeichen; **(3)** Vorzeichen; Warnungszeichen

+ **σημειόομαι** zeichne mir an, merke mir vor P

σήμερον Adv. heute; ἡ ~ ἡμέρα der heutige Tag L = ἡ ~; heute nacht M L; τὸ ~ das ‚Heute' H

σημικίνθιον = σιμ''; s. dort

+ **σήπω** bringe in Fäulnis; Pass.: [dazu Pf. 2 Akt. σέσηπα] vermodere Ja

σηρικός andere Schreibung für σιρικός; s. dort

* **σής, ὁ** Motte M L

+ **σητόβρωτος** 2 von Motten zerfressen (Kleider) Ja

+ **σθενόω** verleihe Kraft K

* **σιαγών, ἡ** Wange M L

[+] **σιαίνομαι** empfinde Widerwillen [P]

σιγάτωσαν 3. Pl. Imp. Präs. v. σιγάω

σιγάω **(1)** [intr.:] schweige; verstumme; halte meinen Mund; **(2)** [tr.:] verschweige; σεσιγημένος verschwiegen (Geheimnis) P

* **σιγή, ἡ** Schweigen, Stille L O

+ **σίδηρος, ὁ** Eisen O

* **σιδηροῦς, ~ᾶ, ~οῦν** eisern (Tür, Stab, Panzer) O L

+ **σικάριος, ὁ** [lat.: *sicarius*] Sikarier [d. h. Angehöriger der fremdenfeindlichen jüdischen Nationalpartei] L

+ **σίκερα, τό** [aram.: šikrâ] Rauschtrank L

+ **σιμικίνθιον, τό** [lat.: *semicinctium*] Schürze L

* **σίναπι, τό** Senf S

* **σινδών, ἡ** **(1)** Leinwand, Leintuch S; **(2)** Hemd m

+ **σινιάζω** siebe durch [bildl.] L

+ **σιρικός** 3 seiden; τὸ ~όν die Seidenware, das Seidenkleid [O]

σιρός s. σ(ε)ιρός [K]

* **σιτευτός** 3 gemästet L

+ **σιτίον, τό** Pl.: Nahrungsmittel L

+ **σιτιστά, τά** Mastvieh M

+ **σιτομέτριον, τό** zugemessene Speisemenge, Ration L

σῖτος, ὁ Weizen [= Pl.]

σιωπάω **(1)** schweige, bin still; **(2)** verstumme, werde still; büße die Fähigkeit zu reden ein

σκανδαλίζω **(1)** gebe Anstoß; verleite zur Sünde; Pass.: werde zur Sünde verführt; falle ab; **(2)** ärgere, empöre

σκάνδαλον, τό **(1)** Falle; **(2)** Anlaß zur Sünde; πέτρα ~ου ein Stein, über den man zu Fall kommt P K; ~ εἶ ἐμοῦ du bist mir ein Anreiz zur Sünde M; **(3)** das Anstößige, der Gegenstand der Entrüstung

* **σκάπτω** grabe; ~ καὶ βαθύνω grabe tief auf L

* **σκάφη, ἡ** Kahn L

* **σκέλος, τό** Schenkel J

\+ **σκέπασμα, τό** was zur [schützenden] Decke dient (Kleidung od. Haus) P

\+ **σκευή, ἡ** Schiffsgerät L

σκεῦος, τό (1) [eigtl. u. übertr.:] Gerät; Werkzeug; Gefäß; ~ ἐκλογῆς auserwähltes ~ L; **(2)** 1 Th 4,4 = Weib od. Leib

σκηνή, ἡ (1) Zelt; Behausung; **(2)** Stiftshütte; Tempel

\+ **σκηνοπηγία, ἡ** Laubhüttenfest [im Oktober gefeiert] J

\+ **σκηνοποιός, ὁ** Zeltmacher L

* **σκῆνος, τό** Behausung [bildl. vom Leib] P

* **σκηνόω** wohne O

* **σκήνωμα, τό** Behausung; [auch bildl.: der Leib] L K

* **σκιά, ἡ (1)** Schatten; **(2)** Schattenbild [im Ggs. zur Wirklichkeit] P H

* **σκιρτάω** springe L

* **σκληροκαρδία, ἡ** Starrsinn m M

* **σκληρός** 3 **(1)** hart, streng (Mensch); schroff, unangenehm (Rede) J Ju; ~όν σοι [erg. ἐστίν] es ist schwierig für dich L; **(2)** rauh (Wind) Ja

\+ **σκληρότης, ἡ** Starrsinn P

\+ **σκληροτράχηλος** 2 halsstarrig L

* **σκληρύνω** verstocke; Pass.: werde verstockt, verhärte mich L H

* **σκολιός** 3 **(1)** krumm; **(2)** verdreht, verkehrt (Geschlecht, Herren) P L K

\+ **σκόλοψ, ὁ** Dorn, Splitter [bildl. v. der Krankheit des Paulus] P

* **σκοπέω (1)** richte den Blick auf; **(2)** achte auf ...; [mit flgd. μή:] sehe mich vor P L

\+ **σκοπός, ὁ** Ziel; κατὰ ~ὸν διώκω laufe nach dem ~ P

* **σκορπίζω (1)** zerstreue; **(2)** streue aus, verteile P

* **σκορπίος, ὁ** Skorpion L O

* **σκοτεινός** 3 dunkel L M

σκοτία, ἡ Dunkelheit, Finsternis [eigtl. u. übertr.]

* **σκοτίζομαι (1)** werde dunkel, verliere den Schein; **(2)** werde verfinstert (Herz) P

* **σκοτόομαι** verfinstere mich O; ἐσκοτωμένος verfinstert (Verstand) O P

σκότος, τό [ὁ nur H 12,18 als Variante] Finsternis; Dunkel [eigtl. u. übertr.]

\+ **σκύβαλον, τό** Kehricht; ἡγοῦμαί τι ~ achte etw. für Dreck [= für nichts] P

* **σκυθρωπός** 2 verdrießlich M L

σκύλλου Imp. Präs. Pass. v. σκύλλω

* **σκύλλω (1)** ermüde, plage; ἐσκυλμένος abgemattet M; **(2)** bemühe, belästige; Pass.: bemühe mich L

\+ **σκῦλον, τό** Beute L

\+ **σκωληκόβρωτος** 2 von Würmern zerfressen L

\+ **σκώληξ, ὁ** Wurm m

\+ **σμαράγδινος** 3 smaragden O

\+ **σμάραγδος, ὁ** Smaragd O

* **σμύρνα, ἡ** Myrrhe M J

\+ **σμυρνίζω** würze mit Myrrhen (Wein) m

σοί [betont u. enklitisch] dir

\+ **σορός, ἡ** Sarg L

σός 3 dein

σοῦ [betont u. enklitisch] deiner

* **σουδάριον, τό** [lat.: *sudarium*] Schweißtuch L J

σοφία, ἡ Weisheit; [auch = Lebensklugheit]

* **σοφίζω** **(1)** [Akt.:] belehre P; **(2)** Med.: ersinne schlau, klügle aus; Pass.: σεσοφισμένοι μῦθοι schlau ausgesonnene Fabeln K

σοφός 3 weise; erfahren (Baumeister) P

* **σπάομαι** ziehe (Schwert) m L

* **σπαράσσω** zerre hin und her m L

* **σπαργανόω** wickle in Windeln L

σπαρείς Ptz. Aor. 2 Pass. v. σπείρω

* **σπαταλάω** schwelge P Ja

* **σπεῖρα, ἡ** Kohorte Evv

σπείρω säe; säe aus; streue [wie ein Sämann] aus (Wort; Frucht der Gerechtigkeit)

\+ **σπεκουλάτωρ, ὁ** [lat.: *speculator*] Scharfrichter m

* **σπένδω** bringe ein Trankopfer dar [Pass. übertr. auf den in Aussicht stehenden blutigen Tod des Apostels] P

σπέρμα, τό **(1)** Same; **(2)** Nachkommenschaft

\+ **σπερμολόγος, ὁ** Schwätzer L

* **σπεύδω** **(1)** [tr.:] beschleunige (Ankunft) K; **(2)** [intr.:] spute mich, beeile mich; σπεύσας eilig L

* **σπήλαιον, τό** Höhle

\+ **σπιλάς, ἡ** Klippe od. Schmutzfleck Ju

* **σπίλος, ὁ** Flecken P K

* **σπιλόω** beschmutze Ja Ju

σπλάγχνα, τά **(1)** Eingeweide L; **(2)** [Sitz der Gefühle:] Herz; **(3)** [die Gefühle selbst:] Zuneigung, Liebe, Erbarmen; Gegenstand der Liebe: τὰ ἐμὰ ~ etwa: mein Herzblatt P

σπλαγχνίζομαι erbarme mich ἐπί τινι, περί τινος über …; absol.: empfinde Mitleid

* **σπόγγος, ὁ** Schwamm

* **σποδός, ἡ** Asche

\+ **σπορά, ἡ** Same K

* **σπόριμα, τά** Saatfelder S

* **σπόρος, ὁ** Same

σπουδάζω **(1)** beeile mich; **(2)** bemühe mich

* **σπουδαῖος** 3 eifrig P; Komp.: sehr eifrig; Ntr. = Adv.

\+ **σπουδαιοτέρως** besonders eilig P; sehr emsig [P]

* **σπουδαίως** Adv. angelegentlich, inständig P L

σπουδή, ἡ **(1)** Eile; μετὰ ~ῆς eilig m L; **(2)** Eifer; ~ὴν ποιεῖσθαι eifrig bedacht sein [mit flgd. Inf.] Ju

* **σπυρίς, ἡ** Korb

* **στάδιον, τό** **(1)** Stadium [Längenmaß = 192 m]; **(2)** Rennbahn P

\+ **στάμνος, ἡ** u. **ὁ** [irdener] Krug H

\+ **στασιαστής, ὁ** Aufrührer [m]

* **στάσις, ἡ** **(1)** Bestand; ἔχω ~ιν bin vorhanden H; **(2)** Aufruhr; **(3)** Zwist, Hader L

\+ **στατήρ, ὁ** Stater [Silbermünze, etw. mehr als 3 Goldmark] M

σταυρός, ὁ Kreuz; [auch bildl. = Leiden, Schmach]

σταυρόω **(1)** [eigtl.:] kreuzige; **(2)** [im christlichen Bereich auch übertr.: Fleisch, Welt P]

* **σταφυλή, ἡ** Traube; ~ὰς συλλέγειν ~n lesen M

* **στάχυς, ὁ** Ähre S

* **στέγη, ἡ** Dach S

* **στέγω** **(1)** ertrage geduldig P; μηκέτι ~ων da ich es nicht mehr aushielt P; **(2)** bedecke mit Schweigen

* **στεῖρα, ἡ** unfähig zu gebären, unfruchtbar L P

* **στέλλομαι** ziehe mich zurück ἀπό τινος von … P; ~ τοῦτο μή nehme mich davor in acht, daß … P

\+ **στέμμα, τό** Kranz L

* **στεναγμός, ὁ** Seufzen P L

* **στενάζω** seufze; murre κατά τινος gegen … Ja

* **στενός** 3 eng (Tür) M L

* **στενοχωρέομαι** mir ist enge ἔν τινι in … P

* **στενοχωρία, ἡ** Beengung, Not; Pl.: Drangsale P

* **στερεός** 3 **(1)** fest (Fundament, Speise) P H; **(2)** standhaft; ~ τῇ πίστει ~ im Glauben K

* **στερεόω** mache fest, stark; Pass.: werde fest L

\+ **στερέωμα, τό** Festigkeit, Stärke; ~ τῆς πίστεως ~ des Glaubens P

στέφανος, ὁ Kranz; **(1)** [eigtl.:] Dornen~, Sieges~, ~ als Kopfschmuck des Herrschers; **(2)** [übertr.:] Preis, Lohn, Zierde; ~ καυχήσεως Ruhmeszier

* **στεφανόω** **(1)** bekränze, kröne P; **(2)** [übertr. =] schmücke τινί mit … H

* **στῆθος, τό** Brust J O; τύπτω (εἰς) τὸ ~ schlage an die ~ L

στήκω stehe; stehe fest ἔν τινι in … P J

\+ **στηριγμός, ὁ** fester Halt; τοῦ ~οῦ ἐκπίπτειν den ~ verlieren K

στηρίζω **(1)** befestige, bringe fest an (Kluft); ~ τὸ πρόσωπον richte den Blick fest darauf = nehme mir fest vor L; **(2)** mache stark (Herz)

\+ **στιβάς, ἡ** Laubbüschel m

\+ **στίγμα, τό** Malzeichen P

\+ **στιγμή, ἡ** Punkt; ~ χρόνου Augenblick L

\+ **στίλβω** erglänze m

* **στοά, ἡ** Halle J L

στοιβάς = στιβάς; s. dort

* **στοιχεῖα, τά** **(1)** Anfangsgründe H; **(2)** Urbestandteile; Elemente K; **(3)** Elementargeister P; **(4)** Gestirne

* **στοιχέω** halte zu, trete bei; folge τινί (Geist; Richtschnur; Spuren) P; mit Ptz.: festhalten an L

* **στολή, ἡ** [langes] Gewand

στόμα, τό **(1)** Mund; ~ πρὸς ~ mündlich; auch = Redegabe L; **(2)** Schneide (des Schwertes) L H

\+ **στόμαχος, ὁ** Magen P

* **στρατεία, ἡ** Feldzug, Kriegsdienst P

* **στράτευμα, τό** Heer; Mannschaft; Pl.: Truppen M L O

* **στρατεύομαι** **(1)** [eigtl.:] tue Kriegsdienst, ziehe zu Felde L P; **(2)** [übertr.:] kämpfe, streite P K

στρατηγός, ὁ **(1)** Prätor [als Titel der obersten Beamten v. Philippi] L; **(2)** ~ τοῦ ἱεροῦ Befehlshaber der Tempelwache L

* **στρατιά, ἡ** Heer; ~ οὐράνιος, ~ τοῦ οὐρανοῦ Himmels~ L

στρατιώτης, ὁ Soldat; Krieger [eigtl. u. übertr.]

\+ **στρατολογέω** sammle ein Heer; ὁ ~ήσας Feldherr P

\+ **στρατοπεδάρχης** od. **στρατοπέδαρχος, ὁ** Lagerkommandant [L]

\+ **στρατόπεδον, τό** Heerlager; = Legion L

στραφείς Ptz. Aor. 2 Pass. v. στρέφω

\+ **στρεβλόω** verdrehe τὶ etw. K

στρέφω **(1)** wende zu τί τινι jmdm. etw. (Wange) M; **(2)** verwandle τὶ εἴς τι etw. in etw. (Wasser in Blut) O; **(3)** bringe zurück M; **(4)** [intr.:] wende mich ab (?) L; **(5)** Pass.: wende mich zu; bekehre mich M J; στραφείς mit flgd. Verbum finitum: er wandte sich um und …

στρέψον Imp. Aor. 1 v. στρέφω

* **στρηνιάω** schwelge O

\+ **στρῆνος, τό** Üppigkeit O

* **στρουθίον, τό** Sperling M L

* **στρωννύω** = **στρώννυμι** streue hin; breite aus; στρῶσον σεαυτῷ (d.h. τὴν κλίνην) mache dir selbst dein Bett L; ἀνάγαιον ἐστρωμένον gepflastertes [od.: mit Speisepolstern belegtes] Oberzimmer m L

στρῶσον Imp. Aor. 1 v. στρωννύω

\+ **στυγητός** 3 verhaßt, abscheulich P

* **στυγνάζω** **(1)** werde betrübt (Mensch) m; **(2)** bin trübe (Himmel) M

* **στῦλος, ὁ** Säule O P; Stütze P

σύ du; τί μοὶ καὶ σοί; was habe ich mit dir zu tun? Evv

* **συγγένεια, ἡ** Verwandtschaft; = Verwandte L

συγγενεῦσιν s. συγγενής

συγγενής, ὁ, ἡ [mit Dat. Pl. συγγενεῦσιν neben συγγενέσιν] **(1)** Verwandter; **(2)** Volksgenosse P; Stammesgenosse P

\+ **συγγενίς, ἡ** [bes. Fem. zu συγγενής] die Verwandte L

\+ **συγγνώμη, ἡ** Nachsicht; κατὰ ~ην als Zugeständnis P

* **συγ'κάθημαι** sitze zusammen τινί u. μετά τινος mit … m L

* **συγ'καθίζω** **(1)** [tr.:] versetze jmdn. mit jmdm. zusammen P; **(2)** [intr.:] setze mich zusammen mit L

* **συγ'κακοπαθέω** erleide zusammen mit τινί …

\+ **συγ'κακουχέομαι** werde mißhandelt τινί zusammen mit … H

* **συγ'καλέω** rufe zusammen L m; Med.: rufe mir zusammen, berufe zu mir L

\+ **συγ'καλύπτω** verhülle ganz, verberge L

\+ **συγ'κάμπτω** beuge (Rücken) P

\+ **συγ'κατα'βαίνω** reise zugleich mit hinab L

\+ **συγκατάθεσις, ἡ** Übereinstimmung; τίς ~ ναῷ θεοῦ μετὰ εἰδώλων; wie verträgt sich ein Gottestempel mit Götzen? P

[+] **συγ'κατα'νεύω** stimme bei [L]

\+ **συγ'κατα'τίθεμαι** stimme bei L

\+ **συγ'κατα'ψηφίζομαι** werde hinzugesellt μετά τινος zu … L

συγκεκερασμένος od. **συγκεκραμένος** Ptz. Pf. Pass. v. συγκεράννυμι

* **συγ'κεράννυμι** setze zusammen (Leib); (λόγος) μὴ συγκεκερασμένος τῇ πίστει τοῖς ἀκούσασιν … da es sich nicht durch den Glauben mit den Hörern verbunden hatte H

συγκεχυμένος Ptz. Pf. Pass. v. συγχέω

\+ **συγ'κινέω** wiegle auf L

* **συγ'κλείω** schließe ein (Fische ins Netz) L; ~ ὑπὸ ἁμαρτίαν ~ unter die [Gewalt der] Sünde P; ~ εἰς ἀπείθειαν ~ in den Ungehorsam P

* **συγκληρονόμος, ὁ** Miterbe

* **συγ'κοινωνέω** habe Anteil τινί an … **(1)** im Sinne des Mittäters P O; **(2)** im Sinne des Helfers P

* **συγ'κοινωνός, ὁ** Teilhaber, Genosse, τινός od. ἔν τινι an … P O

\+ **συγ'κομίζω** bestatte L

* **συγ'κρίνω** **(1)** stelle gleich P; **(2)** 1 K 2,13 πνευματικοῖς πνευματικὰ ~οντες kommen, je nach dem man den Dat. ntr. od. mask. faßt, in Frage die Bedeutungen: zusammenbringen; vergleichen; deuten

\+ **συγ'κύπτω** bin verkrümmt L

\+ **συγκυρία, ἡ** Zufall; κατὰ ~αν zufällig L

* **συγ'χαίρω** freue mich mit P L; bezeuge meine Freude, wünsche Glück L P [?]

* **συγ'χέω** u. **συγ'χύννω** bringe durcheinander, versetze in Bestürzung L; Pass.: gerate durcheinander, in Schrecken, in Bestürzung L

\+ **συγ'χράομαι** verkehre τινί mit ... J

συγ'χύννω s. συγχέω

\+ **σύγχυσις, ἡ** Verwirrung L

* **συ'ζάω** lebe zusammen mit P

* **συ'ζεύγνυμι** füge zusammen, verbinde m M

συ'ζητέω **(1)** streite, disputiere τινί, πρός τινα mit ... m L; **(2)** bespreche mich m L

[*] **συζήτησις, ἡ** Wortstreit [L]

\+ **συζητητής, ὁ** Disputator P

\+ **σύζυγος, ὁ** Genosse [vielleicht Eigenname: Syzygos] P

* **συ'ζωοποιέω** mache lebendig zusammen τινί, σύν τινι mit ... P

\+ **συκάμινος, ὁ** Maulbeerbaum L

συκῆ, ἡ Feigenbaum

\+ **συκομορέα, ἡ** Maulbeerfeigenbaum L

* **σῦκον, τό** Feige S Ja

* **συκοφαντέω** **(1)** bedrücke τινά jmdn. L; **(2)** erpresse τινός τι etw. von jmdm. L

\+ **συλαγωγέω** führe als Beute davon, raube P

\+ **συλάω** beraube P

* **συλ'λαλέω** bespreche mich τινί, μετά τινος mit ... S

συλ'λαμβάνω **(1)** Akt.: ergreife, nehme fest; fange; empfange; ~ ἐν γαστρί werde schwanger L; **(2)** Med.: verhafte; fasse mit zu, helfe L P

* **συλ'λέγω** sammle; sammle ein; lese τὶ ἀπό od. ἔκ τινος etw. von ...

\+ **συλ'λογίζομαι** überlege L

\+ **συλ'λυπέομαι** empfinde Mitleid ἐπί τινι über ... m

* **συμ'βαίνω** begegne; τὰ συμβεβηκότα Begebenheiten L; συνέβη es begab sich L

* **συμ'βαλλω** **(1)** [intr.:] komme zusammen; stoße zusammen, kämpfe τινί mit ... L; **(2)** [tr.:] mit zugefügtem λόγους: bespreche mich τινί, πρός τινα mit ...; **(3)** erwäge τὶ etw., ἐν τῇ καρδίᾳ bei mir L; **(4)** Med.: nütze; πολὺ συνεβάλετό τινι war sehr förderlich für ... L

* **συμ'βασιλεύω** nehme teil an der Herrschaft P

* **συμ'βιβάζω** **(1)** bringe zusammen; Pass.: werde zusammengehalten P; **(2)** schließe, folgere L; **(3)** weise nach L; belehre τινά jmdn. P L

* **συμ'βουλεύω** **(1)** Akt.: gebe einen Rat, rate an; **(2)** Med.: fasse den Beschluß, komme überein

* **συμ'βούλιον, τό** **(1)** Beschluß; ~ λαβεῖν, ποιεῖν einen ~ fassen; **(2)** Ratsversammlung L

\+ **σύμβουλος, ὁ** Berater P

\+ **συμμαθητής, ὁ** Mitjünger J

* **συμ'μαρτυρέω** gebe Zeugnis τινί mit … zusammen P; = Med. [O]

\+ **συμ'μερίζομαι** teile mich τινί mit … (dem Altar in die Opfergaben) P

* **συμμέτοχος** 2 mit Anteil habend τινός an … P

\+ **συμμιμητής, ὁ** Mitnachahmer; ~αί μου γίνεσθε ahmt mir mit den anderen zusammen nach P

\+ **συμ'μορφίζομαι** gewinne dieselbe Gestalt τινί wie … [P]

[+] **συμ'μορφόομαι** gewinne dieselbe Gestalt τινί wie … [P]

* **σύμμορφος** 2 gleicher Gestalt τινός wie … P

\+ **συμ'παθέω** habe Mitgefühl τινί mit … H

\+ **συμ'παθής, ~ές** teilnahmsvoll K

\+ **συμ'παρα'γίνομαι** **(1)** komme zusammen ἐπί τι zu … L; **(2)** stehe bei τινί jmdm. [P]

\+ **συμ'παρα'καλέομαι** werde zugleich getröstet P

* **συμ'παρα'λαμβάνω** nehme mit [als Reisegefährten] L P

[+] **συμ'παρα'μένω** bleibe zur Unterstützung dabei τινί bei … [P]

\+ **συμ'πάρ'ειμι** bin zugleich anwesend τινί bei … L

* **συμ'πάσχω** leide zugleich τινί mit … P

* **συμ'πέμπω** sende zugleich τινί, μετά τινος mit … P

[+] **συμ'περι'έχω** befinde mich gemeinsam ringsum [L]

\+ **συμ'περι'λαμβάνω** umfasse [mit den Armen] L

\+ **συμ'πίνω** trinke zusammen τινί mit … L

\+ **συμ'πίπτω** stürze zusammen, falle ein L

* **συμ'πληρόομαι** **(1)** [eigtl.:] werde angefüllt, laufe voll (Schiff) L; **(2)** [übertr.:] werde erfüllt, erfülle mich (Tage) L

* **συμ'πνίγω** **(1)** ersticke [tr.] L; **(2)** dränge, erdrücke L

\+ **συμ'πολίτης, ὁ** Mitbürger P

* **συμ'πορεύομαι** **(1)** reise gemeinsam τινί mit … L; **(2)** komme zusammen πρός τινα bei … m

[+] **συμποσία, ἡ** das gemeinsame Mahl [m]

\+ **συμπόσιον, τό** Tischgesellschaft; ~ια ~ια in einzelnen Tischgruppen [m]

\+ **συμπρεσβύτερος, ὁ** Mitältester K

συμφαγεῖν Inf. Aor. 2 zu συνεσθίω

συμ'φέρω **(1)** trage zusammen L; **(2)** [unpersönlich:] ~ει es nützt; οὐ ~ον (erg. ἐστίν) es ist nicht förderlich P; τὸ ~ον Nutzen; τὰ ~οντα was zuträglich ist L

\+ **σύμ'φημι** stimme zu P

* **σύμφορον, τό** Nutzen P

[+] **συμ'φορτίζομαι** werde zusammen belastet τινί mit … [P]

συμ'φυείς Ptz. Aor. 2 Pass. v. συμφύω

\+ **συμφυλέτης, ὁ** Landsmann P

\+ **συμ'φύομαι** wachse auf mit L

\+ **σύμφυτος** 2 zusammengewachsen, verwachsen τινί mit … P

* **συμ'φωνέω** **(1)** stimme überein τινί mit … L; **(2)** komme überein τινί u. μετά τινος mit …; ~ τινὶ ἐκ δηναρίου schließe mit jmdm. ab auf Grund eines Denars; συνεφωνήθη ὑμῖν es wurde von euch vereinbart L

\+ **συμφώνησις, ἡ** Übereinstimmung πρός τινα mit … P

\+ **συμφωνία, ἡ** Musik L

\+ **σύμφωνος** 2 übereinstimmend; ἐκ ~ου nach Übereinkunft P

\+ **συμ'ψηφίζω** rechne zusammen (Kosten) L

\+ **σύμψυχος** 2 einträchtig P

σύν Präp. mit Dat.: mit; σὺν πᾶσι τούτοις zu alledem, von dem allen abgesehen L

συν'άγω **(1)** sammle; **(2)** versammle; Pass. auch: ~ mich, komme zusammen; **(3)** nehme gastlich auf

συναγωγή, **ἡ** **(1)** Versammlung; **(2)** Versammlungsplatz, Synagoge

\+ **συν'αγωνίζομαι** stehe [im Kampf] bei P

* **συν'αθλέω** stehe bei P; bin Kampfgenosse τινί für ... (Glaube) P

* **συν'αθροίζω** versammle; Pass.: ~ mich L

* **συν'αίρω** nehme mit jmdm. zusammen auf; λόγον ~ rechne ab μετά τινος mit ... M [P

* **συναιχμάλωτος**, **ὁ** Mitgefangener

* **συν'ακολουθέω** folge nach τινί u. μετά τινος jmdm.

\+ **συν'αλίζομαι** **(1)** esse zusammen mit; **(2)** komme zusammen L

\+ **συν'αλλάσσω** versöhne L

* **συν'ανα'βαίνω** reise hinauf zusammen mit εἰς nach ... (Jerusalem) m L

* **συν'ανά'κειμαι** esse zusammen τινί mit ...; οἱ ~μενοι die Tischgenossen Evv

* **συν'ανα'μείγνυμαι** habe engen Umgang τινί mit ... P

\+ **συν'ανα'παύομαι** erhole mich τινί mit jmdm. zusammen, bei jmdm. P

* **συν'αντάω** begegne; τὰ ~τήσοντα ἐμοί was mir widerfahren wird L

[*] **συνάντησις**, **ἡ** Begegnung; εἰς ~ίν τινι jmdm. entgegen [M]

* **συν'αντι'λαμβάνομαι** helfe, stehe bei τινί jmdm. P L

* **συν'απ'άγομαι** werde mit fortgerissen, lasse mich mit fortreißen; bequeme mich τινί zu ... (niedrigen Dingen od.: den Niedrigen) Rö 12,16

συναπήχθην Aor. 1 Pass. v. συναπάγω

* **συν'απο'θνήσκω** sterbe zusammen τινί mit ... P m

\+ **συν'απ'όλλυμαι** gehe zusammen zugrunde τινί mit ... H

\+ **συν'απο'στέλλω** sende zugleich ab P

* **συν'αρμολογέομαι** werde zusammengefügt P

* **συν'αρπάζω** packe L; reiße mit fort (Schiff) L

\+ **συν'αυξάνομαι** wachse zugleich auf M

συνβ´´ s. συμβ´´

συνγ´´ s. συγγ´´

* **σύνδεσμος**, **ὁ** Band P; Fessel L; ~ ἀδικίας ~ der Ungerechtigkeit L

\+ **συν'δέω** binde mit anderen zusammen; συνδεδεμένοι Genossen in der Gefangenschaft H

\+ **συν'δοξάζομαι** werde zugleich verklärt P

σύνδουλος, **ὁ** Mitsklave [eigtl. u. übertr.]

\+ **συνδρομή**, **ἡ** Auflauf L

συνέβην Aor. 2 v. συμβαίνω

* **συν'εγείρω** erwecke zugleich auf P; Pass.: stehe mit auf P

συνέδριον, **τό** **(1)** Ratsversammlung; **(2)** Synedrium; **(3)** [Pl.:] Lokalgerichte M

συνείδησις, ἡ **(1)** Bewußtsein (v. Gott, der Sünde) K H; **(2)** Gewissen P H K

συνεῖδον Aor. 2 zu συνοράω

συνειδυῖα, συνειδυίης Ptz. Fem. v. σύνοιδα

+ [1]**σύν'ειμι** [εἰμί] bin zusammen L

* [2]**σύν'ειμι** [εἶμι] komme zusammen L

συνείπετο Impf. v. συνέπομαι

* **συν'εισ'έρχομαι** gehe zusammen hinein τινί mit … εἰς in … J

συνείχετο Impf. Pass. v. συνέχω

* **συνέκδημος, ὁ** Reisegenosse P L

συνεκέρασα Aor. 1 v. συγκεράννυμι

+ **συνεκλεκτός** 2 mit erwählt (Gemeinde) K

[+] **συν'ελαύνω** treibe an [L]

+ **συν'επι'μαρτυρέω** bezeuge zugleich, stimme bei τινί durch … H

συνέπιον Aor. 2 v. συμπίνω

+ **συν'επι'τίθεμαι** greife zugleich mit … an L

+ **συν'έπομαι** begleite τινί jmdn. L

* **συν'εργέω** wirke mit; unterstütze P; πάντα ~εῖ εἰς ἀγαθόν alles verhilft zum Guten P; ὁ ~ῶν Mitarbeiter P

συνεργός, ὁ Mithelfer τινός an … (Reich, Freude) P

συν'έρχομαι **(1)** komme zusammen [auch = übe Beischlaf M]; **(2)** reise, gehe zusammen mit

* **συν'εσθίω** esse τινί u. μετά τινος mit …; halte Tischgemeinschaft P

* **σύνεσις, ἡ** **(1)** Verständnis P; **(2)** Verstand m L P

συνεστώς Ptz. Pf. v. συνίστημι

συνετάφην Aor. 2 Pass. v. συνθάπτομαι

συνετέθειντο Plsqpf. v. συντίθεμαι

* **συνετός** 3 verständig

* **συν'ευδοκέω** stimme bei; billige τινί etw.; willige ein P

* **συν'ευωχέομαι** schmause gemeinsam τινί mit jmdm. K

συνέφαγον Aor. 2 zu συνεσθίω

+ **συν'εφ'ίσταμαι** stehe zugleich auf κατά τινος gegen … L

συνεχύθην Aor. 1 Pass. v. συγχέω

συν'έχω **(1)** halte zu (Ohren) L; **(2)** dränge, bedränge L; **(3)** halte fest L; **(4)** 2 K 5,14 treibe an od. halte in Schranken; **(5)** Pass.: werde gequält; leide τινί an …; bin beschäftigt τινί mit … L

συνζ´´ s. συζ´´

+ **συν'ήδομαι** stimme freudig bei τινί jmdm. P

* **συνήθεια, ἡ** **(1)** Gewohnheit; **(2)** Gewöhnung; ἡ ~ ἕως ἄρτι τοῦ εἰδώλου die bisherige ~ an den Götzen [P]

συνῆκα Aor. 1 v. συνίημι

συνήλασα Aor. 1 v. συνελαύνω

+ **συνηλικιώτης, ὁ** Altersgenosse P

συνηρπάκει Plsqpf. v. συναρπάζω

* **συν'θάπτομαι** werde zusammen begraben τινί mit jmdm. P

* **συν'θλάομαι** werde zerschmettert M L

* **συν'θλίβω** dränge m

+ **συν'θρύπτω** mache mürbe, erweiche (Herz) L

συν'ίημι u. **συνίω** verstehe, sehe ein, begreife

συν'ιστάνω, συνιστάω u. **συνίστημι** **I** [tr.:] **(1)** empfehle P; ~ ἐμαυτόν setze mich in ein gutes Licht P; **(2)** bringe zur Darstellung (Liebe); erweise (Gerechtigkeit) P; παραβάτην ἐμαυτὸν ~ zeige mich als Sünder P; **II** [intr.; Med., dazu Pf. Akt. συνέστηκα] **(1)** stehe zusammen τινί mit ... L; **(2)** bestehe K P

συνίων Ptz. Präs. v. συνίω [s. συνίημι]

συνκ´´ s. συγκ´´

συνλ´´ s. συλλ´´

συνμ´´ s. συμμ´´

\+ **συν'οδεύω** reise zusammen τινί mit ... L

\+ **συνοδία, ἡ** Reisegesellschaft (Karawane) L

* **σύν'οιδα** **(1)** bin Mitwisser; συνειδυίης τῆς γυναικός mit Vorwissen der Frau L; **(2)** bin mir bewußt P

\+ **συν'οικέω** lebe [ehelich] zusammen τινί mit ... K

\+ **συν'οικοδομέομαι** werde zusammengebaut εἴς τι zu ... P

\+ **συν'ομιλέω** unterhalte mich τινί mit jmdm. L

\+ **συν'ομορέω** grenze τινί an ... (Schule) L

* **συν'οράω** s. συνεῖδον [P L

* **συνοχή, ἡ** Beklemmung, Angst

συνπ´´ s. συμπ´´

συνσ´´ s. συσσ´´

* **συν'τάσσω** ordne an M

συνταφείς Ptz. Aor. 2 Pass. v. συνθάπτω

* **συντέλεια, ἡ** Ende

* **συν'τελέω** **(1)** beende (Versuchung) M L; Pass.: gehe zu Ende (Wein, Zeit); **(2)** bringe zum Vollzug (Willenskundgebung) H; **(3)** erfülle, führe aus (Wort) P; Pass.: gehe in Erfüllung m

\+ **συν'τέμνω** verkürze, schränke ein; λόγον συντελῶν καὶ ~ων indem er sein Wort ausführt [entweder:] in eingeschränktem Maße [od.:] indem er Israel beschränkt P

* **συν'τηρέω** **(1)** bewahre m; Pass.: bleibe erhalten M [L]; **(2)** behalte im Gedächtnis L

* **συν'τίθεμαι** **(1)** komme überein τινί mit ... L J; **(2)** stimme bei [L]

\+ **συντόμως** Adv. in Kürze, ohne Umschweife L

* **συν'τρέχω** **(1)** laufe zusammen [mehrere zu einem Ort] m L; **(2)** laufe [mit anderen] zusammen εἴς τι ... K

* **συν'τρίβω** zerbreche (Gefäß; Knochen u.a.); zerschmettere (Satan) P; mache mürbe L; συντετριμμένος τὴν καρδίαν zerknirschten Herzens [L]

\+ **σύντριμμα, τό** Vernichtung P

\+ **σύντροφος, ὁ** Milchbruder, Jugendgenosse, Vertrauter L

\+ **συν'τυγχάνω** komme zusammen τινί mit ... L

\+ **συν'υπο'κρίνομαι** nehme teil an der Heuchelei P

\+ **συν'υπ'ουργέω** helfe mit τῇ δεήσει durch das Gebet P

συνφ´´ s. συμφ´´

συνχ´´ s. συγχ´´

συνψ´´ s. συμψ´´

\+ **συν'ωδίνω** habe gemeinsam Wehen; leide zugleich heftige Schmerzen P

\+ **συνωμοσία, ἡ** Verschwörung; ~αν ποιεῖσθαι sich verschwören L

* **σύρω** ziehe (Netz) J; schleppe fort (Sterne, leblosen Körper) O L; führe [gewaltsam] fort (vor die Behörden) L [m L

* **συ'σπαράσσω** reiße zusammen

\+ **σύσσημον, τό** das verabredete Zeichen m

+ **σύσσωμος** 2 mit zum Leibe gehörig, Glied desselben Leibes P

[+] **συστασιαστής, ὁ** Teilnehmer am Aufruhr m

+ **συστατικός** 3 empfehlend; ἐπιστολὴ ~ή Empfehlungsbrief P

* **συ'σταυρόομαι** werde zugleich gekreuzigt [auch bildl. P]

* **συ'στέλλω** **(1)** dränge zusammen, kürze; ὁ καιρὸς συνεσταλμένος ἐστίν die Zeit ist knapp P; **(2)** hülle ein od.: raffe zusammen (Leichnam) L

+ **συ'στενάζω** seufze gemeinsam P

+ **συ'στοιχέω** entspreche P

* **συστρατιώτης, ὁ** Mitstreiter P

* **συ'στρέφω** sammle (Holz) L; Pass.: komme zusammen

* **συστροφή, ἡ** Zusammenrottung, Aufruhr L; ποιεῖν ~ήν sich zusammenrotten

* **συ'σχηματίζομαι** gestalte mich gleich, nehme dieselbe Form an τινί wie … P

* **σφαγή, ἡ** Schlachtung; πρόβατα ~ῆς Schlachtschafe P; ἡμέρα ~ῆς = Gerichtstag Ja

+ **σφάγιον, τό** Schlachtopfer L

σφάζω schlachte; schlachte hin, töte; ἐσφαγμένος εἰς θάνατον zum Tode getroffen

σφάξω Fut. v. σφάζω

σφόδρα Adv. sehr

+ **σφοδρῶς** Adv. sehr L

σφραγίζω **(1)** verschließe mit einem Siegel (Stein); drücke das Siegel darauf O; **(2)** sichere [damit es geheim bleibt] τὶ etw. O; **(3)** stemple ab; **(4)** beglaubige

σφραγίς, ἡ **(1)** [eigtl.:] Siegel; Siegelgerät, Stempel; Siegelabdruck; **(2)** [übertr.:] das, was bestätigt; die Beglaubigung P

+ **σφυδρόν, τό** Knöchel [L]

σφυρίς, ἡ s. σπυρίς

* **σχεδόν** Adv. beinahe L H

* **σχῆμα, τό** Gestalt (der Welt) P; ~τι in seiner äußeren Erscheinung P

σχίζω **(1)** [eigtl.:] zerreiße [tr.], spalte; Pass.: spalte mich, zerreiße [intr.], zerspringe; **(2)** [übertr.:] Pass.: werde uneins, spalte mich L

* **σχίσμα, τό** **(1)** Riß M m; **(2)** Spaltung, Zwiespalt J P

* **σχοινίον, τό** Strick J L

* **σχολάζω** **(1)** habe Zeit τινί für … (Gebet) P; **(2)** stehe leer M [L]

+ **σχολή, ἡ** Schule L

σχῶ Konjunktiv Aor. 2 v. ἔχω

σῴζω **(1)** heile; **(2)** rette, errette (Leben); bewahre; führe heil heraus ἐκ θανάτου aus dem Todesverhängnis H; **(3)** mache selig; Pass.: werde selig

σῶμα, τό **(1)** Leib, Körper [v. Menschen u. Tieren; auch bildl. v. der Gemeinde]; ~ τῆς ἁμαρτίας Sünden~ = ~ aus Sündenfleisch; **(2)** das Körperhafte [der Pflanze] P; ~τα ἐπουράνια Himmelsleiber = Körper v. überirdischer Beschaffenheit P; **(3)** Pl.: Leibeigene, Sklaven O

* **σωματικός** 3 körperlich, leiblich; den Leib betreffend; γυμνασία ~ή Leibesübung P; εἶδος ~όν leibhaftige Gestalt L

+ **σωματικῶς** Adv. leibhaftig P

* **σωρεύω** **(1)** häufe auf (Kohlen) P; **(2)** fülle an; Ptz. Pf. Pass.: angefüllt, voll τινός von … P

σωτήρ, ὁ Erretter, Heiland [v. Gott u. Christus] L J P K

σωτηρία, ἡ (1) Rettung, Bewahrung L H; **(2)** Heil, Erlösung

* **σωτήριος** 2 heilbringend (Gnade); τὸ ~ον Heil

* **σωφρονέω** bin besonnen P; bin bei Verstand m L; [Wortspiel:] φρονεῖν εἰς τὸ ~εῖν so zu denken, daß es mit Maßhaltung gedacht ist P

\+ **σωφρονίζω** mahne, ermahne P

\+ **σωφρονισμός, ὁ** Besonnenheit P

\+ **σωφρόνως** Adv. enthaltsam (leben) P

* **σωφροσύνη, ἡ** Besonnenheit; ῥήματα ~ης vernünftige Worte L; Selbstbeherrschung; Sittsamkeit P

* **σώφρων** 2 besonnen, sittsam P

T

\+ **ταβέρναι, αἱ** [lat.: *tabernae*] Laden, Schenke [nur im Ortsnamen Τρεῖς ταβέρναι] L

\+ **τάγμα, τό** Abteilung; Gruppe; Klasse; ἐν τῷ ἰδίῳ ~τι in seiner Abteilung P

τακήσομαι Fut. 2 Pass. v. τήκω

\+ **τακτός** 3 bestimmt (Tag) L

\+ **ταλαιπωρέω** fühle mich elend Ja

* **ταλαιπωρία, ἡ** Elend, Not P Ja

* **ταλαίπωρος** 2 elend, unglücklich O P

\+ **ταλαντιαῖος** 3 vom Gewicht eines Talentes [= 26 kg]; etwa: zentnerschwer (Hagelkorn) O

τάλαντον, τό Talent [Münzeinheit verschiedenen, aber immer sehr erheblichen Wertes] M [m

\+ **ταλιθά** [aram.: t[e]lithâ] Mädchen

* **ταμ(ι)εῖον, τό** Vorratskammer L; innerer Raum M L

τανῦν = τὰ νῦν; s. νῦν 1

* **τάξις, ἡ (1)** Reihenfolge L; **(2)** Ordnung; κατὰ ~ιν ordentlich P; **(3)** Beschaffenheit, Zustand; κατὰ τὴν ~ιν nach der B. = ganz wie (Melchisedek) H

* **ταπεινός** 3 **(1)** niedrig, gering, unbedeutend L P Ja; **(2)** demütig M K; **(3)** unterwürfig P

* **ταπεινοφροσύνη, ἡ** Demut P L K

\+ **ταπεινόφρων** 2 demütig K

ταπεινόω (1) mache niedrig (Hügel) L; **(2)** erniedrige; mache demütig; Pass.: lasse mich demütigen; beuge mich; **(3)** Pass.: kasteie mich

* **ταπείνωσις, ἡ (1)** Erniedrigtwerden, Erniedrigung; **(2)** Zustand der Niedrigkeit

ταράσσω (1) rühre auf (Wasser) J; **(2)** errege; Pass.: gerate in Erschütterung; ~εσθαι τῷ πνεύματι ~ innerlich J

\+ **ταραχή, ἡ (1)** Bewegung (des Wassers) J; **(2)** Aufruhr [m]

* **τάραχος, ὁ** [seelische] Erregung; **(2)** Aufruhr L [K

\+ **ταρταρόω** verwahre in der Hölle

* **τάσσω (1)** stelle an; ὑπὸ ἐξουσίαν ~όμενος unterstellt [M] L; ἔταξαν ἑαυτοὺς εἰς … sie haben sich hergegeben zu … P; **(2)** bestimme; setze fest; befehle; verordne; = Med.

* **ταῦρος, ὁ** Stier

[*] **ταὐτά** = τὰ αὐτά ebenso [L] [P]

\+ **ταφή, ἡ** Begräbnisplatz M

* **τάφος, ὁ** Grab [eigtl. u. übertr.] M P

* **τάχα** Adv. vielleicht P

ταχέως Adv. rasch; sogleich; übereilt P

* **ταχινός** 3 baldig K

τάχιον, τάχιστα s. ταχύ

* **τάχος, τό** Schnelligkeit; ἐν ~ει rasch L; bald L P O; = ~ει [O]

ταχύ Adv. **(1)** eilig [m] M; **(2)** sofort; alsbald; schnellstens; Komp.: τάχιον rascher, schneller; ohne Verzug; bald; ἐάν ~ ἔρχηται wenn er unverzüglich kommt H; Superlativ: τάχιστα, nur als ὡς ~ so schnell wie möglich L

\+ **ταχύς** 3 rasch Ja

τε [enklitische Partikel] und = *que*

τεθλιμμένος bedrängt, Ptz. Pf. Pass. v. θλίβω

τεθνάναι Inf. Pf. v. θνῄσκω

τέθνηκα Pf. v. θνῄσκω

τεθραμμένος Ptz. Pf. Pass. v. τρέφω

* **τεῖχος, τό** Mauer

τεκεῖν Inf. Aor. 2 v. τίκτω

\+ **τεκμήριον, τό** Beweis L

* **τεκνίον, τό** Kind [nur in vertrauter Anrede im Vokativ Pl.] P J

\+ **τεκνογονέω** Kinder gebären P

\+ **τεκνογονία, ἡ** das Kindergebären P

τέκνον, τό Kind; **(1)** [eigtl.:] Kind; Sohn; Pl. auch im weiteren Sinn: Nachkommen; **(2)** [übertr.:] (geistliches) Kind; Kinder Gottes; Bürger [einer Stadt] L M P; ~α κατάρας = Verfluchte; ~α ὀργῆς Zorneswürdige

\+ **τεκνοτροφέω** ziehe Kinder auf P

* **τέκτων, ὁ** Zimmermann m M

τέλειος 3 **(1)** vollendet, vollkommen; τὸ ~ον der vollkommene Zustand P; **(2)** volljährig, reif; **(3)** eingeweiht

* **τελειότης, ἡ** Vollkommenheit; Reife P H

τελειόω **(1)** vollende (Werk, Lauf, Tage); Pass.: gehe in Erfüllung (Schrift) J; **(2)** bringe zur Vollendung; Pass.: komme zur Vollendung; τετελείωμαι bin vollendet

\+ **τελείως** Adv. völlig, vollständig; ~ ἐλπίζω hoffe bestimmt K

* **τελείωσις, ἡ** **(1)** Erfüllung L; **(2)** Vollendung H

\+ **τελειωτής, ὁ** Vollender (des Glaubens) H [L

\+ **τελεσφορέω** bringe reife Frucht

τελευτάω verende, sterbe; θανάτῳ τελευτάτω er soll des Todes sterben m M

\+ **τελευτή, ἡ** Tod M

τελέω **(1)** beende (Rede, Zeugnis, Lauf); Pass.: τετέλεσται es ist zu Ende J; **(2)** erfülle (Gesetz); vollbringe ἐπιθυμίαν σαρκός was das Fleisch begehrt P; Pass.: komme zur Vollendung P; **(3)** bezahle (Steuer) P M

τέλος, τό **(1)** Ende; Aufhören; ~ ἔχειν ein Ende haben m L; **(2)** Endpunkt; Abschluß S P; **(3)** Ziel; Ausgang; **(4)** [adv.:] τὸ ~ schließlich; ἕως, ἄχρι, μέχρι ~ους bis ans Ende, bis zuletzt P H O; εἰς ~ bis zum ~; endlich; im höchsten Grade J; **(5)** Rest; **(6)** Zoll M P

τελώνης, ὁ Zollerheber S

* **τελώνιον, τό** Zollamt S

τέξομαι Fut. v. τίκτω

τέρας, τό Wunder

τεσσαράκοντα u. **τεσσεράκοντα** vierzig

* **τεσσαρακονταετής** u. **τεσσερακονταετής** vierzigjährig

τέσσαρες 2 vier

* **τεσσαρεσκαιδέκατος** 3 der vierzehnte

\+ **τεταρταῖος** 3 am vierten Tag geschehend; ~ ἐστιν es ist ein am vierten Tag [Toter] J

τέταρτος 3 der vierte

* **τετρααρχέω** bin Tetrarch L

* **τετραάρχης, ὁ** Tetrarch M L

\+ **τετράγωνος** 2 viereckig; [vielleicht:] würfelförmig (Stadt) O

\+ **τετράδιον, τό** Abteilung von vier Mann L

* **τετρακισχίλιοι** 3 viertausend

* **τετρακόσιοι** 3 vierhundert

\+ **τετράμηνος, ἡ** [d.h. ὥρα] = τὸ τετράμηνον Zeit von vier Monaten, Dritteljahr J

\+ **τετραπλοῦς, ~ῆ, ~οῦν** vierfältig L

* **τετράποδα, τά** Vierfüßler P L

τετραρχ´´ s. τετρααρχ´´

τέτυχε Pf. v. τυγχάνω

\+ **τεφρόω** äschere ein (Städte) K

* **τέχνη, ἡ** Handwerk L O

* **τεχνίτης, ὁ** Handwerker L O; Künstler, Werkmeister H

\+ **τήκω** Pass.: zerschmelze K

\+ **τηλαυγῶς** Adv. ganz deutlich (sehen) m

* **τηλικοῦτος** 3 so groß; so gewaltig; so bedeutend

τηρέω **(1)** bewache; οἱ ~οῦντες Wächter M; verwahre, halte gefangen L; **(2)** bewahre (Kleider, Jungfrau); schütze ἔκ τινος vor … (Übel) J O; **(3)** beobachte (Gebote)

* **τήρησις, ἡ** **(1)** Beobachtung (der Gebote) P; **(2)** Gewahrsam; Gefängnis L

τίθημι **I** Akt.: **(1)** setze; stelle; lege; setze vor (Wein); lege ab (Kleider); ~ τὴν ψυχήν gebe das Leben hin J; ~ τὰ γόνατα beuge die Knie; ~ ἐν τῇ καρδίᾳ nehme zu Herzen L; **(2)** mache zu …; ~ εἴς τι bestimme zu … P; **II** Med.: versetze (ins Gefängnis); bestimme; setze ein; ~ εἰς τὰ ὦτα höre an; ~ ἐν τῇ καρδίᾳ nehme mir zu Herzen; nehme mir vor L; ~ βουλήν fasse einen Beschluß L

τίκτω **(1)** gebäre; **(2)** bringe hervor (Pflanzen) H

* **τίλλω** raufe aus (Ähren) S

τιμάω **(1)** schätze ab; Med.: schätze für mich ab; **(2)** schätze, ehre

τιμή, ἡ **(1)** Preis; Kaufpreis; ~ῆς ἀργυρίου um eine Summe Silbers L; τιμῆς [absol.] gegen Barzahlung P; ἠγοράσθητε ~ῆς ihr seid bar bezahlt worden P; οὐκ ἐν ~ῇ τινι hat keinen Wert [?] P; **(2)** Ehre; ~ὴν ἔχω werde geehrt J H; λαμβάνειν ἑαυτῷ ~ήν von sich aus das Ehrenamt einnehmen H; **(3)** Ehrensold, Honorar P

τίμιος 3 **(1)** wertvoll; λίθος ~ Edelstein O P; οὐδενὸς λόγου ποιοῦμαι τὴν ψυχὴν ~αν ἐμαυτῷ ich halte mein Leben keines Wortes wert L; **(2)** ehrbar H; **(3)** verehrt, angesehen L

\+ **τιμιότης, ἡ** [abstractum pro concreto:] Kostbarkeiten O

* **τιμωρέω** bestrafe L

\+ **τιμωρία, ἡ** Strafe H

\+ **τίνω** entrichte; δίκην ~ werde bestraft P

τίς wer? was für einer? τί warum? τί οὖν, ~ γάρ; wie stehts denn? was liegt daran? τί ἐμοὶ καὶ σοί; was habe ich mit dir zu schaffen? Evv; τί θέλω wie sehr möchte ich … L

τὶς irgendeiner; ein gewisser; τινές etliche; gewisse Leute; τινὲς ... τινές die einen ... die andern; εἶναί τι etw. bedeuten P [J

* **τίτλος, ὁ** [lat.: *titulus*] Aufschrift

* **τοιγαροῦν** also P; daher H

* **τοίνυν** daher; also [K

\+ **τοιόσδε** 3 derartig, so beschaffen

τοιοῦτος 3 derartig, solcher Art

\+ **τοῖχος, ὁ** Mauer L

* **τόκος, ὁ** Zinsen M L

τολμάω **(1)** wage; **(2)** habe die Dreistigkeit, unterstehe mich P; **(3)** [absol.:] habe den Mut, bin kühn P

\+ **τολμηρότερον** u. **τολμηροτέρως** Adv. ganz kühn, ziemlich dreist P

\+ **τολμητής, ὁ** Waghals K

\+ **τομός** 3 scharf, schneidig (Wort Gottes) H

\+ **τόξον, τό** Bogen O

\+ **τοπάζιον, τό** Topas [Edelstein] O

τόπος, ὁ **(1)** bewohnter Ort; Ortschaft; Wohnraum (Tempel); **(2)** Stelle, Platz; Pl.: Gegenden; **(3)** Platz, Raum [zum Aufenthalt, bes. zum Sitzen]; δίδωμι ~ον gebe Raum; **(4)** Stelle [im Buch] L; **(5)** Stellung; Amt; **(6)** Möglichkeit; Anlaß; Gelegenheit

τοσοῦτος 3 so groß; so viel

τότε Adv. damals; dann; darauf

* **τοὐναντίον** [aus τὸ ἐναντίον] im Gegenteil P K

\+ **τοὔνομα** [aus τὸ ὄνομα] mit Namen M

τουτέστιν das heißt

* **τράγος, ὁ** Bock H

τράπεζα, ἡ **(1)** Tisch; **(2)** Eßtisch; Mahlzeit; παραθεῖναι ~αν Mahlzeit vorsetzen L; διακονεῖν ~αις für Mahlzeiten sorgen L; **(3)** Wechseltisch [= Bank]; διδόναι ἐπὶ ~αν auf die Bank tun L

\+ **τραπεζίτης, ὁ** Geldwechsler, Bankier M

\+ **τραῦμα, τό** Wunde L

* **τραυματίζω** verwunde L

\+ **τραχηλίζω** mache (den Hals) bloß; τετραχηλισμένος offengelegt H

* **τράχηλος, ὁ** Hals; ὑποτίθημι τὸν ~ον setze mein Leben aufs Spiel P

* **τραχύς** 3 rauh (Wege) L; τόποι ~εῖς Klippen L

τρεῖς 2 drei

* **τρέμω** zittere; scheue mich βλασφημῶν zu lästern K

* **τρέφω** **(1)** nähre; mäste (Herzen) Ja; **(2)** ziehe groß; οὗ ἦν τεθραμμένος wo er groß geworden war L

τρέχω **(1)** [eigtl. u. bildl.:] laufe; ~ ἀγῶνα s. ἀγών H; ~ εἰς κενόν ~ ins Blaue P; **(2)** mache ohne Behinderung eilig meinen Weg (das Wort) P

* **τρῆμα, τό** Öhr (der Nadel) M L

* **τριάκοντα** dreißig

* **τριακόσιοι** 3 dreihundert

* **τρίβολος, ὁ** Distel M H

* **τρίβος, ἡ** Weg, Pfad S

\+ **τριετία, ἡ** Zeitraum von drei Jahren L

\+ **τρίζω** knirsche τοὺς ὀδόντας mit den Zähnen m

\+ **τρίμηνον, τό** Zeitraum von drei Monaten, Vierteljahr; [Akk. auf die Frage wie lange?] H

τρίς Adv. dreimal; ἐπὶ ~ noch ein drittes Mal L

\+ **τρίστεγον, τό** das dritte Stockwerk L

\+ **τρισχίλιοι** 3 dreitausend

τρίτος 3 der dritte; τὸ ~ον das Drittel O; [Adv.:] τὸ ~ον das dritte Mal; ~ον ein drittes Mal, drittens; ~ον τοῦτο nun zum dritten Mal; ἐκ ~ου zum dritten Mal [M]

\+ **τρίχινος** 3 hären (Sack) O

* **τρόμος, ὁ** Zittern, Beben

\+ **τροπή, ἡ** s. ἀποσκίασμα Ja

τρόπος, ὁ (1) Art; ὃν ~ον auf welche ~, wie; [ἐν] παντὶ ~ῳ auf jede Art P; κατὰ πάντα ~ον auf alle Weise, in jeder Hinsicht P; τὸν ὅμοιον ~ον ebenso Ju; **(2)** Betragen, Sinnesart H

\+ **τροποφορέω** ertrage jmds. Art [L]

τροφή, ἡ Speise [eigtl. u. bildl.]

\+ **τροφός, ἡ** Amme P

[+] **τροφοφορέω** hege und pflege [L]

\+ **τροχιά, ἡ** Spur; ~ὰς ὀρθὰς ποιεῖν τινι gerade Geleise schaffen für … H

\+ **τροχός, ὁ** Rad; ~ τῆς γενέσεως Lebenslauf [?] Ja

* **τρύβλιον, τό** Schüssel M m

* **τρυγάω** lese [Trauben] L O

\+ **τρυγών, ἡ** Turteltaube L

\+ **τρυμαλιά, ἡ** Öhr (der Nadel) m

\+ **τρύπημα, τό** Öhr (der Nadel) [M]

\+ **τρυφάω** prasse Ja

* **τρυφή, ἡ** Schwelgerei, Üppigkeit; Prunk L K

* **τρώγω** zerkaue, esse

τυγχάνω (1) erlange; **(2)** [unpersönlich:] es trifft sich; εἰ ~οι vielleicht, etwa, zum Beispiel; τυχόν vielleicht, womöglich P L; οὐχ ὁ τυχών nicht gewöhnlich = außergewöhnlich L; ἡμιθανῆ ~οντα halbtot, wie er gerade war L

\+ **τυμπανίζω** martere, foltere H

\+ **τυπικῶς** Adv. vorbildlich P

τύπος, ὁ (1) Spur, Mal; ~ τῶν ἥλων Nägelmale J; **(2)** Bildwerk L; **(3)** Inhalt; τὸν ~ον τοῦτον dieses Inhalts L; **(4)** Vorbild; Urbild P; **(5)** ~ διδαχῆς s. διδαχή 2

τύπτω (1) [eigtl.:] schlage; **(2)** [übertr.:] mißhandle (das Gewissen) P

[+] **τυρβάζομαι** mache mir viel zu schaffen [L]

τυφλός 3 **(1)** [eigtl.:] blind; **(2)** [übertr. auf geistige u. seelische Blindheit]; verblendet

* **τυφλόω** [nur bildl. u. übertr.:] mache blind; verblende

\+ **τύφομαι** glimme; ~μενος glimmend (Docht) M

* **τυφόομαι** werde aufgeblasen; werde verblendet, töricht P

\+ **τυφωνικός** 3 einem Wirbelwind gleich; ἄνεμος ~ Wirbelsturm L

τυχεῖν Inf. Aor. 2 v. τυγχάνω

τύχοι Opt. Aor. 2 v. τυγχάνω

τυχόν s. τυγχάνω 2

Υ

\+ **ὑακίνθινος** 3 hyazinthfarbig [= dunkelrot] O

\+ **ὑάκινθος, ὁ** Hyazinth [Edelstein] O

* **ὑάλινος** 3 glashell (Meer) O

* **ὕαλος, ἡ**, selten **ὁ** Glas O

* **ὑβρίζω (1)** mißhandle L M P; **(2)** beleidige L

* **ὕβρις, ἡ** (1) Schmach, Mißhandlung P; (2) Ungemach L

* **ὑβριστής, ὁ** Gewaltmensch, Frevler P

ὑγιαίνω (1) [eigtl.:] bin gesund; (2) [in den Pastoralbriefen übertr. auf die richtige Lehre:] ~ων τῇ πίστει rechtgläubig P

ὑγιής 2 (1) [eigtl.:] gesund; (2) [übertr.:] recht (Lehre) P

\+ **ὑγρός** 3 grün (Holz) L

* **ὑδρία, ἡ** Wasserkrug J

\+ **ὑδροποτέω** trinke [nur] Wasser [d.h. verschmähe den Wein] P

\+ **ὑδρωπικός** 3 wassersüchtig L

ὕδωρ, τό Wasser; ~ ζῶν fließendes ~, [auch als Bild:] Lebenswasser; Pl.: Gewässer

* **ὑετός, ὁ** Regen

* **υἱοθεσία, ἡ** Annahme an Kindesstatt, Adoption P

υἱός, ὁ Sohn [auch v. Schülern, Anhängern]; Nachkomme; Jesus ist ~ Δαυίδ, [ὁ] ~ [τοῦ] θεοῦ, ὁ ~ τοῦ ἀνθρώπου

\+ **ὕλη, ἡ** Holz, Wald Ja

ὑμεῖς ihr

ὑμέτερος 3 euer

* **ὑμνέω** (1) [tr.:] preise (Gott); (2) [intr.:] singe den Lobgesang m M

* **ὕμνος, ὁ** Lobgesang

ὑπ'άγω gehe fort; kehre zurück; gehe hin; ὕπαγε gehe! = wohlan! auf! hinweg!

ὑπακοή, ἡ Gehorsam; ~ πίστεως Glaubens~ P; τέκνα ~ῆς Kinder des ~ [im Verhältnis zu Gott] K

ὑπ'ακούω (1) gehorche; leiste Folge; (2) [technisch vom Türhüter:] öffne

\+ **ὕπανδρος** 2 verheiratet (Frau) P

ὑπ'αντάω gehe entgegen; ziehe aus gegen L

* **ὑπάντησις, ἡ** Begegnung; εἰς ~ίν τινος u. τινι entgegen

* **ὕπαρξις, ἡ** Besitz H; Pl.: Besitztümer, Habe L

ὑπ'άρχω (1) bin vorhanden, da; ~ει μοι ich besitze; τὰ ~οντα Habe; (2) bin

\+ **ὑπ'είκω** füge mich H

ὑπελείφθην Aor. 1 Pass. v. ὑπολείπω

* **ὑπεναντίος** 3 feindlich; ὁ ~ Gegner H

ὑπενεγκεῖν Inf. Aor. 2 v. ὑποφέρω

ὑπέπλευσα Aor. 1 v. ὑποπλέω

ὑπέρ Präp. **I** mit Gen.: für; zugunsten von; wegen; betreffs, was … angeht; **II** mit Akk.: über … hinaus; mehr als; [nach Komp.:] als; **III** adv.: ὑπὲρ ἐγώ mehr noch [als sie] bin ich's 2 K 11,23; ~ ἐκπερισσοῦ s. ὑπερεκπερισσοῦ; ~ λίαν s. ὑπερλίαν

* **ὑπερ'αίρομαι** überhebe mich ἐπί τινα über … P

\+ **ὑπέρακμος** 2 [wenn v. der Frau:] überreif = über die beste Zeit hinaus; [wenn vom Mann:] übermäßig in Kraft stehend 1 K 7,36

* **ὑπεράνω** Adv. als uneigtl. Präp. mit Gen.: hoch über P H

\+ **ὑπερ'αυξάνω** wachse hoch hinaus P

\+ **ὑπερ'βαίνω** übertrete, verfehle mich P

\+ **ὑπερβαλλόντως** Adv. übermäßig P

* **ὑπερ'βάλλω** übertreffe; ~ων außerordentlich (Größe, Reichtum, Herrlichkeit, Gnade), ~ τῆς γνώσεως die Erkenntnis übertreffend P

* **ὑπερβολή, ἡ** Übermaß; καθ' ~ήν übermäßig P; καθ' ~ὴν εἰς ~ήν ganz über alle Maßen P; ἔτι καθ' ~ὴν ὁδός ein noch vortrefflicherer Weg P

ὑπερεῖδον [Aor. 2 zu ὑπεροράω] sah hinweg über L

\+ **ὑπερέκεινα** Adv. jenseits; τὰ ~ [μέρη] die Gegenden jenseits τινός von … P

* **ὑπερεκπερισσοῦ** Adv. aufs allerhöchste, viel mehr als P; über alle Maßen P

\+ **ὑπερεκπερισσῶς** Adv. über alle Maßen [P]

\+ **ὑπερ'εκ'τείνω** spanne hinaus über; ~ ἐμαυτὸν wage mich zu weit vor P

\+ **ὑπερ'εκ'χύν(ν)ομαι** fließe nach allen Seiten über L

\+ **ὑπερ'εν'τυγχάνω** lege Fürsprache ein ὑπέρ τινος für … P

* **ὑπερ'έχω** **(1)** übertreffe; gehe hinaus über (Verstand) P; **(2)** habe das Übergewicht, bin übergeordnet; ἐξουσία ~ουσα übergeordnete Obrigkeit P; βασιλεὺς ὡς ~ων der Kaiser als Oberherr K; **(3)** τὸ ~ον alles übertreffende Größe (der Erkenntnis) P

\+ **ὑπερηφανία, ἡ** Überhebung, Hochmut

* **ὑπερήφανος** 2 hochfahrend, stolz

* **ὑπερλίαν** Adv. übermäßig; οἱ ~ ἀπόστολοι die Überapostel P

\+ **ὑπερ'νικάω** trage einen vollen Sieg davon P

* **ὑπέρογκος** 2 geschwollen, hochtrabend; ~α φθέγγομαι, λαλέω rede ~ Worte K

* **ὑπεροχή, ἡ** **(1)** Übermaß; καθ' ~ὴν λόγου überragend in Rede P; **(2)** hervorragende Stellung; οἱ ἐν ~ῇ ὄντες die Hochgestellten P

* **ὑπερ'περισσεύω** **(1)** [intr.:] bin reichlich vorhanden (Gnade) P; **(2)** [tr.:] lasse überfließen; Pass.: fließe über τινί vor … P

\+ **ὑπερπερισσῶς** Adv. über die Maßen [m]

\+ **ὑπερ'πλεονάζω** bin überreich vorhanden (Gnade) P

\+ **ὑπερ'υψόω** erhebe hoch P [P

\+ **ὑπερ'φρονέω** überschätze mich

* **ὑπερῷον, τό** Oberstube L

ὑπετάγην Aor. 2 Pass. v. ὑποτάσσω

\+ **ὑπ'έχω** erleide (Strafe) Ju

* **ὑπήκοος** 2 gehorsam P; ~ εἰς πάντα in allen Stücken ~ P; γίνομαι ~ τινι gehorche jmdm. L

ὑπήνεγκα Aor. zu ὑποφέρω

* **ὑπ'ηρετέω** diene, gehe zur Hand L

ὑπηρέτης, ὁ Diener; Gehilfe

* **ὕπνος, ὁ** Schlaf

ὑπό Präp. **I** mit Gen.: von; von seiten; **II** mit Akk.: **(1)** unter; ἡ ~ τὸν οὐρανόν [erg. χώρα] was unter dem Himmel ist = Erde L P; ~ ζυγὸν δοῦλοι Sklaven, die unter dem Joche stehen P; ~ νόμον unter der Gewalt des Gesetzes; **(2)** [v. der Zeit:] gegen (Morgen) L

\+ **ὑπο'βάλλω** stifte heimlich an L

\+ **ὑπογραμμός, ὁ** Vorbild K

* **ὑπόδειγμα, τό** **(1)** Beispiel τινός für …; **(2)** Abbild H

* **ὑπο'δείκνυμι** u. **ὑποδεικνύω** gebe Weisung; tue dar τινί jmdm.

* **ὑπο'δέομαι** binde mir unter (die Füße)

* **ὑπο'δέχομαι** nehme als Gast auf L Ja

ὑπόδημα, τό Sandale; [Sg. kollektivierend:] Fußbekleidung

ὑπόδησαι Imp. Aor. 1 Med. v. ὑποδέομαι

+ **ὑπόδικος** 2 schuldig, straffällig, haftbar τινί jmdm. (Gott) P

ὑποδραμών Ptz. Aor. 2 v. ὑποτρέχω [M K

* **ὑποζύγιον, τό** Zugtier; bes. Esel

+ **ὑπο'ζωννύω** untergürte mit Tauen (Schiff) L

ὑποκάτω Adv. als uneigtl. Präp. mit Gen.: unter, unten an

+ **ὑπο'κρίνομαι** verstelle mich, heuchle L

* **ὑπόκρισις, ἡ** Heuchelei

ὑποκριτής, ὁ (1) Schauspieler M; **(2)** Heuchler

* **ὑπο'λαμβάνω (1)** nehme gastlich auf J; **(2)** nehme auf [u. so hinweg] L; **(3)** nehme an, vermute L; **(4)** nehme das Wort L

+ **ὑπόλειμμα, τό** Überrest [P]

+ **ὑπο'λείπομαι** bleibe übrig P

+ **ὑπολήνιον, τό** Untersatztrog m

+ **ὑπο'λιμπάνω** hinterlasse K

ὑπομεμενηκώς Ptz. Pf. v. ὑπομένω

ὑπο'μένω (1) bleibe zurück L; **(2)** halte stand, halte durch, halte aus τὶ od. τινί in etw.

* **ὑπο'μιμνῄσκω (1)** [akt.:] erinnere τὶ od. περί τινος an …; rufe ins Gedächtnis; **(2)** [pass.:] denke τινός an … L

* **ὑπόμνησις, ἡ (1)** [akt.:] das Erinnern K; **(2)** [pass.:] Erinnerung; ~ιν λαμβάνω werde erinnert; erinnere mich τινός an …

ὑπομονή, ἡ (1) Geduld; δι' ~ῆς geduldig P H; ἐν ~ῇ in Ausdauer L; Standhaftigkeit (den Leiden gegenüber) P; **(2)** Erwartung (Christi) O P

* **ὑπο'νοέω** vermute L

+ **ὑπόνοια, ἡ** Argwohn; [Pl.:] Einbildungen P

ὑπ'οπιάζω s. ὑπωπιάζω

* **ὑπο'πλέω** fahre hin unter [einer Insel] L

ὑποπνεύσας Ptz. Aor. 1 v. ὑποπνέω

+ **ὑπο'πνέω** wehe sanft; ~εύσαντος νότου als ein leichter Südwind aufkam L

* **ὑποπόδιον, τό** Fußschemel

* **ὑπόστασις, ἡ (1)** Wesen, Wirklichkeit H 1,3; **(2)** Standhaftigkeit, Zuversicht P; ἐλπιζομένων ~ Zuversicht zu Dingen, die man erhofft H

* **ὑπο'στέλλω (1)** ziehe zurück ἐμαυτόν mich P; **(2)** Med.: ziehe mich zurück, weiche zurück H; scheue mich τοῦ μὴ … zu … L; verschweige aus Angst L

+ **ὑποστολή, ἡ** Zurückhaltung, Kleinmut; οὐκ ἐσμὲν ~ῆς wir haben nichts mit ~ zu schaffen [= wir sind unverzagt] H

ὑπο'στρέφω (1) kehre zurück εἰς τὰ ἴδια nach Hause L, εἰς διαφθοράν in die Verwesung = ins Grab L; **(2)** wende mich wieder ab, falle ab K

+ **ὑπο'στρωννύω** breite darunter aus (Kleider) L

* **ὑποταγή, ἡ** Unterordnung, Gehorsam; ~ τῆς ὁμολογίας ὑμῶν εἴς τι der ~, mit dem ihr euch zu … bekennt P

ὑπο'τάσσω unterwerfe ὑπό τι, ὑποκάτω τινός unter …; Pass.: gehorche

* **ὑπο'τίθημι (1)** halte hin (Hals) P; **(2)** Med.: rate an; stelle vor; tue kund P

+ **ὑπο'τρέχω** segle unter … her τὶ (Insel) L

* **ὑποτύπωσις, ἡ** Vorbild P

* **ὑπο'φέρω** ertrage geduldig, bestehe (Verfolgungen, Kümmernisse) P K

* **ὑπο'χωρέω** ziehe mich zurück; entferne mich L

* **ὑπ'ωπιάζω** schlage unter das Auge; **(1)** [eigtl.:] fahre ins Gesicht τινά jmdm.; **(2)** [bildl.:] kasteie (Leib) P

\+ **ὗς, ἡ** Schwein K

* **ὕσσωπος, ὁ** u. **ἡ, ὕσσωπον, τό** Ysop J H

ὑστερέω **(1)** komme zu spät; verfehle H; **(2)** stehe zurück τί; in was? M; werde ausgeschlossen ἀπό τινος von ... H; **(3)** fehle; **(4)** bin geringer τινός als ... P; **(5)** Pass.: leide Mangel, entbehre τινός od. ἔν τινι P L H

* **ὑστέρημα, τό** **(1)** Mangel; ἐκ τοῦ ~τος αὐτῆς = von ihrem bißchen Armut L; **(2)** Bedürftigkeit P [= Pl.]; **(3)** Zurückbleiben; ~τα τῶν θλίψεων was an Leiden noch unvollendet ist P; ~ τῆς πίστεως was am Glauben noch fehlt P; τὸ ὑμέτερον ~ euer Fehlen P

* **ὑστέρησις, ἡ** Armut m; καθ' ~ιν aus Bedürftigkeit P

ὕστερος 3 der letztere M; οἱ καιροὶ ~οι die letzten Zeiten P; Ntr. ὕστερον als Adv. zweitens, später, danach; zuletzt; ~ πάντων zuallerletzt M [L]

\+ **ὑφαίνω** webe [L]

\+ **ὑφαντός** 3 gewebt; ἄνωθεν ~ δι' ὅλου von oben an ganz durchgewebt J

ὑψηλός 3 **(1)** hoch; τὰ ~ά die Höhe = der Himmel H; **(2)** erhaben; ~ὰ φρονεῖν hochmütig gesinnt sein P; τὰ ~ὰ φρονεῖν nach den hohen Dingen streben P

\+ **ὑψηλοφρονέω** bin hochfahrend P

ὕψιστος 3 höchster, erhabenster; τὰ ~α der Himmel S; ὁ ~ der Allerhöchste = Gott

* **ὕψος, τό** **(1)** [eigtl.:] Höhe; Ort der Höhe = Himmel L P; **(2)** [übertr.:] die hohe Stellung Ja

ὑψόω **(1)** erhöhe; hebe in die Höhe; erhebe; **(2)** bringe zu Ehren

* **ὕψωμα, τό** **(1)** Höhe [als der über dem Horizont befindliche Himmelsraum Rö 8,39]; **(2)** Hochmut [od. Hochburg?] 2 K 10,5

Φ

φάγε, φαγεῖν Imp., Inf. Aor. 2 zu ἐσθίω

* **φάγος, ὁ** Fresser M L [P

\+ **φαιλόνης, ὁ** [lat.: *paenula*] Mantel

φαίνω **(1)** scheine, leuchte; **(2)** Pass.: leuchte; werde sichtbar (Stern) M; τὰ ~όμενα die sichtbare Welt; **(3)** zeige mich; werde offenbar; οὐδέποτε ἐφάνη οὕτως so etw. ist noch niemals vorgekommen M; **(4)** den Anschein haben, scheinen; τί ὑμῖν ~εται; was scheint euch? was ist eure Meinung? m

φανεῖται Fut. v. φαίνομαι

φανερός 3 **(1)** offenbar; kenntlich ἔν τινι an ... J; ~ὸν ποιεῖν bekanntmachen; **(2)** τὸ ~όν die

Öffentlichkeit; ἐν τῷ ~ῷ öffentlich P; εἰς ~ὸν ἐλθεῖν in die Öffentlichkeit kommen = ~ὸν γίνεσθαι; ὁ ἐν τῷ ~ῷ Ἰουδαῖος der Jude, der es offensichtlich ist P

φανερόω **(1)** [v. Unpersönlichem:] offenbare (Herrlichkeit, Pläne); zeige (Werke); Pass.: werde sichtbar, werde bekannt; **(2)** [v. Personen:] ~οῦν ἑαυτόν sich offenbaren J; Pass.: werde bekannt; zeige, offenbare mich; erscheine

* **φανερῶς** Adv. öffentlich; deutlich (sehen) L

* **φανέρωσις**, ἡ Offenbarung, Bekanntmachung P

\+ **φανός**, ὁ Laterne J

\+ **φαντάζω** lasse erscheinen; τὸ ~όμενον Erscheinung H

\+ **φαντασία**, ἡ Gepränge

* **φάντασμα**, τό Gespenst m M

φανῶ, **~ῇ**, **~ῶμεν** Konjunktiv Aor. 2 Pass. v. φαίνω

\+ **φάραγξ**, ἡ Schlucht L [P O

* **φαρμακεία**, ἡ Zauberei, Magie

[+] **φαρμακεύς**, ὁ Giftmischer, Zauberer [O]

[+] **φάρμακον**, τό Gift; Pl. = Giftmischerei od. die Zaubermittel O

* **φάρμακος**, ὁ Giftmischer, Zauberer O

\+ **φάσις**, ἡ Anzeige L

* **φάσκω** behaupte L P

* **φάτνη**, ἡ Krippe L

* **φαῦλος** 3 schlecht (Tat); böse

* **φέγγος**, τό heller Schein (des Mondes, der Lampe) S

φείδομαι **(1)** schone; **(2)** erspare mir P

* **φειδομένως** Adv. sparsam, spärlich (säen, ernten) P

φείσομαι Fut. v. φείδομαι

φελόνης, ὁ = φαιλόνης; s. dort

φέρω **(1)** trage (Kreuz) L; **(2)** ertrage (Schmach, Gebot) H; **(3)** bringe herbei; bringe hervor (Früchte); bringe vor (Anklage) J; **(4)** Pass.: werde getrieben; treibe hin; fahre daher (Wind) L; θάνατον ἀνάγκη ~εσθαι τοῦ διαθεμένου der Tod des Erblassers muß beigebracht werden H; **(5)** führe; πύλη ~ουσα εἰς … ein Tor ~ in … L

φεύγω **(1)** fliehe, entfliehe; suche das Heil in der Flucht; **(2)** entkomme, entrinne; **(3)** meide; halte mich zurück ἀπό τινος von etw.; **(4)** verschwinde O; ἀπὸ τοῦ προσώπου τινός O

* **φήμη**, ἡ Kunde M L

φημί sage

[*] **φημίζω** verbreite (Rede) [M]

* **φθάνω** **(1)** komme zuvor P; **(2)** komme ἄχρι τινός zu …; ~ εἴς τι erreiche P

φθαρῇ Konjunktiv Aor. 2 Pass. v. φθείρω

* **φθαρτός** 3 vergänglich (Mensch, Kranz); τὸ ~όν das Vergängliche; τὰ ~ά die vergänglichen Dinge K

φθάσωμεν Konjunktiv Aor. 1 v. φθάνω

* **φθέγγομαι** rede L K

* **φθείρω** **(1)** verderbe [tr.]; **(2)** beschädige P; füge einen Schaden zu; **(3)** verführe; **(4)** Pass.: werde verführt; werde zugrunde gerichtet; gehe zugrunde

\+ **φθινοπωρινός** 3 herbstlich; δένδρα ~ά Bäume im Herbst K

* **φθόγγος**, ὁ Schall P

\+ **φθονέω** beneide τινί jmdn. P

* **φθόνος**, ὁ Mißgunst, Neid [= Pl.]; διὰ ~ον aus ~; πρὸς φθόνον ἐπιποθεῖ Ja 4,5 ist ganz dunkel, wahrscheinlich verderbt

φθορά, ἡ Verderben, Vergänglichkeit, Untergang; Verkommenheit

φιάλη, ἡ Schale O

\+ **φιλάγαθος** 2 das Gute liebend P

* **φιλαδελφία**, ἡ Bruderliebe

\+ **φιλάδελφος** 2 voll Liebe zu den Brüdern

\+ **φίλανδρος** 2 den Gatten liebend P

* **φιλανθρωπία**, ἡ Menschenfreundlichkeit P L

\+ **φιλανθρώπως** Adv. menschenfreundlich L

\+ **φιλαργυρία**, ἡ Habgier, Geiz P

* **φιλάργυρος** 2 geldgierig, geizig L P

\+ **φίλαυτος** 2 selbstsüchtig P

φιλέω **(1)** liebe; **(2)** habe Gefallen τὶ an ...; mit flgd. Inf. liebe zu tun, tue gern; **(3)** küsse S

\+ **φίλη**, ἡ Freundin L

\+ **φιλήδονος** 2 vergnügungssüchtig P

* **φίλημα**, τό Kuß

\+ **φιλία**, ἡ Freundschaft; ~ τοῦ κόσμου ~ mit der Welt Ja

\+ **φιλόθεος** 2 gottliebend P

\+ **φιλον(ε)ικία** Zank L

\+ **φιλόν(ε)ικος** 2 streitsüchtig, rechthaberisch P

* **φιλοξενία**, ἡ Gastfreundschaft P H

* **φιλόξενος** 2 gastfrei P K

\+ **φιλοπρωτεύω** will der erste sein, maße mir die Führung an J

φίλος 3 befreundet; ὁ ~ der Freund

\+ **φιλοσοφία**, ἡ Philosophie P

\+ **φιλόσοφος**, ὁ Philosoph L

\+ **φιλόστοργος** 2 voll herzlicher Liebe εἰς ἀλλήλους einander zugetan P

\+ **φιλότεκνος** 2 kinderlieb P

* **φιλοτιμέομαι** mache mir eine Ehre daraus, lasse mir eifrig angelegen sein P

\+ **φιλοφρόνως** Adv. gütig L

[+] **φιλόφρων** 2 gütig [K]

* **φιμόω** **(1)** [eigtl.:] binde das Maul zu (Ochsen) P; **(2)** [übertr.:] bringe zum Schweigen; Pass.: werde zum Schweigen gebracht, verstumme S; πεφίμωσο stille! m

φιμώθητι Imp. Aor. 1 Pass. v. φιμόω

* **φλογίζω** setze in Brand Ja

* **φλόξ**, ἡ Flamme

\+ **φλυαρέω** verklatsche τινὰ λόγοις πονηροῖς jmdn. mit üblen Reden J

\+ **φλύαρος** 3 albern P

φοβέομαι **(1)** fürchte mich; fürchte τινά (τὶ) jmdn. (etw.); **(2)** habe Ehrfurcht vor, scheue

* **φοβερός** 3 Furcht einflößend, furchtbar H

\+ **φόβητρον** u. **φόβηθρον**, Pl.: Schrecknisse L

φόβος, ὁ **(1)** akt.: das Furchterregen; **(2)** pass.: Schrecken, Furcht; ἀπὸ ~ου aus Furcht; μετὰ ~ου furchtsam; Pl.: Angstgefühle; **(3)** Ehrfurcht; Ehrerbietung

* **φοῖνιξ**, ὁ **(1)** Palmbaum J; **(2)** Palmzweig O

* **φονεύς**, ὁ Mörder

φονεύω töte; begehe einen Mord

* **φόνος**, ὁ Mord; Pl.: Bluttaten

* **φορέω** trage (Waffen, Gewand); [bildl.:] trage an mir (Abbild) P

+ **φόρον, τό** [lat.: *forum*] Markt, Marktflecken, Kreisstadt [nur im Ortsnamen Ἀππίου φόρον] L

* **φόρος, ὁ** Abgabe; δοῦναι, ἀποδοῦναι, τελεῖν ~ον Steuer zahlen

* **φορτίζω** belaste τινά τι jmdn. mit ... [wörtlich: lasse jmdn. etw. tragen] M L

* **φορτίον, τό** Last [eigtl. u. bildl.]

[+] **φόρτος, ὁ** Schiffsladung [L]

+ **φραγέλλιον, τό** [lat.: *flagellum*] Peitsche J

* **φραγελλόω** [lat.: *flagello*] geißle; lasse auspeitschen M m

φραγῇ, φραγήσομαι Konjunktiv Aor. 2 u. Fut. 2 Pass. v. φράσσω

* **φραγμός, ὁ** Zaun [eigtl. u. bildl.]

+ **φράζω** deute M

φράσον Imp. Aor. 1 v. φράζω

* **φράσσω** **(1)** verschließe (Rachen) H; **(2)** Pass.: (στόμα) ~εται wird zum Schweigen gebracht P

* **φρέαρ, τό** Brunnen L J; Schacht [in die Tiefe der Hölle] O

+ **φρεναπατάω** täusche, betrüge P

+ **φρεναπάτης, ὁ** Verführer P

* **φρήν, ἡ** Verstand; παιδία, τέλειοι ταῖς φρεσίν Kinder, Erwachsene an Verstand P

+ **φρίσσω** schaudere Ja

φρονέω **(1)** denke; ~ τι ὑπέρ τινος denke etw. von jmdm.; **(2)** sorge für; bin bedacht auf; **(3)** bin gesinnt

* **φρόνημα, τό** Streben P

* **φρόνησις, ἡ** **(1)** Denkungsart; Gesinnung L; **(2)** Einsicht; Klugheit P

φρόνιμος 2 verständig, klug, einsichtsvoll

+ **φρονίμως** Adv. verständig L

+ **φροντίζω** denke an, sorge für, bin darauf bedacht [mit flgd. Inf.] P

* **φρουρέω** **(1)** bewache P; **(2)** halte in Haft P; **(3)** beschütze, bewahre P K

+ **φρυάσσω** zeige mich ungebärdig, bin übermütig L

+ **φρύγανον, τό** Reisig L

+ **φυγή, ἡ** Flucht M [m]

φυείς Ptz. Aor. 2 Pass. v. φύω

φυλακή, ἡ **(1)** Wache [= Wachtdienst]; φυλάσσω ~άς halte ~; **(2)** Wache [= Wachtposten] L; **(3)** Wachtlokal, Gefängnis; **(4)** Nachtwache [vier Nachtwachen zu je drei Stunden]

+ **φυλακίζω** werfe ins Gefängnis L

+ **φυλακτήριον, τό** Amulett [v. den jüdischen Gebetsriemen] M

* **φύλαξ, ὁ** Wächter L

φυλάσσω **(1)** halte Wache; **(2)** bewache; **(3)** beobachte; **(4)** bewahre; schütze; **(5)** Med.: hüte mich ἀπό τινος vor ...; auch = Akt. beobachte, befolge

φυλή, ἡ Stamm; Volk

* **φύλλον, τό** Blatt

* **φύραμα, τό** **(1)** Teig; νέον ~ frischer ~ P; **(2)** Tonmasse [des Töpfers] P

* **φυσικός** 3 natürlich, naturgemäß (Gebrauch) P; ~ά (bloße) Naturwesen K

+ **φυσικῶς** Adv. von Natur Ju

* **φυσιόω** mache aufgeblasen P; Pass.: werde aufgeblasen, blähe mich auf P

φύσις, ἡ Natur; **(1)** [durch Abstammung erworbene] Naturanlage; ~ει der Abstammung nach P, von Natur P; ἡ ἐκ ~εως ἀκροβυστία die Heidenschaft, die es infolge ererbter Anlage ist P; κατὰ ~ιν von Natur P; **(2)** natürliche Beschaffenheit; τοῖς ~ει μὴ οὖσιν θεοῖς die ihrer ~ nach gar keine Götter sind P; **(3)** Naturordnung; παρὰ ~ιν wider die ~ P; **(4)** Gattung Ja

\+ **φυσίωσις**, ἡ Aufgeblasenheit P

\+ **φυτεία**, ἡ das Gepflanzte, die Pflanze M

φυτεύθητι Imp. Aor. 1 Pass. v. φυτεύω

φυτεύω pflanze an; Pass.: werde verpflanzt, verpflanze mich

* **φύω** sprosse hervor H; = Pass. L

* **φωλεός**, ὁ Höhle, Bau (der Füchse) M L

φωνέω **(1)** gebe Laut [v. Tier u. Mensch]; **(2)** rufe herbei; **(3)** rede an, nenne J

φωνή, ἡ Laut, Ton, Geräusch; **(1)** Grollen (des Donners), Rauschen (des Regens), Sausen (des Windes), Schmettern (der Trompete); **(2)** Stimme; Rede; Ruf; Schrei; Ausspruch; **(3)** Sprache

φῶς, τό [eigtl. u. übertr.; aus dieser u. aus jener Welt] **(1)** Licht; **(2)** Lichtträger, -bringer; Leuchtkörper; **(3)** Lichtempfänger

* **φωστήρ**, ὁ **(1)** Stern P; **(2)** Glanz O

\+ **φωσφόρος**, ὁ Morgenstern K

* **φωτεινός** 3 hell, erhellt M L; leuchtend, licht (Wolke) M

φωτίζω **(1)** leuchte; **(2)** erleuchte; mache hell; bescheine; erfülle mit Licht; **(3)** bringe ans Licht; decke auf

φωτινός s. φωτεινός

* **φωτισμός**, ὁ **(1)** das Leuchten, Licht (des Evangeliums) P; **(2)** Offenbarung; πρὸς ~ὸν τῆς γνώσεως um die Erkenntnis ans Licht zu bringen P

X

χαίρω **(1)** bin fröhlich, freue mich ἔν, ἐπί τινι über ..., διά τινα um jmds. willen; **(2)** χαῖρε, χαίρετε sei, seid gegrüßt! λέγω τινὶ ~ειν biete jmdm. einen Gruß J; ~ειν (erg. λέγει: er sagt seinen) Gruß L Ja

* **χάλαζα**, ἡ Hagel O

* **χαλάω** lasse herab (Bahre, Boot, Korb, Netz); werfe über Bord L

* **χαλεπός** 3 **(1)** schwer, mühevoll (Zeiten) P; **(2)** wild (Dämonische) M

* **χαλιναγωγέω** zügle, halte im Zaum (Zunge, Leib) Ja

* **χαλινός**, ὁ Zaum, Zügel Ja O

\+ **χαλκεύς**, ὁ Schmied P

\+ **χαλκηδών**, ὁ Chalkedon [Edelstein] O

\+ **χαλκίον, τό** Kupfergeschirr m

* **χαλκολίβανος**, ὁ u. **~ον, τό** Golderz O

* **χαλκός**, ὁ Erz; Kupfer; Bronze; **(1)** das Metall selbst O; **(2)** [das aus dem Metall Gefertigte:] Erzbecken P; Kupfermünze = Kleingeld M m

\+ **χαλκοῦς** 3 ehern O

* **χαμαί** Adv. auf die Erde J

χαρά, ἡ **(1)** Freude; **(2)** Gegenstand der ~; Zustand der ~; **(3)** Freudenmahl

* **χάραγμα, τό** (1) Stempel O; (2) Gebilde L

\+ **χαρακτήρ, ὁ** Gepräge, Abdruck H

\+ **χάραξ, ὁ** Palisadenwall L

χαρῆναι, χαρήσομαι Inf. Aor. 2, Fut. Pass. v. χαίρω

χαρίζομαι (1) schenke aus Gnade, spende gütig; (2) erlasse, vergebe, verzeihe; (3) erweise mich gnädig P

* **χάριν** adv. Akk. als Präp. mit Gen.: wegen; um … willen; τούτου ~ deswegen P; οὗ ~ deshalb, darum L

χάρις, ἡ (1) Anmut; ἐν ~ιτι anmutvoll; (2) Gnade; Gunst; Huld; (3) Betätigung des Wohlwollens: Huldbeweis; Gunstbezeugung; Gnadenwerk P; (4) Gnade [Gottes im besonderen Sinn; „Gnadengaben" wirkend] P K L; (5) Dank

χάρισμα, τό (1) allg. Gnadengeschenk; (2) „Gnadengabe"

* **χαριτόω** erweise Gnade P; Pass.: κεχαριτωμένος begnadet L

\+ **χάρτης, ὁ** Papierblatt J

\+ **χάσμα, τό** Kluft L

* **χεῖλος, τό** (1) Lippe; (2) Ufer H

\+ **χειμάζομαι** bin in Sturmnot L

\+ **χείμαρρος** od. **χειμάρρους, ὁ** Winterbach J

* **χειμών, ὁ** (1) Regen M; Sturm L; (2) Winter; ~ῶνος im Winter M m

χείρ, ἡ Hand (1) eigtl.; (2) [übertr.:] die schaffende, regierende, helfende, strafende Hand Gottes; die [feindliche] Gewalt

* **χειραγωγέω** führe an der Hand L

\+ **χειραγωγός, ὁ** Führer L

\+ **χειρόγραφον, τό** Urkunde, Schuldschein P

* **χειροποίητος** 2 von Menschenhänden gemacht (Tempel, Stiftshütte, Beschneidung)

* **χειροτονέω** erwähle [ursprünglich durch Handaufhebung; dann allg.] P L

χείρων Komp. zu κακός schlimmer; προκόπτειν ἐπὶ τὸ ~ον Fortschritte nach dem Schlimmeren hin machen P; übler; εἰς τὸ ~ον ἔρχεται es geht ihm schlechter m

\+ **Χερουβίν** Cherubim H

χήρα, ἡ Witwe; [v. einer Stadt:] = v. Einwohnern entblößt O

[*] **χθές** = ἐχθές; s. dort

χιλίαρχος, ὁ Kriegstribun, höherer Offizier

χιλιάς, ἡ das Tausend

χίλιοι 3 tausend

χις΄΄ Zahlzeichen = 616

χιτών, ὁ Unterkleid; ~ῶνες Kleider

* **χιών, ἡ** Schnee

* **χλαμύς, ἡ** (Soldaten)mantel M

\+ **χλευάζω** höhne L

\+ **χλιαρός** 3 lau O

* **χλωρός** 3 (1) grün; τὸ ~όν Gras O; (2) fahl O

\+ **χξς΄΄** Zahlzeichen = 666

* **χοϊκός** 3 aus Erde bestehend, irdisch; οἱ ~οί = die Menschen P

* **χοῖνιξ, ἡ** Chönix [Hohlmaß = 1 Liter] O

χοῖρος, ὁ Schwein S

\+ **χολάω** zürne τινί jmdm. J

* **χολή, ἡ** Galle [eigtl. u. übertr.; s. πικρία 1]

* **χορηγέω** beschaffe; gewähre (Samen) P; schenke (Kraft) K

+ **χορός**, **ὁ** Reigen L

χορτάζω **(1)** [eigtl.:] sättige; Pass.: ~ mich; werde satt; **(2)** [übertr.:] Pass.: finde Befriedigung M

+ **χόρτασμα, τό** Nahrungsmittel L

χόρτος, ὁ Gras P; grüne Saat; trockenes Gras [als Baustoff] P

* **χοῦς, ὁ** Staub m O

χράομαι **(1)** gebrauche, wende an τινί, selten τὶ etw.; **(2)** behandle, gehe um mit L; **(3)** verfahre, gehe vor; ~ τῇ ἐλαφρίᾳ handle leichtsinnig P; ~ πολλῇ παρρησίᾳ trete mit großer Zuversicht auf P

[**χράω**] s. κίχρημι

χρεία, ἡ **(1)** Bedürfnis, Notwendigkeit; ~ ἐστί τινος es ist etw. nötig, es fehlt an etw.; ~αν ἔχω τινός habe etw. nötig; **(2)** Bedarf, Mangel, Not; Pl.: Bedürfnisse; **(3)** die fehlende Sache P; **(4)** Amt, Pflicht, Dienstleistung L

* **χρεοφειλέτης** u. **χρεωφειλέτης, ὁ** Schuldner L [Ja

+ **χρή** es ist nötig; οὐ ~ darf nicht

* **χρῄζω** brauche M L P

* **χρῆμα, τό** **(1)** Pl.: Hab und Gut, Vermögen; **(2)** [Pl. u. selten Sg.:] Geld

* **χρηματίζω** **(1)** weissage H; Pass.: erhalte eine Weisung; es wird etw. geweissagt L; **(2)** führe einen Namen, heiße P L

+ **χρηματισμός, ὁ** Gottesspruch P

χρῆσαι Imp. Aor. 1 v. χράομαι

+ **χρήσιμος** 3 nützlich, brauchbar ἐπί τι zu … P

* **χρῆσις, ἡ** Umgang; φυσικὴ ~ naturgemäßer Geschlechtsverkehr P

χρῆσον Imp. Aor. 1 v. κίχρημι [P

+ **χρηστεύομαι** erweise mich gütig

+ **χρηστολογία, ἡ** einschmeichelnde Rede P

* **χρηστός** gut (Sitten) P; gütig; τὸ ~ὸν τοῦ θεοῦ die Güte Gottes P; angenehm (Joch); mild (Wein) L

χρηστότης, ἡ **(1)** Rechtlichkeit P; **(2)** Güte, Milde P

* **χρῖσμα, τό** Salbung J

Χριστός, ὁ der Gesalbte [als Bezeichnung des messianischen Königs; dann fast Eigenname]

* **χρίω** salbe [nur v. Gott] τὶ, τινί mit …

* **χρονίζω** **(1)** zögere; säume; bleibe aus; **(2)** halte mich auf; bleibe ἐν in L

χρόνος, ὁ Zeit; ~ον u. ἐπὶ ~ον eine Zeitlang; ἐφ' ὅσον ~ον solange; διὰ τὸν ~ον der Zeit nach

+ **χρονοτριβέω** verliere Zeit L

χρυσίον, τό Gold [auch = Geld, Schmuck]

+ **χρυσοδακτύλιος** 2 mit goldenen Ringen geschmückt Ja

+ **χρυσόλιθος, ὁ** Chrysolith [Edelstein] O

+ **χρυσόπρασος, ὁ** Chrysopras [Edelstein] O

χρυσός, ὁ Gold, auch Goldschmuck u. gemünztes Gold

χρυσοῦς 3 golden

* **χρυσόω** vergolde; schmücke mit Gold O

χρῶ Imp. Präs. v. χράομαι

+ **χρώς, ὁ** Haut L

χωλός 3 lahm; einfüßig

χώρα, ἡ **(1)** Land, -strich, -schaft; Gegend; **(2)** das flache Land [im Ggs. zur Stadt]; **(3)** das feste Land [im Ggs. zum Meer] L; **(4)** Ackerland L; [= Pl.]; **(5)** Ort; Bereich (des Todesschattens) M

χωρέω **(1)** [eigtl. u. übertr.:] gehe fort; komme εἰς zu (Buße); finde eine Stätte J; **(2)** habe Fortgang; mache Fortschritte J; **(3)** [tr.:] fasse; begreife; nehme an

χωρίζω **(1)** Akt.: sondere ab; trenne; scheide τὶ, τινὰ ἀπό τινος jmdn. von ...; **(2)** Pass.: trenne mich; gehe fort ἀπό, ἔκ τινος von ...

χωρίον, τό **(1)** Grundstück; **(2)** Landgut

χωρίς Adv. **(1)** [als Adv. gebraucht:] getrennt, für sich, abseits J; **(2)** [als uneigtl. Präp. mit Gen.:] ohne; ohne Zutun, Vermittlung, Hilfe; außer; ausgenommen

* **χῶρος, ὁ** [lat.: *caurus*] Nordwest L

Ψ

* **ψάλλω** lobsinge; stimme einen Lobgesang an

* **ψαλμός, ὁ** **(1)** [atl.] Psalm L; **(2)** [christlicher] Lobgesang P [P

* **ψευδάδελφος, ὁ** falscher Bruder

\+ **ψευδαπόστολος, ὁ** falscher Apostel P

* **ψευδής** 2 lügnerisch, verlogen (Zeugen); ὁ ~ Lügner O

\+ **ψευδοδιδάσκαλος, ὁ** Irrlehrer K

\+ **ψευδολόγος, ὁ** Lügner P

ψεύδομαι **(1)** lüge; **(2)** belüge, hintergehe L

* **ψευδομαρτυρέω** gebe falsches Zeugnis ab κατά τινος gegen jmdn.

* **ψευδομαρτυρία, ἡ** falsches Zeugnis M

* **ψευδόμαρτυς, ὁ** falscher Zeuge

ψευδοπροφήτης, ὁ falscher Prophet

ψεῦδος, τό Lüge; ποιεῖν ~ tun, was der Lüge [im rel. Sinn] entspricht O [M m

* **ψευδόχριστος, ὁ** falscher Messias

\+ **ψευδώνυμος** 2 fälschlich so genannt (Gnosis) P

\+ **ψεῦσμα, τό** Unwahrhaftigkeit, Unzuverlässigkeit P

ψεύστης, ὁ Lügner; Betrüger

* **ψηλαφάω** berühre; fühle; ertaste

* **ψηφίζω** berechne L O

* **ψῆφος, ἡ** Steinchen; **(1)** [zur Abstimmung verwendet] Stimme; Urteil L; **(2)** als Amulett O

\+ **ψιθυρισμός, ὁ** Ohrenbläserei [= Pl.]

\+ **ψιθυριστής, ὁ** Ohrenbläser P

* **ψιχίον, τό** kleines Bröckchen; Pl.: Brosamen S

ψυγήσομαι Fut. 2 Pass. v. ψύχομαι

ψυχή, ἡ **(1)** Seele; **(2)** Leben; **(3)** Gemüt; μιᾷ ~ῇ einmütig; ἐκ ~ῆς von (ganzem) Herzen = ἐξ ὅλης τῆς ~ῆς = ἐν ὅλῃ τῇ ~ῇ; **(4)** Lebewesen; ~ ζῶσα lebendiges Lebewesen P [O]; πᾶσα ~ή jedermann; Pl.: „Seelen“ = Personen; **(5)** umschreibt wie in semitischen Sprachen das Reflexiv

* **ψυχικός** 3 seelisch [= dieser Welt angehörig] (Leib, Mensch, Weisheit); ὁ ~ der Psychiker [im Ggs. zum Pneumatiker] Ju

\+ **ψύχομαι** werde kalt, erkalte (Liebe) M

* **ψῦχος, τό** Kälte

* **ψυχρός** 3 **(1)** kalt; τὸ ~όν [erg. ὕδωρ] das kalte Wasser M; **(2)** kaltsinnig, leidenschaftslos O

* **ψωμίζω** **(1)** speise τινά jmdn. P; **(2)** gebe hin τὶ etw. P

* **ψωμίον, τό** Bissen J

\+ **ψώχω** zerreibe (Ähren) L

Ω

ὦ Interjektion o! [auch ohne Affekt]

ὧδε **(1)** hierher; **(2)** hier; τὰ ~ was hier geschieht P; **(3)** hierbei; ~ – ἐκεῖ in einem Fall – im anderen Fall H

* **ᾠδή, ἡ** Lobgesang O P

* **ὠδίν, ~ος, ἡ** Geburtsschmerz, Pl.: die Wehen [eigtl. u. bildl.]

* **ὠδίνω** habe Geburtswehen; gebäre mit Schmerzen [auch bildl.]

* **ὦμος, ὁ** Schulter [L

* **ὠνέομαι** kaufe παρά τινος von …

\+ **ᾠόν, τό** Ei L

ὥρα, ἡ **(1)** Stunde; Tageszeit; **(2)** Zeit; Zeitpunkt; ἡ ἄρτι ~ der gegenwärtige Augenblick; kurze Zeit

* **ὡραῖος** 3 angenehm, anmutig, schöngestaltet

\+ **ὠρύομαι** brülle K

ὡς **(1)** gleichwie; wie; **(2)** sowie; in dem Maße als; **(3)** wie = daß; **(4)** ungefähr; **(5)** [im Ausruf] wie …! **(6)** ~ τάχιστα so schnell wie möglich L; **(7)** da; als; während; nachdem; **(8)** ~ ἔπος εἰπεῖν s. ἔπος

\+ **ὡς ἄν** wenn, sobald P; ὡσάν gleichsam, gewissermaßen P

* **ὡσαννά** [aram.: ʻôšaʻnâ] hos(i)anna! = hilf doch! Evv

ὡσαύτως Adv. gleicherweise; ebenso

ὡσεί **(1)** als wie; gleichsam wie; **(2)** [bei Zahlen:] ungefähr

ὥσπερ geradeso wie; gleichwie

\+ **ὡσπερεί** gleichsam als P

ὥστε **(1)** daher; demnach; **(2)** so daß; um … zu

* **ὠτάριον, τό** Ohr m J

* **ὠτίον, τό** Ohr Evv

* **ὠφέλεια, ἡ** Nutzen, Vorteil P

ὠφελέω nütze; fördere; unterstütze; Pass.: habe Nutzen; οὐδὲν ~εῖ [er] richtet nichts aus M J; ~εῖ [es] ist von Nutzen

* **ὠφέλιμος** 3 nützlich τινί od. πρός τι für …

ὤφθην Aor. 1 Pass. v. ὁράω

WÖRTER, DIE IM NEUEN TESTAMENT ZEHNMAL UND HÄUFIGER VORKOMMEN

ἀγαθός
ἀγαλλιάω
ἀγάπη
ἀγαπητός
ἄγγελος
ἁγιάζω
ἁγιασμός
ἅγιος
ἀγνοέω
ἀγορά
ἀγοράζω
ἀγρός
ἄγω
ἀδελφή
ἀδελφός
ᾅδης
ἀδικέω
ἀδικία
ἄδικος
ἀδύνατος
ἀθετέω
αἷμα
αἴρω
αἰτέω
αἰτία
αἰών
αἰώνιος
ἀκαθαρσία
ἀκάθαρτος
ἄκανθα
ἀκοή
ἀκολουθέω
ἀκούω
ἀκροβυστία
ἀλέκτωρ
ἀλήθεια
ἀληθής
ἀληθινός
ἀληθῶς
ἀλλά
ἀλλήλων
ἄλλος
ἀλλότριος
ἅλυσις
ἅμα
ἁμαρτάνω
ἁμαρτία
ἁμαρτωλός
ἀμήν
ἀμπελών
ἀμφότεροι
ἄν
ἀνά
ἀναβαίνω
ἀναβλέπω
ἀναγγέλλω
ἀναγι(γ)νώσκω
ἀνάγκη
ἀνάγω
ἀναιρέω
ἀνάκειμαι
ἀνακρίνω
ἀναλαμβάνω
ἀναπαύω
ἀναπίπτω
ἀνάστασις
ἀναστροφή
ἀνατολή
ἀναφέρω
ἀναχωρέω
ἄνεμος
ἀνέχω
ἀνήρ
ἀνθίστημι
ἄνθρωπος
ἀνίστημι
ἀνοίγω
ἀνομία
ἀντί
ἄνωθεν
ἄξιος
ἀπαγγέλλω
ἀπάγω
ἅπαξ
ἀπαρνέομαι
ἅπας
ἀπειθέω
ἀπέρχομαι
ἀπέχω
ἀπιστία
ἄπιστος
ἀπό
ἀποδίδωμι
ἀποθνῄσκω
ἀποκαλύπτω
ἀποκάλυψις
ἀποκρίνομαι
ἀποκτείνω
ἀπολαμβάνω
ἀπόλλυμι
ἀπολογέομαι
ἀπολύτρωσις
ἀπολύω
ἀποστέλλω
ἀπόστολος
ἅπτω
ἀπώλεια
ἄρα
ἀργύριον
ἀρέσκω
ἀριθμός
ἀρνέομαι
ἀρνίον
ἁρπάζω
ἄρτι
ἄρτος
ἀρχαῖος
ἀρχή
ἀρχιερεύς
ἄρχω
ἄρχων
ἀσέλγεια
ἀσθένεια
ἀσθενέω
ἀσθενής
ἀσπάζομαι
ἀστήρ
ἀτενίζω
αὐλή
αὐξάνω
αὔριον
αὐτός
ἀφαιρέω
ἄφεσις
ἀφίημι
ἀφίστημι
ἀφορίζω
ἄφρων
ἄχρι

βάλλω
βαπτίζω
βάπτισμα
βαπτιστής
βασανίζω
βασιλεία
βασιλεύς
βασιλεύω
βαστάζω
βῆμα
βιβλίον

βίβλος
βλασφημέω
βλασφημία
βλέπω
βοάω
βουλή
βούλομαι
βροντή
βρῶμα
βρῶσις

γαμέω
γάμος
γάρ
γέ
γέεννα
γέμω
γενεά
γεννάω
γένος
γεύομαι
γεωργός
γῆ
γίνομαι
γινώσκω
γλῶσσα
γνωρίζω
γνῶσις
γνωστός
γονεῖς
γόνυ
γράμμα
γραμματεύς
γραφή
γράφω
γρηγορέω
γυμνός
γυνή

δαιμονίζομαι
δαιμόνιον
δάκρυον
δέ
δέησις
δεῖ
δείκνυμι
δεῖπνον
δέκα
δένδρον
δεξιός
δέομαι
δέρω
δέσμιος
δεσμός
δεσπότης
δεῦτε
δεύτερος
δέχομαι
δέω
δηνάριον
διά
διάβολος
διαθήκη
διακονέω
διακονία
διάκονος
διακρίνω
διαλέγομαι
διαλογίζομαι
διαλογισμός
διαμαρτύρομαι
διαμερίζω
διάνοια
διατάσσω
διατρίβω
διαφέρω
διδασκαλία
διδάσκαλος
διδάσκω
διδαχή
δίδωμι
διέρχομαι
δίκαιος
δικαιοσύνη
δικαιόω
δικαίωμα
δίκτυον
διό
διότι
διψάω
διώκω
δοκέω
δοκιμάζω
δόλος
δόξα
δοξάζω
δουλεύω
δοῦλος
δράκων
δύναμαι
δύναμις
δυνατός
δύο
δώδεκα
δωρεά
δῶρον

ἐάν
ἑαυτοῦ
ἐάω
ἐγγίζω
ἐγγύς
ἐγείρω
ἐγκαταλείπω
ἐγώ
ἔθνος
ἔθος
εἰ
εἶδον
εἴδωλον
εἴκοσι
εἰκών
εἰμί
εἶπον
εἰρήνη
εἰς
εἷς
εἰσάγω
εἰσέρχομαι
εἰσπορεύομαι
εἶτα
εἴτε
ἐκ
ἕκαστος
ἑκατόν
ἑκατοντάρχης
ἐκβάλλω
ἐκεῖ
ἐκεῖθεν
ἐκεῖνος
ἐκκλησία
ἐκκόπτω
ἐκλέγομαι
ἐκλεκτός
ἐκπίπτω
ἐκπλήσσω
ἐκπορεύομαι
ἐκτείνω
ἕκτος
ἐκχέω
ἐλαία
ἔλαιον
ἐλάχιστος
ἐλέγχω
ἐλεέω
ἐλεημοσύνη
ἔλεος
ἐλευθερία
ἐλεύθερος
ἐλπίζω
ἐλπίς
ἐμαυτοῦ
ἐμβαίνω
ἐμβλέπω
ἐμός
ἐμπαίζω
ἔμπροσθεν
ἐμφανίζω
ἐν
ἔνατος
ἐνδείκνυμι
ἐνδύω
ἕνεκα
ἐνεργέω
ἐνιαυτός
ἔνοχος
ἐντέλλω

ἐντολή
ἐνώπιον
ἕξ
ἐξάγω
ἐξαποστέλλω
ἐξέρχομαι
ἔξεστιν
ἐξίστημι
ἐξομολογέω
ἐξουθενέω
ἐξουσία
ἔξω
ἔξωθεν
ἑορτή
ἐπαγγελία
ἐπαγγέλλομαι
ἔπαινος
ἐπαίρω
ἐπαισχύνομαι
ἐπάνω
ἐπαύριον
ἐπεί
ἐπειδή
ἔπειτα
ἐπερωτάω
ἐπί
ἐπιβάλλω
ἐπιγινώσκω
ἐπίγνωσις
ἐπιδίδωμι
ἐπιζητέω
ἐπιθυμέω
ἐπιθυμία
ἐπικαλέω
ἐπιλαμβάνομαι
ἐπιμένω
ἐπιπίπτω
ἐπισκέπτομαι
ἐπίσταμαι
ἐπιστολή
ἐπιστρέφω
ἐπιτάσσω
ἐπιτελέω
ἐπιτίθημι
ἐπιτιμάω
ἐπιτρέπω
ἐπουράνιος
ἑπτά
ἐργάζομαι
ἐργάτης
ἔργον
ἔρημος
ἔρις
ἔρχομαι
ἐρωτάω
ἐσθίω
ἔσχατος
ἔσωθεν
ἕτερος
ἔτι
ἑτοιμάζω
ἕτοιμος
ἔτος
εὐαγγελίζω
εὐαγγέλιον
εὐάρεστος
εὐδοκέω
εὐθέως
εὐθύς
εὐλογέω
εὐλογία
εὑρίσκω
εὐσέβεια
εὐφραίνω
εὐχαριστέω
εὐχαριστία
ἐφίστημι
ἐχθρός
ἔχω
ἕως

ζῶ [ζάω]
ζῆλος
ζηλόω
ζητέω
ζύμη
ζωή
ζῷον
ζῳοποιέω

ἤ
ἡγεμών
ἡγέομαι
ἤδη
ἥκω
ἥλιος
ἡμεῖς
ἡμέρα

θάλασσα
θάνατος
θανατόω
θάπτω
θαρρέω
θαυμάζω
θεάομαι
θέλημα
θέλω
θεμέλιος
θεός
θεραπεύω
θερίζω
θερισμός
θεωρέω
θηρίον
θησαυρός
θλίβω
θλῖψις
θρίξ
θρόνος
θυγάτηρ
θυμός
θύρα
θυσία
θυσιαστήριον
θύω

ἰάομαι
ἴδε
ἴδιος
ἰδού
ἱερεύς
ἱερόν
ἱκανός
ἱμάτιον
ἵνα
ἵππος
ἵστημι
ἰσχυρός
ἰσχύς
ἰσχύω
ἰχθύς

κἀγώ
καθάπερ
καθαρίζω
καθαρός
καθεύδω
κάθημαι
καθίζω
καθίστημι
καθώς
καί
καινός
καιρός
Καῖσαρ
καίω
κἀκεῖ
κἀκεῖθεν
κἀκεῖνος
κακία
κακός
κακῶς
κάλαμος
καλέω
καλός
καλῶς
κἄν
καπνός
καρδία
καρπός
κατά
καταβαίνω
καταβολή
καταγγέλλω
καταισχύνω
κατακαίω

κατάκειμαι
κατακρίνω
καταλαμβάνω
καταλείπω
καταλύω
κατανοέω
καταντάω
καταργέω
καταρτίζω
κατασκευάζω
κατεργάζομαι
κατέρχομαι
κατεσθίω
κατέχω
κατηγορέω
κατοικέω
κάτω
καυχάομαι
καύχημα
καύχησις
κεῖμαι
κελεύω
κενός
κέρας
κερδαίνω
κεφαλή
κηρύσσω
κλάδος
κλαίω
κλάω
κλείω
κλέπτης
κλέπτω
κληρονομέω
κληρονομία
κληρονόμος
κλῆρος
κλῆσις
κλητός
κοιλία
κοιμάομαι
κοινός
κοινόω
κοινωνία
κοινωνός
κολλάω
κολοβόω
κομίζω
κοπιάω
κόπος
κοσμέω
κόσμος
κράβαττος
κράζω
κρατέω
κράτος
κρείττων
κρίμα
κρίνω
κρίσις
κριτής
κρυπτός
κρύπτω
κτίζω
κτίσις
κύριος
κωλύω
κώμη
κωφός

λαλέω
λαμβάνω
λαός
λατρεύω
λέγω
λευκός
λῃστής
λίαν
λίθος
λίμνη
λιμός
λογίζομαι
λόγος
λοιπός
λυπέω
λύπη
λυχνία
λύχνος
λύω

μαθητής
μακάριος
μακράν
μακρόθεν
μακροθυμέω
μακροθυμία
μάλιστα
μᾶλλον
μανθάνω
μαρτυρέω
μαρτυρία
μαρτύριον
μάρτυς
μάχαιρα
μέγας
μέλει
μέλλω
μέλος
μέν
μένω
μερίζω
μεριμνάω
μέρος
μέσος
μετά
μεταβαίνω
μετανοέω
μετάνοια
μετρέω
μέτρον
μέχρι
μή
μηδέ
μηδείς
μηκέτι
μήν
μήποτε
μήπως
μήτε
μήτηρ
μήτι
μικρός
μιμνῄσκομαι
μισέω
μισθός
μνῆμα
μνημεῖον
μνημονεύω
μοιχεύω
μόνον
μόνος
μύρον
μυστήριον
μωρός

ναί
ναός
νεανίσκος
νεκρός
νέος
νεφέλη
νήπιος
νηστεύω
νικάω
νίπτω
νοέω
νομίζω
νόμος
νόσος
νοῦς
νυμφίος
νῦν
νυνί
νύξ

ξενίζω
ξένος
ξηραίνω
ξύλον

ὅδε
ὁδός
ὀδούς
ὅθεν
οἶδα
οἰκία
οἰκοδεσπότης

οἰκοδομέω
οἰκοδομή
οἰκονόμος
οἶκος
οἰκουμένη
οἶνος
οἷος
ὀλίγος
ὅλος
ὀμνύω
ὁμοθυμαδόν
ὅμοιος
ὁμοιόω
ὁμοίως
ὁμολογέω
ὄνομα
ὀνομάζω
ὄντως
ὀπίσω
ὅπου
ὅπως
ὅραμα
ὁράω
ὀργή
ὅριον
ὅρκος
ὄρος
ὅς
ὅσος
ὅστις
ὅταν
ὅτε
ὅτι
οὗ
οὔ
οὐ
οὐαί
οὐδέ
οὐδείς
οὐδέποτε
οὐκέτι
οὖν
οὔπω
οὐρανός
οὖς
οὔτε
οὗτος
οὕτω
οὐχί
ὀφείλω
ὀφθαλμός
ὄφις
ὄχλος
ὀψία
ὄψιος

πάθημα
παιδεύω
παιδίον
παιδίσκη
παῖς
παλαιός
πάλιν
παντοκράτωρ
πάντοτε
παρά
παραβολή
παραγγέλλω
παραγίνομαι
παράγω
παραδίδωμι
παράδοσις
παραιτέομαι
παρακαλέω
παράκλησις
παραλαμβάνω
παραλυτικός
παράπτωμα
παρατίθημι
παραχρῆμα
πάρειμι
παρεμβολή
παρέρχομαι
παρέχω
παρθένος
παρίστημι
παρουσία
παρρησία
πᾶς
πάσχα
πάσχω
πατάσσω
πατήρ
παύω
πείθω
πεινάω
πειράζω
πειρασμός
πέμπω
πενθέω
πέντε
πέραν
περί
περιβάλλω
περιπατέω
περισσεύω
περισσότερος
περισσοτέρως
περιστερά
περιτέμνω
περιτομή
περίχωρος
πετεινόν
πέτρα
πηγή
πιάζω
πίμπλημι
πίνω
πίπτω
πιστεύω
πίστις
πιστός
πλανάω
πλάνη
πλείων
πλεονεξία
πληγή
πλῆθος
πληθύνω
πλήν
πλήρης
πληρόω
πλήρωμα
πλησίον
πλοῖον
πλούσιος
πλουτέω
πλοῦτος
πνεῦμα
πνευματικός
πόθεν
ποιέω
ποικίλος
ποιμαίνω
ποιμήν
ποῖος
πόλεμος
πόλις
πολλάκις
πολύς
πονηρός
πορεύω
πορνεία
πόρνη
πόρνος
πόσος
ποταμός
πότε
ποτέ
ποτήριον
ποτίζω
ποῦ
πούς
πρᾶγμα
πράσσω
πραΰτης
πρεσβύτερος
πρίν
πρό
προάγω
πρόβατον
προεῖπον
πρόθεσις
πρός
προσδέχομαι
προσδοκάω
προσέρχομαι
προσευχή
προσεύχομαι

προσέχω
προσκαλέω
προσκαρτερέω
προσκυνέω
προσλαμβάνω
προστίθημι
προσφέρω
πρόσωπον
πρότερος
προφητεία
προφητεύω
προφήτης
πρωΐ
πρῶτος
πτωχός
πύλη
πυλών
πυνθάνομαι
πῦρ
πωλέω
πῶλος
πῶς

ῥαββί
ῥάβδος
ῥῆμα
ῥίζα
ῥύομαι

σάββατον
σαλεύω
σάλπιγξ
σαλπίζω
σάρξ
σατᾶν
σεαυτοῦ
σέβω
σεισμός
σελήνη
σημεῖον
σήμερον
σιγάω
σῖτος
σιωπάω
σκανδαλίζω
σκάνδαλον
σκεῦος
σκηνή
σκοτία
σκότος
σός
σοφία
σοφός
σπείρω
σπέρμα
σπλαγχνίζομαι
σπλάγχνον
σπουδάζω
σπουδή
σταυρός
σταυρόω
στέφανος
στήκω
στηρίζω
στόμα
στρατηγός
στρατιώτης
στρέφω
σύ
συγγενής
συκῆ
συλλαμβάνω
συμφέρω
σύν
συνάγω
συναγωγή
σύνδουλος
συνέδριον
συνείδησις
συνεργός
συνέρχομαι
συνέχω
συνίημι
συνίστημι
σφάζω
σφόδρα
σφραγίζω
σφραγίς
σχίζω
σῴζω
σῶμα
σωτήρ
σωτηρία

τάλαντον
ταπεινόω
ταράσσω
ταχέως
ταχύ
τε
τέκνον
τέλειος
τελειόω
τελευτάω
τελέω
τέλος
τελώνης
τέρας
τεσσαράκοντα
τέσσαρες
τέταρτος
τηρέω
τίθημι
τίκτω
τιμάω
τιμή
τίμιος
τίς
τὶς
τοιοῦτος
τολμάω
τόπος
τοσοῦτος
τότε
τουτέστι(ν)
τράπεζα
τρεῖς
τρέχω
τρίς
τρίτος
τρόπος
τροφή
τυγχάνω
τύπος
τύπτω
τυφλός

ὑγιαίνω
ὑγιής
ὕδωρ
υἱός
ὑμεῖς
ὑμέτερος
ὑπάγω
ὑπακοή
ὑπακούω
ὑπαντάω
ὑπάρχω
ὑπέρ
ὑπηρέτης
ὑπό
ὑπόδημα
ὑποκάτω
ὑποκριτής
ὑπομένω
ὑπομονή
ὑποστρέφω
ὑποτάσσω
ὑστερέω
ὕστερος
ὑψηλός
ὕψιστος
ὑψόω

φαίνω
φανερός
φανερόω
φείδομαι
φέρω
φεύγω
φημί
φθορά
φιάλη
φιλέω
φίλος

φοβέω
φόβος
φονεύω
φρονέω
φρόνιμος
φυλακή
φυλάσσω
φυλή
φύσις
φυτεύω
φωνέω
φωνή
φῶς
φωτίζω

χαίρω
χαρά
χαρίζομαι
χάρις
χάρισμα
χείρ
χείρων
χήρα
χιλίαρχος
χιλιάς
χίλιοι
χιτών
χοῖρος
χορτάζω
χόρτος
χράομαι
χρεία
χρηστότης
Χριστός
χρόνος
χρυσίον
χρυσός
χρυσοῦς
χωλός
χώρα
χωρέω
χωρίζω
χωρίον
χωρίς

ψεύδομαι
ψευδοπροφήτης
ψεῦδος
ψεύστης
ψυχή

ὦ
ὧδε
ὥρα
ὡς
ὡσαύτως
ὡσεί
ὥσπερ
ὥστε
ὠφελέω

WWW.DEGRUYTER.DE

■ Hebräisches und aramäisches Wörterbuch zum Alten Testament

Herausgegeben von Georg Fohrer

In Gemeinschaft mit Hans Werner Hoffmann, Friedrich Huber, Jochen Vollmer und Gunther Wanke

Dritte, durchgesehene Auflage

1997. X, 331 Seiten. Broschur.
ISBN 3-11-016107-9
(de Gruyter Studienbuch)

Das *hebräische und aramäische Wörterbuch zum Alten Testament (HAW)* hat seit langer Zeit seinen festen Platz unter den theologischen Wörterbüchern. Neben den großen Lexika mit einem umfangreichen wissenschaftlichen Apparat, die weithin für die alttestamentliche Wissenschaft verwendet werden, bietet es eine notwendige Ergänzung. Das HAW ist konzipiert als ein handliches und preiswertes Wörterbuch für den täglichen Gebrauch.

The Hebrew and Aramaic Dictionary of the Old Testament (HAW) *has enjoyed a solid place among theological dictionaries for a long time. It provides a necessary supplement to the large lexica with an extensive scholarly apparatus which continue to be employed in Old Testament scholarship. The HAW is designed as a dictionary for everyday usage, both convenient for use and economical. It is indispensable for the simple translation of Old Testament texts.*

W DE G
de Gruyter
Berlin · New York

Udo Schnelle

■ Paulus

Leben und Denken

2003. XI, 765 Seiten.
Gebunden. ISBN 3-11-015164-2
Broschur. ISBN 3-11-012856-X
(de Gruyter Lehrbuch)

Dieses Lehrbuch entfaltet das Denken des Paulus vor dem Hintergrund seines Lebens. Der erste Hauptteil behandelt das Leben und die Briefe, im zweiten Hauptteil folgt eine thematisch strukturierte Darstellung der zentralen Themen des paulinischen Denkens, das so gleichermaßen in seiner historischen Genese und in seiner Systemqualität erfaßt wird.

In Aufnahme der neueren wissenssoziologischen und geschichtstheoretischen Diskussion wird die paulinische Theologie als eine Sinnbildung verstanden, die sich durch hohe Anschlußfähigkeit auszeichnet. Trotz zahlreicher denkerischer Probleme und widriger historischer Umstände gelingt es Paulus, sein durch einen messianischen Universalismus gekennzeichnetes Denken in die bereits bestehenden Sinnwelten der hellenistischen Kultur zu installieren. Dabei zeigt sich, wie stark Paulus auch in den Kategorien dieser Kultur dachte und wie er in der Lage war, in seinen Gemeinden eine neue kognitive und emotionale Identität zu schaffen.

Seit geraumer Zeit ist dies wieder eine neue, umfassende Gesamtdarstellung von Person und Theologie des Apostels Paulus.

W DE G
de Gruyter
Berlin · New York